Graça e Coragem

Ken Wilber

Graça e Coragem

Espiritualidade e cura na vida e morte de Treya Killam Wilber

Tradução de Ari Raynsford

© 1991, 2000 by Ken Wilber
Published by arrangement with Shambhala Publications, Inc.,
300 Massachussetts Ave., Boston, MA 02115, U.S.A.
Título original: Grace an grit: spirituality and healing in the life and death of Treya Killam Wilber
Cover photograph by Linda Conger.
2000 Shambhala Publications, Inc.
Printed in U.S.A.
1ª Edição, Editora Gaia, São Paulo 2007
1ª Reimpressão, 2017

Jefferson L. Alves – diretor editorial
Richard A. Alves – diretor-geral
Flávio Samuel – gerente de produção
Bel Cesar – consultoria editorial
Rita de Cássia Sam – coordenadora editorial
Ana Cristina Teixeira – assistente editorial
Ana Cristina Teixeira e Anabel Ly Maduar – revisão
Eduardo Okuno – capa
Reverson R. Diniz – projeto gráfico

Obra atualizada conforme o
NOVO ACORDO ORTOGRÁFICO DA LÍNGUA PORTUGUESA.

Dados Internacionais de Catalogação na Publicação (CIP)
Câmara Brasileira do Livro, SP, Brasil

Wilber, Ken
  Graça e coragem : espiritualidade e cura na vida e morte de Treya Killam Wilber / Ken Wilber ; tradução de Ari Raynsford. – São Paulo : Gaia, 2007.

  Título original : Grace and grit : spirituality and healing in the life and death of Treya Killam Wilber

  Bibliografia
  ISBN 978-85-7555-156-1

  1. Câncer – Doentes – Biografia 2. Wilber, Ken 3. Wilber, Treya Killam – Saúde I. Título. II. Título: Espiritualidade e cura na vida e morte de Treya Killam Wilber.

07-2697   CDD- 616.9940092

Índices para catálogo sistemático:
  1. Câncer : Pacientes : Biografia   616.9940092
  2. Pacientes de câncer: Biografia   616.9940092

Direitos Reservados

editora gaia ltda.
Rua Pirapitingui, 111-A – Liberdade
CEP 01508-020 – São Paulo – SP
Tel.: (11) 3277-7999 – Fax: (11) 3277-8141
e-mail: gaia@editoragaia.com.br
www.editoragaia.com.br

Colabore com a produção científica e cultural.
Proibida a reprodução total ou parcial desta obra sem a autorização do editor.

Nº de Catálogo: **2867**

Para Sue e Radcliffe Killam, por ocasião do octogésimo aniversário do Rad;

para Vicky, Linda, Roger, Frances, Sam, Seymour, Warren e Kati, por
estarem lá para o que desse e viesse;

para David e Mary Lamar, pelo apoio contínuo;

para Tracy e Michael, por me tolerarem;

para Zahirudeen e Brad, por manterem sob controle a cidadela do lar;

para as mulheres e homens da Cancer Support Community, filha de Treya
e de Vicky;

para Ken e Lucy, por compreenderem nossa ausência;

para Edith Zundel, nossa mãe longe de casa;

e em memória de Rolf Zundel e Bob Doty, dois dos mais dignos homens
que conhecemos, baixas dessa terrível guerra.

Sumário

	Introdução à segunda edição norte-americana	9
	Nota ao leitor	15
1.	Alguns abraços, alguns sonhos	17
2.	Além da física	29
3.	Condenados ao significado	45
4.	Uma questão de equilíbrio	59
5.	Um universo interior	77
6.	O corpo-mente pingou!	93
7.	"Minha vida mudou de repente"	105
8.	Quem sou eu?	119
9.	Narciso ou a autocontração	133
10.	Um período de cura	149
11.	Psicoterapia e espiritualidade	163
12.	Em uma voz diferente	191
13.	Estrella	207
14.	Que tipo de ajuda realmente ajuda?	223
15.	A nova era	233
16.	Mas ouça o canto daqueles pássaros!	249
17.	"Minha estação favorita agora é a primavera"	267
18.	Mas não estou morto!	285
19.	Equanimidade apaixonada	303
20.	O cuidador	321
21.	Graça e coragem	339
22.	Para uma estrela radiante	359
	Leituras selecionadas	375

Introdução à segunda edição norte-americana

Ao escrever esta introdução, passaram-se dez anos desde a morte da Treya. Sinto-me infinitamente mais, e infinitamente menos, por causa de sua presença. Infinitamente mais, por tê-la conhecido; infinitamente menos, por tê-la perdido. Todavia, talvez cada evento da vida seja assim mesmo: completa-o e esvazia-o, tudo ao mesmo tempo. É só isto. É tão raro que alguém como Treya esteja conosco; daí a felicidade e o sofrimento serem intensamente amplificados.

Existem tantas Treyas quantos aqueles que a conheceram. O que se segue é a minha Treya. Não estou afirmando que seja a única, nem mesmo a melhor. Mas acredito que seja um relato completo, honesto e equilibrado. Em particular porque usei francamente seu próprio diário, que ela manteve reservadamente durante a maior parte de sua vida adulta, redigindo-o quase todos os dias durante os anos em que vivemos juntos.

Sempre pretendi destruir esse diário após a morte de Treya, sem sequer lê-lo, já que era intensamente pessoal. Ela nunca o mostrou a ninguém, nem mesmo a mim. Não porque fosse reticente ou reservada a respeito de seus "verdadeiros sentimentos" e, por isso, quisesse "escondê-los" em seu diário. Pelo contrário, uma das características mais extraordinárias de Treya – de fato, eu poderia dizer, a coisa mais impressionante nela – é que quase não separava suas personalidades pública e privada. Ela não abrigava pensamentos "secretos" que sentisse medo ou vergonha de compartilhar com o mundo. Se perguntada, diria exatamente o que pensava – sobre você ou qualquer outra pessoa – mas de uma forma tão não defensiva, direta e simples, a ponto de raramente aborrecê-lo. Essa era a base de sua imensa integridade: as pessoas confiavam nela desde o começo, porque pareciam saber que ela nunca lhes mentiria e, até onde posso dizer, nunca o fez.

Não, pretendia destruir o diário simplesmente porque ela o escreveu para ter um tempo especial consigo mesma, e achava que ninguém, inclusive eu, deveria violar esse espaço. Mas, pouco antes de morrer, ela apontou para seu diário e disse: "Você vai precisar dele". Pediu-me para escrever sobre nossa provação e sabia que eu precisaria do seu diário, a fim de transmitir seus pensamentos.

Antes de escrever *Graça e Coragem*, li atentamente todo o diário (cerca de dez cadernos grandes e muitos arquivos de computador) e consegui descobrir trechos sobre praticamente cada tópico coberto nas páginas seguintes; assim, deixei Treya

Graça e Coragem

falar por si mesma, com suas próprias palavras, do seu jeito. À medida que o lia, confirmei exatamente o que suspeitava: não existia nenhum segredo, nenhum ponto que ela em geral não tivesse compartilhado comigo, com sua família e amigos. Treya simplesmente não fazia distinção entre seus eus público e privado. Penso ser isso parte de sua enorme integridade e acho que estava diretamente relacionado ao que pode ser classificado como seu destemor. Havia uma força em Treya que era absolutamente intrépida; e não afirmo isso superficialmente. Treya sentia pouco medo porque tinha pouco a esconder, de você, de mim, de Deus ou de qualquer um. Ela era transparente para a realidade, para o Divino, para o mundo e, assim, não tinha nada a temer. Eu a vi com muita dor; eu a vi com muita agonia; eu a vi com muita raiva. Eu nunca a vi com medo.

Não é difícil entender por que as pessoas se sentiam vivas, animadas, despertas, em sua presença. Até mesmo quando estivemos em vários hospitais, com Treya sofrendo terríveis indignidades, uma após a outra, as pessoas (enfermeiras, visitantes, outros pacientes, *suas* visitas) costumavam passar pelo seu quarto só para estar com ela e sentir a vida e energia que parecia irradiar. Em um hospital em Bonn, Alemanha, lembro-me de *esperar na fila* para entrar em seu quarto.

Ela podia ser teimosa; pessoas fortes frequentemente o são. Mas isso decorria daquele núcleo de presença e vigilância ardentes, e era tonificante. As pessoas normalmente saíam de uma visita a Treya mais animadas, mais abertas, mais diretas. Sua presença as transformava, às vezes um pouco, às vezes muito, mas transformava. Fazia com que se sentissem presentes para o Presente, lembrando-as da necessidade de despertar.

Uma outra coisa: Treya era notavelmente bonita e, mesmo assim (como você verá nas páginas seguintes), não tinha nenhuma vaidade, o que era surpreendente. Mais do que muitas pessoas que conheci, inclusive alguns mestres muito iluminados, ela era generosamente ela, apenas isso. Mantinha-se simples e diretamente presente, toda ela. O fato de ser pouco consciente de si mesma a tornava mais *evidente*. Em torno de Treya, o mundo ficava imediato e em foco, claro e convidativo, brilhante e honesto, aberto e vivo.

Graça e Coragem é a sua história; e a nossa história. Já que fui tão cuidadoso em incluir os escritos de Treya e sua própria voz nas páginas seguintes, muitas pessoas me perguntaram por que não a apresentei como coautora do livro. Pensei em fazê-lo desde o início, mas conversas com editores convenceram-me pouco a pouco de que isso seria enganoso. (Como colocado por um editor: "Um coautor é alguém que escreve ativamente um livro com outra pessoa. Isto é diferente de considerar os textos de uma pessoa e compô-los em um livro".) Assim, espero que aqueles leitores, que acharam que não reconheci a contribuição de Treya, percebam que certamente

Introdução à segunda edição norte-americana

tal não foi minha intenção, e que sua verdadeira voz foi incluída em quase todas as páginas, permitindo que ela falasse por si mesma.

Em uma parte do diário, Treya escreveu: "Almocei com Emily Hilburn Sell, editora da Shambhala. Gosto muito dela, confio em seu julgamento. Falei-lhe sobre o livro que estou escrevendo – câncer, psicoterapia, espiritualidade – e perguntei-lhe se ela o editaria para mim. Respondeu-me que adoraria, o que me tornou mais determinada a realizar este projeto!". Treya não teve tempo de concluir seu livro – daí por que me pediu para escrever este – mas fico feliz em contar que Emily foi a editora de *Graça e Coragem* e fez um trabalho maravilhoso.

Alguns pontos secundários. A maioria das pessoas lê este livro, não pelas informações técnicas sobre meu trabalho, mas pela história de Treya. Como indico na Nota ao Leitor, o capítulo 11 é particularmente técnico e certamente pode ser pulado sem fazer falta! (Na verdade, se você decidir pular esse capítulo, leia apenas os poucos parágrafos entre o material da entrevista, já que eles contêm alguns elementos importantes da história; quanto aos outros, pule-os. Os leitores interessados em uma versão mais atual do meu trabalho podem consultar *Psicologia Integral*.[1])

Neste livro, todos os textos do diário de Treya estão marcados por uma linha vertical na margem esquerda. Eles são diferentes de algumas cartas suas que não foram marcadas. As cartas, ainda que em sua maioria fossem privadas, estavam abertas a outras pessoas (isto é, àquelas a quem foram enviadas). Mas os textos escritos com outra tipologia são do seu diário e, desse modo, não estavam previamente disponíveis.

A aceitação de *Graça e Coragem* foi impressionante; e não foi para mim que os leitores deram retorno. Até agora recebi perto de mil cartas de pessoas do mundo inteiro – uma percentagem sem precedentes escreve para me contar o que a história de Treya significou para elas e como mudou suas vidas. Algumas enviaram retratos de suas filhinhas chamadas "Treya", e posso garantir, como um observador puramente objetivo e isento, que são as mais lindas menininhas do mundo. Outras pessoas que escreveram têm câncer e inicialmente estavam com medo de ler o livro; mas uma vez que o fizeram, elas tenderam a perder o medo, às vezes quase completamente – um presente de Treya para elas, honestamente creio.

Querido Ken,

em agosto recebi um diagnóstico de câncer de mama. Fiz uma cirurgia segmental, dissecação do nódulo linfático e tratamento de três semanas. Estou em relação constante com o câncer em todos os níveis. Várias semanas atrás uma amiga falou-

---

[1] Publicado no Brasil pela Editora Cultrix. (N.T.)

Graça e Coragem

-me do seu livro e senti que tinha de lê-lo. Foi um sentimento assustador porque, afinal, eu conhecia o desfecho.

"Entretanto", pensei, "ela teve outro tipo de câncer, bem mais sério." O que você acha dessa negação? O fato é que tive o mesmo tipo terrível de câncer de Treya. A verdade é que esse livro tem sido, em alguns momentos, *apavorante*, mas totalmente *libertador*...

Libertador porque Treya descreve, quase passo a passo, o caminho que ela trilhou desde o sofrimento e a agonia do câncer até a liberdade e a liberação espirituais, que excedem em brilho a morte e seu inerente terror. Como uma de minhas cartas favoritas (e esta é a carta completa):

Querido Ken Wilber,
tenho quatorze anos de idade. Desde pequena tinha muito medo de morrer. Li a história da Treya e daí em diante não tenho mais medo de morrer. Eu quis lhe contar isso.

Ou outra:

Querido Ken,
no ano passado diagnosticaram câncer metastático avançado de mama em mim. Uma amiga me aconselhou a ler este livro, *Graça e Coragem*, mas quando lhe perguntei como terminava, respondeu: "Ela morreu". Fiquei com medo do livro por muito tempo.

Mas, ao terminá-lo, gostaria de lhe agradecer e à Treya do fundo do meu coração. Eu sei que também posso morrer, mas acompanhar a história de Treya me inspirou coragem. Pela primeira vez, não sinto medo...

A maior parte das pessoas que escreveu não tem câncer. A história de Treya é simplesmente a história de todo mundo. Pode parecer que Treya "tinha tudo": inteligência, beleza, charme, integridade, um casamento feliz, uma família maravilhosa. Mas, como todos nós, teve suas próprias dúvidas, inseguranças, autocríticas e problemas profundamente desestabilizadores sobre seu próprio valor e propósito de vida... Sem mencionar a batalha brutal com uma doença letal. Mas Treya lutou a boa luta contra todas essas sombras... E ela venceu, qualquer que seja a definição de "vitória". A história de Treya toca-nos a todos porque ela enfrentou de cabeça erguida esses pesadelos, com coragem, dignidade e graça.

E legou-nos seu diário, onde conta exatamente como fez isso. Como usou a consciência meditativa para suportar a dor e depois dissipar sua influência. Como, em

Introdução à segunda edição norte-americana

vez de se fechar, tornar-se amarga e revoltada, ela saudou o mundo com amor em seu coração. Como enfrentou o câncer com "equanimidade apaixonada". Como se livrou da autopiedade e escolheu jovialmente ir em frente. Como foi destemida, não porque não sentisse medo, mas porque imediatamente o admitiu, até mesmo quando ficou óbvio que morreria em breve: "Eu trarei o medo para o meu coração. Para encarar a dor e o medo com abertura, abraçá-los, aceitá-los, permiti-los. Perceber que isso cria maravilhamento em vida. Alegra meu coração e nutre minha alma. Eu sinto esta felicidade. Não estou tentando 'vencer' minha moléstia; estou me permitindo acolhê-la, perdoá-la. Eu continuarei vivendo, não com raiva e amargura, mas com determinação e alegria".

E assim o fez, acolhendo a vida e a morte com uma determinação e alegria que superaram seus terrores fatigantes. Se Treya pôde fazê-lo, nós também podemos: essa é a mensagem deste livro, e é isso que as pessoas escrevem para me contar. Como sua história mexeu com elas, lembrando o que realmente importa. Como sua tentativa para equilibrar o masculino/fazer e o feminino/ser atingiu diretamente suas preocupações mais graves no mundo de hoje. Como sua notável coragem inspirou-as – tanto homens quanto mulheres – a enfrentar seus sofrimentos insuportáveis. Como seu exemplo as ajudou a superar as horas escuras dos seus pesadelos. Como a "equanimidade apaixonada" as colocou em contato direto com seu verdadeiro Eu. E por que todas elas compreenderam que, no nível mais íntimo, este é um livro com um final profundamente feliz.

(Muitos dos que escreveram são também cuidadores, que sofrem duplamente: têm de acompanhar o sofrimento do ente querido e não lhes é permitido ter quaisquer problemas próprios. *Graça e Coragem* é dirigido também a eles, espero. Aqueles que desejarem ler mais cartas referentes a este livro podem consultar *One Taste*, entrada de 7 de março.)

Até a presente data, Rad e Sue, Kati, David, Tracy e Michael – parentes de Treya – estão vivos e bem de saúde. Treya frequentemente dizia que não podia imaginar ter uma família melhor, e continuo concordando com ela.

A Cancer Support Community, fundada por Treya e Vicky Wells, é uma instituição premiada que continua forte. Se você quiser fazer doações, ou se precisar do seu auxílio, pode localizá-la por meio do serviço de informações de San Francisco.

Treya e eu vivemos juntos por cinco anos. Esses anos ficaram marcados na minha alma. Realmente acredito que mantive minha promessa, e realmente acredito que foi devido à sua graça. E realmente acredito que qualquer um de nós possa encontrar Treya novamente, sempre que desejarmos, agindo com honestidade, integridade e coragem – pois aí estão a mente, o coração e a alma de Treya.

Se Treya pôde fazer isso, nós também podemos. Esta é a mensagem de *Graça e Coragem*.

Nota ao leitor

Quando Treya e eu nos encontramos pela primeira vez, tivemos a estranha sensação de que buscávamos um ao outro há muitas vidas, mas não sei se isso é literalmente verdadeiro. Entretanto, estou certo de que aí começou uma das histórias mais extraordinárias que já conheci. De muitas formas, uma história incrível e, ainda mais, posso lhe assegurar, verdadeira.

Este livro é duas coisas: em primeiro lugar, esta história. E, em segundo, uma introdução à filosofia perene ou às grandes tradições de sabedoria do mundo. Porque, em última análise, as duas são inseparáveis.

Eu diria que Treya teve cinco paixões principais: natureza e meio ambiente (da conservação ao lazer), trabalhos manuais, espiritualidade e meditação, psicologia e psicoterapia, e organizações comunitárias. Natureza, trabalhos manuais e organizações comunitárias são autoexplicativos. Mas o que Treya entendia por "espiritualidade" era espiritualidade contemplativa ou meditativa, que é outra forma de se referir à filosofia perene. Treya não falava muito sobre sua espiritualidade mística, o que levou várias pessoas, até algumas muito íntimas, a concluir que isso era periférico em suas preocupações. Entretanto, a própria Treya a descreveu como o "símbolo-guia da minha vida". Portanto, em outras palavras, a espiritualidade mística é absolutamente fundamental nesta história.

Como é sabido, também compartilho profundamente desse interesse por psicologia e religião; de fato, escrevi vários livros especificamente sobre o tópico. Assim, entremeei na narrativa explicações a respeito das grandes tradições de sabedoria (do Cristianismo ao Hinduísmo e ao Budismo), natureza da meditação, relação entre psicoterapia e espiritualidade, e entre saúde e cura. Na verdade, o *principal objetivo* deste livro é oferecer uma introdução acessível desses temas.

Todavia, ao deparar com algum desses capítulos elucidativos — que ocupam mais ou menos um terço do livro e são facilmente reconhecíveis — e no momento estiver interessado em acompanhar a história de Treya, sinta-se à vontade para pulá-los e retomar o fio da história. (O Capítulo 11 é particularmente técnico.) Se quiser voltar a eles mais tarde, poderá lê-los a seu bel-prazer.

Encontrei Treya pela primeira vez no verão de 1983, na casa de amigos, numa noite fresca, às margens da Baía de San Francisco...

1. Alguns abraços, alguns sonhos

Amor ao primeiro toque, ela sempre dizia.

Passaram-se 36 anos até eu conhecer "o homem dos meus sonhos". Ou o que se pode esperar nos dias de hoje desse ideal; no meu caso, chegou bem perto. Isto é, tão logo me acostumei com sua cabeça raspada...

Enquanto crescia no sul do Texas, naqueles dias em que as meninas sonhavam com estas coisas, nunca imaginei que me casaria com um psicólogo-filósofo-transcendentalista com 1,93 m de altura, que parece ter vindo de algum planeta distante. Embalagem única e uma combinação sem igual de características de personalidade. Que doçura! E brilhante também. Em minhas experiências anteriores com homens, os doces não eram brilhantes e os brilhantes, definitivamente, não eram doces. Eu sempre quis ambas as coisas.

Ken e eu nos conhecemos no dia 3 de agosto de 1983. No espaço de duas semanas daquele primeiro encontro, decidimos nos casar. Sim, foi rápido. Mas, de alguma maneira, ambos tivemos certeza quase imediatamente. Afinal, namorei durante anos e tive vários relacionamentos bem satisfatórios, mas estava com 36 anos e *nunca* antes encontrara alguém com quem pensasse casar! Eu me perguntava se tinha medo, se era muito perfeccionista, idealista ou, simplesmente, desesperadamente neurótica. Depois de questionar-me (e preocupar-me) por algum tempo, coloquei-me na confortável posição de aceitar essa situação até que algum acontecimento me fizesse pensar de novo, provavelmente um que me levasse a duvidar da minha "normalidade". Outras pessoas se apaixonando, casando, namorando...

Suponho que uma parte de cada um de nós quer ser "normal" para que possamos ser aceitos. Desde criança, nunca quis atrair a atenção por ser diferente e, ainda assim, acabei levando uma vida que, dificilmente, pode ser chamada de normal. Uma educação comum em uma das faculdades "sete irmãs",[1] um ano como professora, um mestrado em literatura inglesa e, de repente, uma súbita mudança de rumo, que me afastou daquele caminho devido à paixão por causas ambientais, levando-me às montanhas do Colorado. Atividades ambientais, prática de esqui, diversos trabalhos estranhos, instrutora de esqui. Então, outra súbita e inesperada mudança de direção. Nascida de um desejo profundo que não saberia descrever, uma viagem de bicicleta pela Escócia levou-me a Findhorn, uma comunidade espiritual em Inverness. Lá, eu achei uma resposta, ou parte de uma resposta, para aquele desejo, e lá vivi por três anos. Aprendi a reconhecer aquele impulso como algo espiritual, e aprendi vários caminhos para começar a honrar aquela necessidade. Aquele insistente chamamento interior. Voltei apenas porque amigos me pediram ajuda para começar outro centro não convencional [Windstar] no Colorado, perto de Aspen, onde esperava poder conciliar minhas preocupações espirituais e ambientais. Depois, fui para uma escola de pós-graduação, mas, novamente, uma não convencional, que tratava de psicologia e filosofia transcendental oriental e ocidental de forma interdisciplinar [California Institute of Integral Studies].

---

[1] Referência às sete faculdades femininas: Barnard, Bryn Mawr, Mount Holyoke, Radcliffe, Smith, Vassar e Wellesley. (N.T.)

Graça e Coragem

Foi lá que li pela primeira vez os trabalhos de um tal Ken Wilber, considerado por muitos, eu soube, o principal teorista no novo campo da psicologia transpessoal (uma psicologia que lida com todas as coisas da psicologia ortodoxa, mas também estuda a psicologia da experiência espiritual). Ele já era conhecido como "o tão esperado Einstein da pesquisa da consciência" e "um gênio do nosso tempo". Eu amei seus livros – eles esclareceram muitas questões espinhosas com que me debatia e iluminou-as com uma clareza que achei reanimadora e inspiradora. Recordo-me de ter gostado da fotografia na contracapa de um deles, *Um Deus Social*.[2] Mostrava um homem elegante, de cabeça raspada, com óculos que acentuavam um olhar intenso, concentrado, ao fundo uma sólida estante de livros.

No verão de 1983, fui ao Congresso Anual de Psicologia Transpessoal e soube que o famoso Ken Wilber estava lá, mas não falaria. Eu o vi de longe algumas vezes – difícil não notar um sujeito careca com 1,93 m de altura – cercado por admiradores e, uma vez, sentado displicentemente em um sofá, aparentando solidão. Não pensei muito sobre isso até que, algumas semanas depois, uma amiga, Frances Vaughan, que fizera parte do meu grupo de viagem na Índia, telefonou e convidou-me para jantar com Ken.

Eu não conseguia acreditar que Frances e Roger finalmente concordaram sobre alguém. Terry Killam. Muito bonita, extremamente inteligente, grande senso de humor, corpo magnífico, companheira de meditação, intensamente popular. Parecia bom demais para ser verdade. Se ela era tão formidável, por que não tinha namorado? Mantinha-me cético sobre a coisa toda. Era tudo de que eu precisava, outro encontro com alguém que não conhecia, pensei enquanto lhe telefonava. Abominava aquela rotina de encontros; considerava-a no mesmo nível de um tratamento de canal. O que havia de tão errado em morrer sozinho, miserável e acabado? Era melhor que namorar.

Eu estava hospedado com Frances Vaughan e Roger Walsh há quase um ano, na adorável casa de Frances em Tiburon, onde eles me disponibilizaram um quarto no térreo. Frances era uma mulher notável – ex-presidente da Associação de Psicologia Transpessoal, futura presidente da Associação de Psicologia Humanística e autora de vários livros, notadamente *The Inward Arc* – sem mencionar o fato de que era muito bonita e aparentava dez anos menos que os seus quarenta e poucos. Roger era da Austrália, mas vivia nos Estados Unidos há duas décadas. Ele dava aulas na Universidade de Califórnia, em Irvine, durante a semana e voava de volta nos fins de semana para ficar com Frances. Roger, que na Austrália tirara o equivalente a um M.D. e um Ph.D., também escrevera vários livros e, junto com Frances, coeditara a mais popular (e melhor) introdução à psicologia transpessoal, *Caminhos Além do Ego*.[3] Roger era como um verdadeiro irmão para mim – algo que

---

[2] Publicado no Brasil pela Editora Cultrix. (N.T.)
[3] Idem. (N.T.)

Alguns abraços, alguns sonhos

nunca acontecera antes – e morávamos todos juntos na Paradise Drive, como uma pequena e aconchegante família.

Exceto, claro, pelo fato de que estava faltando uma pessoa – uma companheira para mim; assim, Frances e Roger procuravam diligentemente por eventuais candidatas. Frances achava uma e Roger comentava comigo: "Ela não é muito bonita, mas, tudo bem, você também não é". Roger sugeria outra e Frances me dizia, "ela não é muito inteligente, mas, tudo bem, você também não é". Portanto, o que me recordo sobre aquele ano foi que, nos vários encontros que mantive, Roger e Frances nunca concordaram de fato com nenhum.

Passado um ano com essa situação se repetindo, um dia Roger chegou e disse: "Não acredito, achei a mulher perfeita para você. Como foi que não me lembrei dela antes? Ela se chama Terry Killam". Certo, pensei, já vi esse filme. Dessa vez, acho que vou dispensar.

Três dias depois, Frances chegou e disse: "Não acredito, achei a mulher perfeita para você. Como foi que não me lembrei dela antes? Ela se chama Terry Killam".

Fiquei abismado. Frances e Roger concordando? E não só concordando, mas de forma entusiástica? Ela deve ser uma mulher bonita que fará bem à minha alma. Olhei para Frances e falei brincando: "Vou me casar com ela".

Nosso primeiro encontro foi complicado. Surgiram várias incompatibilidades de agenda e finalmente acabamos nos reunindo na casa de um amigo comum que namorava uma amiga minha de ginásio (que também fora ex-namorada do Ken). Cheguei depois das nove da noite porque estava visitando clientes. Ken e eu mal tivemos a chance de dizer "oi", quando nossos dois amigos começaram a levantar alguns problemas muito íntimos da sua relação. Eles pediram ao Ken para ser o facilitador, ou "terapeuta da noite", e passamos as próximas três horas lidando com seus questionamentos. Podia-se notar que não fora exatamente assim que Ken planejara passar a noite, mas ele se manteve firme, completamente presente, e foi maravilhoso, tratando de questões extremamente profundas e difíceis do relacionamento deles.

Ken e eu não nos falamos muito – não tivemos chance! Passei a maior parte do tempo tentando me acostumar com sua cabeça raspada, que era desconcertante para mim. Amei sua aparência de frente, mas de perfil... bem, isso levaria algum tempo para me acostumar. Mas fiquei muito impressionada com o modo como ele agia, com sua gentileza, sensibilidade e compaixão, especialmente quando atendeu à mulher e às suas questões angustiantes sobre relacionamento e, mais especificamente, sobre a vontade de ter um filho.

Chegou uma hora em que fomos todos para a cozinha para tomar um chá. Ken pôs seu braço na minha cintura. Fiquei meio sem jeito pois eu mal o conhecia, mas lentamente coloquei meu braço na sua cintura. Aí, alguma coisa me fez passar também meu outro braço ao redor dele e fechar os olhos. Senti algo indescritível. Um calor, uma espécie de fusão, uma sensação de junção, de mistura, de ser completamente una. Deixei-me flutuar por um momento e então abri meus olhos, surpresa. Minha amiga estava olhando fixamente para mim. Perguntei-me se ela notara, se poderia explicar o que acabara de acontecer.

Graça e Coragem

O que acontecera? Algum tipo de reconhecimento, um reconhecimento além desse mundo presente. Não teve nada a ver com as palavras que trocamos. Foi assombroso, misterioso, um sentimento que só se sente uma vez na vida. Quando finalmente ia embora, às quatro da madrugada, Ken me parou antes de eu entrar no meu carro. Ele disse que estava surpreso, desejando que eu não fosse embora. Era exatamente como também me sentia, como se, de alguma forma esotérica, pertencesse a seus braços.

Naquela noite sonhei com Ken. Sonhei que estava saindo de carro da cidade por uma ponte [Golden Gate], como fizera na noite anterior, mas era uma ponte que não estava realmente ali. Ken seguia-me em outro carro e íamos nos encontrar em um determinado local. A ponte levou-me para uma cidade mágica, idêntica a uma cidade real, mas com uma qualidade etérea que parecia plena de significado, envolvimento e, especialmente, beleza.

Amor ao primeiro toque. Não trocamos nem cinco palavras. E do jeito que ela olhava para a minha cabeça raspada, eu podia afirmar que, com certeza, não seria amor à primeira vista. Eu, como quase todo mundo, achei Treya muito bonita, mas até então não a conhecia. Entretanto, quando coloquei meu braço na sua cintura, senti a separação e a distância dissolverem-se; pareceu algum tipo de fusão. Era como se Treya e eu estivéssemos juntos há muitas vidas. Foi muito real e muito claro, mas eu não sabia o que fazer. Treya e eu ainda não havíamos conversado; portanto, não sabíamos que estava acontecendo a mesma coisa um com o outro. Lembro-me de pensar: oh, grande, são quatro horas da manhã e estou passando por alguma misteriosa experiência mística na cozinha de um de meus melhores amigos, simplesmente por tocar uma mulher que nunca vi antes. Isso não vai ser fácil de explicar...

Não consegui dormir naquela noite; imagens de Treya precipitavam-se sobre mim. Ela era realmente linda. Mas o que estava se passando exatamente? Havia uma energia que parecia literalmente irradiar dela em todas as direções; uma energia muito tranquila e calmante, mas extremamente forte e poderosa; uma energia muito inteligente e plena de excepcional beleza, mas, acima de tudo, uma energia que era *viva*. Essa mulher exalava VIDA; mais do que qualquer pessoa que já conheci. O modo como se movia, a forma como inclinava a cabeça, o sorriso franco que enfeitava o mais aberto e transparente rosto que já vi – Deus, ela era viva!

Seus olhos olhavam para, e através de, tudo. Não que ela tivesse um olhar penetrante – isto é por demais agressivo – simplesmente ela parecia ver através das coisas e, em seguida, aceitar normalmente o que via, um tipo de visão radiográfica gentil e compassiva. Olhos comprometidos com a verdade, finalmente decidi. Quando olhava diretamente para alguém, poder-se-ia afirmar, sem sombra de dúvida, que ela era uma pessoa que nunca mentiria. Confiava-se imediatamente nela; uma imensa integridade parecia permear até seus menores movimentos e gestos. Ela aparentava ser a pessoa mais confiante em si mesma que conheci, embora não fosse nem um pouco orgulhosa ou pedante. Fiquei imaginando se ela se zangava; era difícil de acreditar. Ainda assim,

Alguns abraços, alguns sonhos

por trás da quase intimidante solidez de seu caráter, havia olhos dançantes, vendo tudo, não de forma pesada, mas sim querendo brincar. Eu pensei: essa mulher encara qualquer coisa; acho que nada a assusta. Havia leveza ao seu redor, sincera mas não séria; com sua superabundância de vida, ela conseguia brincar, ela podia irradiar densidade e flutuar continuamente até as estrelas, se quisesse.

Finalmente adormeci, acordando mais tarde sobressaltado: eu a encontrei. Era tudo em que conseguia pensar: eu a encontrei.

Naquela mesma manhã, Treya escreveu um poema.

Uma noite adorável a de ontem, bem-acompanhada
de conhaque por todos os lados,
a conversa pontuada pelo enchimento de copos,
fazer café, algo como um minueto de palavras e pequenas ações
entrelaçado por delicada sondagem e um profundo cuidado, ao conversar com seus amigos.
Gentileza, suavidade, vontade de ajudar, fazendo perguntas difíceis, aprofundando-se,
garimpando o ouro da verdade, voltando com um pouco de pó,
pequenas pepitas, lentamente indo mais fundo no anseio maternal,
e descobrindo-o.
O processo inteiro foi amoroso, como ele o conduzia, sondava, cuidava,
e então aquela análise adorável, a suavidade no ar, entre todos nós.
Meu coração se abre com essa lembrança,
como se abriu ontem à noite.
Ser tocada assim,
como ele me tocou,
primeiro por suas palavras e o que elas me mostraram dele,
a terna profundeza de seus olhos castanhos
e depois a simples fusão corpo a corpo, claramente algo aconteceu ali.
Fechei meus olhos para tentar sentir, além das palavras,
mas palpável, real, embora na maior parte inexprimível.
Senti meu coração abrir-se,
confio nele mais
do que confio no universo.

Enquanto deitado, senti uma série de correntes de energias sutis fluindo pelo meu corpo, muito parecidas com a chamada energia *kundalini* que, nas religiões orientais, é considerada a energia do despertar espiritual, uma energia que fica latente, adormecida, até ser despertada por uma pessoa ou evento adequados. Eu sentira

Graça e Coragem

essas correntes antes – já meditava por quinze anos, e esses tipos de energias sutis são comuns na meditação – mas nunca haviam sido tão claramente discerníveis. Por incrível que pareça, a mesma coisa acontecia com Treya, exatamente no mesmo instante.

Foi fascinante ficar na cama essa manhã. Senti minúsculas ondas de vibração, muito claras e distintas. Sensações em meus braços e pernas, mas principalmente localizadas na metade inferior do meu tronco. O que acontece enquanto essa situação persiste? As coisas relaxam, tensões contidas do passado se dissolvem?

Concentrei-me no coração, senti uma abertura muito, muito clara, ao pensar sobre a sensação que tive com Ken ontem à noite. Uma onda surpreendentemente poderosa irradia do meu coração, desce até o centro do meu corpo e depois até o topo da minha cabeça. Tão prazerosa, plena de felicidade, quase dolente, como uma dor, uma saudade, um alcançar, uma ausência, um desejo, um desabrochar, uma vulnerabilidade. Como talvez me sentiria o tempo todo se não me protegesse, se baixasse minhas defesas... e ainda assim é maravilhoso. Eu amo o sentimento, sinto-o muito intenso e real, cheio de energia e calor. Minha essência interior mostra-se viva.

Só para deixar bem claro, eu e Treya não dormimos juntos. Nem sequer conversamos de fato. Nós simplesmente pusemos nossos braços ao redor um do outro, uma vez na cozinha, e outra vez, brevemente, antes de sua partida. Falamo-nos por apenas quinze minutos. Esse foi o balanço total do nosso envolvimento até então, e assim mesmo nos surpreendemos com o que estava acontecendo. Era um pouco demais e ambos tentamos analisar a situação de uma forma mais contida e sóbria.

Fiquei sem ver Ken por uma semana depois disso. Ele me dissera que iria a Los Angeles e entraria em contato quando retornasse. Sonhei com ele mais duas vezes, enquanto estava fora. Eu sabia claramente, em um nível profundo, que aquela fora uma reunião notável e importante, mas, conscientemente, tentei menosprezá-la. Eu podia estar imaginando coisas, construindo castelos no ar; afinal, ocorreram tantas decepções no passado. Na verdade, o que eu tinha de fato para ir em frente? Alguns abraços, alguns sonhos.

Uma semana depois, quando finalmente saímos para o nosso primeiro encontro real, Ken falou durante o jantar inteiro sobre a namorada que fora ver em Los Angeles. Ele agora fica envergonhado quando se recorda disso, mas eu me senti confortavelmente entretida. Acontece que ele estava tentando esconder seus sentimentos falando sobre outra pessoa. Ficamos juntos dali em diante. Se passássemos algum tempo separados, sabíamos o que o outro estava fazendo. Mas ficávamos juntos a maior parte do tempo e não gostávamos de nos separar. Quando nos encontrávamos, era gostoso ficar bem perto, juntinhos. Eu sentia como se, há muito tempo, estivesse sedenta dele, não só física, como emocional e espiritualmente. A única forma de aplacar essa sede era estar com ele tanto quanto possível. Eu simplesmente o sorvia em todos os níveis.

Numa adorável noite do início de setembro, sentamo-nos no terraço da minha casa em Muir Beach, bebericando vinho, envolvidos pelos aromas do Oceano Pacífico e dos eucaliptos, suavemente acompanhados pelos sons de uma noite de verão, a brisa nas árvores, um cachorro latindo ao longe, ondas quebrando na praia. De alguma

Alguns abraços, alguns sonhos

forma, conseguíamos beber nosso vinho, ainda que perfeitamente enroscados nos braços um do outro, nenhuma grande proeza! Após algum tempo em silêncio, Ken perguntou: "Algo assim já aconteceu com você antes?". Não hesitei um instante para responder: "Não, nunca. Nada como isso. E com você?". "Nunca, não como isso." Começamos a rir e ele disse, numa exagerada imitação de John Wayne: "É maior do que nós dois juntos, companheiro".

Fiquei obcecada; só pensava no Ken. Eu amava o modo como ele andava, falava, movia-se, vestia-se, tudo. Seu rosto me acompanhava o tempo todo. Isso me causou não poucos infortúnios durante esse período. Uma vez, fui a uma livraria para comprar alguns de seus livros. Pensando intensamente nele, como sempre, saí de minha vaga no estacionamento diretamente na frente de um furgão que estava passando. Nunca antes tivera um acidente em todos os meus anos de motorista. Numa noite, iria me encontrar com Ken, novamente obcecada com pensamentos sobre ele e inconsciente de tudo o mais. Fiquei sem gasolina próximo ao acesso da ponte Golden Gate. Isso me fez voltar imediatamente à Terra, embora eu chegasse horas depois.

Parecia que já estávamos casados e apenas precisávamos participar às pessoas. Treya e eu nunca havíamos tocado em casamento; acho que não era necessário para nenhum de nós. Simplesmente aconteceria.

O que me deixava impressionado é que ambos havíamos desistido de encontrar a mítica "pessoa certa". Treya não namorava há dois anos; ela resignara-se a ficar sozinha; comigo aconteceu o mesmo. E aqui estávamos nós, tão certos de que nos casaríamos, a ponto de não tocar no assunto sequer uma única vez.

Mas antes das formalidades – antes de realmente pedir-lhe para casar comigo – eu gostaria que ela conhecesse um amigo querido, Sam Bercholz. Ele vivia em Boulder com a esposa Hazel e os filhos Sara e Ivan (o terrível).

Sam era o fundador e presidente da Shambhala Publications, geralmente considerada como a melhor editora do mundo em estudos orientais/ocidentais, Budismo e filosofia/psicologia esotéricas. Sam e eu nos conhecíamos há muito tempo. Além da editora, que então ficava em Boulder, Colorado, ele fundara a Shambhala Booksellers, uma livraria extraordinária e agora muito famosa em Berkeley. Quando Sam começou a livraria – com vinte anos – ele mesmo tratava dos pedidos pelo correio, trabalhando no porão até tarde da noite, embalando e despachando livros para vários clientes. E, uma vez por mês, como um relógio, recebia um enorme pedido de um garoto de Lincoln, Nebraska. Sam ficava imaginando: "Se esse cara está realmente lendo todos esses livros, algum dia vamos ouvir falar dele".

Com 22 anos e bem no meio do meu curso de pós-graduação em bioquímica, eu realmente *estava* lendo todos aqueles livros. Inicialmente, quis ser médico e entrei para um programa de preparação para medicina na Duke University em Durham, Carolina do Norte, onde fiquei por dois anos, até me decidir que a prática de medicina não era suficientemente criativa para meus gostos intelectuais. Simplesmente memorizavam-se fatos e informações para, em seguida, aplicá-los de forma mecânica

Graça e Coragem

em pessoas simpáticas e confiantes. Pareceu-me um trabalho de encanador glorificado. Também me pareceu ser uma forma não recomendável de tratar um ser humano. Então, abandonei Duke e voltei para casa (meu pai era da Força Aérea; ele e mamãe estavam morando na Offut Air Force Base, perto de Omaha, Nebraska). Fiz dois cursos de graduação (um em química, outro em biologia) e, em seguida, fui fazer uma pós-graduação em bioquímica na Nebraska University em Lincoln. Pelo menos a bioquímica era criativa; no mínimo poderia pesquisar, descobrir algo, ou gerar novas informações, novas ideias, novas teorias, e não meramente aplicar o que me havia sido ensinado.

Embora tivesse me formado com honras, meu coração não estava naquilo. Bioquímica, medicina e ciência em geral simplesmente não tratavam das perguntas que estavam se tornando de fundamental importância para mim – perguntas tolas como: "Quem sou eu?", "Qual é o sentido da vida?", "Por que estou aqui?".

Como Treya, procurava por algo que a ciência simplesmente não podia prover. Comecei um estudo obsessivo das grandes religiões, filosofias e psicologias do mundo, tanto orientais quanto ocidentais. Lia dois a três livros por dia, matando aulas de bioquímica e empurrando com a barriga meu trabalho de laboratório (que consistia na positivamente revoltante tarefa de dissecar centenas de olhos de vaca por semana para pesquisar as retinas). Meus interesses errantes preocupavam muito meus professores, que suspeitavam que eu estava em busca de algo inútil – isto é, não científico. Uma vez, quando deveria apresentar uma palestra sobre bioquímica, para professores e alunos, a respeito do fascinante tema "A fotoisomerização da rodopsina isolada de segmentos exteriores de bastonetes de bovinos", eu, ao contrário, dei uma aula de duas horas descaradamente intitulada "O que é a realidade e como a conhecemos?", um duro ataque à inadequabilidade da metodologia científica empírica. Os professores escutaram atentamente, fizeram numerosas perguntas inteligentes e profundas, e acompanharam perfeitamente os argumentos. Aí, logo que terminei a apresentação, surgiu um sussurrante, mas claramente audível, comentário lá do fundo da sala, um comentário que resumiu praticamente os sentimentos de todos: "Muito bem! Agora voltemos à realidade".

Isso foi genuinamente engraçado e todos nós rimos. Mas o triste, obviamente, era que o significado de "realidade" era realidade empírico-científica, o que basicamente quer dizer somente aquela que pode ser percebida pelos sentidos humanos ou suas extensões instrumentais (microscópios, telescópios, chapas fotográficas e assim por diante). *Qualquer coisa* fora desse mundo estreito – qualquer coisa que tenha a ver com a alma humana, Espírito, Deus ou eternidade – é considerada não científica e, portanto, "irreal". Passara minha vida inteira estudando ciência, só para concluir tristemente que a ciência não estava errada, mas brutalmente limitada em sua abor-

Alguns abraços, alguns sonhos

dagem estreita. Se os seres humanos são compostos de matéria, corpo, mente, alma e espírito, então a ciência lida elegantemente com a matéria e o corpo, mas pobremente com a mente e absolutamente nada com a alma e o espírito.

Eu não queria saber mais sobre matéria e corpo; sentia-me sufocado por verdades a respeito deles. Queria saber sobre mente e, em especial, sobre alma e espírito. Desejava um pouco de significado na balbúrdia de fatos que engolia.

E ali estava eu, passeando pelo catálogo de pedidos pelo correio da Shambhala Booksellers. Abandonei a pós-graduação na faculdade, encurtando meu doutorado e, em vez disso, fazendo um mestrado; a última lembrança clara que tenho daquele lugar foi a expressão horrorizada no rosto dos meus professores, quando lhes falei sobre meus planos de escrever um livro a respeito de "consciência, filosofia, alma e quejandos". Arranjei um emprego de lavador de pratos para pagar o aluguel. Ganhava 350 dólares por mês e gastava cem nos pedidos de livros para a Shambhala.

Eu escrevi o livro. Estava com 23 anos de idade; intitulei-o *O Espectro da Consciência*.[4] Felizmente, as críticas foram entusiásticas. Foi basicamente o retorno positivo do *Espectro* que me incentivou a prosseguir. Nos cinco anos seguintes, lavei pratos, servi mesas, trabalhei em um supermercado e escrevi mais cinco livros.[5] Já naquela época, vinha praticando meditação Zen por quase dez anos; os livros foram um grande sucesso; eu me sentia muito satisfeito. Tive um casamento feliz por nove anos e, em seguida, um divórcio também feliz (continuamos amigos até hoje).

Em 1981, mudei-me para Cambridge, Massachusetts, a fim de tentar salvar a *ReVISION Journal*, uma revista que Jack Crittenden e eu cofundáramos três anos antes. *ReVISION* era, de muitas formas, uma revista notável, devido em grande parte à energia criativa e perspicácia de Jack. Numa época em que filosofia intercultural e estudos interdisciplinares eram largamente ignorados, *ReVISION* serviu como um farol para estudiosos e intelectuais interessados em estudos orientais/ocidentais e como interface entre ciência e religião. Fomos, por exemplo, os primeiros a publicar extensos artigos sobre o paradigma holográfico, com contribuições de Karl Pribram, David Bohm, Fritjof Capra e outros. Mais tarde, compilei esses trabalhos em um livro intitulado *O Paradigma Holográfico: Uma Investigação nas Fronteiras da Ciência*.[6]

---

[4] Publicado no Brasil pela Editora Cultrix. (N.T.)
[5] *A Consciência sem Fronteiras: Pontos de Vista do Oriente e do Ocidente sobre o Crescimento Pessoal; O Projeto Atman: Uma Visão Transpessoal do Desenvolvimento Humano; Um Deus Social: Breve Introdução a uma Sociologia Transcendental; Up From Eden: A Transpersonal View of Human Evolution; Eye to Eye: The Quest for the New Paradigm*. Os três primeiros foram publicados no Brasil pela Editora Cultrix. (N.T.)
[6] Publicado no Brasil pela Editora Cultrix. (N.T.)

Graça e Coragem

Por incrível que pareça, *ReVISION* era um esforço de apenas dois homens. Eu fazia a edição geral em Lincoln e Jack, em Cambridge, fazia absolutamente tudo o mais, da revisão à diagramação, montagem, impressão e distribuição. Ele finalmente contratou uma mulher extremamente inteligente (e muito bonita) para ser o departamento de assinaturas e aí se casou com o departamento de assinaturas, que engravidou imediatamente. Jack teve de abandonar *ReVISION* a fim de conseguir um verdadeiro emprego e logo me pus a caminho de Cambridge para tentar salvá-la.

Foi em Cambridge que finalmente conheci Sam pessoalmente. Surgiu uma simpatia mútua imediata. Um robusto homem com barba, um gênio nos negócios, uma mente propensa à universalidade e um extraordinário e terno coração, Sam me lembrava um grande urso de pelúcia. Ele estava na cidade para avaliar a possibilidade de transferir a Shambhala Publications para Boston, o que realmente fez.

Um ano em Cambridge foi o suficiente. Meus amigos pensaram que eu adoraria Cambridge por seu estímulo intelectual, mas a achei muito mais irritante do que estimulante. As pessoas pareciam confundir o som de ranger de dentes com pensamento. *ReVISION* foi finalmente salva pela transferência para a Heldreff Publications, e eu fugi de Cambridge para San Francisco — mais especificamente, Tiburon, onde passei a viver com Frances e Roger que, um ano mais tarde, me apresentaram à Treya.

Sam estava em Boulder com sua família e, antes de pedir Treya em casamento, queria que eles se conhecessem. Assim, na viagem para Aspen, onde encontraríamos a família de Treya, paramos em Boulder. Após conversar com ela por mais ou menos cinco minutos, Sam puxou-me de lado e disse: "Não só aprovo, como estou preocupado, pois ela vai sair perdendo".

Pedi Treya em casamento naquela noite, em uma calçada de Boulder, do lado de fora do restaurante Rudi's, na Pearl Street. Tudo que ela disse foi: "Se você não me pedisse, eu o pediria".

Eu já havia programado uma visita a meus pais no Colorado. Embora Ken e eu nos conhecêssemos há menos de duas semanas, desejava desesperadamente que eles o conhecessem. Conseguimos combinar uma viagem de negócios dele à Shambhala Publications, em Boulder, com uma visita a Aspen. Fui na frente e, jogando a prudência para o alto, passei três dias com meus pais e velhos amigos elogiando esse homem maravilhoso, sem igual, completamente adorável. Não me importei com o que eles pensaram, embora nunca tivesse falado com entusiasmo sobre um homem em toda a minha vida e não namorasse há dois anos! Por alguma razão, não estava com medo de parecer uma boba; tinha certeza do que sentia. Muitos desses amigos me conheciam há dez anos e a maioria se convencera de que, provavelmente, nunca me casaria. Minha mãe não conseguiu se controlar, ela simplesmente perguntou se pensávamos em casamento, embora não tivesse mencionado essa possibilidade, pois Ken e eu nunca a discutíramos. O que poderia responder? Tive de dizer a verdade. Sim, nós vamos nos casar.

Alguns abraços, alguns sonhos

Ao voar para Denver, onde me encontraria com Ken no aeroporto, de repente fiquei terrivelmente tensa. Tomei um aperitivo, atitude fora do comum para mim, enquanto o esperava. Acompanhei, nervosa, todo mundo sair do avião, de alguma forma torcendo secretamente para que ele não estivesse lá. Afinal, quem era aquele homem alto, careca, completamente diferente, que estava esperando? Estava pronta para recebê-lo? Não, naquele momento não estava.

E ele não veio naquele avião. Tive tempo de avaliar a situação. Do receio de sua chegada ao alívio em não o ver, até a decepção e quase pânico de que não aparecesse. E se ele fosse uma ilusão em meus sonhos? E, caso fosse real, se tivesse ficado em Los Angeles com sua antiga namorada? E se... De repente quis sinceramente revê-lo.

E sim, lá estava ele, no voo seguinte. Inconfundível, impossível de não se notar. Com um misto de nervosismo, embaraço e puro prazer, o saudei, ainda desacostumada com a atenção que sua figura impressionante atraía.

Passamos os próximos dias em Boulder com seus amigos. Já que Ken e eu, de alguma forma, ficávamos grudados um no outro, em público ou em particular, comecei a me perguntar o que seus amigos pensariam de mim. Uma noite, de pé do lado de fora do restaurante onde acabáramos de jantar com Sam e Hazel, eu lhe perguntei o que contara a Sam sobre mim. Ken segurou minhas mãos, fitou-me com aqueles imensos olhos castanhos e respondeu: "Disse ao Sam que, se você me quiser, é a mulher com quem quero me casar". Sem refletir ou vacilar um instante, eu disse: "Claro". (Pensei – ou talvez tenha falado – "eu ia pedi-lo em casamento".) Saímos todos para celebrar com champanhe, apenas dez dias após nosso primeiro encontro. Era uma adorável noite de fim de verão, fresca, límpida, carregada de energia. Senti a presença das Montanhas Rochosas do Colorado assomando por trás de nós, testemunhando essa promessa, conferindo-nos suas bênçãos. Minhas montanhas favoritas. O homem dos meus sonhos. Senti-me delirante e atordoada com tanta felicidade.

Poucos dias depois fomos para Aspen, onde vivi por quase dez anos. Meus pais o amaram. Meu irmão e minha cunhada o amaram. Todos os meus amigos o amaram. Uma irmã me telefonou para dar os parabéns. A outra me telefonou, preocupada, para me fazer perguntas que revelariam se a relação era genuína ou não; eu a dispensei. Ken e eu caminhamos juntos por minha trilha favorita, subindo o Conundrum Creek, ladeada por montanhas majestosamente esculpidas. Um perfeito vale glacial com graciosos álamos e resistentes sempre-vivas, com afloramentos rochosos que geram complexas figuras, gravando o intenso céu azul cristalino. Caminhei e corri muitas e muitas vezes por essa trilha no passado. Sempre visualizei esse vale quando queria me sentir em paz. E aqui estávamos nós, o sereno murmúrio do riacho nos acompanhando, um colibri ocasional surgindo, o delicado som sussurrante das folhas dos álamos completando a atmosfera ao redor, pincéis de índio, gencianas, ásteres, pastinacas de vaca e aquilégias, sempre as adoráveis aquilégias, espalhadas em torno de nós.

Naquela noite fomos para uma pequena cabana na floresta de álamos para ficarmos um pouco sozinhos. Poder-se-ia pensar que gnomos ou duendes a construíram. Uma grande pedra avermelhada, coberta de líquen, formava uma parede; os seus cantos eram compostos por álamos vivos e suas outras paredes eram de álamos lavrados à mão. Uma pessoa poderia passar pela cabana sem notá-la, pois ela combinava naturalmente com o ambiente. Havia muitos esquilos tanto dentro quanto fora da cabana. Lá Ken e eu conversamos sobre o futuro e dormimos felizes nos braços um do outro.

Estamos sozinhos, sentados em frente à lareira, o fogo ardendo na noite fresca, mais uma vez faltando luz na casa. "Aí mesmo, no seu ombro esquerdo", diz Treya. "Você não vê?"

Graça e Coragem

"Não, eu não consigo ver. Ver o quê?".

"A morte. Está bem aí, em seu ombro esquerdo."

"Você está falando sério? Você está brincando, não é? Eu não entendo."

"Estávamos comentando como a morte é uma grande professora, e de repente, em seu ombro esquerdo, eu vi essa figura escura e poderosa. É a morte, tenho certeza."

"Você costuma ter alucinações com frequência?"

"Não, nunca. Só que eu vi a morte em seu ombro esquerdo. Não sei o que isso significa."

Não consigo evitar. Olho para o meu ombro esquerdo. Não vejo nada.

2. Além da física

O casamento foi marcado para 26 de novembro, alguns meses depois. Enquanto isso, ocupamo-nos com os preparativos. Isto é, Treya assumiu todas as providências necessárias. Eu escrevi um livro.

Esse livro, *Quantum Questions*, concentrava-se especificamente no fato notável de que praticamente todos os grandes pioneiros da física moderna – homens como Einstein, Schrödinger e Heisenberg – se tornaram, de uma forma ou de outra, místicos espirituais, uma situação por si só extraordinária. A mais dura das ciências, a física, correra sem rodeios para a mais delicada das religiões, o misticismo. Por quê? E, ainda por cima, o que era exatamente o misticismo?

Compilei os escritos de Einstein, Heisenberg, Schrödinger, Louis de Broglie, Max Planck, Niels Bohr, Wolfgang Pauli, Sir Arthur Eddington e Sir James Jeans. O gênio científico desses homens está acima de discussão (todos, exceto dois, foram laureados com o Nobel); o espantoso, como disse, é que eles compartilhavam uma visão de mundo profundamente espiritual ou mística, talvez a última coisa a se esperar de cientistas de vanguarda.

A essência do misticismo é que no mais profundo do ser, bem no centro de sua consciência pura, você é fundamentalmente um com o Espírito, um com a Divindade, um com o Todo, de uma forma infinita, eterna e invariável. Soa estranho? Escute Erwin Schrödinger, ganhador do Prêmio Nobel, cofundador da moderna mecânica quântica:

"Não é possível que esta unidade de conhecimento, sentimento e arbítrio, que você chama de *eu*, tenha surgido do nada, em um dado momento, não muito tempo atrás; ao contrário, este conhecimento, sentimento e arbítrio são essencialmente eternos, inalteráveis e numericamente *uno* em todos os homens; não, em todos os seres sencientes. Inconcebível como possa parecer ao senso comum, você – e os outros seres conscientes – estão todos em tudo. Consequentemente, esta vida que você está vivendo não é meramente uma parte da existência inteira, mas é, em um certo sentido, o *Todo*... Eis a sagrada fórmula mística que é tão simples e tão clara: 'eu estou no leste e no oeste, eu estou acima e abaixo, *eu sou o mundo inteiro*'.

"Desse modo, você pode deitar no chão, esticar-se sobre a Mãe Terra, com a certeza de que você é uno com ela e ela é una com você. Você é tão firmemente assentado, tão invulnerável, quanto ela – na verdade, mil vezes mais firme e mais invulnerável. Tão certo quanto ela o engolirá amanhã, também o gerará novamente. E não meramente 'algum dia': agora, hoje, todo dia, ela está gerando você, não *uma*

Graça e Coragem

vez, mas milhares e milhares de vezes, da mesma maneira que todo dia ela o engole milhares de vezes. Pois, eternamente e sempre, só existe o *agora*, o único e mesmo agora; o presente é a única coisa que não tem fim."[1]

De acordo com os místicos, quando vamos além ou transcendemos nossa sensação de uma identidade separada, nosso ego limitado, descobrimos, ao contrário, uma Identidade Suprema, uma identidade com o Todo, com o Espírito universal, infinito, onipresente, eterno e invariável. Como explica Einstein: "Um ser humano é parte do Todo que chamamos de 'Universo'; uma parte limitada no tempo e espaço. Ele vivencia seus pensamentos e sentimentos como algo separado do resto – um tipo de ilusão de ótica da sua consciência. Essa ilusão é uma prisão para nós, restringindo-nos a desejos pessoais e à afeição por algumas pessoas mais próximas. Nossa tarefa deve ser nos libertarmos dessa prisão".

Realmente, o ponto fundamental da meditação ou contemplação – independentemente se ela provém do Oriente ou Ocidente, se é cristã, muçulmana, budista ou hindu – é livrar-nos da "ilusão de ótica" de que somos meros egos separados uns dos outros e do Espírito eterno e, ao contrário, fazer-nos descobrir que, uma vez libertos da prisão da individualidade, somos um com a Divindade e, portanto, com toda a manifestação, de uma forma perfeitamente infinita e eterna.

E essa não é uma simples *ideia* teórica; é uma *experiência* direta e imediata, que vem sendo divulgada no mundo desde tempos imemoriais e que é essencialmente idêntica onde quer que apareça. Como Schrödinger explica: "Em um ambiente cultural onde certas concepções sejam específicas e limitadas, é temerário apresentar essa conclusão em seu simples teor. Na terminologia cristã dizer-se: 'Portanto, eu sou o Deus todo-poderoso' soa blasfemo e lunático. Mas, por favor, desconsidere essas conotações por um instante e considere que esse *insight* não é novo. No pensamento hindu, longe de ser considerado blasfemo, ele representa a quintessência da vivência mais profunda dos acontecimentos do mundo. Novamente, os místicos de muitos séculos, independentemente, em perfeita harmonia entre si (algo como partículas de um gás ideal), descreveram, cada um deles, a experiência única de sua vida em termos que podem ser resumidos pela frase *Deus factus soma* – eu me tornei Deus".

Não no sentido de que meu ego particular é Deus – longe disso – mas sim que, na parte mais profunda da minha consciência, estou unido diretamente à eternidade. E essa união direta, essa consciência mística, foi o que tanto interessou a esses físicos pioneiros.

Em *Quantum Questions*, quis mostrar como e por que esses grandes físicos tornaram-se místicos e falaram eloquentemente sobre por que "a mais bela emoção

---

[1] Todas as citações deste capítulo são de *Quantum Questions*.

Além da física

que podemos experimentar é a mística" (Einstein), sobre como "o mecanismo exige um misticismo" (de Broglie), sobre existir "na mente de um Espírito eterno" (Jeans), sobre por que "uma síntese abraçando tanto a compreensão racional quanto a experiência mística da unidade é o mito, falado ou calado, da nossa era atual" (Wolfgang Pauli), e sobre a relação mais importante de todas: "aquela de uma alma humana com um espírito divino" (Eddington).

Observe que *não* estou afirmando que a física moderna sustenta ou prova uma visão de mundo mística. Digo que esses físicos específicos foram místicos, e não que sua disciplina era uma atividade mística ou de alguma forma espiritual, resultando em uma visão de mundo religiosa. Em outras palavras, discordo completamente de livros como *O Tao da Física* e *The Dancing Wu Li Masters*, que afirmam que a física moderna sustenta ou até prova o misticismo oriental.[2] Isso é um erro colossal. A física é uma disciplina restrita, finita, relativa e parcial, lidando com um aspecto muito limitado da realidade. *Não* trata, por exemplo, de verdades biológicas, psicológicas, econômicas, literárias ou históricas, enquanto o misticismo lida com tudo isso, com o Todo. Afirmar que a física prova o misticismo é o mesmo que dizer que o rabo abana o cachorro.

Usando a analogia da Caverna de Platão: a física nos dá um retrato detalhado das sombras na Caverna (verdade relativa), enquanto o misticismo nos permite um acesso direto à Luz além da Caverna (verdade absoluta). Por mais que estudemos as sombras, elas não nos conduzirão à Luz.

Além disso, *nenhum* desses físicos de vanguarda acreditava que a física moderna sustentasse uma visão de mundo mística ou religiosa. Ao contrário, eles julgavam que a ciência moderna não poderia mais *se opor* a uma visão de mundo religiosa, simplesmente porque a física moderna, diferentemente da física clássica, conscientizou-se fortemente do seu papel extremamente limitado e parcial, de sua completa inadequabilidade para lidar com realidades supremas. Como colocado por Eddington, também usando a analogia de Platão: "A clara compreensão de que a ciência física lida com um mundo de sombras é um dos mais significativos avanços recentes".

Todos esses físicos pioneiros tornaram-se místicos justamente porque quiseram ir além das limitações intrínsecas da física, até uma consciência interior e mística que, ao transcender o mundo das formas-sombras, revelava realidades superiores mais duradouras. Eles foram místicos, não por causa da física, mas apesar da física. Em outras palavras, eles vislumbraram o misticismo como metafísica, o que significa "além da física".

---

[2] Fritjof Capra, autor de *O Tao da Física* (agora em sua terceira e atualizada edição publicada pela Shambhala), refinou consideravelmente sua visão; não me refiro a Capra, mas a seus pálidos imitadores como Gary Zukov e Fred Alan Wolf.

Graça e Coragem

E quanto às tentativas de usar as interpretações da física moderna para sustentar uma visão de mundo religiosa particular? Einstein, representando a maioria desses físicos, chamou todas elas de "repreensíveis". Schrödinger as classificou de "sinistras" e explicou: "A física não tem nada a ver com isso. A física parte da experiência diária e a estende por meios mais sutis. Mas para por aí, não transcende genericamente, não pode entrar em outro domínio... porque o domínio [da religião] está muito além do alcance da explicação científica". E Eddington foi incisivo: "Eu não sugiro que a nova física 'prove a religião' ou sequer dê sustentação positiva para a fé religiosa. *De minha parte, sou completamente contrário a quaisquer tentativas nesse sentido*" (os itálicos são dele).

Por quê? Simplesmente imagine o que aconteceria se realmente afirmássemos que a física moderna sustenta o misticismo. O que acontece, por exemplo, se dissermos que hoje a física está de pleno acordo com a iluminação de Buda? O que acontecerá quando a física de amanhã superar a física de hoje (o que ocorrerá com toda certeza)? Então o pobre Buda perderá sua iluminação? Você entende o problema? Se você atrela seu Deus à física contemporânea, quando esta falhar, Deus também falhará com ela. E é *isso* que preocupava aqueles físicos místicos. Eles não queriam distorcer a física nem depreciar o misticismo com um casamento forçado.

Treya acompanhou o processo com grande interesse – ela logo se tornou meu melhor editor e o mais confiável dos críticos. Esse foi um livro particularmente agradável. Treya e eu éramos meditadores; isto é, compartilhávamos uma visão de mundo contemplativa ou mística, e nossa prática de meditação tinha por objetivo ir além da individualidade, além do ego, e descobrir um Eu e uma Fonte além do domínio mundano. Era muito bom que os maiores físicos do mundo também se declarassem abertamente místicos. Há muito tempo eu chegara à conclusão de que existem dois tipos de pessoas que creem no Espírito universal – aquelas que não são muito brilhantes (por exemplo, Oral Roberts) – e aquelas que são extremamente brilhantes (por exemplo, Einstein). As outras, entre esses dois extremos, assumem, como ponto de honra, uma postura "intelectual" de não crer em Deus ou em qualquer coisa transracional. Treya e eu acreditávamos em Deus, como a mais profunda Essência e Meta, o que significava que poderíamos ser muito brilhantes ou levemente idiotas. E por "Deus" não me refiro a uma figura antropomórfica de pai (ou de mãe), mas a uma consciência pura, ou consciência essencial, que é *o que* existe e *tudo que* existe, uma consciência que se cultiva na meditação e se realiza na vida cotidiana. Essa compreensão mística foi absolutamente central para Treya, para mim e para nossa vida em comum.

Treya também se divertiu muito com a elaboração do livro. Ela chegou à conclusão de que, não importa o que fizesse, eu estava de fato me esquivando das minhas responsabilidades quanto ao casamento. Provavelmente era verdade.

Além da física

Minha ligação com ela continuava a aprofundar-se, se é que isso era possível. Estávamos muito, muito, muito "além da física"! O amor é um caminho consagrado pelo tempo para transcender a sensação do eu alienado e lançar-nos no sublime; Treya e eu demos as mãos, fechamos nossos olhos e saltamos.

Olhando para trás, tivemos esses quatro meses, lamentavelmente curtos, para consolidar nossa relação diante da tragédia cruel que nos atingiria. O vínculo que construímos naqueles poucos meses de êxtase teria de durar pelos próximos cinco anos de um aterrorizante passeio pelo inferno médico. A provação foi tão dura, a ponto de, em um momento, Treya e eu desabarmos. Nosso amor quase acabou, para, em seguida, ressurgir e literalmente nos unir novamente.

Enquanto isso, telefonávamos e escrevíamos para nossos amigos, que foram amáveis e pacientes com duas pessoas que, obviamente, estavam completamente delirantes e frenéticas. Meus amigos, ao conhecer Treya, não tiveram nenhuma dificuldade para entender por que eu balbuciava e me babava. Os amigos dela, que nunca a viram falar muito sobre nada, divertiam-se com a situação. Eu, fugindo às minhas características, falava pouco; Treya, fugindo às suas, tornara-se enfadonha.

Muir Beach, 2 de setembro de 1983

Querido Bob,

serei breve. Eu a encontrei. Não sei exatamente o que isso significa, mas eu a encontrei. Seu nome é Terry Killam, e ela é, bem... Ela é maravilhosa, inteligente, brilhante, atenciosa, adorável, terna, compassiva... Eu disse maravilhosa? Disse brilhante?... E outras coisas: é mais corajosa e íntegra do que qualquer pessoa (homem ou mulher) que conheci. Não sei não, Bob, eu a seguiria para qualquer lugar. Na verdade, ela não é tão brilhante, porque pensa o mesmo de mim. Dez dias depois de nos conhecermos, eu a pedi em casamento. Você acredita? E ela disse sim, você acredita? Vou lhe mandar o convite. Traga um amigo, se conseguir achar um.

Até breve,
Ken

P.S. Já sei, você chegará no dia seguinte, se der.

Graça e Coragem

Muir Beach, 24 de setembro de 1983

Querida Alyson,

bem, finalmente o encontrei. Lembra-se daquelas listas que fazíamos, lubrifica-das com xerez, nossas "especificações desejáveis" para o homem perfeito? Quantos anos faz isso e que prazo-limite defini? Quem vai saber... E já desistira há muito tempo. Nunca pensei que algo assim fosse acontecer comigo.

Ele se chama Ken Wilber – você provavelmente já ouviu falar do seu trabalho e talvez tenha lido um dos seus livros. Ele escreve sobre consciência e psicologia transpessoal e sua obra é muito usada em várias universidades (inclusive na minha, California Institute of Integral Studies). Se você ainda não o leu, acho que vai se inte-ressar; eu lhe enviarei alguns de seus livros. Ele é considerado por muitos o principal teorista dos estudos transpessoais. Ken brinca que "ser chamado de principal teorista da psicologia transpessoal é o mesmo que ser considerado o edifício mais alto de Kansas City".

Encontrá-lo me fez perceber que, dentro de mim, eu já havia decidido que nunca acharia alguém com quem quisesse me casar e continuaria a levar a vida em meu velho, confortável e independente estilo. Nunca aventei a possibilidade de casamento, ainda mais com 36 anos; e aí me aparece o sr. Ken Wilber!

Sentimo-nos como se estivéssemos juntos desde sempre. Nunca na vida senti esta ligação com nenhum homem antes; é como se as próprias células do meu ser estivessem ligadas a ele e como se esse tipo de conexão fosse simplesmente a expres-são mais concreta e imediata de uma ligação entre nós que existe em todos os níveis, até mesmo nos mais sutis. Nunca me senti tão amada e aceita, ou tão amorável e aceitável para outra pessoa, em minha vida. Ele é definitivamente o homem dos meus sonhos! Na verdade, o mais difícil foi me acostumar com o fato de que barbeia a cabeça (ele é zen-budista, pratica meditação há doze ou treze anos e tem por hábito raspá-la). Tem 34 anos, 1,93 m, magro, um rosto bonito e muito franco, e um corpo maravilhoso. Vou lhe enviar um retrato dele e alguns dos seus livros.

Encontrá-lo também me fez sentir um pouco vingada... O que soa bastante forte para descrever a situação, mas é como me sinto. Ao seguir meu senso de dire-ção interior, por mais confuso que pudesse parecer na superfície, ele realmente me levou a algum lugar. A sensação que temos é que já nos conhecíamos antes e nos procuramos novamente nesta vida... Não sei se acredito que as coisas sejam assim de fato, mas é uma metáfora precisa para o que sentimos. Ele é minha alma gêmea, por mais batido que seja esse termo. Estar com Ken é preencher alguns daqueles locais interiores de autoindagação e dúvida sobre o universo. Respeito profundamente seu

Além da física

trabalho e sua inteligência; adoro o modo como se comporta em todos os aspectos da vida. Ele também tem um senso de humor incrível – me faz rir o tempo todo! – e uma leveza de viver, o que é bom para mim. Sinto-me amada e considerada de uma forma que nunca experimentei antes. Ele é o homem mais adorável, gentil, companheiro, que conheci. A relação flui naturalmente, muito fácil, não tal qual uma porção de arestas a serem aparadas. Mais do tipo – oh, aqui está você, eu a estava procurando. Formamos uma grande dupla e estou realmente ansiosa para ver como nossas vidas irão se desenvolver no futuro. É um pensamento maravilhoso olhar vinte anos à frente e saber que ainda estaremos juntos... Que aventura! Almejo de fato uma longa vida com ele.

Às vezes nem acredito; realmente não confio no universo e deixo rolar, como se algo fosse mudar. Mas nos sentimos muito ligados e acho que será fascinante assistir a nossa relação e trabalho tomarem forma ao longo dos anos. Ele praticamente já se mudou para cá e os planos para o casamento estão em andamento, o que também parece estranho, planejar um casamento. Na verdade, já nos sentimos casados e a formalidade é mais para a família.

Bem, querida, eis aí as novidades. Tudo que faço ultimamente é ficar com Ken e atender aos meus clientes de aconselhamento. Já é tarde e estou cansada. Conto mais coisas quando estiver com você... No meu casamento!

Beijos,
Terry

Eu continuo a olhar para o meu ombro esquerdo, fixando bem a vista, mas não consigo ver nada. É provável que Treya esteja brincando; ainda não a conheço muito bem. "Você quer dizer que a vê simbolicamente."

"Não sei o que isso significa, mas com certeza eu vi uma figura da morte em seu ombro esquerdo, da mesma forma como agora estou vendo claramente seu rosto. Parecia, não sei bem, um duende preto, sentado e sorridente."

"Tem certeza que isso já não aconteceu antes?"

"Nunca. Tenho certeza."

"Por que no meu ombro esquerdo? Por que em mim?" Isso está meio estranho. Com a sala às escuras, exceto pela luz esmaecida do fogo, também está meio sinistro.

"Eu não sei. Mas sinto que é muito importante. Estou falando sério."

Ela parece tão sincera que não consigo evitar: olho de novo para o meu ombro esquerdo. Mais uma vez não vejo nada.

Graça e Coragem

Um mês antes do casamento, Treya fez um exame médico.

Encontro-me deitada na mesa de exame do meu médico, pernas abertas, com um lençol branco por cima dos joelhos, exposta ao ar frio e às suas mãos investigadoras – a clássica posição para um exame ginecológico. Já que estou prestes a me casar, parece uma boa ideia fazer um exame geral nesse momento. Meus pais fazem *checkups* regularmente, mas eu, nem tanto. É claro que me sinto bem. Sempre tive uma saúde de, desculpe-me o termo, égua. Acho que Ken vai ganhar uma esposa saudável. Visualizo um cacique africano examinando os dentes e as canelas de uma menina antes de aprovar o casamento com seu filho.

Minha cabeça está cheia de planos e dúvidas: onde realizar o casamento, quantas pessoas convidar, a escolha dos cristais e da louça, pontos de fundamental importância que devem ser decididos antes que a união seja abençoada. Não há muito tempo para todos esses preparativos. Decidimos nos casar cerca de uma semana após nos conhecermos e fixamos a data para dali a três meses.

O exame continua. Agora o médico está apalpando e pressionando meu abdômen e estômago. Ele é um bom homem, um bom médico. Eu gosto muito dele. Ele é clínico geral e interessa-se pelos níveis de saúde; assim, age tanto como médico quanto terapeuta. Isso fica visível pela forma como trata seus pacientes, pela atmosfera do seu consultório. Um bom homem.

Agora ele está examinando meus seios. Primeiro, o esquerdo. Eles são grandes desde meus 12 anos mais ou menos. Lembro-me de que achava que eles não cresceriam; por vezes ficava em uma banheira com uma amiga, ambas massageando os seios e puxando os mamilos para acelerar nosso ingresso no mundo das mulheres. Eles cresceram demais e, de repente, uma situação que se mostrou óbvia em um acampamento de verão, quando tive de pedir emprestado um sutiã usado. Meus seios – muitas vezes um estorvo. Quando era jovem, os rapazes roçavam acidentalmente neles em ruas vazias. Quando fiquei mais velha, os olhos dos homens pareciam incapazes de fitar meu rosto. As blusas se abriam entre os botões da frente, roupas que caíam bem em outras não me serviam, batas me faziam parecer gorda ou grávida, blusas pregueadas realçavam a peitaria. Durante toda a vida fui o que os homens chamam de uma mulher peituda. As alças dos sutiãs ferem meus ombros. Sutiãs bonitos, rendados, sensuais, não são confeccionados no meu tamanho. Eu sempre tenho de usá-los, e preciso de um especialmente resistente para montar ou correr. Quando consigo encontrar biquínis ou mesmo maiôs de duas peças, acho-os obscenos. Maiôs inteiros nunca me proporcionam suporte suficiente.

Mas me acostumei aos ajustes que essa peculiaridade exige e passei a gostar dos meus seios. Eles são macios, firmes e bem bonitos, tipo revista *Playboy*. Aparentemente, herdei essa característica da mãe do meu pai. Sou a única das quatro mulheres da família com esse problema. Uma vez, minha mãe sugeriu que eu os diminuísse. Penso que ela se preocupava com a minha dificuldade para encontrar roupas. Achava desnecessário, mas consultei um cirurgião plástico muitos anos atrás. Ele me explicou o procedimento cirúrgico, porém concordou comigo. Meus seios eram grandes, mas não tão grandes a ponto de exigir medidas drásticas.

O médico começa a examinar meu seio direito. Um exame cuidadoso, do tipo que eu deveria fazer todo mês. Recordo-me vagamente de ser aconselhada a fazer um autoexame das mamas, mas tenho certeza de que nunca me ensinaram como. Meu médico continuou o exame.

"Você sabia que tem um nódulo no seio direito?"

Além da física

"O quê? Um nódulo? Não, nunca reparei."

"Está bem aqui, na parte externa mais baixa da sua mama direita. Você pode senti-lo facilmente."

Ele guia minha mão para a área. Sim, posso senti-lo facilmente. Muito facilmente. Teria sido simples encontrar algo desse tamanho se eu tivesse procurado. "O que o senhor acha que é, doutor?"

"Bem, ele é bem grande e muito duro. Mas não está preso ao músculo e move-se com facilidade. Com essas características e em uma mulher da sua idade, acho que não é preocupante. Deve ser só um cisto."

"O que o senhor acha que devemos fazer?" Nenhuma menção ainda à palavra "câncer".

"Na sua faixa etária, é pouco provável que seja câncer. Por que não esperamos um mês para ver se o nódulo varia de tamanho? Ele pode se alterar com seu ciclo menstrual. Venha me ver novamente daqui a 30 dias."

Eu me sinto aliviada. Visto-me, despeço-me e saio. Minha cabeça está cheia de planos para o casamento, telefonemas, decisões a tomar. Também estou fazendo um mestrado em psicologia e aconselhamento, com muita leitura, estudo e trabalho na clínica de aconselhamento. Ainda assim, por baixo de tudo isso, agora existe essa corrente fria de medo. Será que é câncer de mama? Eu fiquei receosa. Nada que pudesse explicar com palavras, só uma sensação de medo, de alguma forma, de certeza. Seria uma premonição? Ou simplesmente o receio que qualquer mulher sente numa hora dessa? Procuro me ocupar com tudo que tenho a fazer nessa época excitante. Ainda assim, descubro meus dedos tocando furtivamente aquele nódulo duro, bem definido, invariável. Ai, ele está sempre lá. Caminhando rapidamente pelo centro de San Francisco para comprar o sapato do casamento – ele continua lá. Assistindo a uma aula de psicologia na escola de pós-graduação – ele continua lá. Sentada à minha escrivaninha, dando telefonemas para organizar coisas do casamento – ele continua lá. No local exato em que meu seio toca o futon quando me deito à noite ao lado do meu futuro marido, aconchegada em meu lugar favorito, com seus longos braços envolvendo-me – ele continua lá.

Achei que o nódulo não era nada. Extremamente duro, como uma pedra, o que era ruim; mas simétrico e móvel, o que era bom. De qualquer maneira, existia só uma chance em dez de ser câncer. Todos os nossos amigos também acharam que não era nada. Ainda por cima, estávamos apaixonados. O que poderia dar errado? A única coisa em nosso horizonte era um casamento seguido por "viveram felizes para sempre".

Eu corria de um lado para o outro, aprontando as coisas para o casamento dali a três semanas. Era muito empolgante embora bem estressante, achava. Lá estava eu preparando-me para um evento do qual não tinha a menor ideia de que seria tão complicado. Ocasionalmente, sentia uma dor aguda no seio e ficava preocupada; tocava novamente aquele nódulo duro e liso e divagava.

Havia muito que fazer. Voltáramos recentemente de uma rápida viagem à costa leste para visitar os pais do Ken. Meus pais vieram para um fim de semana de preparativos, ajudando-nos a avaliar possíveis locais para a cerimônia e a escolher a forma dos convites.

Nós poderíamos ter esperado, claro. Sempre quis me casar em uma campina verdejante nas Montanhas Rochosas do Colorado, se esse evento imprevisto viesse a acontecer um dia. Mas não quis esperar até o próximo verão, ainda que fosse casar no mês do meu aniversário, entre o Dia de Ação de Graças e o Natal. Com certeza

Graça e Coragem

seria melhor comemorar nosso aniversário de casamento em um mês com menos festividades. Mas eu tinha pressa. Recordo-me de dizer: "Por alguma razão, acho que estou com pressa para me casar". Lembro-me claramente disso, antes mesmo da descoberta do nódulo.

Assim, após todos aqueles anos de incerteza, em que buscara uma perfeição impossível ou, secretamente, tivera medo de me comprometer, nós nos casamos. Conhecera Ken há menos de quatro meses, mas eu tinha certeza. Ele sussurrou-me coisas maravilhosas na limusine a caminho da cerimônia, como ter procurado por mim pela eternidade, matado dragões para me achar, coisas românticas, poéticas, adoráveis, que se mostravam profundamente verdadeiras. Fiquei até um pouco envergonhada, porque não sabia se minha mãe e meu pai as tinham ouvido também.

O dia do nosso casamento foi maravilhosamente claro, brilhantemente ensolarado, o primeiro dia com tempo bom depois de uma semana tempestuosa, com muita ventania. Tudo resplandecia à luz do sol; a atmosfera parecia plena de luminosidade. Um dia mágico. Dois amigos queridos nos casaram: David Wilkinson, um pastor metodista que eu conhecera nos meus tempos de Findhorn, e o padre Michael Abdo, abade de um monastério católico próximo à minha antiga casa no Colorado. (Quando ficamos noivos, mandei para o padre Michael uma caixa com livros do Ken, com uma carta, dizendo que iríamos nos casar. Padre Michael abriu a caixa e pensou: "Oh, estou vendo que Terry descobriu meu escritor favorito". Em seguida, ele abriu a carta e disse: "Oh, estou vendo que Terry vai se casar com meu escritor favorito".) Meu amigo metodista nos lembrou que o casamento pode ser uma prisão – às nossas costas, Alcatraz sobressaía na limpidez da Baía de San Francisco – ou trazer beleza e liberdade, e ele gesticulou em direção ao extenso arco da Ponte Golden Gate que une dois pedaços de terra, como estávamos nos unindo naquele dia.

A recepção foi muito divertida, entrosando famílias e amigos com farta distribuição de champanhe e guloseimas variadas. Gostei do que Judith Skutch, editora de *Um Curso em Milagres*, disse: "Este é um casamento nobre!". Eu estava exultante! Posteriormente, desejei ter parado por alguns momentos durante o redemoinho de coisas para poder valorizá-las. E naquela noite dormi aninhada nos braços do meu marido, feliz e exausta.

Naquele dia e no seguinte, não houve tempo para medo, nem para verificar o nódulo. A sensação inicial de que algo pudesse dar errado desaparecera à medida que outras pessoas me deram confiança e os planos do casamento me absorveram. Eu estava despreocupada quando voltei ao médico para um novo exame.

Marcamos nossa lua de mel no Havaí para dali a duas semanas, já que Treya tinha de terminar as aulas e fazer as provas finais. Àquela época, quase todos haviam deixado de se preocupar.

"Bem, ele ainda está aqui. Parece que não houve alteração", diz meu médico. "Você notou alguma diferença?"

"Não no tamanho ou na forma. Senti um pouco de dor aguda que não me lembro de ter sentido antes, mas foi em outras partes do seio. Continuo não sentindo nada em torno do nódulo", eu respondo. Ele fica em silêncio por um tempo. Sinto as engrenagens girando enquanto o médico avalia o que fazer.

"Bem", ele finalmente fala. "Esse é um caso difícil de diagnosticar. Não acho que seja grave, provavelmente só um cisto. A forma dele, sua idade, sua saúde, tudo me leva a crer que não é nada. Mas novamente, pela sua idade, só por segurança, você deveria tirá-lo. É o caminho mais aconselhável."

Além da física

"Está bem, se você pensa assim. Tenho seio de sobra para tirar! Quando você acha que devo fazê-lo? Ken e eu partimos para nossa lua de mel em uma semana e estaremos fora por duas semanas durante o Natal. Podemos esperar três semanas?" Estou mais preocupada com as providências da viagem.

"Acho que sim. Não há perigo em aguardar três semanas. Além disso, será melhor não ter uma incisão com pontos para se preocupar em sua lua de mel", ele diz. "Também gostaria que você fosse a outro médico, um cirurgião, para uma segunda opinião. Aqui está o nome. Seu consultório fica perto do Marin General."

Não me preocupando muito com tudo isso – afinal, só estou tomando as precauções necessárias – no dia seguinte vou ao consultório do cirurgião. Ele examina o nódulo e o seio cuidadosamente. Ele me pede para levantar minha mão acima da cabeça, retesar os músculos, depois pôr as mãos nos joelhos com os cotovelos para fora e retesar novamente os músculos. Ele olha atentamente para a pele sobre o nódulo. Naquela ocasião não sabia disso, mas existem formas de avaliar se um nódulo é maligno ou não através desse tipo de exame externo. Quando é maligno, frequentemente há um leve enrugamento da pele. Como minha pele não se comporta assim e o nódulo não está preso a nada, esse médico também acha que, provavelmente, é apenas um cisto. Ele resolve drenar o nódulo, mostrando-se muito confiante. Usa-se uma agulha grossa para esse procedimento; se o nódulo estiver cheio de fluido, ele é drenado por meio da agulha e, *voilà*, alguns segundos depois não existe mais nódulo. Mas quando tenta isso no meu nódulo, a agulha bate em algo duro. O médico parece surpreso e levemente assustado. "Oh", ele comenta, "deve ser um fibroadenoma, um tumor benigno". Ele me recomenda removê-lo, mas também acha que seria melhor fazê-lo após nossa viagem de três semanas de lua de mel/Natal. Assim, saio do consultório com um machucado no seio e o nódulo ainda lá dentro...

De sorte que ficou decidido. Os médicos estavam convencidos de que o nódulo não era nada de sério, embora devesse ser removido, e assim todo mundo parou de se preocupar. Exceto Sue, a mãe de Treya.

Mamãe está insistindo bastante. Ela quer que eu consulte um cirurgião oncológico, alguém especializado em câncer, para uma terceira opinião. Isso apesar do fato de que partimos em lua de mel daqui a quatro dias e tenho duas provas finais até lá. Eu resisto, mas acabo concordando relutantemente. Afinal de contas, ela sabe do que está falando. Essa é a mesma mãe que quinze anos atrás chocou e assustou a família inteira quando se descobriu que tinha um câncer de cólon.

Recordo-me muito bem do terror e confusão absoluta dos dias que se seguiram à descoberta e à cirurgia que aconteceu no verão, após minha formatura na faculdade. Lembro-me claramente do quanto ficamos impressionados, tontos e, de alguma forma, confusos, vagando com os olhos vidrados pelo enorme complexo do M. D. Anderson Cancer Center em Houston. Recordo-me de mamãe em sua cama de hospital, tubos entrando e saindo por todos os lados. Isso tudo está meio nebuloso para mim agora, a correria em casa, a sensação do desconhecido, o voo para Houston, o M. D. Anderson Hospital, o quarto do hotel, meu querido pai andando de um lado para o outro no quarto, no estacionamento, no hospital, tentando cuidar da mamãe, tentando nos explicar a situação, vivendo com seu próprio medo, tomando providências e decisões. Por alguma razão, acho que a gravidade da situação não me atingiu totalmente. Passei por tudo como se estivesse anestesiada. Eu realmente não entendi que era câncer.

Graça e Coragem

Não naquele momento, nem mesmo quando visitamos mamãe depois da cirurgia, ainda grogue com o sedativo, nem mesmo quando sentia a tensão e o medo crescerem em casa toda vez que ela retornava ao M. D. Anderson, para exames de rotina, pelos anos seguintes.

Agora, quinze anos depois, ela passou em todos os exames. E durante esse tempo nossa família suspirou aliviada. A cada vez, o nível de medo diminuía um pouquinho. O mundo parecia um pouco mais estável, um pouco mais confiável. Passei a me preocupar menos com o que papai faria sem mamãe; eles eram muito unidos e eu simplesmente não podia imaginar qualquer um deles vivendo sem o outro. Nunca acreditei que mamãe pudesse morrer de câncer. Naquela época, conhecia muito pouco sobre tais coisas. Pelo menos minha ignorância protegeu-me de preocupações desnecessárias, pois aqui estava ela, quinze anos depois, sentindo-se bem e sendo bastante inflexível quanto a eu procurar uma terceira opinião.

Dessa vez, de um oncologista, um especialista em câncer. Talvez devesse ir ao M. D. Anderson, ela sugere. Ao longo do tempo, meus pais envolveram-se muito com o Anderson, em parte pela gratidão ao excelente tratamento que minha mãe recebeu e em parte pelo interesse em apoiar pesquisas sobre câncer. Eles recentemente patrocinaram a criação de uma cadeira para pesquisa em genética e câncer.

Mas quero mesmo é ir para o Havaí, não para Houston. Telefono para um primo, que é ginecologista na minha cidade, para ver se ele pode me recomendar um oncologista. Ele o faz e marco uma consulta. Mamãe quer saber mais informações sobre esse Dr. Peter Richards. Acontece que ele fez sua residência no M. D. Anderson com o cirurgião que operou minha mãe quinze anos atrás! Que sorte... e ele é muito bem recomendado pelo M. D. Anderson. Dizem que foi um dos melhores residentes dos últimos anos e queriam que tivesse ficado lá. Mas ele preferiu retornar ao Children's Hospital em San Francisco, onde seu pai era chefe da Cirurgia. Que bom, eu penso. Gosto dessa coincidência e mamãe fica satisfeita.

No dia seguinte encontro-me no consultório de Peter Richards. Simpatizo com ele de cara. Ele é jovem, atraente e, claro, muito competente. Sinto-me confortável em seu consultório; em comparação com o último que fui, o outro parece gasto e obsoleto. Após examinar o nódulo e ambos os seios, ele também me sugere a sua remoção. Porém, não quer esperar três semanas. Ele acha que o nódulo deve ser retirado imediatamente. Provavelmente não é nada, ele me assegura, mas sentir-se-á mais tranquilo removendo-o logo.

Talvez por me sentir eufórica com o casamento, por estar apaixonada, pensando no Havaí, nada disso me preocupa. Programamos a retirada do nódulo para o dia seguinte, quinta-feira, às quatro da tarde, dando ao laboratório o tempo exatamente suficiente para examinar uma seção congelada e emitir um relatório. Já que é uma cirurgia com anestesia local e alta no mesmo dia, assumo que estarei bem para minha prova final na manhã seguinte. Planejamos viajar para o Havaí logo após a prova.

"E se houver algum problema?", pergunta delicadamente o Dr. Richards. "Aí não iremos", respondo feliz na minha ignorância. Depois de algumas semanas de medo arrepiante e sombrio após a descoberta do nódulo, agora adotei a atitude jovial de que lidarei com o problema se e quando aparecer.

Passo a noite e a maior parte do dia seguinte preparando-me para a prova. Ken está trabalhando com afinco para terminar *Quantum Questions*. Sinto-me tão confiante a ponto de dizer-lhe que não precisa ir ao hospital comigo. Eu não quero interromper seu trabalho. Após tantos anos, acostumei-me a fazer as coisas sozinha; não

Além da física

estou acostumada a pedir ajuda às pessoas. Ken sente-se chocado com minha sugestão. Fico secretamente aliviada por ele se dispor a ir comigo.

A caminho do Children's Hospital, Treya e eu conversamos sobre o Havaí. Dirigimo-nos à seção de cirurgias de um dia e começamos a cumprir as formalidades. De repente, fiquei bastante apreensivo e nervoso. O procedimento nem sequer havia começado e, ainda assim, senti que algo estava terrivelmente errado.

Ken está mais nervoso do que eu. Tiro a roupa, visto a camisola, guardo minhas coisas, recebo a pulseira de identificação do hospital. Mais tempo de espera. Um jovem médico escandinavo entra para fazer-me algumas perguntas. Ele se apresenta como assistente do Dr. Richards. Suas perguntas parecem inócuas; só mais tarde entendo a importância.

"Que idade você tinha quando começou a menstruar?"

"Acho que quatorze anos. Um pouco mais tarde que o normal." (Mulheres que menstruam cedo apresentam maior risco de câncer de mama.)

"Você tem filhos?"

"Não, nunca sequer fiquei grávida." (Mulheres que não têm filho até os trinta anos apresentam maior risco de câncer de mama.)

"Alguém na sua família já teve câncer de mama?"

"Não que eu saiba." (Por alguma razão esqueci-me completamente de que a irmã da minha mãe teve câncer de mama cinco anos atrás. Ela ficou boa. Mulheres com câncer de mama na família apresentam maior risco.)

"O nódulo dói? Doeu alguma vez?"

"Não, nunca." (Tumores cancerosos quase nunca doem.)

"Como você está se sentindo com relação à cirurgia? Se estiver nervosa ou com medo, podemos lhe dar algo."

"Não será necessário. Eu me sinto bem." (Estudos mostram que mulheres que estão mais temerosas da malignidade de um tumor a ser retirado apresentam menor probabilidade de ter câncer do que aquelas que estão tranquilas.)

"Vocês dois são vegetarianos? Tenho uma teoria de que consigo identificar isso pela cor da pele das pessoas."

"Sim, nós dois somos. Sou vegetariana desde 1972, mais de dez anos." (Uma dieta rica em gordura animal – o tipo de dieta com que fui criada – tem sido relacionada a câncer de mama.)

Logo me vi estirada de costas em uma maca, sendo levada por corredores que conheci apenas pelos tetos. Você sabe qual é o oposto de uma vista aérea? Foi exatamente o que vi pela próxima hora, mais ou menos. A sala de cirurgia encontra-se surpreendentemente fria – isso a torna menos hospedeira para bactérias. Uma enfermeira me traz outro lençol, deliciosamente morno, como se recém-saído do forno. Converso com ela enquanto faz os preparativos, interessada em todos os procedimentos e querendo explicação para tudo. Ela me liga ao monitor do coração, explicando que soará um alarme se meu batimento cardíaco cair abaixo de sessenta. Eu lhe digo que meu batimento é bem lento e ela diminui o nível para 56.

Graça e Coragem

Aqui estamos, a enfermeira amigável, o simpático médico escandinavo e meu camarada, Dr. Richards, falando sobre todos os tipos de coisas – férias, esqui, caminhadas (todos nós gostamos de atividades ao ar livre), famílias, filosofias. Uma fina cortina foi erguida entre meus olhos curiosos e a arena da ação, meu seio direito. Inicialmente quero ver o que vai ocorrer por um espelho ou algo parecido, mas decido que provavelmente haverá muito sangue, o que dificultará a visão de qualquer modo.

A anestesia local dada mais cedo na parte inferior externa do meu seio faz efeito; entretanto, à medida que o Dr. Richards corta mais fundo, algumas aplicações adicionais tornam-se necessárias. Minha imaginação pinta um quadro vívido, mas provavelmente inexato, do procedimento. Por algumas vezes soa o alarme do monitor cardíaco, avisando que minha pulsação está abaixo de 56, tão tranquila estou. Dr. Richards faz alguns comentários para o segundo médico sobre técnica de sutura subcutânea e então tudo termina.

Mas quando ouço o Dr. Richards dizer "chame o Dr. X", meu coração dá um salto repentino. "Tem alguma coisa errada?", pergunto com a voz em pânico e meu batimento subindo muito além de 56. "Oh, não", responde o Dr. Richards. "Só estou chamando o patologista, que está esperando para examinar o tumor."

Eu relaxo. Correu tudo normalmente. Não consigo entender por que de repente entrei em pânico. O lençol é retirado, sou limpa e colocada em uma cadeira de rodas para minha viagem de regresso, sentindo-me muito menos impotente do que quando, na vinda, jazia de costas, mas ainda perdida por corredores anônimos.

Sou levada até o balcão da enfermagem onde me dão mais formulários para preencher. Estou pensando na minha prova no dia seguinte quando o Dr. Richards aparece perguntando pelo Ken. Despreocupadamente, respondo que ele está na sala de espera.

Tive certeza de que Treya estava com câncer quando vi Peter descer e pedir à enfermeira para providenciar uma sala privada.

Poucos minutos depois, encontramo-nos os três fechados em uma sala. Dr. Richards murmura algo como eu sinto muito mas o tumor é maligno. Fico chocada, quase congelada. Não choro. Com um tipo de calma entorpecida, faço várias perguntas inteligentes, tentando controlar-me, não ousando ainda olhar para Ken. Mas quando o Dr. Richards sai para chamar uma enfermeira, então, e só então, viro-me e fito Ken, fulminada. Começo a chorar, tudo se dissolve ao meu redor. De alguma forma, deparo-me fora da minha cadeira de rodas e em seus braços, soluçando, soluçando.

Quando irrompe a catástrofe, coisas estranhas passam pela mente. Senti como se o universo se transformasse em uma fina folha de papel e, aí, alguém simplesmente rasgasse o papel ao meio bem diante dos meus olhos. Eu estava tão atordoado que era como se absolutamente nada tivesse acontecido. Baixou em mim uma força tremenda, uma força que me deixou, ao mesmo tempo, totalmente chocado e estupefato. Eu me sentia lúcido, presente e muito determinado. Como Samuel Johnson comentou secamente, a perspectiva da morte concentra maravilhosamente a mente. Eu me sentia maravilhosamente concentrado, certo; só que nosso universo acabara de ser

Além da física

rasgado completamente ao meio. O resto da tarde e a noite inteira transcorreram em imagens congeladas em câmara lenta, quadros perfeitamente claros e dolorosos, um após outro, sem filtros, sem proteção.

Recordo-me apenas de cenas esparsas do resto. Ken me abraçando, enquanto eu chorava. Quão boba fora ao pensar em vir sozinha! Parece que chorei ininterruptamente pelos próximos três dias, sem compreender absolutamente nada. Dr. Richards retornou para explicar as alternativas; algo sobre mastectomia, radioterapia, implante, nódulos linfáticos. Ele comentou não esperar que nos lembrássemos de muita coisa e nos assegurou estar pronto para repetir as informações a qualquer hora. Teríamos de uma semana a dez dias para pensar sobre o assunto e tomar uma decisão. Uma enfermeira do centro de informações de saúde do seio chegou com um pacote de informações e explicações muito elementares para despertar nosso interesse; além disso, estávamos por demais arrasados para escutar.

De repente senti vontade de ir embora, sair daquele hospital, respirar ar puro lá fora, onde as coisas novamente tinham cheiro normal e ninguém usava camisolas brancas. De alguma forma, me senti um lixo e queria pedir desculpas ao Ken. Eis aqui este homem maravilhoso, meu marido por apenas dez dias, e sua nova esposa estava com CÂNCER. Era como abrir um presente muito esperado e descobrir que o lindo cristal dentro estava quebrado. Parecia injusto sobrecarregá-lo com algo dessa magnitude tão cedo em nossa vida de casados. Seria muito lhe pedir para lidar com isso.

Ken cortou esses pensamentos imediatamente. Ele não me fez sentir tola por pensar assim. Compreendeu como estava me sentindo, mas assegurou-me de que o fato de eu ter câncer não fazia nenhuma diferença. "Procurei por você um longo tempo e estou muito feliz por encontrá-la. Nada disso importa. Eu nunca a deixarei, estarei sempre ao seu lado. Você não é uma mercadoria danificada, você é minha esposa, minha alma gêmea, a luz da minha vida." Ele não iria me abandonar, nem que eu quisesse. É isso aí. Não havia dúvida de que ele estaria ao meu lado para o que desse e viesse, como constatei nos longos meses seguintes. O que teria acontecido se eu o tivesse convencido a não me acompanhar ao hospital?

Lembro-me da volta para casa. Recordo-me de Ken perguntando se eu me sentia envergonhada de ter câncer. Respondi que não, que não me ocorrera tal sensação. Eu não me sentia culpada de forma direta, era mais um dos azares da vida desses tempos modernos. Um em cada quatro americanos tem câncer; uma em cada dez mulheres tem câncer de mama. Mas a maioria o contrai com mais idade. Normalmente não se investiga câncer de mama em mulheres até os 35 anos. Eu estava com 36, um pouquinho acima do limite. Na verdade, nunca ouvira falar que seios grandes, granulosos, apresentassem maior risco. Mas ter um filho antes dos trinta anos parece conferir algum tipo de proteção... não que eu pudesse ter feito muito sobre isso com o tipo de vida que levei. Posso até imaginar o manual de funcionamento para meninas destinadas a ter seios grandes. Procure no índice "Seios, cuidados" e ache, além das advertências sobre queimaduras solares e apertos clandestinos do peito em multidões, a seguinte recomendação: "Em função dos objetivos do projeto original, aconselhável usar antes dos trinta anos de idade".

Voltamos para nossa casa em Muir Beach só para enfrentar a difícil tarefa de dar telefonemas a noite inteira.

Em casa, aninhei-me no sofá, chorando. As lágrimas mostraram-se a única resposta normal e apropriada, automática e reflexa, à palavra CÂNCER. Eu simplesmente me sentei lá e chorei, enquanto Ken telefonava para a

Graça e Coragem

família e amigos contando a má notícia. Às vezes eu soluçava, outras as lágrimas corriam sem parar; não estava em condições de falar com ninguém. Ken de um lado para outro, abraçando-me, falando ao telefone, abraçando-me, falando ao telefone...

Após um tempo, algo mudou. A autopiedade perdeu a graça. O som de tambor CÂNCER-CÂNCER-CÂNCER na minha cabeça tornou-se menos insistente. As lágrimas não mais me satisfaziam, como quando se come muito biscoito a ponto de não se sentir mais o sabor. Quando Ken telefonava para as últimas pessoas, já me sentia suficientemente tranquila para conversar um pouco ao telefone. Aquilo me pareceu melhor do que ficar sentada no sofá como um embrulho vazante e encharcado. A pergunta "por que eu?" logo perdeu força e foi substituída por "e agora?".

As imagens congeladas surgiram, lenta, dolorosa, vividamente. Alguns telefonemas do hospital, todos com más notícias. O tumor tinha 2,5 cm, bem grande. Tecnicamente, isso punha Treya na categoria de estágio dois, o que significava uma chance mais alta para envolvimento de nódulos linfáticos. Pior, o relatório da patologia revelou que as células do tumor eram extremamente pouco diferenciadas (o que significava, basicamente, muito cancerosas). Em uma escala de um a quatro, quatro sendo o pior, Treya tinha o particularmente ruim tumor de grau quatro – maligno, difícil de matar e com crescimento muito rápido, embora, até então, não entendêssemos absolutamente nada do assunto.

Ainda que tudo estivesse acontecendo em dolorosa câmara lenta, cada imagem continha experiências e informações demais, o que produzia a estranha sensação de que as coisas estavam acontecendo, ao mesmo tempo, muito rapidamente e muito lentamente. Parecia que estava jogando beisebol: de pé, com a luva vestida, várias pessoas lançando bolas para mim e eu tentando pegá-las. Mas tantas eram as bolas lançadas, que passavam pelo meu rosto e pelo meu corpo, caindo no chão, enquanto mantinha uma expressão estúpida. "Puxa, pessoal, não dá para diminuir a velocidade e me dar uma chance? Não?..." Os telefonemas com más notícias continuavam.

Por que ninguém liga com boas notícias, eu pensava? Já não é o suficiente por agora? Que tal um raio de esperança em algum lugar? A cada telefonema passava por um período renovado de autopiedade. Por que eu? Reagia e, depois de certo tempo, conseguia aceitar as notícias calmamente, como simples informações factuais. É assim que as coisas são. Eu extraí um tumor de 2,5 cm. Era um carcinoma invasivo. As células, pouco diferenciadas.

Era o que sabíamos até então.

Já estava tarde. Ken foi à cozinha para fazer um chá. O mundo jazia quieto, repousando, e minhas lágrimas começaram novamente. Lágrimas calmas, lágrimas desesperadas. Era verdade, era real, estava acontecendo comigo. Ken voltou, olhou para mim, não falou nada, sentou-se, colocou seus braços ao meu redor, abraçou-me muito forte, fitamos a escuridão, não dissemos uma palavra.

3. Condenados ao significado

Acordo abruptamente. Aflita, desorientada. Devem ser três ou quatro horas da madrugada. Algo está terrivelmente, terrivelmente errado. Ken respira de maneira profunda ao meu lado. A noite encontra-se escura e tranquila; vejo as estrelas pela claraboia. Uma profunda dor em meu coração, um aperto na garganta. Medo. De quê? Noto minha mão sobre meu seio direito, arrancando o curativo, sentindo os pontos. Eu me lembro. Oh não, não. Meus olhos contraem-se apertados, meu rosto contorce-se, minha garganta fecha-se de medo. Sim, eu me lembro. Não quero me lembrar, não quero saber. Mas ele está aqui. Câncer. O câncer me acorda na quietude dessa noite escura, a quinta noite após meu casamento. Eu estou com câncer. Eu estou com câncer de mama. Um tumor duro foi retirado do meu seio há apenas algumas horas. Não era benigno. Eu estou com câncer.

Esta é a realidade. Isto está acontecendo comigo. Fico rígida na cama, em choque, sem acreditar, com a calma reinando ao redor. Ken dorme ao meu lado; consigo sentir sua presença confortante, cálida e forte. Mas, de repente, sinto-me terrivelmente só. Eu tenho câncer. Eu tenho câncer de mama. Acredito que esta seja a realidade e, ao mesmo tempo, não acredito; não consigo admiti-la. E, ainda assim, ela me acorda durante a noite, aperta minha garganta, verte dos meus olhos e faz meu coração bater acelerado. Tão alto nesta noite quieta e suave, com o Ken respirando profundamente ao meu lado.

Sim, aqui está a incisão recente em meu seio. Inconfundível, inegável. Não, não consigo dormir. Não com esta angústia na garganta e no peito, não com meus olhos apertados contra o que sei ser verdade, mas não posso aceitar, não com este medo terrível do desconhecido saturando tudo em volta. O que fazer? Eu me levanto, engatinhando cuidadosamente sobre Ken. Ele se mexe, mas recupera um sono inquieto. Percebo sombras familiares no escuro. A casa está fria. Encontro meu robe acolchoado rosa, embrulho-me em sua intimidade confortadora. Estamos em dezembro e não há aquecimento central nesta casa à beira do Pacífico. Ouço as ondas de Muir Beach quebrando ao longe, fantasmagoricamente, na noite. Não acendo a lareira, mas me enrolo em um cobertor para me aquecer.

Agora estou acordada, completamente desperta. Sozinha com meu choque e meu medo. O que fazer? Não estou com fome, não consigo meditar, ler parece-me irrelevante. De repente, recordo-me do pacote de informações que a enfermeira do Centro de Educação de Saúde do Seio me deu. Claro, claro. Vou ler aquilo. Surge como um salva-vidas, algo importante para ler, algo para aplacar meu medo, para reduzir a ignorância que o alimenta.

Aconchego-me no sofá, enrolando-me bem apertada no cobertor. Tudo está quieto, muito quieto. Quantas mulheres, me pergunto, também acordaram no meio da noite com a mesma cruel realidade? Quantas acordaram ontem, quantas acordarão nas próximas noites? Quantas mulheres ouviram a palavra CÂNCER bater como um tambor sem fim, implacável, inexorável, em suas cabeças? CÂNCER. CÂNCER. CÂNCER. Isso não pode ser desfeito, não pode ser apagado. CÂNCER. Uma nuvem de vozes, imagens, ideias, temores, histórias, fotografias, anúncios, artigos, filmes, programas de televisão, surge ao meu redor, vaga, informe, porém densa, funesta. São histórias que a minha cultura colecionou sobre essa coisa, "o grande C". Elas estão repletas de medo, dor e sentimentos de impotência. Esse grande C não é uma boa coisa. A maioria morre dele; os casos relatados falam de mortes quase sempre lentas e dolorosas, realmente terríveis. Eu não sei os detalhes. Conheço muito pouco sobre câncer, mas essas histórias me

Graça e Coragem

contam que é horrível, doloroso, incontrolável, imponderável e poderoso, especialmente em seu mistério. Ninguém o entende, esse crescimento fora de controle. Não há jeito de pará-lo, direcioná-lo ou, em última instância, contê--lo. Um crescimento selvagem, irrestrito, que, por fim, destrói a si mesmo e a seu hospedeiro com sua voracidade. Cego, autodestrutivo, maligno. Ninguém sabe como começa ou como pará-lo.

E era isso que crescera dentro de mim. Estremeço ligeiramente, ajeito o cobertor mais apertado, embrulhando-me em um casulo contra essa coisa terrível. Mas ela está aqui dentro de mim, esteve o tempo todo em que me senti tão bem, o tempo todo em que corri doze milhas por semana, o tempo todo em que comi alimentos saudáveis, saladas cruas e legumes cozidos, o tempo todo em que meditei regularmente, estudei, levei uma vida tranquila. Quem pode entender isso? Por que agora, por que eu, por que não outra pessoa?

Estou sentada no sofá, embrulhada no cobertor, com esses artigos e folhetos empilhados no meu colo. Concentro-me neles, obcecada em querer saber mais. Há mais coisas além das histórias que minha cultura conta? Talvez haja. Eu sei que a ignorância alimenta meu medo, a nuvem ao meu redor torna-se maior. Assim, começo a ler. Sobre a mulher que descobriu o tumor quando estava do tamanho de uma semente de maçã. O meu tinha 2,5 cm, quase uma polegada. Sobre crianças com leucemia; como pode acontecer tal coisa, fazendo-as sofrer? Sobre tipos de câncer que não conhecia; eles nunca antes fizeram parte do meu mundo. Sobre cirurgia, quimioterapia e radiação. Sobre taxas de sobrevivência, números cruciais para pacientes de câncer. Esses números diziam respeito a pessoas, pessoas como eu. Após cinco anos, tantos por cento sobrevivem, tantos por cento morrem. Onde eu estarei? Em que percentagem? Eu quero saber agora. Não consigo suportar esse desconhecimento, esse tatear no escuro, esse tremor na noite. Eu quero saber agora. Devo me preparar para viver? Ou devo me preparar para morrer? Eu não sei. Ninguém pode me dizer. Eles me apresentam números, mas ninguém consegue responder.

Mergulho mais profundamente nessas palavras, nessas imagens, nesses números. Eles me mantêm ocupada, evitam que minha mente invente sua própria lista de contos ameaçadores. Observo fotografias coloridas de pacientes debaixo de máquinas enormes, deitados em mesas de cirurgia, consultando médicos atenciosos, posando com suas famílias para a máquina fotográfica, todos sorridentes. Logo serei eu. Estou prestes a me tornar uma paciente e, finalmente, uma estatística de câncer. Essas coisas acontecerão comigo, como aconteceram com tantos outros. Eu não estou sozinha nisso, as fotos deixam claro. Há muita gente envolvida nessa "guerra contra o câncer", uma guerra que agora será combatida em meu próprio corpo.

A leitura me acalma. Essas informações noturnas são meu cinto de segurança para evitar o medo e preocupações inúteis. Elas foram a melhor forma de terapia. No futuro entenderia que isso sempre seria verdade para mim. Quanto mais eu soubesse, mais segura me sentiria, ainda que as notícias fossem ruins. A ignorância me assusta; o conhecimento me acalma. A pior coisa é não saber... Definitivamente a pior coisa é não saber.

Voltei para a cama, encostei-me no corpo quente de Ken. Ele está acordado, olhando em silêncio para a claraboia. "Eu não vou abandoná-la, você sabe." "Eu sei." "Creio firmemente que podemos superar isso, meu bem. Só temos de ver que diabo nós vamos fazer..."

Como Treya compreendeu, nosso problema imediato não era o câncer; nosso problema imediato era informação. E a primeira coisa que você aprende a respeito de informações sobre câncer é: basicamente, nenhuma delas é verdadeira.

Condenados ao significado

Deixe-me explicar. Em qualquer doença, uma pessoa defronta-se com duas entidades muito diferentes. Primeiro, a pessoa vê-se frente a frente com o processo real da doença propriamente dita – um osso quebrado, uma gripe, um ataque cardíaco, um tumor maligno. Chamemos esse aspecto da doença de "moléstia". O câncer, por exemplo, é uma moléstia, uma doença específica com características médicas e científicas. A moléstia é mais ou menos livre de julgamento de valor; não é verdadeira ou falsa, boa ou ruim, ela apenas é – como uma montanha: não é boa nem ruim, apenas é.

Segundo, a pessoa também se defronta com o fato de como sua sociedade ou cultura lida com a moléstia – todos os julgamentos, medos, esperanças, mitos, histórias, valores e significados; como cada moléstia é tratada por uma sociedade específica. Chamemos esse aspecto da doença de "enfermidade". O câncer não é só uma moléstia, um fenômeno científico e médico; é também uma enfermidade, um fenômeno carregado de significados culturais e sociais. A ciência lhe diz quando e como você está molesto; sua cultura ou subcultura particular lhe diz quando e como você está enfermo.

Isso não é necessária, ou mesmo especificamente, uma coisa ruim. Se uma cultura trata uma moléstia particular com compaixão e esclarecimento, então a moléstia pode ser encarada como um desafio, como uma crise e oportunidade de cura. Assim, estar "molesto" não caracteriza uma condenação ou julgamento moral, mas um movimento em um processo maior de cura e recuperação. Quando a moléstia é encarada positiva e acolhedoramente, ela tem uma chance muito maior de cura, com o resultado concomitante de crescimento e enriquecimento da pessoa no processo.

Homens e mulheres são condenados ao significado, condenados à criação de valores e julgamentos. Não é suficiente saber *que* contraí uma doença; *que* a doença é uma moléstia. Não, eu também preciso saber *por que* contraí a doença. Por que eu? O que ela significa? O que fiz de errado? Como isso foi acontecer? Em outras palavras, necessito dar um *significado* para a moléstia. E para isso, fico dependente basicamente da minha sociedade, de todas as histórias, valores e crenças que minha cultura atribui a uma doença particular. Minha enfermidade, diferentemente da minha moléstia, é definida pela sociedade – a cultura ou subcultura – em que me encontro.

Consideremos, por exemplo, a gonorreia. Como moléstia é bastante simples: uma infecção principalmente da mucosa do trato geniturinário, contraída por contato sexual com parceiros infectados, e altamente sensível a tratamento por antibióticos, em especial penicilina.

Isso é a gonorreia vista como moléstia, como entidade médica. Mas nossa sociedade atribui um grande número de significados e julgamentos para a gonorreia como enfermidade – a sociedade tem muitas coisas a dizer sobre a doença e sobre os que a contraem, algumas verdadeiras, a maioria, falsa e cruel. Aqueles que contraem

Graça e Coragem

gonorreia são sujos, pervertidos ou degenerados; a gonorreia é uma doença moral, acompanhada de seu próprio castigo doloroso; os que pegam gonorreia a merecem, já que são moralmente desqualificados – e por aí afora.

A enfermidade pode continuar por muito tempo após a cura da moléstia pela penicilina, seus julgamentos e condenações corroendo a alma da pessoa da mesma forma que a bactéria, um dia, corroeu seu corpo. "Eu sou podre, eu sou ruim, eu não presto..."

Portanto, busco explicar minha moléstia através da ciência (nesse caso, uma infecção geniturinária causada pela bactéria *Neisseria gonorrheae*); mas busco entender minha enfermidade por meio da sociedade – o que ela significa? (Nesse caso, que você é moralmente imperfeito.) Qualquer que seja a cultura ou subcultura a que pertença, ela me oferecerá uma bateria completa de significados e julgamentos para minha enfermidade e, dependendo da extensão da minha inserção nessa cultura particular, seus significados e julgamentos estarão mais ou menos entranhados em mim, interiorizados como parte fundamental do tecido pelo qual me compreendo e a encaro. E o ponto fundamental é que o significado da enfermidade – negativo ou positivo, remissório ou punitivo, solidário ou condenatório – pode ter um enorme impacto em mim e no curso da minha doença: frequentemente, a enfermidade é mais destrutiva que a moléstia.

Mais perturbador ainda é o fato de que quando a sociedade considera uma enfermidade "ruim", quando a julga negativamente, quase sempre o faz exclusivamente por medo e ignorância. Antes de se descobrir que a gota é uma doença hereditária, ela era atribuída à fraqueza moral. Uma simples moléstia transformou-se em uma enfermidade carregada de culpa, simplesmente por falta de informações científicas precisas. Da mesma forma, antes de se descobrir que a tuberculose é causada por um bacilo, pensava-se ser um processo de "consumição", por meio do qual uma pessoa de caráter fraco era lentamente "consumida". Uma moléstia bacteriana transformou-se em uma enfermidade indicativa de um caráter fraco. E muito antes, considerava-se que pestes e pragas deviam-se à intervenção direta de um Deus vingativo como punição pelos pecados coletivos de um povo em particular.

Condenados ao significado: preferimos estar atrelados a um significado prejudicial e negativo do que não ter nenhum significado. E assim, sempre que surge a moléstia, a sociedade disponibiliza um estoque enorme de significados e julgamentos já prontos, para que os indivíduos busquem entender sua enfermidade. E quando a sociedade desconhece a verdadeira causa de uma moléstia, essa ignorância, normalmente, gera medo, criando, por sua vez, julgamentos negativos sobre o caráter do infeliz que foi acometido pela enfermidade. A pessoa não está apenas molesta, mas enferma, e essa enfermidade, definida por julgamentos sociais, frequentemente transforma-se em um vaticínio que se autoalimenta e autorreforça: Por que eu? Por

Condenados ao significado

que estou doente? Porque você tem sido mau. Mas como você sabe que eu tenho sido mau? Porque você está doente.

Em resumo, quanto menos conhecidas são as verdadeiras causas médicas de uma moléstia, mais ela tende a se tornar uma enfermidade cercada por mitos e metáforas levianos; mais ela é considerada uma enfermidade devida à fraqueza de caráter ou falhas morais do indivíduo angustiado; mais ela é confundida com uma enfermidade da alma, um defeito de personalidade, uma debilidade moral.

Claro que existem casos em que a fragilidade moral, falta de força de vontade (por exemplo, a recusa a parar de fumar) ou características de personalidade (por exemplo, depressão) podem contribuir diretamente para a moléstia. Com certeza, fatores mentais e emocionais podem desempenhar um papel significativo em algumas moléstias (como veremos). Mas isso é completamente diferente de, por má interpretação, considerar-se um defeito ou debilidade moral como causa de uma moléstia com características médicas específicas. Esse é um exemplo simples de como a sociedade tenta compreender uma doença condenando uma alma.

Portanto, a primeira coisa que você tem de entender quando está com câncer é que quase todas as informações que receberá estão eivadas de mitos. E já que a ciência médica até agora falhou amplamente em descobrir a causa e a cura do câncer, ela – a instituição médica – também foi infectada por uma quantidade imensa de lendas e inverdades.

Para dar apenas um exemplo: a National Cancer Association afirma em sua publicidade nacional que "metade de todos os cânceres são agora curáveis". Fato: nos últimos quarenta anos não houve nenhum aumento significativo nas taxas médias de sobrevivência de pacientes de câncer, apesar da tão apregoada "guerra ao câncer" e da aplicação de técnicas radiológicas, quimioterápicas e cirúrgicas mais sofisticadas. Nada disso teve impacto expressivo nas taxas de sobrevivência ao câncer. (A única feliz exceção são os cânceres de sangue – Hodgkin e leucemia –, que respondem bem à quimioterapia. O ridículo aumento de mais ou menos 2% nas taxas de sobrevivência aos cânceres restantes é devido quase exclusivamente a diagnósticos precoces; as outras taxas não variaram praticamente nada.) E quanto ao câncer de mama, a taxa de sobrevivência na verdade diminuiu![1]

Ora, os médicos sabem disso. Eles conhecem as estatísticas. E raras vezes você encontra um médico que as admita. Peter Richards, justiça seja feita, foi honesto

---

[1] *New York Times*, 24 de abril de 1988: "Estatísticas publicadas recentemente sugerem que, longe de avançar na guerra contra o câncer de mama, podemos, de fato, estar perdendo terreno... Mulheres acima dos 50 anos não sobrevivem à doença hoje mais do que há uma década, e mulheres abaixo dos 50 anos apresentaram taxa de mortalidade 5% maior em 1985 do que em 1975".

Graça e Coragem

conosco: "Se vocês analisarem as estatísticas de câncer ao longo das últimas quatro décadas, perceberão que nenhum dos nossos tratamentos aumentou as taxas de sobrevivência dos pacientes. É como se, quando uma célula cancerígena entra no seu corpo, tenha uma data gravada nela (isto é, a data em que você morrerá). Algumas vezes conseguimos estender o período livre da doença, mas não podemos mudar essa data. Se a célula de câncer tem escrita nela cinco anos, então podemos manter você livre da doença e em boas condições por até cinco anos, mas nenhum de nossos tratamentos parece conseguir superá-los. Daí por que as taxas de sobrevivência de câncer não melhoraram em quase quarenta anos. Precisamos de algumas conquistas importantes no nível bioquímico-genético antes de obter quaisquer avanços para o tratamento de câncer".

Portanto, o que um médico típico tem a fazer? Em última instância, ele sabe que suas intervenções médicas – cirurgia, quimioterapia, radioterapia – não são muito efetivas e, ainda assim, tem de fazer algo. E eis o que ele faz: já que não consegue controlar realmente a moléstia, tenta controlar a enfermidade. Isto é, tenta definir o significado da doença, prescrevendo um certo modo como o paciente deve encarar o câncer – a saber, que a doença é uma entidade que o médico entende e que pode tratar cientificamente, e que outras abordagens são inúteis ou até prejudiciais.

Na prática, significa que o médico, por exemplo, receitará sessões de quimioterapia, *mesmo sabendo que elas não farão mais efeito*. Isso foi um choque completo para Treya e para mim, mas o procedimento é muito comum. Em um texto sobre câncer altamente respeitado e considerado – *A Célula Caprichosa* do Dr. Victor Richards (que, casualmente, é o pai de Peter Richards) – o autor apresenta uma longa discussão de por que, sob muitas circunstâncias, a quimioterapia não funciona, mas vai além e declara que, todavia, sob essas mesmas circunstâncias, a quimioterapia ainda deve ser prescrita. Por quê? Porque, diz ele, isso "mantém o paciente orientado por autoridades médicas adequadas". Falando sem rodeios, evita que o paciente procure outro tratamento – mantém o paciente preso à medicina *ortodoxa*, independentemente se ela, no caso, funciona ou não.

Ora, isso *não* é tratar a moléstia; é tratar a enfermidade – é tentar controlar o entendimento do paciente a respeito da doença e, portanto, os tipos de tratamento que ele buscará. O ponto é que os tratamentos podem não afetar significativamente a moléstia, mas afetam a enfermidade, ou como alguém *se orienta* quanto à moléstia: os tipos de autoridades que escutará e os tipos de tratamentos que aceitará.

Uma grande amiga nossa, que estava com um câncer em estado avançado, recebeu uma enfática recomendação de seus médicos para se submeter a uma nova sessão de quimioterapia muito intensiva. Se ela fizesse isso, os médicos lhe disseram, conseguiria viver, em média, por mais 12 meses. Por fim, ela resolveu perguntar:

Condenados ao significado

Quanto tempo de vida tenho sem a quimioterapia? A resposta foi: 14 meses. A recomendação dos médicos: faça a quimioterapia. (Pessoas que realmente não passaram por uma situação assim têm muita dificuldade para acreditar que essas coisas acontecem o tempo todo – o que é uma prova de como aceitamos completamente a interpretação médica ortodoxa e o "tratamento" para a enfermidade.)

Honestamente, não culpo os médicos; eles se mostram por demais impotentes em face das desesperadas expectativas dos pacientes. Nunca conheci um único médico que tentasse maliciosamente manipulá-los. Em geral, são homens e mulheres incrivelmente decentes que fazem o melhor que podem em circunstâncias impossíveis. Eles são tão impotentes quanto nós. O fato é que, embora a moléstia seja uma entidade científica bem definida, a enfermidade é uma religião. Uma vez que o câncer como moléstia é largamente incurável, os médicos são forçados a tentar tratá-lo como enfermidade, quando então têm de agir mais como padres do que cientistas, um papel para o qual estão mal preparados e mal treinados. Mas, em uma democracia do doente, por exigência popular, o grande sacerdote é o médico.

Portanto, esse foi o ponto por onde comecei: muitas informações sobre câncer que médicos sérios lhe darão estão impregnadas de mitos, simplesmente porque eles são forçados a agir não só como médicos, mas também como padres, como manipuladores do *significado* da sua moléstia. Além da ciência, estão prescrevendo religião. Siga os seus tratamentos e você será salvo; procure tratamento em outro lugar e você estará condenado.

E assim, começando naquela terrível primeira semana após o diagnóstico original e antes que Treya iniciasse o tratamento – que perdurou implacavelmente pelos próximos cinco anos – foi isso que *sempre* encaramos: separar a moléstia câncer da enfermidade câncer. E tentar descobrir qual o melhor caminho para *tratar* a moléstia e a forma mais sensata de *compreender* a enfermidade.

Quanto à moléstia, Treya e eu começamos um curso de imersão em oncologia motivado pelo pânico. Já na primeira noite do diagnóstico, ambos lemos tudo que caiu nas nossas mãos. No final da semana havíamos lido mais de três dúzias de livros (a maioria de textos médicos, alguns de relatos populares) e mais ou menos a mesma quantidade de artigos de jornal. Queríamos obter o maior número possível de informações genuínas. Infelizmente, muitas informações científicas sobre pesquisa de câncer são não conclusivas ou desanimadoras e se alteram com uma velocidade extremamente grande.

Também iniciamos uma investigação intensiva de praticamente todos os tipos disponíveis de tratamento alternativo: macrobiótica, dieta Gerson, enzimas Kelley, Burton, Burzynski, cirurgia espiritual, cura pela fé, Livingston-Wheeler, Hoxsey, laetrile, megavitaminas, imunoterapia, visualização, acupuntura, afirmações, entre outros

Graça e Coragem

(muitos dos quais descreverei adiante). E enquanto a maioria das informações médico-científicas é não conclusiva ou honestamente negativa, a maioria das "informações" alternativas é anedótica e continuamente positiva. Lendo literatura alternativa, você fica com a leviana sensação de que *todo mundo* tratado pela medicina ortodoxa morre e *todo mundo* tratado pela medicina alternativa sobrevive (exceto aqueles que foram *primeiro* tratados por métodos ortodoxos; esses morrem). Você logo percebe que quaisquer benefícios genuínos que a medicina alternativa possa apresentar contra a *moléstia* câncer (e existem muitos, como veremos), as opções concentram-se principalmente em tratar a *enfermidade* câncer, de prover significado positivo, apoio moral e, acima de tudo, esperança para as pessoas acometidas pela moléstia. Isto é, elas agem principalmente de uma forma religiosa e não médica; daí por que sua literatura não contém, virtualmente, nenhum estudo científico, mas sim centenas de testemunhos.

Assim, nossa primeira tarefa foi garimpar tudo da literatura, tanto ortodoxa quanto alternativa, e tentar juntar pelo menos um punhado de fatos (em vez de propaganda) em que pudéssemos nos basear.

A segunda tarefa que tivemos de enfrentar foi lidar com a enfermidade câncer, lidar com todos os vários significados e julgamentos que nossas diferentes culturas e subculturas atribuem a essa moléstia, a "nuvem de vozes, imagens, ideias, temores, histórias, fotografias, anúncios, artigos, filmes, programas de televisão... vaga, informe, porém densa, funesta... repleta de medo, dor e sentimentos de impotência", como definiu Treya.

E não era apenas a sociedade em geral que supria inúmeras histórias. Treya e eu nos expusemos a várias culturas e subculturas diferentes, cada uma com algo bem definido a dizer. Eis aqui apenas algumas:

1. Cristã – A mensagem fundamentalista: a moléstia é basicamente um castigo de Deus para algum pecado. Quanto pior a moléstia, mais indizível o pecado.

2. Nova Era – A moléstia é uma lição. Você está se proporcionando essa doença porque existe algo importante que tem de aprender com ela a fim de continuar seu crescimento e evolução espiritual. A mente sozinha causa a moléstia e apenas ela pode curá-la. Uma requintada versão pós-moderna da Ciência Cristã.

3. Médica – A moléstia é fundamentalmente um desarranjo biofísico, causado por fatores biofísicos (vírus, traumas, predisposições genéticas, agentes ativadores ambientais). Você não precisa se preocupar com tratamentos psicológicos ou espirituais para a maior parte das moléstias, porque tais tratamentos alternativos são normalmente ineficazes e podem afastá-lo do cuidado médico adequado.

4. Carma – A moléstia resulta de um carma negativo; isto é, de alguma ação passada não virtuosa que agora surge para ser vivenciada sob a forma de uma doen-

Condenados ao significado

ça. A doença é "ruim" no sentido de que representa um passado não virtuoso; mas é "boa" no sentido de que seu processo de doença representa a consumição e a depuração da má ação passada; é uma purgação, uma limpeza.

5. Psicológica – Como colocado por Woody Allen: "Eu não fico com raiva; ao contrário, desenvolvo tumores". Ao menos na psicologia popular, a ideia é que emoções reprimidas causam moléstias. Em sua forma radical: a moléstia como desejo de morrer.

6. Gnóstica – A moléstia é uma ilusão. O universo manifesto inteiro é um sonho, uma sombra, e somente nos livraremos da moléstia quando nos libertarmos também da manifestação ilusória, quando acordarmos do sonho e descobrirmos a realidade do Uno além do universo manifesto. O Espírito é a única realidade e no Espírito não existe moléstia. Uma versão radical e um tanto descentrada do misticismo.

7. Existencial – A moléstia em si não tem significado. Consequentemente, ela pode assumir qualquer significado *que eu escolha*, e apenas eu sou o responsável por essas escolhas. Homens e mulheres são finitos e mortais, e a resposta autêntica é aceitar a moléstia como parte de nossa finitude, mesmo que impregnada de significado pessoal.

8. Holística – A moléstia é um produto de fatores físicos, emocionais, mentais e espirituais, nenhum dos quais pode ser isolado dos outros, nem ignorado. O tratamento deve envolver todas essas dimensões (embora, na prática, isso se traduza frequentemente por uma não aceitação de tratamentos ortodoxos, mesmo que eles possam ajudar).

9. Mágica – A moléstia é retorno. "Eu mereço isso porque desejei que Fulano morresse." Ou "é melhor eu não me sobressair demais, pois algo ruim me acontecerá". Ou "se acontecem tantas coisas boas para mim, algo mau tem de acontecer". E por aí vai.

10. Budista – A moléstia é uma parte inevitável do mundo manifesto; perguntar por que ela existe é o mesmo que perguntar por que o ar existe. Nascimento, velhice, doença e morte – essas são as marcas deste mundo, fenômenos caracterizados pela impermanência, sofrimento e perda. Só com a iluminação, na pura consciência do nirvana, a moléstia é finalmente transcendida, porque, então, o mundo fenomenal inteiro também é transcendido.

11. Científica – Qualquer moléstia tem uma causa específica ou um conjunto de causas. Algumas delas são determinadas, outras são simplesmente fortuitas ou devidas à pura sorte. De qualquer modo, não existe nenhum "significado" para a moléstia, somente oportunidade ou casualidade.

Homens e mulheres, necessária e intrinsecamente, nadam no oceano de significados; Treya e eu estávamos quase nos afogando nele. A caminho de casa no carro,

Graça e Coragem

naquele primeiro dia, os vários significados já nos fizeram submergir e, por pouco, não sufocaram Treya.

E qual era o significado simbólico para mim, pessoalmente, em ter tal célula e agora uma grande coleção de tais células em meu seio direito? Só conseguia pensar nisso enquanto Ken dirigia resolutamente. Um crescimento rápido dentro de mim que não sei quando ou como parar. Um crescimento que rouba nutrientes dos tecidos vizinhos. Um crescimento que pode liberar células para viajar por meu sistema linfático ou sanguíneo, células que podem semear outros crescimentos se meu sistema imunológico, de alguma forma, não conseguir desativá-las. Se não as descobrisse, certamente elas me matariam. Existiria aqui um desejo secreto de morrer? Teria eu sido muito dura comigo mesma, muito exigente e autocrítica, será que esse meu auto-ódio inconsciente causou o problema? Ou teria eu sido muito boa, reprimindo minha raiva e meus julgamentos, de modo que, finalmente, eles se manifestaram por meio desse sintoma físico? Estaria sendo castigada de alguma maneira por ter tanto nessa vida, uma família que realmente amava, inteligência e uma boa educação, uma aparência atraente e agora esse marido incrivelmente fantástico? Teria sido tão indulgente a ponto de disparar algum tipo de adversidade? Seria isso consequência de um carma adquirido em uma vida passada? Essa experiência conteria em si uma lição que preciso aprender ou um empurrão necessário para acelerar minha evolução espiritual? Talvez, após todos esses anos de busca ansiosa pelo objetivo da minha vida, o câncer encerrasse as sementes desse objetivo, se eu conseguisse reconhecê-las?

Voltaríamos a essa questão incontáveis vezes, em busca de significado para o câncer. O assunto surgia em todos os lugares; todo mundo tinha uma teoria sobre ele; flutuava sempre no ar; transformou-se em tema dominante de nossas vidas, indesejado mas inescapável, contra o qual as demais questões desvaneciam-se. Tratar o câncer como moléstia tomava em média alguns dias por mês; tratar o câncer como enfermidade foi uma tarefa de tempo integral — permeou todos os aspectos de nossas vidas, nosso trabalho, nosso lazer; invadiu nossos sonhos, não permitindo que o esquecêssemos; estava lá de manhã, sorrindo, o crânio que arreganhava os dentes no banquete, a lembrança constante, a célula caprichosa que penetrou seu corpo, a célula que tinha um encontro marcado.

"Então, o que você acha?", finalmente perguntei a Ken. Meu diagnóstico fora dado dois dias antes e nós estávamos almoçando entre consultas médicas. "Por que você acha que estou com câncer? Entendo que tudo isso é uma visão simplista da ideia de que a mente afeta o corpo, mas o medo que vem junto com o câncer dificulta que façamos distinções claras! Sempre que penso em uma teoria sobre a causa emocional do meu câncer, em vez de causas ambientais e genéticas, é difícil não me culpar. Sinto que posso ter feito algo errado como pensar ou sentir injustamente. Às vezes me pergunto se os outros elaborarão teorias sobre mim quando souberem que tenho câncer. Talvez eles pensem que eu reprimi demais minhas emoções ou fui muito indiferente, muito desligada. Talvez pensem que sou muito complacente, muito legal, muito boa para ser verdade. Talvez que seja muito confiante,

Condenados ao significado

muito convencida, a ponto de merecer passar dificuldades em minha vida. Eu não sou tão ruim quanto a mulher de que ouvi falar, que achou uma imperfeição da vida ter contraído câncer, mas quando entro nesse tipo de ânimo, entendo o que ela quis dizer. O que você acha?"

"Puxa, meu bem, não sei o que pensar. Por que você não faz uma lista? Tente isso agora. Escreva todas as coisas que você acha que possam ter contribuído para o seu câncer."

Eis o que escrevi enquanto esperava pela minha sopa de legumes:

• reprimi minhas emoções, especialmente raiva e tristeza;
• um período importante de mudança de vida, tensão e depressão que passei alguns anos atrás, durante o qual chorei quase todos os dias por dois meses;
• ser muito autocrítica;
• muita gordura animal em minha dieta quando era mais jovem e muito café;
• preocupação com meu objetivo real na vida; a pressão interna para descobrir minha vocação, meu trabalho;
• sentimentos de muita solidão, desespero, isolamento e incapacidade de expressá-los quando criança;
• uma propensão existente há muito tempo para ser autossuficiente, independente e manter-me no controle;
• o fracasso em procurar com mais força de vontade um caminho espiritual, como a meditação, já que esta sempre foi minha meta fundamental;
• não ter conhecido Ken mais cedo.

"Então, o que você acha? Você ainda não disse."

Ken examinou a lista. "Ah, doçura, gostei do último item. Muito bem, o que eu acho. Acho que o câncer é causado por dúzias de coisas diferentes. Como diria Frances [Vaughan], há dimensões físicas, emocionais, mentais, existenciais e espirituais, e acho que problemas em quaisquer e todos esses níveis podem contribuir para a moléstia. Causas físicas: dieta, toxinas ambientais, radiação, fumo, predisposição genética e assim por diante. Causas emocionais: depressão; autocontrole rígido e hiperindependência. Mentais: autocrítica constante, perspectiva pessimista constante, especialmente depressão, que parece afetar o sistema imunológico. Existencial: medo exagerado da morte gerando medo exagerado da vida. Espiritual: omissão na escuta da voz interior.

"Talvez tudo isso contribua para uma moléstia física. Meu problema é que não sei qual peso dar a cada nível. O fator mental ou psicológico do câncer é igual a 60% ou 2%? Esse é o problema, você entende? Aí está a grande questão. No momento, baseado nas evidências que vi, eu diria que o câncer é mais ou menos 30% genético, 55% ambiental [beber, fumar, dieta rica em gordura, fibras, toxinas, luz solar, radiação eletromagnética etc.] e 15% para o resto – emocional, mental, existencial, espiritual. Mas isso significa que pelo menos 85% das causas são físicas, me parece."

Minha sopa chegou. "Basicamente nada disso importaria muito, exceto pelo meu receio de que, de alguma forma, eu tenha sido responsável pelo câncer dessa vez e possa fazer isso comigo novamente. Para que me tratar se posso repeti-lo? Desejaria muito encarar o problema como algo que me aconteceu acidentalmente, talvez devido a uma predisposição genética, a tratamentos de raios X quando era jovem, por morar próximo a um depósito de

Graça e Coragem

lixo tóxico, ou o que seja. Agora estou com medo de que, se ficar deprimida, minha vontade de viver e a contagem dos meus glóbulos brancos diminuam drasticamente. Se visualizar cenas de leito de morte em hospitais, temo que possa alimentar tal resultado, quase 'criá-lo'. Não consigo tirar isso da minha cabeça – o que fiz para causá-lo? O que fiz de errado? O que estou querendo dizer para mim mesma com esse câncer? Por acaso não quero viver? Será que agora terei suficiente força de vontade? Eu estou me castigando de alguma maneira?" Comecei a chorar de novo, agora dentro da minha sopa de legumes. Ken levantou-se de sua cadeira e me amparou. "Esta é uma sopa saborosa, você sabe."

"Não quero que você se preocupe comigo", finalmente disse.

"Meu amor, enquanto você estiver respirando e chorando, não me preocuparei. Se você parar qualquer um dos dois, então me preocuparei."

"Eu estou apavorada. Como preciso mudar? Será que preciso mudar? Quero que você me diga honestamente o que pensa."

"Eu não sei o que causa câncer e acho que ninguém sabe. As pessoas que vivem dizendo por aí que o câncer é causado principalmente por emoções reprimidas, baixa autoestima ou fraqueza espiritual não sabem do que estão falando. Não existe nenhuma evidência confiável para qualquer dessas ideias; elas são basicamente apresentadas por pessoas que, de alguma forma, tentam convencê-la de algo.

"Já que ninguém sabe o que causou o seu câncer, eu não sei o que você deveria mudar a fim de ajudá-la na cura. Então, por que você não tenta o seguinte? Por que não usa o câncer como uma metáfora e um incentivo para mudar todas essas coisas da sua vida que você gostaria de mudar de qualquer maneira? Em outras palavras, a repressão de certas emoções pode ou não ter influenciado o aparecimento do câncer, mas como você quer mesmo parar de reprimir essas emoções, use o câncer como uma razão, como uma desculpa, para fazê-lo. Eu sei que aqui não cabem conselhos, mas por que não encara o câncer como uma oportunidade para mudar todas as coisas da sua lista que podem ser mudadas?"

A ideia causou-me um grande alívio e comecei a sorrir. Ken adicionou: "E não as mude porque acha que elas causaram o câncer – isso só fará você se sentir culpada – mude-as simplesmente porque deveriam ser mudadas. Você não precisa do câncer para lhe dizer o que precisa trabalhar em si. Você já sabe. Então, vamos começar. Vamos fazer disso um novo início. Eu a ajudarei. Vai ser divertido. De verdade. Será que estou viajando? Poderíamos chamá-lo de Passatempo com Câncer". Ambos caímos na gargalhada.

Isso me pareceu perfeitamente lógico e senti um tipo de clareza e determinação. Em última instância, é óbvio que provavelmente não existia nenhum significado "predeterminado" para meu câncer, embora pessoas antiquadas pudessem se deixar levar por tais interpretações. Eu também não estava muito satisfeita com a abordagem médica em geral; achava que ela reduziria tudo a uma combinação de diversas circunstâncias materiais (dieta, genética, poluentes ambientais). Essa era uma explicação adequada para um nível, e verdadeira naquele nível, mas estava longe de ser suficiente para mim. Eu queria – e precisava – que essa experiência tivesse algum significado e propósito. O único modo para que isso acontecesse com alguma certeza seria agir "como se" fosse assim, impregnando-a com significado por meio dos meus pensamentos e ações.

Eu nem sequer havia me decidido ainda a respeito de uma linha de tratamento e era sobre isso que estava pensando. Não queria simplesmente tratar a doença e então relegá-la a um armário escuro da minha vida, espe-

Condenados ao significado

rando nunca mais ter de abri-lo ou fazer algo com ela. A partir de agora, o câncer certamente seria uma parte da minha vida, mas não simplesmente em termos de exames periódicos ou da contínua ameaça da possibilidade de uma recidiva. Eu iria usá-lo de todas as formas possíveis. Filosoficamente, permitindo que eu encarasse a morte mais de perto, ajudando a me preparar para ela quando chegasse a hora, a olhar para o significado e propósito da minha vida. Espiritualmente, reacendendo meu interesse em encontrar e seguir um caminho contemplativo, um que fosse minimamente adequado para mim, e não mais o adiasse em busca do caminho perfeito. Psicologicamente, sendo mais amável e carinhosa comigo e com os outros, expressando minha raiva mais facilmente, abaixando minhas defesas contra a intimidade e a propensão de me fechar em mim mesma. Materialmente, comendo principalmente alimentos frescos, bem lavados e integrais, e voltando a fazer exercício. E, acima de tudo, ser gentil comigo mesma no que dissesse respeito a atingir ou não esses objetivos.

Terminamos nosso almoço, a que mais tarde nos referiríamos jocosamente como O Grande Incidente da Sopa de Legumes ou Passatempo com Câncer. Ele marcou um decisivo ponto de mutação no modo como ambos lidaríamos com o "significado" do câncer de Treya e, especialmente, encararíamos todas as mudanças em seu estilo de vida que ela subsequentemente faria – não por causa do câncer, mas porque precisavam ser feitas, ponto.

"Bem, eu não acho que você possa vê-la, ou que pudesse vê-la. Foi simplesmente algo que eu vi."

"Ela ainda está aqui?" O pensamento é perturbador.

"Eu não vejo mais nada, mas parece que sim." Treya fala isso como se fosse a coisa mais natural no mundo ver a morte sentada no ombro do seu amado.

"Você não poderia simplesmente espantá-la ou algo assim?"

"Não seja bobo", é tudo o que ela diz.

Treya e eu finalmente descobrimos nosso próprio significado para a enfermidade e evoluímos para nossas próprias teorias sobre saúde e cura (como veremos). Mas, por enquanto, tínhamos de tratar a moléstia, e tratá-la rapidamente.

Estávamos atrasados para nossa consulta com Peter Richards.

4. Uma questão de equilíbrio

"É um novo procedimento que está sendo desenvolvido na Europa. Acho que você é uma boa candidata a ele."

Peter Richards parecia aflito. Ele demonstrava claramente muito afeto por Treya. Como deve ser difícil tratar pacientes de câncer, eu pensei. Peter apresentou as opções: mastectomia com remoção de todos os nódulos linfáticos; manter a mama, removendo os nódulos linfáticos e, em seguida, tratá-la com implantes radiativos; mastectomia segmental ou parcial (removendo cerca de um quarto do tecido da mama), remoção de cerca de metade dos nódulos linfáticos acompanhada de cinco ou seis semanas de radioterapia na área da mama; mastectomia segmental com remoção de todos os nódulos linfáticos. Não era fácil fugir da impressão de que estávamos discutindo calmamente técnicas de tortura medieval. "Oh, sim, madame, temos uma adorável Dama de Ferro[1] tamanho oito."

Treya já havia chegado a um plano geral de ação. Embora ambos fôssemos grandes fãs da medicina alternativa e holística, uma avaliação cuidadosa mostrou que nenhuma das opções – incluindo a visualização de Simonton, a dieta Gerson, e Burton nas Bahamas – tinha apresentado sucesso significativo contra tumores grau quatro. Esses tumores são os nazistas da multidão de cânceres e não se mostram muito impressionados com suco de folhas de trigo e pensamentos doces. Você tem de exterminar esses desgraçados para ter alguma chance – e aí entra a medicina do homem branco.

Após analisar cuidadosamente todas as opções, Treya decidiu que a linha de ação mais sensata seria seguir, como primeiro passo, tratamentos ortodoxos e depois combiná-los com um espectro completo de tratamentos holísticos auxiliares. É claro que terapeutas holísticos normalmente desaconselham o uso de quaisquer tratamentos ortodoxos, como radioterapia ou quimioterapia, porque, dizem eles, comprometem permanentemente o sistema imunológico, diminuindo a chance de sucesso dos tratamentos holísticos.

Há alguma verdade nisso, mas a situação é muito mais sutil e complexa do que a percebida pela maioria dos terapeutas holísticos. Em primeiro lugar, é verdade que a radiação, por exemplo, reduzirá o número de glóbulos brancos do sangue, uma das linhas de frente do sistema imunológico do corpo. Entretanto, a maior parte dessa

---

[1] Artefato de tortura em forma de armário, onde a vítima era mantida de pé e perfurada por facas, estiletes ou pregos, instalados na parte de dentro das portas, quando as mesmas se fechavam. (N.T.)

Graça e Coragem

redução é temporária e a leve diminuição em longo prazo não foi correlacionada com deficiência imunológica, simplesmente porque não existe nenhum vínculo direto entre a *quantidade* de glóbulos brancos no sangue e a *qualidade* da proteção imunológica. Por exemplo, pessoas que recebem quimioterapia, na média, não apresentam, em longo prazo, maior incidência de resfriados, gripes, infecções genéricas ou cânceres secundários, embora partes da contagem de seus glóbulos brancos possam ser mais baixas. Não está claro se todas essas pessoas apresentam um sistema imunológico "prejudicado". A dura verdade é que muitas pessoas que seguem tratamentos holísticos morrem, e a desculpa mais conveniente é: "Você deveria ter nos procurado primeiro".

Treya decidiu que, dado o presente estado do conhecimento médico, o único caminho prudente seria combinar agressivamente métodos ortodoxos e alternativos. Quanto aos métodos ortodoxos, estudos na Europa demonstraram que a mastectomia segmental, seguida por radioterapia, era tão efetiva quanto a terrível mastectomia radical modificada. Nós três – Peter, Treya e eu – julgamos que a mastectomia segmental era o caminho aconselhável. (Treya era pouco vaidosa; ela escolheu o procedimento não porque salvaria a maior parte do seio e sim porque pouparia muitos nódulos linfáticos.)

E assim, em 15 de dezembro de 1983, Treya e eu passamos nossa lua de mel no segundo andar do Children's Hospital de San Francisco, quarto 203.

"O que você está fazendo?"

"Estou pedindo para providenciarem uma maca. Vou dormir no quarto."

"Eles não vão deixar."

Ken rolou os olhos para cima como se quisesse dizer: você está brincando. "Meu bem, hospital é um lugar terrível para se ficar se você for uma pessoa doente. Aqui existem germes que não se encontram em nenhuma outra parte no mundo. Se eles não lhe fizerem mal, a comida fará. Eu vou ficar. Além do mais, é nossa lua de mel; não vou abandoná-la." Ele conseguiu e passou o tempo todo comigo em meu quarto, grande parte dos seus 1,93 m pendurados da pequena maca que lhe arranjaram. Um pouco antes da cirurgia, me trouxe lindas flores. O cartão dizia: "Para a outra metade da minha alma".

Treya parecia ter recuperado a segurança rapidamente. Sua natural e imensa coragem voltara à tona, e ela, de fato, passou facilmente por toda a provação.

11/12 – Nós três [Peter Richards, Treya e Ken] chegamos à mesma decisão – remoção axilar segmental [retirada de cerca de metade dos nódulos linfáticos] e radioterapia. Isso me pareceu bom. Sinto-me bem, brinco, vou em frente. Almoço no Max's, faço compras de Natal com Ken. Mais tarde, em casa, exausta, mas com muitas das infindáveis incumbências cumpridas. Descarrego meu amor em Ken, em seguida quero perdoar e enviar meu amor para todo mundo em minha vida, especialmente para minha família.

Uma questão de equilíbrio

14/12 – Primeira sessão de acupuntura. Tiro uma soneca, faço a mala. Vou para o hotel, janto com mamãe e papai, mais presentes de casamento. Telefono para Kati [uma irmã] pedindo para vir. Aconchego-me em Ken.

15/12 – Nove horas no hospital – preparada – sala de espera – para o meu quarto – duas horas de atraso. Sinto-me bem ao entrar para a cirurgia – bem ao sair, não muito dopada. Acordo às cinco horas, Ken, papai, mamãe e Kati estão lá. Ken conseguiu uma maca – "outra metade da minha alma". Morfina naquela noite. Sensações interessantes – flutuando, sonhando – semelhantes algumas vezes à meditação. Acordam-me praticamente a cada hora para tirar temperatura e pressão sanguínea. Minha pulsação é normalmente muito baixa, Ken teve de acordar de hora em hora e assegurar à enfermeira, que não conseguia achar meu pulso, de que eu estava viva.

16/12 – Dormi o dia todo – andei lentamente pelo corredor com Ken. Mamãe, papai, Kati, Joan [uma amiga]. Dr. R. veio, vinte nódulos retirados, todos negativos [nenhum sinal de câncer em seus nódulos linfáticos, notícia extremamente auspiciosa]. Andei com Suzannah. Não consegui dormir naquela noite, pedi remédio. Às quatro, morfina e Tylenol. Muito bom ter Ken comigo o tempo todo; fiquei contente por ele insistir.

17/12 – Telefonei para várias pessoas – li bastante – Dr. R. passou – a família foi embora – Ken foi fazer compras de Natal – sinto-me muito bem.

18/12 – Muitas visitas – Ken toma providências – andei bastante – li *A Cor Púrpura*. Ainda dolorida, fluido ainda sendo drenado.

19/12 – Alta do hospital – almoço no Max's – compras de Natal com Ken – casa. Gostaria de ter escrito mais sobre tudo isso – sinto-me bem, confiante – um pouco de dor no primeiro dia, especialmente onde estavam os tubos [de dreno] – estou me sentindo tão bem a ponto de, às vezes, achar que estou por demais confiante!

O impacto imediato da cirurgia foi psicológico: Treya dedicou-se a fazer uma reavaliação quase completa do que ela sempre chamou "sua missão na vida" — isto é, qual seria seu trabalho na vida? Como ela me explicou, essa pergunta centrava-se em torno de questões de ser *versus* fazer, o que na nossa cultura também significa papéis masculinos *versus* femininos. Treya, conforme seu relato, sempre deu ênfase ao *fazer*, que quase sempre (mas não necessariamente) é associado ao masculino, e desvalorizou o *ser*, que normalmente (mas não necessariamente) é associado ao feminino.[2] Valores do fazer são produzir, realizar, alcançar; eles são frequentemente agressivos, competitivos e hierárquicos; são orientados para o futuro; e dependem de regras e julgamentos. Basicamente, os valores do fazer tentam *transformar* o presente em algo "melhor".

---

[2] Ao longo desse relato, Treya fala da associação tradicional do masculino com o fazer, com a mente, com o Céu (lógica) e do feminino com o ser, com o corpo, com a Terra. Desnecessário dizer que estas não são divisões exatas e inflexíveis, mas preferências pessoais, nem que homens não possam ser ou mulheres não possam fazer. É simplesmente o modo como Treya pensava sobre essas distinções, à medida que surgiam nela e em mim. Treya achava que a primeira onda do feminismo provara que as mulheres podiam fazer tão bem quanto os homens, mas a segunda onda estaria retornando aos modos de ser, que as mulheres, originariamente, pareciam entender melhor. Seguirei a terminologia de Treya quando tratar desse assunto, já que ela foi minha principal professora a respeito.

Graça e Coragem

Valores do ser, entretanto, são valores de *abraçar* o presente; de aceitar as pessoas como elas *são*, não pelo que elas possam *fazer;* valores de relação, inclusão, aceitação, compaixão e cuidado.

Ambos – fazer e ser – são igualmente importantes, acho. Mas o ponto é que, já que os valores do ser são frequentemente associados ao feminino, Treya achava que, ao dar maior ênfase ao fazer/masculino, ela, na verdade, reprimiu em si toda uma gama do ser/feminino.

Isso não era uma mera curiosidade passageira para Treya. Ao contrário, eu diria que, em suas várias formas, era *a* principal questão psicológica da sua vida. Entre muitas outras coisas, foi diretamente responsável pela sua mudança de nome de "Terry" para "Treya" – "Terry", ela achava, era nome de homem.

Muitas questões estão ficando claras para mim. Até onde consigo me lembrar, tenho me perguntado sem cessar "qual é a minha missão na vida?". Acho que enfatizei muito o fazer e pouco o ser. Fui a mais velha de quatro irmãos e, quando cresci, quis ser o *primogênito* do meu pai. Afinal de contas, naquele tempo, no Texas, os "empregos" verdadeiramente importantes eram para homens – eles faziam todo o trabalho realmente *produtivo*. Eu valorizava os valores masculinos e não queria ser uma esposa texana – assim, abandonei muitos valores femininos e lutei contra eles sempre que surgiam em mim. Uma negação, eu creio, do meu lado feminino, meu corpo, minha criação, minha sexualidade, enquanto me alinhava com minha cabeça, meu pai, minha lógica, valores da minha sociedade.

Ao me defrontar com o câncer, agora acho que a resposta para esta candente pergunta – qual é minha missão? – vem em duas partes.

1. Ironicamente – levando em conta minha constante resistência em me realizar através de um homem – parte da minha missão é definitivamente cuidar do Ken, apoiando-o de todas as formas possíveis, aprendendo a fazê-lo sem perder minha autonomia, deixando aquele velho medo morrer devagar à medida que me dedico a essa tarefa – que é, em princípio, ser sua esposa, manter a casa arrumada, um lugar agradável para ele trabalhar (contrate uma empregada!), e ver o que mais posso fazer. Mas começa por ajudá-lo em seu trabalho, agindo daquela maneira invisível que uma esposa sabe fazer e que sempre revoltou meu ego. Mas agora não é mais uma ideia, a situação é diferente do modelo texano contra o qual me rebelei; meu ego não está mais no mesmo estado de então. Seu trabalho é, creio, incrivelmente importante e em um nível de contribuição muito acima do que eu poderia atingir (não estou me autodenegrindo, apenas sendo honesta); além disso, estou falando do *Ken*, e eu o amo perdidamente. Ele está, sem dúvida, definitivamente, no centro da minha missão. Não acho que assumiria esse papel se Ken o desejasse, se ele quisesse que eu fosse uma boa "esposa". Ele nunca exige nada. Além do mais, ele tem sido a esposa, cuidando de mim!

2. O segundo elemento que parece estar surgindo, ligado às atividades de aconselhamento em grupo que realizo, é trabalhar com câncer. Sinto cada vez mais que é isso que posso fazer. Começar a escrever um livro sobre minha experiência com o câncer; várias teorias de cura; entrevistar terapeutas sobre a ligação corpo-mente; entrevistar outros pacientes de câncer. Em seguida, quem sabe, um vídeo. Mas definitivamente isso se apresenta como algo central no meu trabalho.

Uma questão de equilíbrio

Entendo que ambas são formas de "serviço abnegado", caminhos para tirar meu ego da frente e ser útil a outras pessoas. Ambas combinam com o desejo da minha vida inteira de buscar uma prática espiritual. Tudo está começando a fazer sentido!

Estou sentindo uma abertura no meu ser,
Sentindo uma abertura entre minha cabeça e meu coração, minha mãe e
meu pai,
minha mente e meu corpo,
meu masculino e meu feminino, meu cientista e minha artista.
Um representa o escritor, o outro, a poetisa.
Um, o responsável filho mais velho, assemelhando-se ao pai,
que mantém a família unida;
o outro, a brincalhona, a exploradora, a aventureira, a mística.

Essa não seria, de modo algum, a solução ou a versão final da busca de Treya por sua vocação, sua "verdadeira missão", mas foi um começo. Eu senti uma mudança nela, uma cura interna de tipos, uma integração, um equilíbrio.

Passamos a nos referir à procura pela sua "missão" como a busca pelo seu "daemon" – a palavra grega que na mitologia clássica significa "um deus interior", a deidade interna ou espírito-guia, também conhecido por gênio ou *djim*, a deidade ou gênio tutelar de uma pessoa; diz-se também que o *daemon* ou gênio é sinônimo de destino ou ventura. Treya ainda não encontrara sua sorte, seu gênio, seu destino, seu *daemon*, pelo menos não em sua forma final. Eu seria uma parte desse destino, mas não o foco principal como Treya achava; seria mais um catalisador. Na verdade, seu *daemon* era seu próprio Eu superior, que logo se expressou, não no trabalho, mas na arte.

Eu, por outro lado, encontrei meu destino, meu *daemon*, que era escrever. Sabia exatamente o que queria fazer e por que queria; sabia por que estava neste mundo e o que deveria realizar. Ao escrever, expressava meu próprio Eu superior; não sentia a menor dúvida ou hesitação sobre isso. Dois parágrafos escritos do meu primeiro livro, quando tinha 23 anos, e soube que voltara para casa, me encontrara, descobrira meu objetivo, achara meus deus. Desde então, nunca mais duvidei disso.

Mas acontece uma coisa estranha e terrível com o *daemon* de alguém: quando respeitado e considerado, ele é realmente um espírito-guia; aqueles que suportam um deus interno trazem gênio para sua missão. Quando, porém, o *daemon* é ouvido mas negligenciado, dizem que se transforma em um demônio ou espírito do mal – energia e talento divinos degeneram em atividade autodestrutiva. Os místicos cristãos, por exemplo, falam que as chamas do Inferno nada mais são do que a negação do amor de Deus, anjos reduzidos a demônios.

Graça e Coragem

Fiquei um pouco irritada quando Ken e Janice [uma amiga] conversavam sobre como eram parecidos: quando não trabalham, sentem-se esquisitos. Ken trata seu lazer com aperitivos e outras diversões; Janice diz que trabalha para não se tornar suicida. Mas me parece que as motivações são diferentes – Ken tem um *daemon* que o faz trabalhar para realizá-lo; Janice tem um demônio e trabalha para evitá-lo. O ponto é que Ken tentava fazer uma ligação compreensível e me senti incomodada por causa da insegurança sobre o que estou fazendo agora. É aquela velha história – não quero trabalhar em função de algum demônio interno (Janice) e não achei meu *daemon* (Ken), a missão que desejo profundamente cumprir. Às vezes penso que o verdadeiro problema é que simplesmente não acredito que consiga me tornar realmente boa em alguma coisa, que tenho uma ideia desproporcional de quão bons são os outros e que, talvez quando chegar aos cinquenta anos, essa ideia desaparecerá com a experiência, aproximando-me da realidade, quando então concluirei que poderia ter sido suficientemente boa. E outras vezes, acho que devo apenas parar de perseguir meu *daemon* por algum tempo e abrir um pouco de espaço na minha vida para que ele possa surgir e crescer. Eu quero uma planta totalmente desenvolvida; sou muito impaciente para nutrir adequadamente os pequenos brotos e ver qual escolherei ou qual me escolherá.

Preciso aprender a ler as profundezas do meu ser, descobrir meu próprio "rumo" e *daemon*. Não quero viver sem algum tipo de fé em um objetivo maior, ainda que seja apenas evolução! Assim, não quero deixar que a raiva sobre a minha situação [estar com câncer] desvalorize experiências místicas e seu poder para mudar as pessoas de alguma forma. Não quero permitir que a amargura corroa meu sentimento do sagrado e do significado da vida, mas que, ao contrário, aprofunde a necessidade dessas explorações e entendimentos. Mesmo porque, a raiva pode ser o "material" por meio do qual Deus ou essa força evolucionária se manifesta e opera. Ainda estou interessada em compreender como as pessoas se transformam, como elas acham significado e propósito para suas vidas. Reconheço definitivamente em mim a necessidade de uma missão, um tipo de alicerce para a atividade mais amorfa dos Findhorns e Windstars. Sinto que Ken e o trabalho com câncer são uma grande parte desse alicerce. Mas preciso de uma contrapartida para os escritos de Ken, para a arquitetura do Steven, para a dança da Cathy. Reconheço em mim [o que Haridas Chaudhuri chama de] "a necessidade da autocriação e da realização criativa", meu "desejo de autodesdobramento".

Para continuar nessa rota, preciso descobrir caminhos para melhor entrar em contato com minha psique profunda, a essência interna do crescimento pessoal contínuo. Isto é, o mais perto que puder chegar de Deus dentro de mim; aprender, compreender e seguir isso é o mesmo que ouvir e obedecer à vontade de Deus. Voltar-se para dentro e tocar a mais profunda, a mais verdadeira parte de si mesma... conhecê-la, nutri-la, deixar que cresça mais madura... investi-la de poder (reconhecendo-a como o Deus interior)... e desenvolver a vontade para seguir essa rota interna... a capacidade de testar sua verdade, a fé e coragem para segui-la, mesmo que ela contradiga a mente racional da nossa realidade consensual.

Portanto, agora essa é a minha tarefa.

No pesadelo futuro pelo qual Treya e eu passamos, parte do seu tormento foi que ela ainda não descobrira o seu *daemon*; meu tormento foi observar meu *daemon* esvaecer-se. Meus anjos transformaram-se em demônios e cheguei bem perto da destruição nessa variedade particular de inferno.

Uma questão de equilíbrio

Passamos o Natal em Laredo com a família (após uma breve parada no M. D. Anderson Hospital de Houston) e depois voltamos para Muir Beach a fim de que Treya começasse a radioterapia com o Dr. Simeon Cantril, "Sim" para os íntimos. Sim era um homem brilhante, muito agradável, que perdera uma esposa com câncer; mas, às vezes, sua intensidade intelectual era acompanhada de uma brusquidão pessoal, ou até mesmo frieza, que, embora causasse uma impressão falsa, era, de qualquer modo, intimidante. Assim, além de dar a Treya um tratamento radioterápico de primeira qualidade, ele lhe proporcionou a chance de refinar sua positividade com médicos, um talento em que ela beirou a perfeição.

Eles não lhe dão nenhuma dica. Você tem de forçar, perguntar, insistir e, acima de tudo, não se sentir tola. E, principalmente, não se deixe levar pelo seu ar ocupado, a sensação de que seu tempo é tão valioso que eles mal podem responder perguntas. É sua vida que está em jogo. Pergunte.

Essa positividade foi simplesmente parte de uma atitude de "assumir o comando", que Treya desenvolveu continuamente ao longo da sua moléstia. Durante as cinco semanas e meia de radioterapia diária – um procedimento sem dor, cujo principal efeito colateral foi uma leve mas crescente fadiga, com ocasionais sintomas de gripe – Treya começou a implementar seu principal programa de trabalho: mudar as coisas da sua vida que precisavam ser mudadas de qualquer maneira.

Comecei hoje a radioterapia. Estou muito animada com a disciplina/regularidade do processo, realizado todos os dias, ajudando a disciplinar-me em outras áreas. Passei a dar longas caminhadas diariamente. Sinto que necessito de um projeto, alguma atividade com foco para superar esse período – tenho de botar para fora minha energia em vez de revertê-la para dentro de mim; assim, estou trabalhando no meu livro sobre câncer. Ken está aplicando o tratamento com megavitaminas em mim – afinal de contas, ele é formado em bioquímica! Ele compra grande quantidade de mais de cinquenta nutrientes e mistura-os na pia da cozinha, enquanto emite ruídos engraçados de cientista louco. Ele também passou a cozinhar, tornando-se meu nutricionista. Ele é um cozinheiro fabuloso! E sua atividade extra é manter-me rindo. Ao chegar em casa ontem, perguntei como estava se sentindo. Ele respondeu: "Oh, Cristo, que dia terrível. Bati o carro, queimei o jantar, dei uma surra na minha mulher. Oh, diabos, esqueci de dar a surra na minha mulher..." e começou a me perseguir em torno da mesa da cozinha.

Além da meditação, exercício, acupuntura, vitaminas, dieta e meu livro, comecei a fazer visualização. Estou me consultando com dois médicos holísticos e dando mais atenção a este diário! Mantê-lo faz parte da cura. Só lamento que durante o Natal fui preguiçosa, comi de tudo, não meditei nem fiz exercício, deixei que essas coisas ficassem meio obscuras e fugissem do meu controle.

Agora sinto que estou no comando, fazendo perguntas, assumindo responsabilidades. A dor [da cirurgia] passou há apenas dois dias; será que existe uma conexão causal? É importante sentir que posso fazer algo para ajudar, para melhorar, não simplesmente ficar dependendo dos médicos.

Graça e Coragem

Estou lendo *The Healing Heart* [O Coração Curador] de Norman Cousin – ele diz que nunca ficou deprimido, sempre se concentrou no que poderia fazer para se recuperar. Isso é ótimo, mas eu fiquei deprimida – acho que em parte devido à incerteza sobre a causa do câncer, por que eu o contraí.

É muito mais claro com doença cardíaca – estresse e dieta. Mas sei o que preciso mudar e estou focalizando isso! Eu sei que enquanto leio, penso e trabalho sobre o problema, sinto-me bem. Quando me coloco na posição de vítima, transfiro as decisões para o médico ou quero que Ken faça as coisas, eu me deprimo. Lição sobre vontade de viver.

Por mais importante que fosse a atitude de "assumir o comando", ainda assim era só metade da equação. Além de assumir o controle e a responsabilidade, a pessoa também precisa aprender quando e como deixar fluir, render-se, seguir a corrente sem resistir ou lutar.

Deixar fluir *versus* controlar – isto é, claro, apenas outra versão de ser *versus* fazer, a polaridade primordial do *yin* e *yang*, que assume mil formas diferentes e nunca se esgota. Não se trata de saber qual, *yin* ou *yang*, está certo, se ser é melhor que fazer – é uma questão de achar o equilíbrio correto, descobrir a harmonia natural entre *yin* e *yang* que, no chinês arcaico, chamava-se *Tao*. Encontrar o ponto de equilíbrio – entre fazer e ser, controlar e permitir, resistir e ceder, lutar e render-se, querer e aceitar – tornou-se o ponto nevrálgico na confrontação de Treya com o câncer (da mesma maneira que passou a ser também seu principal problema psicológico). Ambos voltaríamos a essa questão repetidamente, cada vez com uma perspectiva ligeiramente diferente.

Equilibrar a vontade de viver com a aceitação da morte. Ambas necessárias. Preciso encontrar esse equilíbrio. Sinto que já aceito a morte; preocupo-me, por não ter medo de morrer, que isso signifique que eu queira morrer. Mas não quero morrer; simplesmente não tenho medo. Não quero abandonar Ken! Portanto, vou lutar!

Recentemente, após passar algum tempo com Jerry Jampolsky [que escreveu vários livros baseados em *Um Curso em Milagres*, notadamente *Love is Letting Go of Fear* (Amar é Liberar o Medo)], também entendo que preciso aprender a deixar fluir – como Jerry diz: "Deixe fluir e deixe que Deus flua".[3] Ele realmente me balançou. Em vez de tentar me modificar e modificar os outros, devo tentar o perdão, perdoando-me e perdoando os outros. E se não conseguir perdoar alguém (se meu ego não deixar que eu perdoe alguém), então devo pedir ao Espírito Santo em mim para perdoar. É como pedir ao meu Eu superior para perdoar os outros e me perdoar. "Deus é o amor em que eu perdoo", como diz o *Curso*.

Perdoar-me significa aceitar-me. Puxa! Significa abandonar uma velha amiga – a autocrítica. Meu escorpião. Quando visualizo todas as coisas que não permitem que me sinta bem comigo mesma, surge, bem no topo, como

---

[3] No original: *Let Go and Let God*. (N.T.)

Uma questão de equilíbrio

um pano de fundo para todos os meus "problemas", a figura de um escorpião com a cauda curvada sobre as costas. Prestes a se autoferroar. É a minha autocrítica, diminuindo-me implacavelmente, fazendo com que não me sinta amável, o sentimento subjacente a todos os outros problemas, as queixas contra mim mesma que não me permitem ver a luz e os milagres que só podem ser vistos através dela. Hum. A sensação ruim. Está melhorando, mas ainda ruim. Um tipo de acidez no meu estômago quando penso nela. Como se engolisse o veneno que me aplico.

Eu costumava anotar coisas agradáveis que as pessoas diziam sobre mim, porque não podia crer que me vissem daquela forma. Às vezes sinto dificuldade em acreditar que alguém possa me amar realmente – como se existisse um vazio em saber que sou uma boa pessoa, que as pessoas realmente gostam de estar comigo, que sou inteligente, bonita etc. Outras vezes, não consigo entender por que alguém (especialmente um homem) poderia/iria de fato me amar.

Não era o caso de Treya não ter "realizado" muito, "feito" muito, pois ela o fez. Ela se formou com distinção em Mount Holyoke e ensinou literatura inglesa antes de retornar à Boston University para um mestrado; participou da Fundação Windstar[4] e foi sua diretora de educação por três anos; recebeu um grau de mestre em aconselhamento psicológico pelo California Institute of Integral Studies; trabalhou em Findhorn[5] por três anos; fez parte da diretoria do Rocky Mountain Institute;[6] foi membro da Threshold Foundation[7] e facilitadora do US-USSR Youth Exchange Program. E sua "lista de realizações", como ela a chamava, continuaria a crescer para dimensões incrivelmente impressionantes – entre outras coisas, seus escritos sobre câncer e moléstia alcançariam mais ou menos 1 milhão de pessoas em todo o mundo.

E assim mesmo, em particular nesse ponto da sua vida, por não reconhecer ou valorizar os aspectos do seu ser, Treya, honestamente, não conseguia perceber por que as pessoas gostavam tanto dela, amavam-na tanto, queriam tanto estar ao seu lado. Elas eram atraídas pelo seu extraordinário modo de ser, não por alguma lista de realizações, por mais importante que fosse, e Treya parecia estar negligenciando e desvalorizando isso completamente.

Havia momentos em que ficava totalmente espantada por eu amá-la, o que me surpreendia profundamente. Durante aquele primeiro ano, tivemos essa conversa uma dúzia de vezes: "Você não entende por que eu a amo? Você está me gozando? Você não está falando sério, está? Eu a amo completamente, meu bem, e você sabe

---

[4] Organização ecológica situada em Old Snowmass, Colorado, EUA. (N.T.)

[5] Comunidade ecológico-espiritualista localizada no nordeste da Escócia. (N.T.)

[6] Também localizado em Old Snowmass, Colorado. (N.T.)

[7] Fundação que financia organizações dedicadas à justiça social, desenvolvimento sustentável e coexistência pacífica. (N.T.)

Graça e Coragem

disso. Estou ao seu lado 24 horas por dia porque sou doido por você! Você acha que porque não descobriu sua vocação suprema não vale nada. Você a descobrirá, tenho certeza, mas, enquanto isso, você negligencia completamente seu ser, sua presença, sua energia, sua integridade. Você está maluca? As pessoas são completamente loucas por você, você sabe disso. Eu nunca vi ninguém que tenha o número de amigos maravilhosos e totalmente dedicados que você tem. Todos nós a amamos pelo que você é, não pelo que faz".

Essa mensagem está, lenta mas definitivamente, sendo sedimentada. Jerry bateu na mesma tecla. "Você é adorável como é, agora mesmo, e não precisa de mais nada. Se não conseguir descobrir nenhuma razão para ser amada, pense no seguinte: você é uma criação de Deus, você é como Deus a criou." Sinto que no momento presente – exatamente agora – sou amável, mas quando penso no passado e no futuro, ainda acho que preciso fazer algo.

Tudo é ainda tão novo com Ken. Eu confio completamente nele, mas eis que surge aquela menininha que tem medo de que, algum dia, ele não esteja lá. E não sei como satisfazer essa menininha, esse vazio no âmago. Só o tempo provará o contrário, Ken presente ano após ano, ou o vazio nunca será preenchido? Ele tem sido fantástico; preciso deixar que isso aconteça! Quando lhe pergunto se vai ficar comigo, ele sempre responde: "Bem, amor, eu não sei; pergunte-me daqui a vinte anos". Que prova mais clara preciso do amor de Deus do que ter Ken ao meu lado?

Meu medo da dependência, depender de alguém, uma determinação de fazer tudo por mim mesma – razão para não querer que os outros façam qualquer coisa por mim – é o medo de me desapontar. Ontem à noite, sonhei que um terremoto estava chegando e eu e outras pessoas estávamos nos preparando para ele. No último minuto fiquei em dúvida se meus preparativos eram suficientes (comida suficiente etc.) e perguntei a outra mulher se poderia ir com ela para o seu abrigo. Uma sensação de primeiro fazer tudo sozinha e depois pedir ajuda?

Senti que virei uma página com Jerry – a sensação de que não preciso estar à frente de tudo! Eu posso simplesmente ser, não ter de agir o tempo todo. Assim, me entreguei à radioterapia, não resisti mais. Visualizo o crescimento de tecido saudável novamente. Minha resistência inicial à radiação é semelhante a outras resistências para me liberar. Então é isso: deixe fluir e deixe que Deus flua.

Em geral, essa experiência [do câncer e da radioterapia] apresenta-se como um convite para viver mais completamente, menos como tentativa. Vejo-a também como um incentivo para ser mais complacente comigo mesma – ser menos exigente, livrar-me do constante escorpião da autocrítica e da "incapacidade de ser amada". Consigo resumir de forma muito simples: eu vivo a vida mais facilmente agora.

E assim a lição para nós dois era muito clara, embora nada fácil de ser implementada: equilibrar o ser e o fazer, promover a aceitação de si mesmo, de como você simplesmente é, com determinação para mudar as coisas que precisam ser mudadas. Ser significava: deixar fluir e deixar Deus fluir, aceitar, confiar, ter fé, perdoar. Fazer significava: assumir responsabilidade por aquelas coisas, e apenas aquelas coisas, que pudessem ser mudadas, trabalhando tão duro quanto possível para mudá-las. Essa é a sabedoria consagrada pelo tempo contida na oração simples e profunda:

Uma questão de equilíbrio

Que Deus me dê a serenidade para aceitar as coisas que não posso mudar,
a coragem para mudar as coisas que posso
e a sabedoria para saber a diferença.

Treya e eu passamos o verão em Aspen. Ela morou ali de tempos em tempos por dez anos e considerava Aspen, por muitas razões, o seu lar. Depois de deixar Findhorn, Treya voltou para lá, onde ajudou a fundar Windstar com John Denver, Thomas Crum, Steven Conger e vários outros (Windstar transformou-se no refúgio favorito de Bucky Fuller). Ela também participou da diretoria do Rocky Mountain Institute, que é administrado por seus amigos Amory e Hunter Lovins e normalmente considerado o melhor centro gerador de ideias sobre energia alternativa do mundo. Tantos bons amigos – Stuart Mace, o pioneiro original (consultor técnico em Sargent Yukon of the Royal Monties[8]), a grande amiga Linda Conger, Kathy Crum, Annie Denver, Bruce Gordon; Padre Michael Abdo (que oficiou nosso casamento) e Padre Thomas Keating, que dirige o monastério cisterciense em Old Snowmass. Eram esses amigos e centros, além da estonteante beleza natural das trilhas e montanhas – e não a já preocupante badalação de celebridades que então começava a tornar Aspen famosa – que faziam Treya considerá-la seu lar.

Foi um verão magnífico. Treya tinha amigos maravilhosos com quem simpatizei de imediato. Honestamente, nunca conheci alguém que inspirasse tanto amor e dedicação nas pessoas; a energia e a integridade que pareciam irradiar de Treya atraíam indiscriminadamente homens e mulheres como uma sereia benévola. As pessoas simplesmente queriam ficar ao seu redor, estar na sua presença, e ela sempre correspondia, nunca se recusava.

Eu, como sempre, estava escrevendo um livro, *Transformations of Consciousness: Contemplative and Conventional Perspectives on Development*, com coautoria de Jack Engler e Daniel P. Brown, dois professores de Harvard especializados em psicologia oriental/ocidental.[9] A essência desse livro é que se considerarmos os diversos modelos psicológicos oferecidos pelo Ocidente (freudiano, cognitivo, linguístico, objeto-relacional etc.) e os combinarmos com os modelos espirituais do Oriente (e dos místicos ocidentais), chegaremos a um modelo de espectro total do crescimento e desenvolvimento humanos, um modelo que investiga o crescimento humano do corpo para a mente, para a alma, até o espírito. E o que é mais importante, usando esse mapa global do desenvolvimento humano, podemos facilmente detectar os vários tipos de "neuroses"

---

[8] Série da TV americana sobre a Polícia Montada do Canadá. (N.T.)

[9] A parte de Ken Wilber foi publicada no Brasil pela Editora Cultrix com o título *Transformações da Consciência: O Espectro do Desenvolvimento Humano*. (N.T.)

Graça e Coragem

que podem ser desenvolvidas por homens e mulheres e, consequentemente, escolher com mais precisão o tipo de tratamento ou terapia que seja mais apropriado e efetivo para cada problema. O *New York Times* referiu-se a ele como "a mais importante e sofisticada síntese das psicologias orientais e ocidentais já apresentada".

Quanto à Treya e eu, nossa atividade favorita era muito simples: ficar sentados no sofá, abraçados, sentindo as energias dançarem em nossos corpos. Frequentemente nos transportávamos para além de nós mesmos, para aquele lugar onde a morte é uma estranha e apenas brilha o amor, onde as almas se unem por toda a eternidade e um único abraço ilumina as esferas – a forma mais simples de descobrir que Deus, sem sombra de dúvida, está encarnado no amor contido em um abraço.

E mesmo assim, isso criava um dilema para mim: quanto mais amava Treya, mais temia e ficava obcecado com sua morte. Pairava uma lembrança constante de um dos princípios fundamentais do Budismo (e do misticismo em geral): tudo é impermanente, tudo passa, nada resta, nada perdura. Apenas o Todo se mantém pela eternidade; as partes estão condenadas à morte e à decadência. Na consciência meditativa ou mística, além da prisão da individualidade, pode-se vivenciar o Todo e escapar do destino de ser parte; livrar-se do sofrimento e do terror da mortalidade. Mas não conseguia manter essa conscientização por muito tempo na minha meditação; eu ainda era um neófito na prática mística. E embora Treya e eu muitas vezes alcançássemos o Todo com um simples abraço, essa experiência logo se enfraquecia, como se nossas almas ainda não fossem suficientemente desenvolvidas para preservar a dádiva ofertada.

E então eu voltava ao mundo comum da diversidade, não aquele onde Ken e Treya eram um além do tempo, mas este onde a parte Ken amava a parte Treya e a parte Treya poderia morrer. O pensamento de perdê-la era insuportável. O único recurso que tinha era tentar manter-me na consciência da impermanência, onde você ama as coisas justamente *porque* elas são passageiras. Lentamente, estava aprendendo que amar não significava apegar-se, como sempre pensei, mas deixar ir.

Foi durante esse belo e diferente verão que Treya e eu percebemos um dos pesadelos reais do paciente de câncer. Se eu acordar de manhã com dor de cabeça, com as juntas doendo ou com a garganta arranhando, provavelmente não darei importância e tocarei meu dia normalmente. Entretanto, se um paciente de câncer acorda com quaisquer desses sintomas, eles significam: possível tumor cerebral, metástase óssea, provável câncer de garganta. Qualquer leve tremor ou pontada assume proporções funestas e ameaçadoras. Nas semanas, meses, até anos após o contato com câncer, as sensações do seu corpo conspiram para lhe infligir um tipo de tortura chinesa com gotas d'água.

No fim do verão em Aspen, essa tortura sutil já apresentava seu efeito cumulativo em nós dois, especialmente em Treya, é claro.

Uma questão de equilíbrio

Vinha me sentindo mal e preocupada há algum tempo, dormindo até tarde, às vezes até meio-dia, no mínimo sempre até as nove. O que significava isso? Seria uma recidiva do câncer? Aí surgia no outro lado a voz da razão. Não seja tola, você está exagerando. Você está se tornando hipocondríaca. Espere até voltar para a Califórnia e fazer um exame de sangue. Talvez você só esteja deprimida por não estar fazendo nada desafiador agora.

Mas há muito tempo prometi a mim mesma dar atenção a essas sensações. Mesmo que na maior parte do tempo eu me assuste com falsos gritos de "o lobo está chegando", quero ter certeza de não perder um lobo real, um sintoma real, pensando ser hipocondríaca. Talvez seja, mas não existe nada melhor do que um diagnóstico prematuro se algo errado estiver realmente acontecendo. Assim, telefonei para o meu antigo médico em Aspen.

Ao entrar no prédio, começaram a brotar lágrimas por dentro. Uma estranha mistura de medo, pena de mim mesma e simples vontade de botar tudo para fora. A preocupação sobre uma possível recidiva, o medo de não ter muito tempo com Ken, os excruciantes ajustes internos para encarar vida e morte de uma nova forma... tudo que incomoda; e de vez em quando as lágrimas são o melhor caminho para aliviar a tensão. Quase como lancetar uma ferida para curá-la mais depressa.

Ao chegar ao consultório médico, expliquei à enfermeira por que tinha vindo. E o tempo todo, as lágrimas muito próximas da superfície. Eu costumava ser tão controlada, lembro-me de ter pensado. Isso foi varrido pela situação atual. Nunca pensei que seria incapaz de manter o controle quando realmente precisasse. Logo que a enfermeira deixou a sala, peguei um lenço de papel, olhei fixamente para uma revista *People* e lutei com meus pensamentos, enquanto as lágrimas escorriam lentamente. O que é que tem se eu chorar? Se chorar, chorei, e pronto. E provavelmente também me sentiria melhor. Fico pensando por que ainda tenho vergonha de chorar.

Meu médico apareceu. Dr. Whitcomb. É um doce de homem; sempre confiei muito nele, tanto como pessoa quanto como médico. Ele foi maravilhoso. Ele me assegurou que o trauma sofrido pelo meu sistema imunológico com a anestesia geral e a radioterapia, combinado com a febre do feno e alergias que sempre senti durante meus queridos verões no Colorado, era suficiente para explicar meu cansaço. Também me aconselhou – preciso ouvir essa preleção mais ou menos todo ano – sobre minha dieta. Coma apenas legumes, frutas e grãos integrais; não deixe de lavar tudo muito bem para retirar os pesticidas; não beba água clorada; não coma carne por causa dos hormônios e dos antibióticos que são ministrados aos animais, embora peixe branco uma vez ou outra faça bem; e recomece os exercícios. Tome o máximo de vitamina C que seu corpo aguentar para ajudá-la com suas alergias. Não tome anti-histamínicos a menos que você realmente necessite; eles só mascaram seus sintomas. Cuidado com as vitaminas à base de levedo, especialmente as vitaminas B, já que as pessoas alérgicas normalmente reagem ao levedo. Use vitaminas hipoalergênicas. Tome acidófilos.

Aconteceu mais coisa. Eu chorei. Achei que podia. Ele demonstrou empatia por tudo que havia passado e pelo que ainda poderia vir a passar. Vi que ele me entendia. E me senti muito melhor quando saí de lá, armada com minhas vitaminas hipoalergênicas. Certamente uma alta percentagem do trabalho do médico envolve cura emocional e psicológica.

Um dos livros de Ken também se mostrou surpreendentemente curativo. Ler *Up from Eden*[10] proporcionou-me um profundo entendimento de como e por que as pessoas reprimem a morte ou negam e escondem sua própria

---

[10] Obra ainda não traduzida para o português. Uma sugestão de título seria: *A Ascensão do Paraíso: Uma Visão Transpessoal da Evolução Humana*. (N.T.)

Graça e Coragem

mortalidade. Ken reconheceu quatro grandes épocas históricas – arcaica, mágica, mítica e mental – e mostrou como os seres humanos de cada época tentaram evitar a morte construindo "símbolos de imortalidade". A grande repressão é a da morte, não a do sexo. A morte é o último grande tabu. Observando a quantidade quase infinita de formas pelas quais a humanidade tentou negá-la, reprimi-la, evitá-la, ajudou-me a olhar para ela mais abertamente e não tentar negá-la ou afastá-la. E, além disso, o ponto fundamental ressaltado por Ken era que entrar num acordo com a morte, aceitá-la, tornava-se necessário para que o crescimento espiritual ocorresse em toda a plenitude. Você tem de morrer para o ego a fim de despertar como Espírito. A mensagem do livro era que a negação da morte é a negação de Deus.

Eu me lembro muito bem da minha primeira reação quando soube que estava com câncer de mama. Foi mais ou menos assim: se tenho de morrer, vou morrer. Algum dia vai acontecer. Não fiquei com muito medo da morte em si, embora a perspectiva de um processo longo e doloroso me assustasse. Eu a aceitei, até resignei-me, tudo misturado com o medo do desconhecimento e com a aflição do choque da descoberta. Mas o sentimento principal foi: se tem de ser, que seja.

Mas aí esse sentimento começou a mudar. Quanto mais lia e conversava com as pessoas, convencia-me de que essa postura de aceitação poderia ser perigosa. Fiquei com receio de que se não desejasse viver com mais vontade, poderia ter uma morte prematura. Decidi que devia escolher, específica e definitivamente, viver, que devia forçar-me a viver.

Bem, isso foi legal. Levou-me a algumas decisões rápidas sobre mudanças. Mas também comecei a me preocupar mais. A forma mais fácil de reconhecer essa preocupação foi minha reação a eventuais dores e desconfortos que todos sentimos. Pode ser uma recidiva, eu pensava. Oh, não, é melhor chamar o médico. Etc. etc. Não era um modo agradável de viver diariamente, estou certa. Mas ele se insinuou tão gradualmente em mim ao longo dos meses, a ponto de percebê-lo e não percebê-lo ao mesmo tempo.

A leitura de *Up from Eden* rasgou o último véu da autoilusão sobre o que estava fazendo comigo, porque me ajudou a compreender como e por que eu estava fazendo isso. Nossa cultura evoluiu para o ponto em que a morte é percebida mais fortemente que antes. Assim, desenvolvemos modos ainda mais intensos e sutis para negá-la, para evitar sua iminência e sua necessidade. Os filósofos existencialistas assinalam, de numerosas maneiras, como essa negação da morte resulta em uma vida menos ativa. Realmente, é uma forma de negação da vida, pois vida e morte seguem de mãos dadas. Se tiver medo da morte, me tornarei extremamente cautelosa e preocupada com a vida, já que algo pode me acontecer. Quanto mais eu temo a morte, mais eu temo a vida e, portanto, vivo menos.

Percebi que, gradualmente, estava ficando cada vez mais obcecada pelo medo da morte. Foi por isso que comecei a me preocupar com meus sintomas. Não via que o outro lado da vontade de viver, o inevitável lado da sombra, é o medo de não viver, medo de morrer. Agarrar-se à vida passa a significar medo de desapegar-se.

Assim, agora tento me apegar menos às coisas, não com muita intensidade. É o forte apego que me leva a pensar de uma forma ou/ou: ou eu quero viver ou eu morrerei. Uma sutil mudança, me parece, pode me levar a pensar de uma forma e/e: eu posso desejar, ao mesmo tempo, viver e estar disposta a morrer quando chegar a hora.

É uma nova postura e ainda não me acostumei bem com ela. Ainda me preocupo quando me sinto cansada ou meus olhos doem. Mas sinto mais aceitação, mais disposição para suportar o que vier. É mais fácil agora notar

Uma questão de equilíbrio

o sintoma e decidir ir ao médico quando puder, enquanto antes me agarrava ao sintoma e ficava preocupada com ele ao longo dos dias que antecediam minha consulta.

É como se equilibrar no fio de uma navalha: afligir-se, esforçar-se, concentrar-se, disciplinar-se, enquanto, ao mesmo tempo, permanecer aberta, permitir-se, relaxar, simplesmente ser. De um lado para o outro, de um lado para o outro. Eu sei que estou perdendo o equilíbrio – o que acontece na maior parte do tempo – quando noto o esforço ou quando escorrego para a preguiça. E uso minha preocupação como um indício de que estou me desequilibrando, de que estou me agarrando com força à vida. O equilíbrio entre o desejo de viver e a aceitação do que é. É complicado. Mas sinto-me muito melhor assim. A preocupação é traiçoeira, ponto-final.

Isso também significou que Treya relaxou um pouco o rigor de sua "agenda de cura": ela ainda exerceria suas atividades (e com uma disciplina que a maioria das pessoas achava surpreendente), mas, mesmo assim, levaria as coisas com mais tranquilidade, com menor obsessão.

Jantar com Nathaniel Branden e sua esposa Devers. Nathaniel é um velho amigo do Ken; eu realmente gostei de ambos. Ele perguntou se tenho feito muita visualização e respondi-lhe que fiz durante a radioterapia. Disse-lhe que a achei útil então, visualizar a destruição por radiação das células más e a recomposição rápida das células boas; deu-me a sensação de participação no processo, de controle ou contenção parciais. Mas, depois, continuei por pouco tempo e então parei, porque parecia que teria de postular um inimigo para continuar – deveria visualizar as células cancerosas sendo atacadas e não via nenhuma razão para visualizá-las. A única coisa "saudável" que poderia ter feito seria imaginar as células da mama continuando a autorreparação. De vez em quando eu imagino o sistema imunológico ativo e atento. Mas se fizer isso obsessivamente, como um tipo de pânico, simplesmente cairei no medo da morte.

Nathaniel levantou também a possibilidade de a pessoa culpar a si mesma como um subproduto negativo da abordagem de Simonton. Se posso me manter saudável, então devo ser responsável por ter ficado doente. A abordagem de Ken me parece melhor... talvez 10% a 20% da doença sejam devidos a fatores psicológicos (varia com a doença), mas uma percentagem mais alta da cura, digamos 40%, pode ser atribuída em parte a fatores psicológicos.

Nathaniel e Ken tiveram a mesma discussão amigável de sempre. Acho que nenhum deles jamais desistirá! Nathaniel: "Considero você o escritor mais claro sobre misticismo que conheço, mas ainda assim sua posição é autocontraditória. Você afirma que misticismo é tornar-se um com o Todo. Mas se eu me tornasse um com o Todo, não me sobraria nenhuma motivação como indivíduo. Eu poderia simplesmente me deitar e morrer. Seres humanos são indivíduos, não totalidades amorfas; portanto, se fosse bem-sucedido em me tornar um com o Todo, não existiria nenhuma razão para comer, muito menos para fazer qualquer outra coisa".

Ken: "Todo e parte não são mutuamente exclusivos. Os místicos também sentem dor, fome, alegria e prazer. Ser parte de um todo maior não significa que a parte se evapora, apenas que a parte descobre sua essência ou seu significado. Você é um indivíduo, mas também sente que é parte da unidade maior de uma família, que é parte da unidade maior de uma sociedade. Você já sente isso, você já sente que é uma parte de diversas totalidades maiores, e essas totalidades – como sua relação com Devers – dão mais valor e significado à sua vida. O misticismo é apenas

Graça e Coragem

a identidade mais abrangente de também se sentir parte do universo como um todo e, desse modo, descobrir significados e valores superiores. Não há nada de contraditório nisso. É uma experiência direta de uma identidade maior, não quer dizer que seus braços cairão".

E por aí eles foram!

Na volta para casa, fui enumerando para Ken pequenas coisas que ele faz que eu amo. Ele me respondeu que tem dúzias de coisas que são prova de quanto ele me ama, mas que só vai me contar uma de cada vez, uma por ano. Eu supliquei insistentemente que ele me dissesse pelo menos uma a cada seis meses, por favor, meu bem. Acontece que essa é a maneira de me manter a seu lado... ele acha que desejarei muito ouvir essas coisas, servindo como um incentivo extra para viver mais e não abandoná-lo. Ele fala que não sabe o que fará se eu o deixar. Recordo-me da imagem que ele fez anteriormente: se eu morrer, ele vai me buscar no bardo.[11] Ele sempre promete me encontrar de novo, não importa o que aconteça.

Naquele verão ocorreu um evento que causou um enorme impacto em nossas vidas e planos futuros. Treya ficou grávida. Foi uma surpresa para ela, porque nunca ficara grávida antes e achava que, provavelmente, não poderia engravidar. Ela sentiu-se no céu e eu, atordoado – então, a realidade cruel da situação desabou sobre nós. Os médicos de Treya foram unânimes: ela deveria abortar. As alterações hormonais advindas da gravidez agiriam como fertilizante para eventuais células cancerosas remanescentes no seu corpo (seu tumor apresentou resultado positivo ao estrogênio).

Senti-me ambivalente com a ideia de ser pai (uma situação que depois mudou), e minha tíbia reação à gravidez de Treya – antes de sabermos que teria de abortar – foi uma grande decepção para ela. Tentei argumentar em minha defesa, meio sem jeito, que a maior parte dos meus amigos que foram pais não conseguiram ficar animados com o bebê até que ele efetivamente nascesse e fosse colocado em seus braços; antes disso, a maioria sofreu ataques de pânico em diferentes graus. Mas ao pegar o bebê no colo se tornam pais bobos e babões, ao passo que as mães parecem brilhar desde o momento da concepção. Treya não se convenceu com nada disso; ela interpretou minha falta de entusiasmo como um abandono. Foi a primeira vez em que a desapontei profundamente durante esse primeiro ano juntos; isso pairou como um presságio funesto. E foi a própria natureza da situação que a tornou tão difícil: gravidez e aborto, vida e morte... como se nós ainda precisássemos demais da mesma coisa.

Embora estivesse um pouco em dúvida, finalmente cheguei à conclusão de que, pelo menos, encararia a situação: vamos em frente; vamos aguardar que Treya melhore e aí começaremos uma família. Com certeza.

Isso liberou os instintos de ninho em nós dois e começamos a fazer mudanças bastante radicais. Até então, Treya e eu vivemos vidas bem monacais: ela praticava

---

[11] Período entre vidas sucessivas na tradição do Budismo Tibetano. (N.T.)

Uma questão de equilíbrio

a simplicidade voluntária e eu era de fato um monge zen. Quando a conheci, meus pertences se resumiam a uma cadeira de escritório, uma máquina de escrever e 4 mil livros; Treya não tinha muita coisa mais.

Já que decidimos ter filhos, tudo isso mudaria, e mudaria dramaticamente. Primeiro, precisávamos de uma casa... uma casa bem grande, pronta para acolher uma família...

Muir Beach, 16 de setembro de 1984

Querida Martha,

não sei como lhe agradecer pelo atlas – um presente de casamento original e muito interessante. Como você sabe, já estudei geografia; na verdade fiz dois cursos compactos na área para um mestrado em artes, portanto adoro mapas. Um de meus cursos favoritos na graduação foi cartografia! O nosso muito obrigado.

A grande novidade em nossas vidas é que vamos nos mudar para Lake Tahoe (Incline Village, na margem nordeste, para ser mais exata). As coisas se precipitaram porque fiquei grávida acidentalmente – pela primeira vez na minha vida. Ironicamente descobri o fato uma semana depois que fui a um médico para saber se, afinal, poderíamos ter um filho ou não, já que tive câncer. O ginecologista me disse que eu *nunca* deveria engravidar por causa do tipo do meu tumor. Fiquei arrasada. Ken é maravilhoso, mas acho que realmente não entendeu o que isso significava para mim. Ele se manteve ambíguo, e, por vezes, distante. Depois ele se desculpou. Mas chorei uma semana por causa disso, sua reação foi desconcertante – me fez perceber o quanto eu desejava um filho seu.

E aí a descoberta: eu estava, de fato, grávida! Pela primeira vez na minha vida. (Acho que meu corpo sabia quem deveria ser o pai!) Desolação absoluta. Nós teríamos de abortá-lo. Uma experiência muito traumática, mas era a decisão correta. Estou muito hipocondríaca agora, verificando com o médico qualquer dor ou sintoma. Não consigo imaginar como seria desalentador ficar grávida agora, não sabendo como isso afetaria qualquer possível resquício de áreas cancerosas ou pré-cancerosas e tendo de lidar com todos os estranhos sintomas da gravidez propriamente dita. Assim, me pareceu certo, embora tenha derramado muitas lágrimas e ainda as derrame de vez em quando. Era muito importante para o meu senso de integridade passar por essa vida sem um aborto!

Entretanto, os médicos concordam que, se eu ficar livre do câncer por dois anos, então poderei voltar a engravidar. Embora Ken ainda esteja um pouco ambivalente, ele será um grande pai. As crianças o amam. Ele brinca que é porque ele tem a

Graça e Coragem

mesma idade emocional delas. De qualquer maneira, isso despertou nosso instinto de ninho, o que nos levou, finalmente, a comprar uma bela casa em Lake Tahoe!

Já havíamos pensado antes em Lake Tahoe – nas montanhas, que amo, e perto de San Francisco (apenas quatro horas de viagem). Na primeira ida para lá, fomos para a margem sul, o que foi terrível. Mas a orla norte era realmente bela, especialmente Incline Village. É uma cidade planejada bem recente, talvez quinze anos de idade, com uma pequena área de esqui, dois campos de golfe e duas praias privadas para os moradores da cidade. Ken acha que é "um pouco demais", como ele diz. "Meu Deus, estamos nos mudando para um clube de campo. Eu preciso disso tanto quanto um outro *satori*."[12] Mas ama o lago, especialmente o azul claro da água em torno das margens onde existem praias de areia branca, e está tão ansioso quanto eu para sair de San Francisco (ele quer mais tranquilidade para escrever). Visitamos diversas casas em diferentes viagens, passamos por lá novamente quando a caminho de Aspen, onde fomos passar o verão, e finalmente achamos a casa certa.

Estamos muito animados com ela... acesso fácil, uma vista fantástica, a melhor de todas que vimos, e com um arranjo que se ajusta muito bem para o escritório do Ken. A casa ainda está em construção; assim, podemos definir todos os detalhes interiores – carpetes, papel de parede, cor da pintura etc. Sei que você estará fora do país por mais dois anos, mas, quando voltar, venha nos ver. Até lá talvez já tenhamos um filho!

Mais uma vez muito obrigada pelo atlas.

Com amor,
Terry

"Onde é que você vai?", eu pergunto a ela.
"Eu volto já. Só vou fazer um chá. Você não está com medo, está?"
"Eu? Oh, não. Estou bem, muito bem." O fogo havia se transformado em brasas brilhantes. *Treya ausentou-se por minutos, mas os minutos, então, pareceram horas. Está muito frio.*
"Treya? Amor? Treya?"

Treya e eu esperávamos ansiosamente, avidamente, quase desesperadamente, pela mudança para Tahoe. Ela se apresentava com uma aura de proteção, de segurança, de fuga do tumulto. Estávamos prontos para constituir uma família; eu me encontrava pronto para voltar a escrever; a vida começava a parecer muito boa.

Pela primeira vez naquele ano, Treya e eu relaxamos.

---

[12] Experiência de iluminação na tradição do zen-budismo. (N.T.)

5. Um universo interior

Por que eu quis viajar tanto no passado?

Por que eu me sinto tão confinada quando não consigo simplesmente catar minhas coisas e ir?

Eu me enrosco nessa nova forma, resisto, sinto-me limitada.

Eu me contorço, pensando, afinal isso é apenas outro modo de buscar o Deus interior deslocado e procurado "lá fora"?

Se eu me permitir viver mais livremente, um ser inteiro,

do meu lado, apoiando-me completamente,

talvez descubra a terra desconhecida dentro de mim.

Visões, odores e pensamentos estranhos girando interiormente,

carregando-me para outro mundo que pede para ser vivenciado, sentido,

compartilhado com outras pessoas, conformado e moldado,

de um jeito que satisfaça essa necessidade profunda.

Um bazar africano na minha barriga,

um templo indiano saturado de incenso e adornado com macacos no meu peito,

elevadas vastidões brancas do Himalaia com céu infinito

na minha cabeça, contornos ao sabor das perfumadas brisas jamaicanas,

o Louvre, a Sorbonne, acompanhados de um café com leite.

Este planeta, nosso lar, uma pequena região no meu coração.

(Treya, 1975)

Treya e eu meditávamos há muitos anos, mas, com a reviravolta dos acontecimentos do último ano, a meditação passou a ter uma certa prioridade. Assim, um pouco antes de nos mudarmos para Tahoe, Treya fez um retiro de meditação de dez dias com um de seus instrutores favoritos, Goenka, que ensina uma forma de meditação budista conhecida como *vipassana* ou meditação de *insight*.

Existem muitas maneiras para explicar a meditação, o que é, o que ela faz, como funciona. Meditação, dizem, é um caminho para induzir uma resposta de relaxamento. Meditação, outros afirmam, é uma forma de treinar e fortalecer a consciência; um método para centrar e focalizar o eu; um meio de deter o constante pensamento verbal e relaxar o corpo-mente; uma técnica para acalmar o sistema nervoso central; um modo de aliviar tensões, reforçar a autoestima, reduzir a ansiedade e aliviar a depressão.

Graça e Coragem

Tudo isso é verdade; tem sido demonstrado clinicamente que a meditação produz todos esses efeitos. Mas eu gostaria de enfatizar que meditação propriamente dita é, e sempre foi, uma prática espiritual. A meditação, seja ela cristã, budista, hinduísta, taoísta ou muçulmana, foi inventada como um modo para a alma aventurar-se interiormente e, em última instância, descobrir sua identidade suprema com a Divindade. "O Reino dos Céus está dentro de você" – e a meditação, desde o início, tem sido a estrada real para esse Reino. Não importa o que ela faça, e ela proporciona muitas coisas benéficas, a meditação é, acima de tudo, uma busca do Deus imanente.

Eu diria que a meditação é espiritual, mas não religiosa. Espiritual tem a ver com experiência real, não com meras crenças; com Deus como a Essência do Ser, não com a figura de um Papai cósmico; com o despertar para o Eu verdadeiro, não com rezar para seu pequeno eu; com a disciplina da consciência, não com moralismos igrejeiros e enfadonhos sobre bebida, fumo e sexo; com o Espírito existente no coração de todos, não com alguma coisa feita por essa ou aquela igreja. Mahatma Gandhi é espiritual; Oral Roberts é religioso. Albert Einstein, Martin Luther King, Albert Schweitzer, Emerson, Thoreau, Santa Teresa d'Ávila, Santa Juliana de Norwich, William James são espirituais. Billy Graham, Arcebispo Sheen, Robert Schuller, Pat Robertson, Cardeal O'Connor são religiosos.

A meditação é espiritual; a oração é religiosa. Isto é, a oração rogatória, em que peço a Deus para me dar um novo carro, ajudar na minha promoção etc. é religiosa; ela simplesmente sustenta os desejos e vontades do ego. A meditação, por outro lado, busca ir, de modo geral, além do ego; não pede nada a Deus, real ou imaginário; ao contrário, oferece o ego em sacrifício rumo a uma consciência superior.

Portanto, a meditação não pertence a uma religião em particular, mas sim à cultura espiritual universal do gênero humano – um esforço para trazer consciência a todos os aspectos da vida. É, em outras palavras, parte do que foi chamado filosofia perene.

Pouco antes de nos mudarmos para Tahoe, eu agendara uma entrevista exatamente sobre esse assunto. Estávamos no processo de mudança e não pude me encontrar com os entrevistadores originais; assim, pedi a eles para me enviar uma lista de perguntas. Treya, que entendia do assunto tanto quanto eu, leu as perguntas, adicionou outras suas e assumiu o papel de entrevistadora ingênua. Ela também se comportou como uma agressiva advogada do diabo.

Um dos principais pontos discutidos nessa entrevista foi o fundamento da doutrina mística de que se tem de morrer para o eu separado, a fim de desvelar o Eu universal ou Deus. A possibilidade sempre à espreita da morte física de Treya introduziu uma certa pungência à entrevista, de forma que, em alguns momentos, foi difícil continuar. Na transcrição aparece simplesmente "pausa longa", como se eu estivesse pensando sobre alguma resposta complexa.

Um universo interior

Mas eis o ponto essencial: a possível morte de Treya transformou-se em um profundo mestre espiritual para nós dois. A morte física tornou a morte psicológica ainda mais convincente. Como os místicos do mundo inteiro repetidamente nos asseguram, somente aceitando a morte é que se descobre a verdadeira vida.

TREYA KILLAM WILBER: Por que você não começa explicando o que significa "filosofia perene"?

KEN WILBER: A filosofia perene é a visão de mundo que foi abraçada pela ampla maioria dos maiores mestres espirituais, filósofos, pensadores e até cientistas do mundo inteiro. É chamada "perene" ou "universal" porque aparece praticamente em todas as culturas do globo e em todas as eras. Nós a encontramos na Índia, México, China, Japão, Mesopotâmia, Egito, Tibete, Alemanha, Grécia...

E onde quer que a encontremos, ela apresenta características essencialmente semelhantes, é concorde praticamente em todo o mundo. Nós, modernos, que raramente concordamos com alguma coisa, temos dificuldade para acreditar nisso. Mas, como resumido por Alan Watts, baseando-se nas evidências disponíveis – permita-me que leia: "Assim, estamos pouco conscientes da extrema peculiaridade da nossa própria posição e achamos difícil reconhecer o simples fato de que sempre existiu um consenso filosófico único de extensão universal. Ele tem sido defendido por [homens e mulheres] que relatam os mesmos *insights* e ensinam a mesma doutrina essencial, não importando se vivem hoje ou viveram há 6 mil anos, se são do Novo México no Extremo Ocidente ou do Japão no Extremo Oriente".

Isso é realmente notável. Eu penso que é, fundamentalmente, um testamento relativo à natureza universal dessas verdades, à experiência universal de uma humanidade coletiva que concordou, em toda parte, com certas verdades profundas a respeito da condição humana e do seu acesso ao Divino. Essa é uma forma de descrever a *philosophia perennis*.

TKW: Muito bem, você afirma que a filosofia perene é essencialmente a mesma em diversas culturas. Mas, e quanto ao argumento moderno de que todo conhecimento é moldado pelo idioma e cultura, e já que as culturas e idiomas diferem dramaticamente, simplesmente não se pode descobrir nenhum tipo de verdade universal ou coletiva a respeito da condição humana? Não existe condição humana, existem apenas histórias humanas, e essas histórias, dependendo do lugar, são bastante diferentes. O que você me diz sobre o conceito do relativismo cultural?

Graça e Coragem

KW: Há muita verdade nele – realmente existem culturas bastante diferentes de "conhecimento local", e pesquisar essas diferenças é um trabalho muito importante. Mas o relativismo cultural não contempla a verdade completa. Além de diferenças culturais óbvias, como tipos de culinária, estruturas linguísticas ou costumes conjugais, há muitos fenômenos da existência humana que são amplamente universais ou coletivos. O corpo humano, por exemplo, tem 208 ossos, um coração, dois rins e assim por diante, independentemente se o indivíduo nasceu em Manhattan ou Moçambique, se nasceu hoje ou há mil anos. Chamamos essas características universais "estruturas profundas", porque são essencialmente as mesmas em toda parte. Por outro lado, isso não evita que as várias culturas usem essas estruturas profundas de formas bastante diferentes: a amarração dos pés das chinesas para evitar que cresçam, o esticamento dos lábios dos Ubangis, pintura corporal, estilos de vestuário, tipos de carícia, sexo e trabalho, que variam consideravelmente de cultura para cultura. Essas variáveis são chamadas "estruturas superficiais", uma vez que são locais e não universais.

Observamos a mesma coisa com respeito à mente humana. Além das estruturas superficiais, que variam de cultura para cultura, a mente humana, como o corpo, tem estruturas profundas que são basicamente semelhantes. Isto é, onde quer que surjam mentes humanas, elas apresentam a capacidade para formar imagens, símbolos, conceitos e regras. As imagens e símbolos particulares variam de cultura para cultura, é verdade, mas a capacidade específica para formar essas estruturas mentais e linguísticas, e as próprias estruturas, são essencialmente similares onde quer que apareçam. Da mesma maneira que cresce cabelo no corpo humano, os símbolos emergem da mente humana. As estruturas mentais superficiais variam consideravelmente, mas as estruturas mentais profundas são muito semelhantes.

Agora, da mesma forma que, universalmente, cresce cabelo no corpo humano e surgem ideias na mente humana, emergem intuições do Divino no espírito humano. E essas intuições e *insights* formam o núcleo das grandes tradições espirituais e de sabedoria do mundo. E novamente, embora as estruturas superficiais das grandes tradições sejam certamente bastante diferentes, suas estruturas profundas são muito semelhantes, quase sempre idênticas. Desse modo, a filosofia perene está interessada, principalmente, nas estruturas profundas do encontro humano com o Divino. Porque quando você descobre uma verdade com que – hindus, cristãos, budistas, taoístas e sufis – *todos concordam*, então, provavelmente, achou algo que é profundamente importante, algo que lhe fala sobre verdades universais e significados supremos, algo que toca o cerne da condição humana.

Um universo interior

TKW: À primeira vista, é difícil notar quais são os pontos comuns entre o Budismo e o Cristianismo. Assim, quais são exatamente os fundamentos da filosofia perene? Você poderia discorrer sobre as questões principais? Quantas verdades profundas ou pontos de concordância existem?

KW: Dezenas. Eu lhe apresentarei sete, que considero os mais importantes. Um – o Espírito existe e Dois – o Espírito é imanente. Três – Entretanto, a maior parte de nós não percebe o Espírito imanente, porque vivemos em um mundo de pecado, separação e dualidade, isto é, vivemos em um estado decaído ou ilusório. Quatro – Existe uma saída para esse estado decaído de pecado e ilusão, existe um Caminho para nossa libertação. Cinco – Se seguirmos esse Caminho até o fim, o resultado é um Renascimento ou Iluminação, uma experiência direta do Espírito imanente, uma Libertação Suprema, que – Seis – Marca o fim do pecado e sofrimento, e que – Sete – resulta em ação social de misericórdia e compaixão para com todos os seres sencientes.

TKW: É muita informação de uma vez. Vamos por partes. O Espírito existe.

KW: O Espírito existe, Deus existe, existe uma Realidade Suprema. Brahman, Dharmakaya, Kether, Tao, Allah, Shiva, Yahweh, Aton: "Eles chamam de muitos nomes Aquele que é realmente Um".

TKW: Mas como você sabe que o Espírito existe? Os místicos afirmam isso, mas em que eles se baseiam para fazê-lo?

KW: Na experiência direta. Suas afirmações são baseadas não em meras crenças, ideias, teorias ou dogmas, mas sim na experiência direta, na vivência espiritual real. Isso é o que distingue o misticismo das crenças religiosas meramente dogmáticas.

TKW: Mas o que você me diz sobre o argumento de que a experiência mística não é conhecimento válido, uma vez que é inefável e portanto incomunicável?

KW: A experiência mística é realmente inefável, isto é, não passível de ser completamente posta em palavras. Como qualquer experiência – um pôr do sol, comer um pedaço de bolo, escutar Bach – tem-se de passar pela experiência real para ver como é. Mas daí não concluímos que o pôr do sol, o bolo e a música não existam ou não sejam válidos. Além disso, embora a experiência mística seja amplamente inefável, ela pode ser comunicada ou transmitida. Por exemplo, seguindo uma prática

Graça e Coragem

espiritual sob a orientação de um mestre ou instrutor espiritual, da mesma forma como o judô pode ser ensinado, mas não explicado.

TKW: Mas a experiência mística, que parece tão certa para o místico, pode, na verdade, estar simplesmente equivocada. Os místicos podem achar que estão se tornando um com Deus, mas isso não significa necessariamente que seja o que está acontecendo de fato. Nenhum conhecimento pode ser considerado absolutamente correto.

KW: Concordo que, em princípio, não se pode ter certeza da veracidade das experiências místicas, nem de quaisquer outras experiências diretas. Mas longe de demolir as afirmações dos místicos, esse argumento realmente as eleva a um status equiparado a todo conhecimento experimental, uma condição que eu, sem dúvida, aceitaria. Em outras palavras, essa restrição ao conhecimento místico realmente se aplica a todas as formas de conhecimento baseadas em evidências experimentais, inclusive às ciências empíricas. Acho que estou olhando para a lua, mas posso estar errado; os físicos pensam que os elétrons existem, mas eles podem estar errados; os críticos acreditam que Hamlet foi escrito por uma pessoa histórica chamada Shakespeare, mas eles podem estar errados; e assim por diante. Como podemos ter certeza? Nós verificamos com mais experiências – que é exatamente o que os místicos historicamente fizeram, verificando e refinando suas experiências ao longo de décadas, séculos e até milênios, um histórico que faz com que a ciência moderna se pareça com um bebê recém-nascido. O ponto é que, longe de nos levar a desprezar as afirmações dos místicos, esse argumento, real e corretamente, lhes proporciona exatamente o mesmo status do conhecimento de qualquer outro campo, corroborado pelos peritos no respectivo assunto.

TKW: Faz sentido. Mas frequentemente ouço que a visão mística poderia ser de fato esquizofrênica. Como você responde a essa crítica comum?

KW: Eu acredito que ninguém duvide de que alguns místicos também possam manifestar algumas características esquizofrênicas e que alguns esquizofrênicos possam, da mesma forma, evidenciar *insights* místicos. Mas não conheço nenhuma autoridade no assunto que acredite que experiências místicas são, básica e principalmente, alucinações esquizofrênicas. Conheço um número razoável de leigos que pensam assim, e é difícil convencê-los do contrário num curto espaço de tempo. Portanto, digo apenas que as práticas espirituais e contemplativas usadas pelos místicos – como a oração contemplativa ou a meditação – podem ser muito potentes, mas não são suficientemente vigorosas para transformar, em poucos anos, um número indiscriminado de homens e

Um universo interior

mulheres adultos, normais e saudáveis, em um grupo florescente de esquizofrênicos alucinados. O mestre zen Hakuin formou 83 discípulos totalmente iluminados que, juntos, revitalizaram e organizaram o Zen japonês. Oitenta e três esquizofrênicos alucinados não conseguiriam organizar sequer uma ida ao banheiro, quanto mais o Zen japonês.

TKW: [Rindo]. Uma última objeção: a noção de ser "um com o Espírito" é apenas um mecanismo regressivo de defesa projetado para proteger a pessoa dos horrores da mortalidade e da finitude.

KW: Se a "unidade com o Espírito" for meramente uma crença, uma ideia ou uma esperança, então, normalmente, ela faz parte do "projeto de imortalidade" da pessoa, um sistema de defesas desenvolvido para, mágica ou regressivamente, repelir a morte e criar uma promessa de expansão ou continuação da vida, como tentei explicar em *Up From Eden* e *A Sociable God*.[1] Mas a experiência de unidade atemporal com o Espírito não é uma ideia ou um desejo; é uma apreensão direta, e podemos tratar essa *experiência direta* de três modos: afirmar que é alucinatória, como acabei de tratar; dizer que é um equívoco, o que também já comentei; ou aceitá-la como é, uma experiência direta do Espírito.

TKW: Então você está afirmando, de fato, que o misticismo genuíno, ao contrário da religião dogmática, é realmente científico, porque se baseia em evidências e provas experimentais diretas.

KW: Sim, está certo. Os místicos aconselham que você não aceite nada apenas como crença. Ao contrário, eles lhe proporcionam um conjunto de experimentos para testar sua consciência e experiência. O laboratório é sua própria mente, a experiência é a meditação. Você tenta por si mesmo e compara os resultados do seu teste com outros que também realizaram o experimento. A partir desse corpo de conhecimentos experimentais consensualmente validado, você chega a certas leis do espírito, a certas "verdades profundas", se preferir. E a primeira é: Deus existe.

TKW: Bem, isso nos traz de volta à filosofia perene, ou filosofia mística, e aos sete de seus principais pontos. O segundo é: o Espírito imanente.

KW: O Espírito imanente; existe um universo imanente. A impressionante mensagem dos místicos é que, no cerne do seu ser, você é Deus. No sentido exato,

---

[1] Publicado no Brasil pela Editora Cultrix como *Um Deus Social*. (N.T.)

Graça e Coragem

Deus não está nem dentro nem fora – o Espírito transcende qualquer dualidade. Mas descobre-se isso de forma consistente olhando para dentro, até que "dentro" transforme-se em "além". A versão mais famosa dessa verdade perene encontra-se no *Chandogya Upanishad*, que diz: "Na própria essência do seu ser, você não percebe a Verdade; mas ela está lá de fato. Naquilo que é a essência sutil do seu próprio ser, tudo que existe contém o Eu. Uma essência invisível e sutil é o Espírito do universo inteiro. Essa é a Verdade, isso é o Eu, e você, você é Isso".

Você é Isso, *tat tvam asi*. Escusado dizer que o "você" que é "Isso" não é seu eu ou ego, isolado e individual, esse ou aquele eu, sr. Fulano ou sra. Sicrano etc. Na verdade, o eu ou ego individual é justamente o que bloqueia a realização da Identidade Suprema em primeiro lugar. Ao contrário, o "você" em questão é a sua parte mais profunda – ou, se preferir, a sua parte mais elevada – a essência sutil citada no *Upanishad*, aquilo que transcende seu ego mortal e participa diretamente do Divino. No Judaísmo é chamada *ruach*, o espírito divino e supraindividual em cada pessoa, e não o *nefesh*, ou ego individual. No Cristianismo, é o pneuma intrínseco ou espírito que é da mesma essência de Deus, e não a psique ou alma individual, que, na melhor das hipóteses, consegue adorar Deus. Como disse Coomaraswamy, a distinção entre o espírito eterno-imortal e a alma individual-mortal (o ego que faz sentido) de uma pessoa é um princípio fundamental da filosofia perene. Eu acho que é o único modo de entender, por exemplo, de outra forma a observação do Cristo de que uma pessoa não pode ser um verdadeiro cristão "a menos que odeie sua própria alma". Somente "odiando", "dispensando" ou "transcendendo" sua alma mortal, você descobre seu espírito imortal, uno com o Todo.

TKW: São Paulo afirmou: "Eu vivo, ainda que não eu, mas Cristo vive em mim". Você está dizendo que São Paulo descobriu seu verdadeiro Eu, uno com Cristo, que substituiu seu antigo eu inferior, sua alma ou psique individual.

KW: Sim. Seu *ruach*, ou essência, é a Realidade Suprema, não seu *nefesh* ou ego. É claro que se você acha que seu ego individual é Deus, você está com sérios problemas. Você pode estar, de fato, com alguma psicose, da paranoia à esquizofrenia. Obviamente, isso não é o que os maiores filósofos e sábios do mundo têm em mente.

TKW: Mas, então, por que mais pessoas não estão cientes disso? Se o Espírito é, de fato, imanente, por que isso não é evidente para todo mundo?

KW: Bem, esse é o terceiro ponto. Se eu sou realmente um com Deus, por que não percebo isso? Algo deve ter me separado do Espírito. Por que essa Queda? Qual foi o pecado?

Um universo interior

TKW: Não foi ter comido uma maçã.

KW: [Rindo]. Não foi ter comido uma maçã.

As várias tradições dão muitas respostas a essa pergunta, mas todas se resumem essencialmente à seguinte: eu não consigo perceber minha verdadeira identidade, ou minha unidade com o Espírito, porque minha consciência está nublada e obstruída por uma certa atividade a que agora me dedico. E essa atividade, embora conhecida por muitos nomes diferentes, é simplesmente a de contrair e focalizar a consciência no meu eu individual ou ego pessoal. Minha consciência não está aberta, relaxada e centrada em Deus; está fechada, contraída e autocentrada. E justamente porque me identifico com a autocontração, excluindo tudo o mais, não desvelo ou descubro minha identidade anterior, minha verdadeira identidade com o Todo. Portanto, minha natureza individual, "o homem natural", decaiu, ou vive em pecado, separada e alienada do Espírito e do resto do mundo. Estou afastado e isolado do mundo "lá fora", que percebo ser totalmente exterior, estranho e hostil a mim. E, assim, meu próprio ser certamente não aparenta ser uno com o Todo, uno com tudo que existe, uno com o Espírito infinito; ao contrário, parece completamente encaixotado e encarcerado nesse muro de isolamento de carne mortal.

TKW: Essa situação é normalmente chamada "dualismo", não é?

KW: Sim. Eu me coloco como "sujeito" separado do mundo de "objetos" lá fora, e aí, baseado nesse dualismo original, continuo a dividir o mundo em todos os tipos de opostos conflitantes: prazer *versus* dor, bem *versus* mal, verdade *versus* mentira, e assim por diante. De acordo com a filosofia perene, a consciência dominada pela autocontração, pelo dualismo sujeito-objeto, não consegue perceber a realidade como ela é, a realidade em sua inteireza, a realidade como a Identidade Suprema. Em outras palavras, o pecado é a autocontração, a sensação de um eu separado, o ego. O pecado não é algo que o eu *faz*, é algo que o eu *é*.

Além disso, a autocontração, o sujeito isolado "aqui dentro", justamente porque não reconhece sua real identidade com o Todo, sente uma sensação aguda de perda, de privação, de fragmentação. A sensação de separação do eu, em outras palavras, já nasce em sofrimento – nasce "decaída". O sofrimento não é algo que *acontece* ao eu alienado, é algo que é *inerente* a ele. "Pecado", "sofrimento" e "eu" são diferentes nomes para o mesmo processo, a mesma contração ou fragmentação da consciência. Você não consegue evitar que o eu sofra. Como o Buda Gautama afirmou: "Para pôr fim ao sofrimento você deve pôr fim ao eu – eles nascem e morrem juntos".

Graça e Coragem

TKW: Portanto, este mundo dualista é um mundo decaído e o pecado original é a autocontração em cada um de nós. E você está afirmando que tanto os místicos orientais quanto os místicos ocidentais definem realmente pecado e inferno como consequências da autocontração?

KW: O eu alienado e seu apego, desejo e fuga desamorosos – sim, com certeza. É verdade que o igualamento do inferno ou *samsara* ao eu alienado é muito enfatizado no Oriente, em particular no Hinduísmo e no Budismo. Mas você encontra essencialmente o mesmo tema nos escritos dos místicos católicos, gnósticos, quacres, cabalísticos e islâmicos. O meu favorito é do notável William Law, místico cristão inglês do século XVIII; vou lê-lo para você: "Eis aqui o resumo de toda a verdade. Pecado, morte, danação e inferno nada mais são do que o reino do eu, ou as várias formas de amor-próprio, autoestima e egoísmo que separam a alma de Deus e resultam na morte e no inferno eterno". Ou lembremo-nos do famoso ditado do grande místico islâmico Jalaluddin Rumi: "Se você ainda não viu o diabo, olhe para si mesmo". Ou do sufi Abi'l-Khayr: "Não existe nenhum inferno a não ser o ego, nenhuma paraíso a não ser a ausência do ego". Isso está de acordo com a afirmação dos místicos cristãos, como apresentado na *Theologia Germanica*: "Nada queima no inferno a não ser o egoísmo".

TKW: Sim, entendo. Então a transcendência do "pequeno eu" leva à descoberta do "grande Eu".

KW: Exato. Esse "pequeno eu", ou alma individual, é conhecido em sânscrito como *ahamkara*, que significa "nó" ou "contração", e esse *ahamkara*, essa contração dualista ou egocêntrica da consciência, está na raiz do nosso estado decaído.

Mas isso nos leva ao quarto ponto importante da filosofia perene: existe uma forma de inverter a Queda, um modo de mudar essa brutal situação atual, um caminho para desatar o nó da ilusão.

TKW: Jogar o pequeno eu no lixo.

KW: [Rindo] Sim, jogar o pequeno eu no lixo. Renunciar ou morrer para o senso do eu alienado, o pequeno eu, a autocontração. Se quisermos descobrir nossa identidade com o Todo, temos de abrir mão do nosso caso de identidade equivocada com o ego isolado. Essa Queda pode ser imediatamente revertida pela compreensão de que, na realidade, ela nunca aconteceu de fato – existe somente Deus, o eu alienado é uma ilusão. Mas, para a maioria de nós, a Queda tem de ser revertida gradualmente, passo a passo.

Um universo interior

Em outras palavras, o quarto ponto da filosofia perene é a existência de um Caminho – Caminho esse que, se seguido corretamente, nos guiará de nosso estado decaído para nosso estado iluminado, do samsara ao nirvana, do inferno ao paraíso. Como colocado por Plotino: "um voo do solitário ao Solitário" – isto é, do eu ao Eu.

TKW: Esse Caminho é a meditação?

KW: Bem, poderíamos dizer que existem vários "caminhos" que constituem o que estou genericamente chamando de "o Caminho" – novamente várias estruturas superficiais compartilhando das mesmas estruturas profundas. Por exemplo, o Hinduísmo afirma que existem cinco caminhos ou iogas importantes. "Ioga" significa simplesmente "união", um caminho para unir a alma à Divindade. Em português a palavra é "jugo". Quando Cristo disse: "Meu jugo é leve", ele quis dizer: "Meu ioga é leve". Encontramos a mesma raiz no hitita *yugan*, no latim *jugum*, no grego *zugon* e assim por diante.

Mas talvez eu possa simplificar dizendo que todos eles, seja no Hinduísmo ou em quaisquer outras tradições de sabedoria, resumem-se a apenas dois caminhos principais. Tenho aqui outra citação para você, se conseguir encontrá-la – essa é do Swami Ramdas: "Há dois caminhos: um é para expandir seu ego ao infinito e o outro, para reduzi-lo a nada, o primeiro pelo conhecimento e o último pela devoção. O *jnani* [possuidor de conhecimento] diz: 'Eu sou Deus – a Verdade Universal'. O devoto diz: 'Eu sou nada, oh Deus, Você é tudo'. Em ambos os casos, o senso de ego desaparece".

O ponto é que, em qualquer das situações, um indivíduo no Caminho transcende o pequeno eu, ou morre para o pequeno eu e, assim, redescobre ou ressuscita sua Identidade Suprema com o Espírito universal. E isso nos leva ao quinto ponto importante da filosofia perene, isto é, o do Renascimento, Ressureição ou Iluminação. O pequeno eu deve morrer para seu próprio ser de forma que o grande Eu possa ressuscitar.

Essa morte (e o novo nascimento) é descrita de diferentes formas pelas tradições. No Cristianismo, claro, ela encontra seu protótipo nas figuras de Adão e Jesus – Adão, que os místicos chamam de o "Homem Velho" ou "Homem Exterior", é considerado o responsável por ter aberto o portal do Inferno, enquanto Jesus Cristo, o "Homem Novo" ou "Homem Interior", abre o portal do Paraíso. Mais especificamente, a própria morte e ressureição de Jesus, de acordo com os místicos, é o arquétipo da morte do eu alienado e a ressureição de um destino novo e eterno no fluxo da consciência, isto é, o divino Eu Crístico e sua Ascensão. Como disse Santo Agostinho: "Deus se fez homem de forma que o homem pudesse se tornar Deus". Esse processo de transformação da "humanidade" para a "divindade", ou da pessoa

Graça e Coragem

exterior para a pessoa interior, ou do eu para o Eu, é conhecido no Cristianismo como *metanoia*, que significa tanto "arrependimento" quanto "transformação" – nós nos arrependemos do eu (ou pecado) e nos transformamos no Eu (ou Cristo); como você lembrou, "não eu, mas Cristo vive em mim". Da mesma forma, o Islã visualiza essa morte e ressurreição como *tawbah*, que significa "arrependimento", e *galb*, que significa "transformação", ambos resumidos na frase sucinta de al-Bistami: "Esquecer o eu é recordar Deus".

Tanto no Hinduísmo quanto no Budismo, essa morte e ressurreição é sempre descrita como a morte da alma individual *(jivatman)* e o novo despertar da natureza verdadeira que, metaforicamente, os hindus descrevem como o Ser Total *(Brahman)* e os budistas como a Pura Abertura *(shunyata)*. O momento real do renascimento ou renovação é conhecido por iluminação ou liberação *(moksha* ou *bodhi)*. O *Lankavatara Sutra* descreve essa experiência de iluminação como uma "volta completa na essência mais profunda da consciência". Essa "volta completa" é simplesmente a eliminação da tendência habitual para criar um eu separado e substantivo, onde existe de fato apenas a vasta, aberta e clara consciência. O Zen chama essa volta completa ou metanoia de *satori* ou *kensho*. *"Ken"* significa natureza verdadeira e *"sho"* significa "ver diretamente". Ver diretamente a natureza verdadeira é tornar-se Buda. Como colocado por Meister Eckhart: "Com essa conquista, descubro que Deus e eu somos o mesmo".

TKW: A iluminação é realmente experienciada como uma morte real ou isso é só uma metáfora comum?

KW: Morte real do ego, sim. Não é uma metáfora. Os relatos dessa experiência, que pode ser muito dramática ou também bem simples e não dramática, deixam claro que, de repente, você desperta e descobre que, entre outras coisas, seu ser verdadeiro é *tudo* para o que você está olhando agora, que você é literalmente uno com toda a manifestação, uno com o universo, por mais banal que isso possa parecer, e que você não se tornou uno com Deus e o Todo, você eternamente foi essa unidade, apenas não a percebia.

Junto com esse sentimento, ou descoberta do Eu onipresente, vem o sentimento bem concreto de que seu pequeno eu simplesmente morreu, morreu de fato. O Zen chama o *satori* de "a Grande Morte". Eckhart foi mais objetivo: "a alma", disse ele, "deve se dispor a morrer". Coomaraswamy explica: "Basta usar nossos eus mortos como degraus até que percebamos, afinal, que não existe literalmente nada com que possamos identificar nosso Eu, não podemos nos tornar o que já somos". Ou Eckhart novamente: "O reino de Deus existe apenas para os completamente mortos".

Um universo interior

TKW: Morrer para o pequeno eu é descobrir a eternidade.

KW: [Pausa longa] Sim, desde que não entendamos a eternidade como sendo um tempo perpétuo, mas sim um ponto sem tempo, o assim chamado presente eterno ou agora intemporal. O Eu não vive para sempre no tempo, vive no presente eterno anterior ao tempo, anterior à história, à mudança, à sucessão. O Eu se faz presente como Presença Pura, não como uma duração perpétua, um conceito bem terrível.

De qualquer maneira, isso nos leva ao sexto ponto importante da filosofia perene, isto é, que a iluminação ou liberação acaba com o sofrimento. O Buda Gautama, por exemplo, disse que ensinou apenas duas coisas: o que causa o sofrimento e como dar fim a ele. O que causa o sofrimento é o apego e o desejo do eu alienado, e o que dá fim é o caminho meditativo, que transcende o eu e o desejo. O ponto é que o sofrimento é inerente ao nó ou contração conhecida como eu, e o único caminho para acabar com ele é dar fim ao próprio eu. Não é que após a iluminação, ou depois de uma prática espiritual em geral, você não sinta mais dor, angústia, medo ou mágoa. Você sente. Apenas eles não ameaçam mais sua existência e, portanto, deixam de ser problemáticos. Você não se identifica mais com eles, dramatizando-os, energizando-os, sentindo-se ameaçado. Por um lado, não existe mais nenhum eu fragmentado a ameaçar, e por outro, o grande Eu não pode ser ameaçado, já que sendo o Todo, não existe nada fora dele que possa prejudicá-lo. Um profundo relaxamento e desdobramento ocorre no coração. O indivíduo percebe isso, não importa quanto sofrimento possa ter ocorrido; ele não afeta fundamentalmente seu verdadeiro Ser. O sofrimento vem e vai, mas a pessoa agora possui a "paz que supera a compreensão". O sábio sofre, mas não se sente "ferido". Porque o sábio está consciente da dor e é motivado pela compaixão, por um desejo de ajudar todos aqueles que sofrem e acham que o sofrimento é real.

TKW: O que nos leva ao sétimo ponto, sobre a motivação iluminada.

KW: Sim. A iluminação genuína resulta em ação social impelida por misericórdia, compaixão e meios competentes, na tentativa de ajudar outros seres a atingir a liberação suprema. A atividade iluminada é simplesmente serviço abnegado. Uma vez que somos todos um no mesmo Eu, ou no mesmo corpo místico de Cristo, ou no mesmo Dharmakaya, então, ao servir aos outros, estou servindo ao meu próprio Eu. Acho que quando Cristo disse: "Ame seu próximo como a si mesmo", ele deve ter querido dizer: "Ame seu próximo como a seu Eu."

Graça e Coragem

TKW: Obrigada.[2]

Após a entrevista, fiquei pensando que *essa* é a pessoa que amo muito mais do que meu eu, com "e" minúsculo ou maiúsculo.

"Eu venho como o Tempo, o destruidor de pessoas, pronto para a hora em que sua ruína estará madura."
"O que, não consegui ouvir. O que você disse?"
"Pronto para a hora em que a ruína estará madura..."
"Quem está aí? Treya, é você? Amor?"

Quando Treya chegou à adolescência, ela teve uma experiência mística muito poderosa e profunda, uma experiência que, provavelmente, transformou-se no acontecimento mais influente de sua vida.

"Quando isso aconteceu?", perguntei-lhe uma noite, logo depois que nos conhecemos.

"Eu tinha treze anos. Estava sentada em frente a uma lareira, sozinha, observando o fogo, quando, de repente, me transformei na fumaça e comecei a subir para o céu, cada vez mais alto, até que me tornei uma com todo o espaço."

"Você não estava mais identificada com seu eu e corpo individuais?"

"Eu me dissolvi totalmente, tornei-me um com tudo. Não existia nenhum eu individual."

"Ainda assim, você estava consciente?"

"Completamente acordada."

---

[2] Nesses dias de pensamento "Politicamente Correto" (PC), uma coisa que é constantemente omitida, claro, é a filosofia perene. A posição do PC é que tudo na civilização moderna é dominado pelo pensamento eurocêntrico, logocêntrico e machista, e que a única visão politicamente correta e adequada é uma que seja, por contraste, radicalmente igualitária e pluralista, negando que qualquer visão de mundo possa ser "melhor" do que outra. O problema com essa visão é que, ao afirmar ser admiravelmente liberal – nada pode ser "melhor" ou "superior" –, ela acaba sendo absolutamente reacionária: se nada é melhor, não existe, nem pode existir, nenhuma agenda liberal, não pode haver nenhum estímulo para melhorar a situação atual por meio de um plano que nos leve a uma situação "melhor". Falta completamente a ela uma visão coerente e integrativa das possibilidades humanas. Além disso, o pluralismo radical é em si mesmo um conceito eurocêntrico e logocêntrico.

Entretanto, a filosofia perene emergiu, pela primeira vez, no matriarcado e, portanto, não pode ser acusada de inerentemente machista; ela surgiu em povos analfabetos e, desse modo, não é logocêntrica; e floresceu, primeiramente, em locais onde hoje existem países chamados de Segundo e Terceiro Mundo – não é eurocêntrica. Além disso, oferece o que o pensamento PC não consegue: uma visão integrativa que, ao mesmo tempo que dá espaço para a livre expressão, aponta para uma situação "melhor", isto é, a Identidade Suprema. Portanto, é inerente a ela uma agenda liberal genuína: crescente liberdade tanto no nível individual quanto no social.

Um universo interior

"Mas a situação era muito real, certo?"

"Totalmente real. Senti como se estivesse voltando para casa, como se estivesse finalmente retornando ao lugar a que pertencia. Sei todos os nomes para ele – descobri meu Eu verdadeiro, ou Deus, ou Tao, e assim por diante – mas naquela época não conhecia esses termos. Eu só soube que estava em casa, senti-me perfeitamente segura ou salva, eu acho. Não era um sonho; tudo o mais parecia um sonho, o mundo ordinário parecia um sonho; aquilo era real."

Essa experiência mística passou a ser o princípio diretor central da vida de Treya, embora ela não tocasse muito no assunto ("aqueles que sabem, não falam..."). Foi responsável pelo seu permanente interesse por espiritualidade e meditação; esteve por trás da sua mudança de nome para Treya; fez parte da força e coragem com que ela enfrentaria o câncer.

Aquela imagem de expansão na infância, minhas moléculas, no final, misturando-se ao universo inteiro, é uma espécie de símbolo-guia da minha vida. É a única coisa que realmente me emociona, que traz lágrimas aos meus olhos, meu desejo de seguir um caminho espiritual, atingir a unidade com tudo, levar adiante minha missão de vida para mim mesma e para os outros. Acho que uma das razões por que fico tão impaciente com atividades de aconselhamento e ensino é o fato de meu real interesse ser interior. Eu enjoo das coisas depressa. Penso que isso acontece, em parte, porque as únicas coisas que realmente me interessam são as questões espirituais internas; quando tento dirigi-las para aspectos exteriores, como no aconselhamento, perco o interesse.

Eu preciso ouvir essa voz interior, essa direção interna, fortalecê-la, alimentá-la, contatá-la, investi-la de poder... só assim serei capaz de escutá-la de uma forma que possa dar propósito e sentido à minha vida. Sinto meu coração expandir-se com esse pensamento, com essa possibilidade, escrevendo com meus olhos fechados para perceber realmente essa sensação interna, a expansão, o desejo. Esse tem sido o principal tema/fio da minha vida. A sensação de expansão deve vir primeiro, aprofundar-se, para, em seguida, transbordar naturalmente em uma preocupação iluminada, essencial, com todas as questões da nossa humanidade, da nossa religiosidade, por assim dizer. Na verdade, o que eu anseio, em última instância, é por aquele estado absoluto de ausência de ego, liberta do eu alienado...

E, de fato, é exatamente esse o objetivo e propósito da meditação.

"Treya, por favor, amor, isso não tem graça. Pegue o chá e volte para cá, está bem?" O fogo apagou, deixando um ligeiro eco no ar. "Não tem graça nenhuma. Eu estou indo aí."

Mas não existe nenhum aí; na verdade, não consigo ver nada. A única sensação que tenho é de frio.

"Está bem, você realmente me pegou. Essa história de ombro esquerdo e tudo o mais. Ruína madura. Muito bom, muito bom. Olhe, nós poderíamos conversar por um minuto?"

6. O corpo-mente pingou!

Estou sentada calmamente, sentindo a respiração fluir pelo meu corpo, pernas cruzadas na posição de meio-lótus. Ouço o leve murmúrio das ondas, a água chegando para acariciar a praia, afundando na areia, em seguida um lento e relutante retorno para as profundezas, refluindo, repetindo novamente o deslizar sensual, alcançando a onda anterior, desejo e ousadia nesse movimento. Para dentro e para fora, retirando-se e encontrando-se, arriscando-se com segurança. Com o fluir da respiração pelo meu corpo, inspiro o ar da mesma forma que a água se mistura com a areia, dois elementos diferentes combinando-se, compartilhando, dando vida um ao outro. E eu expiro de novo o hálito consumido para ser recarregado no oceano de ar que me envolve, similarmente ao mar que se recolhe às profundezas para, em seguida, voltar a deslizar para acariciar a areia e nela afundar. Juntos, eles brilham e resplandecem ao sol da manhã; o murmúrio constante do seu encontro e partida completam meu ser.

Treya voltou rejuvenescida do retiro de meditação. A obra da casa de Tahoe atrasara e ainda continuávamos em Muir Beach. Ela entrou pela porta da frente radiante, quase diáfana. Também transparecia estar muito forte, muito segura, muito sólida. Ela me disse que, se por um lado, continuava a se preocupar muito com uma recidiva, por outro, não tinha mais medo. Ela sentia que virou uma página sobre o receio da recorrência.

Então, o que eu fiz no retiro? Fui instruída a passar dez a onze horas por dia concentrada na respiração entrando e saindo das minhas narinas, só na respiração. Observar quando minha mente divagasse e trazê-la de volta para a respiração. Notar o que surgisse, os pensamentos e as emoções, e toda vez que me conscientizasse de um pensamento ou emoção, novamente voltar a atenção para minha respiração. Pacientemente, persistentemente, diligentemente. Treinar e disciplinar minha consciência.

Em seguida, ensinaram-me a unir essa consciência, agora um pouco mais disciplinada, ao meu corpo. Focalizar a sensação ao redor do meu nariz e, posteriormente, as sensações das diferentes partes do meu corpo. Percorrê-lo de cima a baixo com minha consciência. Observar as sensações, dar atenção aos pontos cegos, notar as dores, retornar quando divagasse, sempre com equilíbrio, tranquilidade e equanimidade. Em vez de me preocupar com algo exterior a mim mesma, meu corpo transformou-se no laboratório para experiências de treinamento da minha atenção. Esse foi meu quinto retiro de dez dias com Goenka; portanto, já estava mais proficiente na prática.

O que acontecia enquanto meditava sobre meu corpo, sobre essas sensações físicas, algumas agradáveis, outras dolorosas? Nos primeiros dias fiquei obcecada com as dores nos olhos e na cabeça, que me assustaram. Imagens da recidiva do câncer surgiam o tempo todo, receio de deixar Ken, do que poderia acontecer. Qualquer dor no corpo, por mais leve que fosse, disparava imagens de uma possível recorrência, com um medo tremendo acompanhando cada imagem.

Graça e Coragem

Foi uma luta difícil, mas lá pelo quinto dia eu já testemunhava as sensações sem julgá-las. Conseguia visualizar imagens terríveis sem reagir a elas, sem ficar com medo delas, ou receosa do próprio medo. Eu me tornei intensamente ciente da minha consciência, da minha capacidade de simplesmente estar consciente, e da tendência de essa consciência divagar, ser aprisionada por acontecimentos ou pensamentos periféricos. A consciência focalizada assemelhava-se a uma lanterna, a um feixe de luz que eu podia direcionar. Para onde a dirigisse, me conscientizava do que estava acontecendo. Fosse o jogo constante de sensações no topo da minha cabeça, a dor nos meus olhos ou a recorrente dor de cabeça, era disso que estava ciente, sem julgar, modificar ou temer.

Também fiquei mais consciente do sempre existente pano de fundo dessa consciência focalizada, as coisas que se moviam e mudavam na penumbra da borda do feixe de luz da lanterna. Sentia-me vagamente consciente delas, mas não muito, até que lhes direcionasse a lanterna. Eram o segundo plano da minha consciência. Assim, tornei-me cônscia da relação figura-fundo entre minha consciência focal e minha consciência difusa, coexistindo e transformando-se à medida que mudava minha atenção ou quando ela vagava aleatoriamente.

Eu me conscientizei do poderoso papel da minha atenção na definição do meu estado de consciência. Podia simplesmente observar minhas sensações, quando então me sentia tranquila, equilibrada, equânime. Ou podia julgá-las e temê-las, sentindo ansiedade e, às vezes, pânico.

Ao concentrar-me no interior do corpo, conscientizei-me de coisas que nunca havia reparado antes. Ideias-pensamentos, conceitos, palavras, imagens, sensações perdidas, pedaços fortuitos de histórias, vozes tagarelantes que preenchiam qualquer espaço vazio, esquisitas combinações inacabadas de eventos que emergiam e desapareciam da minha consciência. Fiquei ciente de hábitos – o hábito de contar essas histórias interiores como sonhos, de querer automaticamente me mover sempre que minha posição ficava um pouco desconfortável, de inquietar-me, de planejar continuamente, o hábito de uma atenção constantemente errante. Fiquei consciente do fluxo das minhas emoções – a irritação com a dor física, o receio de que não conseguisse suportar os próximos dez dias, o medo do câncer, a vontade de comer coisas especiais, o desejo de progredir na técnica, o amor pelo Ken, a raiva quando perdia a atenção, mais medo do câncer, o prazer com certas ondas de sensação.

Seguindo as instruções, gradualmente aprendi a testemunhar toda essa atividade interna com mais equilíbrio, com equanimidade, sem apego ou aversão. Observar os pensamentos, os hábitos e até as emoções calmamente. Ao ser bem-sucedida, imediatamente desejava que o sucesso persistisse. Observava francamente a dor no meu olho por um momento, mas logo sentia a tensão crescer enquanto desejava livrar-me dela. Notei como essas emoções bloqueavam as sensações, dificultavam o progresso. Era complicado caminhar pelo fio da navalha do esforço obstinado sem se apegar a resultados.

À medida que os pensamentos e as emoções se aquietavam e minha atenção se aguçava, ficava cada vez mais consciente de uma grande variedade de sensações físicas. Uma cócega, uma coceira ou um tremor surgiam onde antes não sentia nada, em seguida passavam. Algo novo e inesperado aparecia e rapidamente desaparecia. Havia momentos em que meu corpo inteiro transformava-se em vibrações. A tentação era sempre pensar, racionalizar o que estava acontecendo, falar comigo mesma interiormente, reagir emocionalmente, ponderar o possível significado de um acontecimento em lugar de simplesmente vivenciar o momento. Testemunhar quando algo mudasse, testemunhar quando fosse embora, testemunhar quando minha atenção vagasse, testemunhar a constante mudança, o fluxo incessante, diligente, pacientemente, nos mínimos detalhes em cada momento mais sutil.

O corpo-mente pingou!

Os primeiros dias foram quase obsessivos. O que significa essa pontada? E aquela dor? Ken costumava me ajudar a sair disso: "Dói aqui, exatamente aqui no seu dedão do pé? Quer dizer que você tem câncer no dedão?". Mas era assustador. Eu me peguei tendo várias conversas internas com Deus, pechinchando: Por favor, deixe-me viver pelo menos dez anos para passá-los com Ken, eu ficaria tão feliz de chegar aos cinquenta – e, ainda assim, parece tão pouco!

Subitamente, no segundo dia, noto que meu braço [do qual foram retirados os nódulos linfáticos] está inchado! Droga! O que significa isso? Nunca inchou depois da operação, por que de repente agora? Isso realmente me amedronta. Pensamentos errantes de que talvez seja melhor para Ken se eu morrer logo, ele ficará menos dependente de mim. Percebo também que não estou prestando atenção à minha respiração!

Há um velhaco na minha mente. Quando por fim consigo me concentrar completamente na respiração, depois de lutar com pensamentos diversionistas, o perigo aparece, atingindo minha concentração conseguida a duras penas. O velhaco entra em cena. "Estou apenas verificando", ele diz. "Muito bem. Um pequeno teste não vai atrapalhá-la", e aí ele oferece algumas opções bem apetitosas como: será que a cor daquele carpete combina com a tonalidade da mesa ou será que deveríamos instalar outro armário no quarto? "Hum, que bom", o resto da minha mente segue atrás. "Eu gostaria de saborear isso um pouquinho." E lá se vai minha atenção pela janela mais uma vez.

No terceiro dia surgem períodos de tranquilidade e quietude que rompem o tagarelar de pensamentos e emoções. O braço continua inchado, mas não me assusta mais; observo simplesmente a sensação. Eu amo o sentimento de paz e calma interior. O pensamento de abandonar Ken é insuportável; choro durante a sessão da noite.

No quinto dia descubro que consigo me desapegar quase totalmente e testemunhar qualquer coisa que surja, sem julgá-la, evitá-la ou retê-la. O que vier, veio; o que acontecer, aconteceu. Encontro novamente a liberdade de simplesmente observar o momento, simplesmente ficar sentada, sem uma vontade sutil de repetir a experiência anterior ou desejar algo novo. Somente ser o que sou, não o que deveria ser. Desenvolve-se um tipo de ritmo na minha meditação, uma sensação de simplesmente ser, de não lutar. As emoções e os pensamentos ainda estão lá, estou consciente deles, mas não presa a eles, não arrastada por eles – de alguma forma, aprendi a dar um passo atrás e apenas testemunhá-los.

No sétimo dia, noto que meu corpo todo se comporta como um ser único, inteiro. Não sinto nenhuma diferença entre meus braços, pernas e tronco, nenhuma separação ou conflito entre quaisquer partes. Aqueles fluxos de energia, fortes, prazerosos, quase doloridamente bem-aventurados, estão de volta; os mesmos que senti ao lado de Ken na primeira noite. Parece que estou ficando mais consciente do meu corpo. Às vezes isso acontece de forma precipitada; outras, mais calmamente. Consigo viajar pelo corpo com facilidade; sinto-o como uma peça única em vez de um conjunto de pedaços. Se eu respiro muito lenta e calmamente, ou melhor, quando minha respiração desacelera por conta própria, consigo sentir onde estão todas as tensões sutis remanescentes do meu corpo e, de alguma maneira, estou aprendendo a liberá-las continuamente; sinto a energia distribuir-se pelo corpo de uma forma mais uniforme. Dissolvo as áreas do apego, da resistência, da separação.

No nono dia, percebo que toda vez que surge um pensamento sobre câncer, eu não reajo; ele não me assusta; ou se sinto algum receio, eu apenas o testemunho. Equanimidade, fluxo livre, observação clara. Isso se mantém pelo décimo dia. Descubro uma consciência forte, sem preferências, sem esforço, que testemunha com equanimidade, com imparcialidade. O processo inteiro mudou; minha atenção está aguçada, mas suave. Eu não conduzo, eu sigo.

Graça e Coragem

Goenka: "Você não pode inventar sensações, você não pode escolher sensações, você não pode criar sensações" (fico pensando no que os fabricantes de Haagen-Dazs diriam disso). "Você simplesmente testemunha. Não se apegue, deixe-as fluir; saiba que as coisas mudam, essa é a verdade da impermanência. Calmamente, pacificamente." Eu me pergunto como isso funcionará no mundo real.

Na manhã de 21 de novembro, ao tomar banho, Treya notou dois pequenos caroços na parte inferior do seu seio direito. Ao examinarmos mais de perto, vimos o que poderiam ser duas ou três pequenas picadas, como se fossem de formiga; mas elas não coçavam. A boa notícia era que não pareciam muito com câncer. A má notícia era que não havia muita coisa mais que pudessem ser. E eu e Treya sabíamos disso.

Consultamos Peter Richards naquela tarde. A mesma expressão preocupada, a mesma atitude sem compromisso (compreensivelmente). "Podem ser mordidas de inseto ou alguma outra coisa, mas é melhor removê-las." Marcamos uma cirurgia de emergência para dali a dois dias pela manhã e voltamos para casa em Muir Beach.

A serenidade de Treya foi surpreendente. Quando muito, mostrou-se ligeiramente aborrecida. Falamos brevemente sobre a possibilidade de ser câncer, mas Treya não quis insistir no assunto. "Se for câncer, é câncer", ela finalmente disse, e foi tudo. O que ela desejava de fato era conversar sobre meditação e as experiências por que estava passando. Eu terminara de escrever *Transformações da Consciência* exatamente há dois dias, e Treya estava ansiosa para comparar anotações.

"Continuo tendo somente a experiência de expansão exterior. Começo observando apenas minha mente e corpo, ou prestando pouca atenção aos meus pensamentos e sensações, e aí minha mente e corpo parecem desaparecer, e eu me torno uma com, não sei, Deus, o universo, ou meu Eu superior, algo assim. É maravilhoso!"

"Eu realmente não me preocupo com o nome que damos a isso – Deus, universo, Eu. Dogen Zenji [um famoso mestre zen japonês] atingiu sua iluminação quando seu professor sussurrou em seu ouvido: 'O corpo-mente pingou!'. Como você diz, é assim que parece, a identificação com o corpo-mente separado diminui gradualmente. Isso me aconteceu algumas vezes, e eu acho que é muito real. Por comparação, acho o ego muito irreal."

"Eu concordo. É como se o estado expandido fosse mais real, mais vivo. É exatamente como quando se acorda – tudo o mais parece sonho. Então você está convencido de que essas experiências são verdadeiras?", ela perguntou.

Quando ouvia Treya falar assim, já sabia que ela queria brincar de "escola", que iria ocupar minha mente por horas – acontecia frequentemente. Eu também sabia que ela provavelmente já formara sua opinião e simplesmente queria ver se eu concordaria com ela. E pensei com meus botões que ambos preferíamos fazer isso a ficar obcecados por aqueles malditos caroços...

O corpo-mente pingou!

"Estamos na mesma posição de qualquer cientista. Tudo o que temos a fazer é coletar evidências experimentais. E, mais cedo ou mais tarde, confiar em nossa própria experiência, porque isso é tudo o que realmente temos. Caso contrário, entramos num círculo vicioso. Se eu desconfio basicamente da minha experiência, então devo desconfiar até da minha capacidade de desconfiar, já que ela também é uma experiência. Assim, mais cedo ou mais tarde, chego à conclusão de que não tenho outra escolha a não ser confiar, confiar na minha experiência, confiar em que o universo não está, fundamental e persistentemente, mentindo para mim. É claro que podemos estar errados e, às vezes, as experiências são enganosas, mas no frigir dos ovos não temos outra opção senão segui-las. É um tipo de imperativo fenomenológico. E em especial com relação a experiências místicas – como você diz, no mínimo elas são mais reais, não menos reais, do que outras experiências."

Eu estava pensando sobre a crítica de Hegel a Kant: você não pode questionar a consciência, já que é a única ferramenta que tem. Tentar fazer isso, afirmou Hegel, é como tentar nadar sem se molhar. Estamos imersos na consciência, na experiência, e não temos outra escolha exceto acompanhá-la até algum nível profundo.

Treya continuou. "Os tibetanos têm uma frase de que sempre gostei: 'a mente é o espaço todo'. É como eu sinto. Claro, essa experiência só dura alguns segundos, depois bum! – e a velha Terry está de volta novamente."

"Eu também gosto dessa frase. Você está fazendo meditação *vipassana*, onde mantém sua mente focada na sua respiração ou em alguma outra sensação. Mas os tibetanos têm uma prática onde, na expiração, espera-se que você realmente 'funda a mente com o espaço' ou 'una a mente ao céu'. Isso significa que, quando você expira, simplesmente sente sua identidade separada sair com a respiração e dissolver-se no céu à frente – dissolver-se, em outras palavras, no universo inteiro. É muito poderosa."

"Eu estou fazendo isso de fato", ela disse, "mas quase espontaneamente. E recentemente vem acontecendo uma mudança real na minha meditação. Eu começo muito atenta e obstinada, concentrando na respiração para, em seguida, percorrer o corpo de alto a baixo. Entretanto, vivencio momentos quando parece acontecer uma abrupta alteração de consciência. Aí, em vez de dirigir minha atenção para algo, apenas fico sentada e não presto atenção a nada, realmente. Parece muito mais próximo de uma completa autorrendição, *rendição* à vontade divina, deixar fluir e deixar Deus fluir. Tudo é sacrificado, tudo é exposto. Isso parece muito mais poderoso."

"Minha própria experiência é que ambos os métodos funcionam; você só tem de ser consistente." Ponderei durante algum tempo. "Sabe, você realmente está descrevendo perfeitamente o que os budistas japoneses chamam de 'autopoder' *versus* 'poder-de-outro'. Todas as técnicas de meditação recaem nesses dois tipos. O autopoder é sintetizado pelo zen, pelo *vipassana*, pelo *jnana yoga*. Neles, confia-se

Graça e Coragem

estritamente nos próprios poderes de concentração e conscientização a fim de transcender o ego para uma identidade maior. No poder-de-outro, conta-se com o poder do guru, de Deus, ou simplesmente da completa rendição."

"E você acha que ambos atingem o mesmo objetivo?" Treya não parecia convencida.

"Acho. Lembre-se de que até Ramana Maharshi [geralmente considerado o maior sábio moderno da Índia] afirmou que existem dois caminhos para a iluminação: ou você se pergunta 'Quem sou eu?', o que enfraquece completamente o ego, ou rende-se a um guru ou a Deus e deixa Deus abater o ego. De qualquer modo, o ego se desfaz e o Eu surge brilhante. Pessoalmente, prefiro a autoindagação 'Quem sou eu?', que também é um famoso koan zen. Mas estou convencido de que ambos funcionam."

Treya e eu fomos à cozinha para tomar chá. O assunto câncer não surgiu.

Toc, toc.

"Quem é?"

Toc, toc.

"Quem é?" Muito frio, silêncio. Três corredores, uma porta.

Toc, toc. "Já perguntei quem é?" Droga. O que é isso, brincadeira de bater na porta? Está muito escuro para andar com facilidade ou depressa, assim, aos trancos, vou tateando até a porta e a abro com raiva.

"Não entendo como ambos podem funcionar", comenta Treya. "Eles parecem tão diferentes. No *vipassana* você se esforça tanto, pelo menos no início, e na autor-rendição não há nenhum esforço."

"Bem, não sou guru, só posso lhe dar meu entendimento de principiante. Mas me parece que o que os dois têm em comum – na verdade, o que virtualmente todas as formas de meditação têm em comum – é que eles enfraquecem o ego, fortalecendo a Testemunha, fortalecendo sua capacidade inata para testemunhar fenômenos de forma simples."

"Mas por que isso seria diferente a partir do meu ego? Acho que o ego tanto pode testemunhar quanto estar consciente." Treya coçou o nariz e provou o chá.

"Aí é que está. O ego não é um sujeito real; ele é apenas mais um *objeto*. Em outras palavras, você pode estar ciente do seu ego, você pode ver o seu ego. Ainda que partes do ego sejam inconscientes, todas elas podem, pelo menos em teoria, se tornar objetos de observação. Assim, o ego pode ser observado, pode ser conhecido. E, portanto, não é o Observador, o Conhecedor, a Testemunha. O ego é apenas um conjunto de objetos, ideias, símbolos, imagens e conceitos mentais, com os quais

O corpo-mente pingou!

nos identificamos. Nós nos identificamos com essas coisas e as usamos para olhar e distorcer o mundo."

Treya entendeu o ponto imediatamente. A maior parte dessas ideias já nos eram familiares; estávamos só pensando alto, reafirmando nossa compreensão. E, acima de tudo, evitando qualquer outro assunto.

"Em outras palavras", ela disse, "nós nos identificamos com esses objetos aqui, objetos mentais em nossa cabeça, e isso nos mantém separados do mundo lá fora. Portanto, é o eu contra o outro, o sujeito contra o objeto. Eu me lembro de Krishnamurti ter dito uma vez: 'A miséria da humanidade reside no hiato entre o sujeito e o objeto'."

"E o estranho é que o ego não é sequer um sujeito real, um Eu com E maiúsculo; é só uma série de objetos conscientes ou inconscientes. Portanto, o modo de você quebrar essa situação de confusão de identidade é começar a olhar para todo o conteúdo e objetos da mente, começar a observar a mente, exatamente como faz o *vipassana* ou o zen. Você olha exaustivamente para o mundo mental-egoico, você..."

"Em outras palavras," Treya replicou, "você assume a posição da Testemunha em vez da do ego. Você, objetiva e imparcialmente, testemunha todos os objetos mentais, pensamentos, sensações, imagens, emoções e assim por diante, sem se identificar com eles ou julgá-los."

"Sim, até o ponto em que você começa a perceber: já que você consegue *observar* todos esses pensamentos e imagens, eles não podem ser o verdadeiro Observador com O maiúsculo, a verdadeira Testemunha. Sua identidade começa a mudar do ego pessoal, que é apenas outro objeto, para a Testemunha impessoal, que é o verdadeiro Sujeito com S maiúsculo, o Eu real, com E maiúsculo."

"Exato", respondeu Treya. "E é a Testemunha ou o grande Eu que é uno com Deus ou com o Espírito. É por isso que, ainda que eu comece com um esforço individual, tentando testemunhar minha própria mente e corpo, acabo expandindo minha identidade, tornando-me uma com todo o espaço. E esse é o mesmo lugar a que chego se também me render a Deus, ao universo. Também acabo atingindo aquele Eu superior ou consciência maior. Bem, algumas vezes eu cheguei lá; na maior parte delas, eu continuo como Terry!"

"Sim, daí por que São Clemente disse: 'Quem conhece seu Eu, conhece Deus'. Existe somente uma Testemunha em cada um de nós, um Espírito que olha por olhos diferentes, fala com vozes diferentes, caminha com pernas diferentes. Mas os místicos afirmam que é a mesma Testemunha, uma e única. Há apenas um Deus, um Eu, uma Testemunha, todos com letra maiúscula."

"Certo. Ao testemunhar o ego, observar todos os aspectos do corpo e mente, me desidentifico desses objetos e, ao contrário, me identifico com o verdadeiro Eu, a Testemunha. E a Testemunha é o Espírito, Brahman."

Graça e Coragem

"Conforme a filosofia perene, sim, com certeza."

Treya começou a fazer outra porção de chá. "Você pôs isso em *Transformações da Consciência?*"

"Alguma coisa, sim. Mas me concentrei principalmente no desenvolvimento da Testemunha, nos estágios de confusão de identidade pelos quais a Testemunha passa antes de despertar para sua verdadeira natureza. Também me concentrei nos tipos de neuroses ou patologias que podem ocorrer em cada um desses estágios de desenvolvimento e nos tipos de tratamento mais recomendáveis para cada um deles." Sentia orgulho daquele livro; foi a última coisa que escrevi por quase quatro anos.

"Será que já ouvi algo sobre isso antes? Parece-me novo."

"A maior parte é nova. Vou lhe apresentar uma versão resumida. Você conhece a Grande Cadeia do Ser..."

"Claro. Os vários níveis de existência."

"Sim. De acordo com a filosofia perene, a realidade consiste de vários níveis ou dimensões diferentes, das menos reais às mais reais. Isso é a Grande Cadeia do Ser, partindo da matéria para o corpo, mente, alma, até o espírito. Matéria, corpo, mente, alma e espírito – cinco níveis ou dimensões. Algumas tradições têm sete níveis – os sete chacras, por exemplo. Outras só têm três – corpo, mente e espírito. Outras ainda apresentam literalmente dúzias de níveis. Como você sabe, nos meus textos costumo usar cerca de duas dúzias.

"Bem, não importa. A versão mais simples de matéria, corpo, mente, alma e espírito vai nos servir. O ponto é que no crescimento e desenvolvimento humanos, a Testemunha, ou o Eu real com E maiúsculo, começa identificado com o eu material, em seguida identifica-se com o eu corporal, com o eu mental, com o eu da alma e, finalmente, retorna ou desperta para sua natureza verdadeira como espírito. Cada estágio inclui o anterior e adiciona seus próprios aspectos específicos a fim de formar uma totalidade maior, até que, em última instância, haja unidade com o Todo. No livro eu tento mostrar como os diversos psicólogos do desenvolvimento, ocidentais e orientais, de Freud a Jung, de Buda a Plotino, descreveram vários aspectos dessa mesma sequência desenvolvimentista que é, basicamente, a Grande Cadeia do Ser."

"Então, é mais ou menos como unir a psicologia moderna à filosofia perene."

"Exato. Dessa forma conseguimos uma síntese. O legal é que ela funciona, funciona mesmo. Eu acho." Ambos rimos. O sol estava se pondo na praia. Treya mostrava-se genuinamente à vontade, relaxada, sorridente. Como sempre, procuramos de alguma forma manter pelo menos um ponto de contato físico, um ponto de ligação entre nós. Dessa vez, estávamos deitados de costas no chão acarpetado, em ângulo reto, meu pé tocando levemente seu joelho esquerdo.

O corpo-mente pingou!

"Assim", Treya resumiu, "o desenvolvimento se dá por meio da Grande Cadeia do Ser, nível a nível."

"Bem, é mais ou menos isso. O ponto sobre a meditação é que ela é simplesmente um caminho para continuar o desenvolvimento. A meditação permite que você cresça e se desenvolva além da mente, para os níveis da alma e espírito. E você faz isso essencialmente do mesmo modo como se desenvolveu pelos primeiros três níveis: a Testemunha em você se desidentifica com o nível mais baixo a fim de descobrir uma identidade maior e mais inclusiva com o nível superior mais próximo; esse processo continua até que a Testemunha volte para, e redescubra, sua verdadeira natureza como Espírito."

"Entendo", disse Treya, entusiasmando-se com o assunto. "É por isso que a meditação funciona. Observando a minha mente ou contemplando todos os eventos mentais, eu finalmente transcendo a mente, ou me desidentifico dela, e atinjo os níveis da alma e, em seguida, os do espírito na Grande Cadeia do Ser. Isso é basicamente uma visão estendida da evolução, como a de Teilhard de Chardin ou Aurobindo."

"Sim, acho que é por aí. O corpo está ciente da matéria, a mente está ciente do corpo, a alma está ciente da mente e o espírito está ciente da alma. Cada degrau é um crescimento em consciência, a descoberta de uma identidade maior e mais abrangente, até que não exista nada além da identidade suprema e de uma consciência universal, chamada 'consciência cósmica'. Tudo isso parece árido e abstrato, mas, como você sabe, o processo real, ou o estado místico verdadeiro, é incrivelmente simples e óbvio." A luz do crepúsculo derramava-se sobre o telhado e as paredes.

"Você quer comer alguma coisa?", perguntei. "Posso fazer um macarrão."

"Uma última dúvida. Você disse que ligou esses estágios de desenvolvimento a vários tipos de neuroses ou problemas emocionais em geral. No mundo acadêmico, eles afirmam que a maioria dos psiquiatras atuais divide esses problemas em três grandes categorias: psicoses, como a esquizofrenia; condições limítrofes, como o narcisismo; e neuroses em geral. Como é que isso se encaixa na sua visão? Ou você concorda plenamente com essas categorias?"

"Oh, concordo com essas três categorias principais, mas elas não vão muito longe. Elas só cobrem os três primeiros dos cinco níveis. Se algo der errado no nível um, você tem as psicoses; no nível dois, as síndromes limítrofes; no nível três, as neuroses. Resumindo de forma bem simplista."

"Entendo. Isso cobre as três principais categorias ortodoxas. Mas a psiquiatria ignora os níveis mais elevados de desenvolvimento, nega a alma e o espírito, e é isso que você está tentando restabelecer em *Transformações*, certo?" Estava escurecendo agora e, com uma lua cheia já no céu, Muir Beach começou a cintilar na obscuridade.

Graça e Coragem

"Exato. A alma, como eu uso o termo, é um tipo de casa no meio do caminho, entre o ego-mente pessoal e o Espírito impessoal ou transpessoal; ela é a Testemunha como brilha em você e em ninguém mais. Nesse sentido, a alma é o lar da Testemunha. Quando você atinge o nível da alma, transforma-se na Testemunha, no verdadeiro Eu. Uma vez que você segue além do nível da alma, então a própria Testemunha é colapsada em tudo que é testemunhado, isto é, você se torna um com tudo que está na sua consciência. Você não testemunha as nuvens, você é as nuvens. Isso é o Espírito."

"Então..." Treya fez uma pausa. "Parece que existem boas notícias e más notícias sobre a alma."

"Bem, de certo modo, a alma, ou a Testemunha em você, é o ponto mais elevado em direção ao Espírito e o último obstáculo para o Espírito. Você só pode saltar para o Espírito da posição da Testemunha, por assim dizer. Mas a Testemunha em si, no final, tem de se dissolver ou morrer. Até sua própria alma tem de ser sacrificada, liberada ou morta para que sua identidade extrema com o Espírito se irradie. Porque, em última instância, a alma é apenas a contração final da consciência, o laço mais sutil a restringir o Espírito universal, a última e mais tênue forma da sensação de autosseparação, e esse nó final tem de ser desfeito. Essa é derradeira morte, por assim dizer. Primeiro morremos para o eu material – isto é, nos desidentificamos dele – em seguida morremos para uma identidade exclusiva com o eu corporal, depois com o eu mental e, finalmente, com a alma. A última é a que o Zen chama de a Grande Morte. Usamos nossos eus mortos como degraus. Cada morte para um nível inferior é um renascimento em um nível superior, até o último renascimento, liberação ou iluminação."

"Espere aí. Por que exatamente a alma é o nó final? Se ela é o lar da Testemunha, por que isso é um nó? A Testemunha não se identifica com nenhum objeto particular, ela está consciente de todos os objetos imparcialmente."

"Bem, aí é que está. É verdade que a Testemunha não se identifica com o ego ou com qualquer outro objeto mental: ela observa todos os objetos com imparcialidade. Mas é exatamente isso: a Testemunha ainda está separada de todos os objetos que presencia. Em outras palavras, ainda existe uma forma muito sutil de dualismo sujeito-objeto. A Testemunha é um imenso passo adiante, um necessário e importante passo na meditação, mas não é o último. Quando a Testemunha ou a alma é finalmente desfeita, ela se dissolve em tudo que é testemunhado. A dualidade sujeito-objeto desaparece e passa a existir apenas a pura consciência não dual, que é bem simples, bem óbvia. Como disse um famoso mestre zen ao atingir a iluminação: 'Quando ouvi o toque do sino, de repente não existia nem "eu" nem "sino," apenas o toque'. Tudo continua a surgir, momento a momento, mas não existe ninguém separado ou alienado. O que você vê é o que você é. Não há nenhuma separação ou fragmentação entre sujeito e

O corpo-mente pingou!

objeto, existe apenas o fluxo contínuo da experiência, perfeitamente claro, luminoso e aberto. Eu sou agora tudo o que está surgindo. Lembre-se daquela grande citação do Dogen: 'Estudar o misticismo é estudar o eu; estudar o eu é esquecer o eu; esquecer o eu é ser um com, e iluminado por, todas as coisas'."

"Eu me lembro dela, é a minha favorita. Os místicos às vezes chamam esse último estágio de Eu Único ou Mente Única, mas a questão é que, nesse ponto, o eu é uno com tudo, portanto não é de fato um 'eu' no sentido restrito."

"Sim. O verdadeiro eu é o mundo real, sem separação; às vezes os místicos também afirmam que não existe nenhum eu, nenhum mundo. Mas tudo que eles querem dizer é: nenhum eu separado, nenhum mundo separado. Eckhart chamou isso de fusão sem confusão." Anteriormente, eu já *conhecera* esse mundo e agora tudo que conseguia sentir era fusão com confusão, uma boa definição para estar perto de ficar maluco.

Levantei-me e acendi a luz. "Vamos comer, meu amor."

Treya ficou em silêncio e o assunto não conversado preencheu a atmosfera. Ela virou sua cabeça, depois girou e olhou diretamente para mim. "Estou determinada a não permitir que eu mesma ou qualquer outra pessoa me faça sentir culpada ou envergonhada sobre isso", ela finalmente concluiu.

"Eu sei, meu bem, eu sei." Sentei-me e pus meus braços ao seu redor. Treya começou a chorar suavemente. Quando ela parou, nós simplesmente ficamos sentados lá, calados, não foi dita uma palavra sequer. Eu me levantei, fiz um espaguete e o comemos, observando o luar tocar de leve a pequena lasca de oceano que conseguíamos vislumbrar através da brecha entre as árvores.

7. "Minha vida mudou de repente"

A moeda caiu no telefone público com seu ruído característico. Minha aula sobre Ética Profissional acabou há pouco; segunda-feira à tarde, um dia ensolarado de inverno no início de dezembro. Mantenho minha mente vazia enquanto disco cuidadosamente o número do Dr. Richards, mas por baixo do vazio ouço o mudo "oh Deus, oh Deus, por favor". Ao meu redor as pessoas enchem o corredor da escola, algumas saindo das aulas que terminaram, outras chegando para as aulas das 5h45. O telefone está próximo à área mais movimentada; eu me encolho, tentando criar um casulo de privacidade enquanto escuto o som de chamada.

"Alô, consultório do Dr. Richards."

"Alô, aqui é Terry Killam Wilber. Eu poderia falar com o Dr. Richards?" Eu quase o chamo de Peter; nunca sei exatamente como me dirigir a ele: Dr. Richards é muito formal; Peter, íntimo demais para nossa amizade profissional.

"Alô, Terry. Aqui é o Dr. Richards. Recebi o resultado do exame hoje e sinto muito em lhe dizer, mas é câncer. Não entendi muito bem o que aconteceu; é um tipo raro de recorrência, especialmente porque o nódulo surgiu na área que foi irradiada. Mas não se preocupe, eu a considero apenas uma recorrência localizada. Nós vamos cuidar disso. Quando você pode vir me ver?"

Que inferno! Eu sabia. Aqueles malditos carocinhos que pareciam picadas de mosquitos, exceto por não apresentar vermelhidão nem coçar. Eles eram muito estranhos e ficavam num local incriminador; eu sabia que só podia ser câncer, apesar das tentativas das pessoas para me convencer do contrário. Apenas cinco carocinhos mínimos, logo abaixo da cicatriz do tubo de dreno da área da mastectomia segmental, o tubo que coletou grande quantidade de fluido translúcido rosado enquanto meu corpo se restabelecia, que ficou lá por ainda uma semana após deixar o hospital há um ano, que doeu tanto para sair quando o Dr. Richards o puxou. Ai, ainda me lembro bem. Devem ter sobrado algumas células cancerígenas na sua extremidade, que ficaram na minha pele. Câncer, novamente! Segundo *round*. Por que a radiação não as destruiu?

Marquei uma consulta com o Dr. Richards para o dia seguinte. Saí da escola ainda com sol e virei a esquina em direção ao meu carro. Entrei e fui para uma sessão de aconselhamento que teria dali a alguns minutos. Eu me lembro de ter visto um atraente arranjo de frutas do lado de fora de um supermercado da vizinhança quando parei em um sinal; o refrão na minha cabeça era "recorrência, recorrência, tive uma recorrência". Passei por uma sensação estranha de estar sobre a cidade e me ver lá embaixo, dirigindo meu carrinho vermelho. Senti repentinamente que agora era uma pessoa diferente. Não era mais alguém que tivera câncer, ênfase no pretérito mais-que-perfeito; era uma pessoa que tinha uma recorrência e isso me colocava em um grupo totalmente diferente, pares diferentes, estatísticas diferentes, um futuro diferente para mim e para Ken. Minha vida mudou de repente, inesperadamente. Eu tive uma recorrência. Eu ainda tenho câncer. Isso não terminou, pelo menos por enquanto.

Estacionei o carro em uma ladeira, virando cuidadosamente as rodas para o meio-fio e puxando o freio. Esse é um pequeno bairro muito simpático, cercado por ruas principais. Gosto das árvores, das curvas ocasionais das ruas, das casas na cor pastel com seus pequenos jardins na entrada. Minha cliente, Jill, aluga um pequeno apartamento em uma dessas casas. Existe algo de especial nessa casa, na sua entrada. Ela é pintada com um rosa-salmão adorável

Graça e Coragem

e o vão de entrada em arco, com um portão de ferro forjado, conduz a um pátio minúsculo com vasos de plantas. É difícil dizer exatamente que combinação de características a torna tão agradável; ela sempre me toca.

Jill abre a porta. Eu me sinto bem, contente por ter decidido não cancelar o encontro. É surpreendentemente fácil para mim empurrar minhas preocupações pessoais para o fundo por uma hora. De fato, parece bom fazer isso. Sinto que é uma boa consulta, que a recente notícia ainda não me afetou. Eu me pergunto se algum dia contarei a Jill que, pouco antes dessa sessão específica, descobri ainda estar com câncer.

Recorrência, recorrência, tive uma recorrência. Dirijo-me para casa no meu carrinho vermelho, viro à direita na 19th Street, entro no túnel, passo ao lado das casas do exército com suas varandas teladas. A noite está caindo, o momento de transição que amo tanto, minha hora favorita para correr, quando a atmosfera é suave e a luminosidade se altera a cada instante, o céu fica róseo ao longo do horizonte e, acima dessa faixa de luz difusa, um azul-claro transforma-se num azul-cobalto mais profundo, anunciando a chegada da noite. Luzes começam a surgir nas casas, nos edifícios que formam a silhueta de San Francisco, luzes que piscam dos prédios em tom pastel, luzes que brilham na noite profunda.

Recorrência, recorrência, tive uma recorrência. Este refrão soa na minha cabeça enquanto dirijo, saboreando a aproximação da noite, a luminosidade variável. Recorrência. Recorrência. Torna-se quase um mantra; sinto-me meio hipnotizada por sua repetição em minha mente. Recorrência. Recorrência. Eu acredito; eu não acredito. Talvez essa repetição me convença, faça com que aceite o que não quero aceitar, no que não quero acreditar. A repetição também é uma defesa; não quero pensar no que isso significa. Recorrência. Até agora, algo que apenas li em revistas médicas e ouvi dos meus médicos. Até agora, algo que não me tocara. Agora, aqui está. Uma parte da minha vida. Um modelador da minha vida futura. Algo com que devo lidar.

Malditos carocinhos. Eu os descobri numa terça-feira. Às vésperas do Dia de Ação de Graças. Exatamente quase um ano após nosso casamento. Comemoramos o Dia de Ação de Graças com minha irmã Kati, que veio de Los Angeles. Na sexta-feira, Ken me levou para o pronto-socorro às 8 horas da manhã; Kati foi junto para dar apoio. Fiquei deitada, pronta, esperando, sozinha com meus pensamentos e receios. O Dr. Richards chegou – como é bom ter um médico de quem você gosta e confia – e o procedimento foi concluído em alguns minutos. Logo estava passeando pela Union Street com Ken e Kati, fazendo nossas compras de Natal juntos, alguns pontos novos no meu seio e instruções para telefonar na segunda-feira para saber o resultado. O Natal nos envolvendo, um dos mais movimentados dias de compra do ano, excitação, expectativa e eu pensando na dor no meu lado.

Uma pergunta agora respondida, penso, guiando meu carrinho vermelho pelas curvas da Star Route 1, uma meditação em si, esse sinuoso deslizar até o mar, até o Pacífico. A noite quase já caiu. Um leve brilho ao longo do horizonte, a amplidão do Oceano Pacífico surge diante de mim, envolta por colinas de cada lado, minha casa entre as luzes espalhadas à esquerda, meu marido esperando pelas notícias que trago, seus braços prontos para me abraçar.

Aí começou o que passei a considerar o "Segundo *Round*". A espada que durante tanto tempo imaginara estar suspensa sobre mim, aquela ameaça ominosa de recorrência, caiu. Ken e eu nos consolamos. Chorei. Telefonamos para meus pais. Telefonamos para os pais do Ken. Telefonamos para o Dr. Richards. Telefonamos para o Dr. Cantril. Telefonamos para o M. D. Anderson. Um tipo estranho de recorrência, todo mundo concordou. Uma recorrência na área irradiada. O Dr. Cantril verificou; sim, sem dúvida, na área irradiada. Parece que estraguei seu registro de não

"Minha vida mudou de repente"

recorrência. Ninguém entendeu muito bem como isso pôde acontecer. Telefonamos para especialistas de outras partes do país. Um caso estranho, todos concordaram. Provavelmente, uma chance de apenas 5% de algo assim acontecer. Eu imaginava o perito em estatística, no outro lado da linha telefônica que cruzava o país, coçando a cabeça, perplexo. Todos se mostraram admirados. Uma situação difícil de interpretar. Seria uma recorrência localizada, tratável por cirurgia? Ou um sinal de doença disseminada [metastática] que exigiria quimioterapia? Uma situação estranha. Não se conhecia um caso como esse.

Ninguém conseguia explicar o que aconteceu. "Seria possível", perguntei ao Dr. Richards, Ken olhando com uma expressão muito intensa, "que algumas células cancerosas do tumor tenham se acumulado na extremidade do tubo de dreno e, quando ele foi retirado, ficaram na pele?" "Sim", ele respondeu, "deve ser isso o que aconteceu, uma ou duas células foram deixadas para trás." "Não uma ou duas", ponderei. "Pelo menos cinco células e, provavelmente, mais, porque algumas foram destruídas pela radiação." Eu diria que ele se sentia desconfortável com a situação.

Embora outros comentassem sobre a singularidade da recorrência, me asseguraram sua total confiança no Dr. Richards e Dr. Cantril. Eu concordei. Também depositava total confiança neles. O que quer que tenha acontecido, era apenas o tipo de coisa que estava fadada a acontecer ocasionalmente. Por acaso, eu fora a pessoa que estava naquela mesa específica, naquele dia particular, quando as chances surpreenderam os cirurgiões.

Ken e eu consultamos o Dr. Richards. Minhas opções? (1) Mastectomia. (Será que eu devia tê-la feito logo? Se eu a tivesse feito, talvez nada disso estivesse ocorrendo.) (2) Ressecção do local do tumor, da área drenada e da área onde apareceram os caroços; se fossem encontradas mais células cancerosas nesse tecido, talvez um pouco mais de radioterapia no local. Entretanto, isso apresentava desvantagens devido à dose de radiação que eu já recebera. Não havia nenhum meio de predizer como o tecido reagiria a mais radiação. (3) Ressecção da área em torno da saída do tubo de dreno e, já que não podíamos saber com certeza se existiam mais células deixadas para trás no seio, mais radioterapia nela. Novamente, isso tinha suas desvantagens por causa da dose prévia de radiação. Além do mais, uma vez que essas células não foram mortas pela radiação, existia uma possibilidade de que quaisquer outras células que porventura ainda estivessem no seio também fossem resistentes a ela.

Ficou muito claro para mim. Não havia nenhuma forma de saber se existiam mais células cancerosas ao longo do caminho do tubo de dreno ou no interior do seio; se existissem, elas também poderiam ser resistentes à radioterapia; de qualquer maneira, o tecido do seio seria danificado por mais radiação. A única escolha parecia ser a mastectomia. Eu estava com muito medo de assumir o risco de deixar mais dessas células cancerígenas grau quatro no meu corpo.

Treya e eu também estávamos investigando intensivamente (e praticando) tratamentos holísticos alternativos, como brevemente explicarei. Mas o problema, de novo, era a malignidade das células grau quatro encontradas em seu corpo. Não havia ainda nenhuma evidência concreta de que qualquer tratamento alternativo apresentasse uma taxa de cura significativamente mais alta contra células grau quatro, a não ser remissões fortuitas ou espontâneas – em outras palavras, por pura sorte. Acho que se Treya tivesse um tumor grau três – e certamente grau um ou dois – ela teria optado com

Graça e Coragem

mais vontade por tratamentos alternativos e passado por cima de alguns (mas, de modo algum, todos) da medicina do homem branco. Mas a extrema malignidade do tumor a levou de volta novamente, e ainda mais uma vez, para a única medicina capaz de ser tão maligna. "A Dama de Ferro não serviu? Não se preocupe, bela senhora. É sempre possível descobrir algo especial só para você. Espere aqui um instante."

Ken e eu damos entrada no Children's Hospital em 6 de dezembro de 1984. Minha cirurgia será no dia 7 – "Dia de Pearl Harbor" – Ken murmura para ninguém em particular – um ano e um dia após minha primeira cirurgia. O Children's Hospital me é totalmente familiar. Eu me lembro muito bem de ter vindo aqui diariamente por cinco semanas e meia para a radioterapia. Depois, vindo todo mês para acompanhamento. Vindo alguns dias atrás para retirar os caroços.

Recordo-me de que as minhas roupas sumiram no ano passado, sendo achadas e devolvidas dois meses depois. Considerei isso um presságio. Dessa vez, trouxe roupas de que pretendo me livrar, da mesma forma que pretendo me livrar do câncer. Deixarei para trás tudo que usar nesse hospital, até meus sapatos, roupas íntimas e brincos. Em poucos dias, a maior parte das minhas roupas íntimas não me servirá mais mesmo, especialmente os sutiãs. Ao mesmo tempo em que o Dr. Richards estiver removendo meu seio direito, o Dr. Harvey estará reduzindo o tamanho do meu seio esquerdo. Finalmente chegou o momento. Eu não podia imaginar voltar à vida normal com um seio tamanho 48; imagine o tamanho da prótese de que eu precisaria. Imagine o quão desequilibrada para um lado me sentiria. Dois seios tamanho 48 já são um problema; um apenas seria um problema ainda maior.

Quando finalmente pergunto a Ken o que pensa sobre eu perder um seio, ele é encantador, embora também não seja fácil para ele. "Amor, é claro que sentirei falta do seu seio. Mas isso não importa. Estou apaixonado por você, não por uma parte do seu corpo. Isso não muda absolutamente nada." Ele se mostra tão sincero a ponto de me fazer sentir maravilhosa.

Mamãe e papai vêm do Texas para a cirurgia, como fizeram da última vez. Tentei convencê-los de que não era necessário, mas na verdade estou contente por tê-los aqui. Eu me sinto mais esperançosa com meus pais por perto, mais otimista de que tudo correrá bem. Fico feliz de ter uma família grande. Sempre me deleito com minha família, em passar um tempo com eles, com qualquer um deles. Estou contente por poder expandir a família do Ken com pessoas que ele também aprecia de verdade.

Ken e eu vamos para o quarto. Igual a todos os outros, paredes brancas, a cama regulável, a televisão instalada na parede, o equipamento de pressão sanguínea pendurado atrás da cama, o armário na parede lateral (o armário onde pretendo abandonar minhas roupas), o banheiro branco, a janela com vista para o pátio e para os quartos do outro lado. Mais uma vez Ken consegue uma maca; ele ficará comigo.

Nós nos sentamos e nos damos as mãos de leve. Ele sabe o que estou pensando, o que ainda me preocupa. Ele me achará atraente? Quando estiver deformada, com cicatrizes? Assimétrica? Ele tem de caminhar por uma linha tão tênue entre tentar me consolar e tentar me animar. Aquela velha situação de ambiguidade – quero que ele se compadeça da perda do meu seio, mas, se ele o fizer, parecerá que está de fato desapontado e não me desejará mais! Ele já me tranquilizou tanto que, dessa vez, partiu para a brincadeira. "Eu realmente não me importo, meu bem. A forma como vejo isso é a seguinte: todo homem recebe na vida uma cota de centímetros de seio que lhe é permitido apalpar. Em um ano apenas, com seus seios tamanho 48, já consumi minha cota." Ambos começamos a

"Minha vida mudou de repente"

rir histericamente com a tensão da situação. Ken continua por quinze minutos, indo do sublime ao grosseiro. "Você não sabia, mas gosto é de bunda. Desde que eles não façam amputação de nádegas aqui, tudo bem." As lágrimas corriam pelos nossos rostos. Mas com o câncer é assim: rir muito até chorar, chorar muito até rir.

Desfaço a mala, arrumo os pertences que deixarei para trás, visto uma camisola branca com a esperança de estar me aproximando da saúde e me afastando do câncer. Eu quase poderia fazer um ritual, digamos algum tipo de magia, brandir uma cruz pelo quarto, sei lá, algo que me ajudasse. Em vez disso, mantenho o ritual dentro de mim, faço minhas preces interiormente.

Tiram minha pressão sanguínea, perguntas são feitas e respondidas. O anestesista se apresenta para me dar um alô e explicar o procedimento. Assumo que será o mesmo da última vez e, já que não tive nenhum problema então, não me preocupo. O Dr. Richards aparece. É um procedimento normal, uma mastectomia simples [ao contrário de uma mastectomia radical ou radical modificada, onde o tecido muscular subjacente também é removido]. Cirurgicamente, a operação do ano passado foi mais difícil e exigiu um tempo de recuperação maior por causa da remoção dos nódulos linfáticos. Comento com o Dr. Richards que "falei com o M. D. Anderson sobre a recorrência e todos eles acharam que era um tipo raro, mas que essas coisas acontecem de vez em quando". "É verdade", ele responde. "Mas estou certo de que estão contentes por não ter acontecido com eles." Admiro sua honestidade em me mostrar até que ponto ele se sente mal. Lembro-me de me pesar. A vida inteira eu me perguntei quanto pesariam meus seios – uma estranha forma de descobrir!

Chega o Dr. Harvey. Ainda não tivemos a oportunidade de discutir a modelagem do outro seio. Ele traz fotografias de reduções de seios feitas por ele. Eu as examino, tentando achar uma forma apropriada para mim. Preferiria que ele não alterasse a posição do mamilo, pois sei que isso reduzirá a sensibilidade. Aparentemente tem de ser feito, mas, no meu caso, pode ser feito sem cortar os dutos condutores de leite porque meus seios não são caídos. O seio ainda se manterá funcional se eu tiver um filho. Eu já entendi o procedimento, onde serão feitas as incisões, o que será removido, como a pele será costurada de volta para compor um seio menor. O Dr. Harvey mede e marca meu seio. Ele mede e marca a circunferência do mamilo, a sua nova posição, onde serão feitas as incisões e a pele que será removida.

Meus pais chegam logo após a saída do Dr. Harvey. Eu lhes mostro as marcas e explico o procedimento. Sou muito prática sobre o assunto, mas também me dou conta de que, provavelmente, é a primeira vez que meu pai vê meus seios. E, claro, a última em que ele ou qualquer outra pessoa os verá como são hoje à noite!

Ken vem para a minha cama e nos aconchegamos. Ele fica lá enquanto várias pessoas do hospital movimentam-se em torno de nós. Nem as enfermeiras nem os médicos reclamam. "Você faz o que quer nos hospitais, sabia?", comento. Ken faz uma careta feroz. "É porque sou um macho bravo", ele responde. "É porque você sorri radiantemente para todo mundo que entra e traz flores para as enfermeiras", assinalo. Nós rimos, mas na maior parte do tempo sinto uma ponta de tristeza pelo seio que estou prestes a perder.

Já é de manhã cedo. Suponho que dormi. Estou com muito menos medo dessa vez. Eu me sinto muito mais serena, sem sobressaltos, devido à meditação. E o câncer tornou-se um fato da vida durante esse último ano, um companheiro constante. Também estou consciente do esforço que fiz para passar por isso, para esclarecer minhas dúvidas, minhas perguntas, meus medos, meus pensamentos sobre o futuro. Eu, intencionalmente, coloquei antolhos; só olho para frente, ignoro os caminhos à minha direita e à minha esquerda, as estradas que não segui.

109

Graça e Coragem

Realizou-se a pesquisa, foram tomadas as decisões. Agora não cabem perguntas. Agora é a hora de enfrentar o que está por vir. Estou ciente de que desliguei partes de mim mesma para fazer isso. Desliguei meu preocupador, meu perguntador. Sinto-me relaxada e confiante. Ken segura minha mão, mamãe e papai esperam conosco. Uma vez mais, como no ano passado, a cirurgia atrasa. Penso nos cirurgiões trabalhando atarefados, não só aqui no Children's como também em outras partes do país, no mundo inteiro. Nos residentes, nas enfermeiras, no pessoal de apoio do hospital, nos instrumentos, equipamentos e máquinas complicados, todos unidos no combate a doenças. O Valium e o Demerol estão começando a fazer efeito. Eles me levam para a sala de cirurgia.

Não sei o motivo, mas não quis que Treya me visse chorando. Não tenho vergonha de chorar; é que, por alguma razão, naquele momento em particular, não queria que *ninguém* me visse chorando. Talvez tivesse medo de que, se começasse a chorar, desabasse completamente. Talvez estivesse com medo de me mostrar fraco quando minha força era necessária. Achei um quarto vazio, fechei a porta, sentei-me e comecei a chorar. Finalmente percebi: não chorava porque estava com pena de Treya ou lamentava sua situação; chorava porque admirava muito sua coragem. Ela simplesmente seguia em frente, não se deixando abater; e sua bravura em face dessa humilhante, insensata, maldita crueldade me fazia chorar.

Acordo já no meu quarto. Ken sorri para mim. O sol entra pela janela e vejo casas em tom pastel nas colinas de San Francisco. Ken segura minha mão. Levo a outra ao meu seio direito. Ataduras. Nada debaixo delas. Estou novamente sem seio, como eu era quando criança. Inspiro profundamente. Está feito. Não tem volta. Uma pontada de medo, de dúvida, me assalta. Eu deveria ter tentado manter meu seio, arriscado a ressecar apenas o local? Será que o medo induziu-me a algo desnecessário? As dúvidas não permitidas ontem à noite ou hoje pela manhã afloram. Será que era preciso? Fiz a coisa certa? Não importa. Está feito.

Fito Ken. Sinto meus lábios tremerem, meus olhos enchem-se de lágrimas. Ele se abaixa para me abraçar, um abraço cuidadoso, pois as ataduras cobrem pontos recentes sobre todo o meu tórax. "Meu amor, eu sinto muito, eu sinto muito", dizemos um para o outro.

Minha irmã Kati chega à tarde de Los Angeles. Sinto-me bem em ter o quarto cheio, com a família me apoiando. Deve ser difícil para eles; é tão complicado saber o que você pode fazer para ajudar nessas ocasiões. Na verdade, não há muito o que fazer; apenas gosto de tê-los ao meu redor, de tê-los aqui. Então papai pede a todos que saiam; ele quer conversar com Ken e comigo. Meu pai querido, ele é muito cuidadoso, ele leva essas coisas muito a sério, ele se preocupa muito com as pessoas próximas. Recordo-me dele andando de um lado para outro no corredor do hospital quando mamãe foi operada quinze anos atrás, rugas de preocupação sulcando seu rosto, o cabelo ficando mais grisalho ante nossos olhos. Dessa vez, ele se dirige a nós e diz com grande emoção: "Eu sei que esse período está sendo difícil para ambos. Mas vocês podem agradecer por uma bênção, a de que têm um ao outro e que, especialmente agora, vocês sabem o quanto significam um para o outro." Eu pude notar as lágrimas em seus olhos quando ele se virou para sair; tenho certeza de que não queria que o víssemos chorar. Ken, muito emocionado, foi até porta e observou meu pai andando pelo corredor do hospital de cabeça baixa, com as mãos para trás, não olhando de volta. Aprecio o quanto ele ama meu pai.

"Minha vida mudou de repente"

Eu escancaro a porta. Estou muito bravo. Não há ninguém lá. "Suponho que se eu perguntar quem está aí, não vai adiantar, não é? Meu Deus."

Deixo a porta aberta e, com a mão esquerda, começo a tatear pela parede em direção aos corredores que levam à sala. Existem cinco cômodos lá; Treya deve estar em um deles. À medida que tateio o caminho de volta, sinto uma sensação estranha, quase de umidade, na parede. Continuo a pensar: será que esta brincadeira é realmente indispensável?

Ken e eu andamos pelos longos corredores, uma vez de manhã e outra de tarde. Gosto desse passeio. Gosto especialmente de passar pelo berçário onde ficam os recém-nascidos. Gosto de observar os pequeninos, embrulhados em seus cobertores, rostos minúsculos, mãos cerradas e olhos fechados. Também me preocupo com eles. Esses são bebês prematuros e alguns estão em incubadoras. Ainda assim, sinto-me feliz em vê-los, em parar para observá-los, imaginando seus pais e seu futuro.

Mais tarde descobrimos que uma amiga está no hospital. Dulce Murphy está grávida de sete meses e foi internada por causa de uma hemorragia. Ken e eu vamos visitá-la. Ela está feliz, confiante, embora ligada a uma máquina que monitora seu batimento cardíaco e o do bebê, devendo ficar deitada de costas na horizontal. Ela foi medicada para evitar um aborto; o remédio normalmente acelera o batimento cardíaco da mãe, mas como ela é corredora de maratona, apenas aumentou o batimento para a faixa normal. Seu marido, Michael Murphy, está lá. Michael, cofundador do Esalen Institute, é um velho amigo nosso; bebemos champanhe juntos e conversamos animadamente sobre o bebê.

Naquela noite Ken tem um sonho com esse bebê que, ao longo da gravidez, parecia ambivalente quanto a nascer. Sonha que o encontra no domínio do bardo, o reino que as almas habitam antes do nascimento. Ken lhe pergunta: "Mac, por que você não quer nascer? Por que está tão relutante?" Mac responde que gosta do bardo, que quer ficar por lá. Ele lhe explica que isso não é possível, o reino do bardo é bom, mas você não deve ficar aí. Se tentar, não será mais tão bom. Talvez seja melhor você decidir vir para a Terra, nascer. Além disso, Ken continua, há uma porção de gente aqui embaixo que o ama e quer que você nasça. Mac responde: "Se tantas pessoas me amam, então onde está o meu ursinho?".

No dia seguinte vamos visitá-los novamente. Ken leva um ursinho. Ele tem uma gravata de lã axadrezada para "Mac Murphy". Ken inclina-se e fala em voz alta para a barriga da Dulce: "Ei, Mac... ursinho". Esse foi o primeiro de muitos, muitos ursinhos de pelúcia dados a Mac, que chegou três semanas mais tarde perfeitamente saudável, não sendo necessário ir para uma incubadora.

Após três dias no hospital, Treya e eu retornamos a Muir Beach. Os médicos se mostravam unânimes: a recorrência foi quase certamente no tecido do seio somente e não na parede do tórax. A distinção era crucial: se fosse uma recorrência localizada, o câncer estaria confinado ao mesmo tipo de tecido (seio). Porém, se passasse para a parede do tórax, isso significaria que ele "aprendeu" como invadir um tipo diferente de tecido – seria agora câncer metastático. E uma vez que o câncer de mama aprenda a saltar para um tecido diferente, pode invadir rapidamente os pulmões, ossos e cérebro.

Graça e Coragem

Se a recorrência de Treya fora localizada, então ela já seguira a linha de ação correta: remoção do tecido local restante. Nenhum outro procedimento – radioterapia, quimioterapia – seria necessário ou recomendado. Entretanto, se a recorrência atingira a parede do tórax, isso significaria que ela teria um câncer de estágio quatro, grau quatro, sem sombra de dúvida o pior diagnóstico que se pode receber. (O "estágio" de um câncer é determinado pelo tamanho e propagação do tumor – do estágio um, que é menor que um centímetro, ao estágio quatro, quando já se espalhou pelo corpo. O "grau" de um câncer representa o quão maligno ele é, do grau um ao quatro. O tumor original de Treya era estágio dois, grau quatro. Uma recorrência na parede do tórax seria estágio quatro, grau quatro). Se o caso fosse esse, o único recurso recomendado seria quimioterapia extremamente agressiva.

O Dr. Richards e o Dr. Cantril acham que agora o câncer se foi, que a cirurgia o extirpou. Nenhum deles recomenda quimioterapia. O Dr. Richards diz que, mesmo que ainda existam células restantes, não tem certeza se a quimioterapia as atingiria; ela poderia errar o alvo, ao mesmo tempo que atacaria células da parede do estômago, dos cabelos e do sangue. Eu lhe conto que Ken e eu estamos planejando ir à Livingston-Wheeler Clinic em San Diego, que é especialista no fortalecimento do sistema imunológico. Ele concorda com um programa de imunoterapia, se é o que eu quero, mas não põe muita fé nele. Explica que não adianta envenenar um carro que está funcionando só com sete cilindros; isso não fará o oitavo cilindro funcionar. Está faltando o oitavo cilindro no meu sistema imunológico, pois ele já falhou duas vezes no reconhecimento desse câncer em particular; portanto, acelerar os outros sete cilindros pode ajudar em muitas outras coisas, mas, provavelmente, não no câncer. Entretanto, com certeza não fará mal, conclui. Eu planejo fazer isso; sei que preciso fazer algo, sinto que devo ajudar minha recuperação de alguma forma. Não posso simplesmente ficar sentada agora. Eu me conheço muito bem; não conseguiria ficar apenas preocupada. Devo fazer algo. Nesse ponto, a medicina ocidental me deixa por conta própria.

Alguns dias depois voltamos ao Children's para tirar os pontos. A equanimidade de Treya continuava firme. Sua quase completa falta de vaidade, personalismo ou autopiedade era simplesmente surpreendente. Recordo-me de ter pensado: "Você é mais homem do que eu, Gunga Din".

O Dr. Richards tirou as ataduras e os grampos [usados como pontos] e eu precisei ver – a cicatrização está boa, mas incomoda muito olhar para minha barriga e ver essa feia cicatriz intumescida nas extremidades – choro nos braços de Ken. Mas o que está feito, está feito; o que é, é. Janice telefonou e disse: "Acho que fiquei mais chateada com a perda do seu seio do que você; você estava tão tranquila". Na véspera, comentara com Ken que tirar um seio não é nenhuma tragédia ou, então, ainda não caiu a ficha. Provavelmente ambos são verdade. Finalmente lhe disse: "Desde que eu não tenha que olhar muito, acho que ficarei bem".

Treya e eu começamos a expandir e intensificar os tratamentos alternativos e holísticos que ela havia pesquisado no último ano. A "receita básica" era muito simples:

"Minha vida mudou de repente"

1. Dieta cuidadosa – na maior parte lactovegetariana, pouca gordura, muito carboidrato, o máximo possível de alimentos crus; nenhum tipo de droga social.
2. Tratamento megavitamínico diário – com ênfase nos antioxidantes A, E, C, B_1, B_5, B_6, nos minerais zinco e selênio, nos aminoácidos cisteína e metionina.
3. Meditação – diariamente pela manhã, frequentemente também à tarde.
4. Visualização e afirmações variadas – diariamente.
5. Manutenção de um diário – incluindo um registro de sonhos e anotações de vigília.
6. Exercício – *jogging* ou caminhada.

Adicionaríamos a essa receita básica, em diferentes ocasiões, vários tratamentos eletivos ou adjuvantes. Nesse momento estávamos dando cuidadosa atenção ao Hippocrates Institute em Boston, à macrobiótica e ao Livingston-Wheeler em San Diego. O Virginia Livingston-Wheeler Institute oferecia um curso completo de tratamento baseado na convicção da dra. Livingston-Wheeler de que um vírus específico era responsável por todas as formas de câncer, já que ele era encontrado na maioria dos tumores. Eles preparavam uma vacina contra esse vírus e a aplicavam em você, com um rigoroso programa dietético. Pelos dados disponíveis, estava muito claro para mim que esse vírus não causava câncer e que aparecia nos tumores como um comedor de carniça ou parasita, não como uma causa. Mas livrar-se deles não faria mal, portanto apoiei a decisão de Treya em ir a essa clínica.

E assim, mais uma vez, o futuro nos pareceu muito brilhante. Com nossos médicos, tínhamos todas as razões para acreditar que o câncer fora deixado para trás. Nossa casa em Tahoe estava quase pronta. Nós estávamos perdidamente apaixonados.

Natal no Texas. Estou me recuperando novamente de uma cirurgia de câncer. Parece meio sinistro passar por isso duas vezes exatamente na mesma época do ano. Embora nesse Natal esteja mais fácil. Ken e eu estamos casados há um ano, já um casal maduro. E o câncer esteve conosco nesse ano; agora sabemos muita coisa sobre ele. Espero que não haja mais surpresas. Passamos pela cirurgia e estamos nos sentindo de bem com a vida. Um pouco antes do Natal fomos até a Livingston-Wheeler Clinic em San Diego. Planejamos voltar em janeiro para passar pelo programa de imunoterapia e seguir a dieta que eles advogam. Gostamos do ambiente de lá, simples, aconchegante. Esse é o nosso plano: complementar a cirurgia com imunoterapia, dieta, visualização e meditação. Estou animada com ele. Ken jocosamente o chama de Passatempo com Câncer. Mas, sem sombra de dúvida, parece ser um passo positivo rumo ao futuro. Explicamos cuidadosamente esse plano para cada membro da família e todos se mostraram confiantes com as minhas escolhas.

Graça e Coragem

Sim, parece que teremos um período excitante pela frente. Sinto que o ano que passou foi meu ano existencial; o novo ano será mais transcendental. É muito atrevimento prever um ano de transformação? No ano passado deparei com a morte, no ano passado tive medo, no ano passado me preocupei muito, no ano passado estava na defensiva. Tudo isso, embora minha principal recordação seja ter sido muito feliz no casamento. Mas agora, com esse novo ano prestes a começar, com minha segunda operação apenas duas semanas atrás, me sinto diferente. Começou com a sensação de que meu jeito de tomar decisões era muito duro, com a percepção de que a necessidade de controle do meu ego foi um fator importante no desgaste que experimentei. Isso me levou à decisão de deixar fluir e deixar que Deus flua mais. O ano do ego foi um ano de medo, indecisão e enfrentamento do abismo da morte. O ano que creio estar à minha frente, de aprendizado da rendição e da verdadeira aceitação, traz uma sensação de paz, curiosidade e descobertas por fazer.

Um tempo de encontro e abertura dedicados à cura. Não ficar me cobrando por "não fazer nada no mundo". Um programa auxiliar que não vem do medo ou cria medo, mas vem da confiança e traz com ela uma sensação de novidade, ânimo e crescimento. Possível por causa de um sentimento cada vez mais profundo de que vida e morte não são aquela enorme questão que se costuma exaltar. De alguma forma, a linha entre as duas está indefinida para mim. Eu já não me preocupo tanto em me agarrar à vida e, quando surge esse pensamento, não fico mais com medo de que signifique que perdi a vontade de viver. A velha história sobre qualidade de vida em lugar de quantidade de vida passou a significar mais para mim. Desejo fazer escolhas que provenham de entusiasmo e aventura em vez de medo.

E fico feliz em ter Ken trilhando esse caminho comigo. No fim de janeiro começaremos vida nova mudando para nossa casa em Tahoe. Um novo início em uma casa que compramos para nosso futuro juntos.

Quando voltamos de Laredo para Muir Beach, Treya começou novamente a checar com vários médicos e especialistas, só para ter certeza que tinha considerado todas as possibilidades. À medida que o número de consultas de acompanhamento crescia, surgiu uma perturbadora e, em seguida, alarmante tendência: a maioria das opiniões era de que Treya tivera de fato uma recorrência de parede de tórax, um câncer metastático. A pior combinação possível de números: grau quatro, estágio quatro.

Minha primeira reação foi de raiva, ira! Como podiam afirmar isso? E se eles estivessem certos? Como isso podia estar acontecendo comigo? Droga! Ken tenta me tranquilizar, mas não quero ser tranquilizada, quero sentir raiva. A maldita situação me deixa irada, a possibilidade em si, o fato de ter me preparado para isso antes e agora deixar minhas defesas ruírem, o fato de estarmos cercados por diferentes opiniões, desde as dos médicos, aconselhando quimioterapia, até as dos meus amigos, sugerindo todos esses tratamentos alternativos, o que me faz pensar se eles os tentariam com tal loquacidade se tivessem esse tipo maligno de câncer. Eu odeio a situação inteira, acima de tudo o não saber! Já é bastante difícil aceitar a quimioterapia quando você sabe que precisa – pior ainda quando você realmente não tem certeza, quando suspeita que existam apenas algumas células perdidas deixadas para trás durante a cirurgia, que de alguma forma escaparam da radiação. Como isso aconteceu? Qual o significado disso?

Uma vez que Treya começou a levar em consideração a nova evidência apresentada por vários oncologistas, foi um deslizar lento e aparentemente inexorável para

114

"Minha vida mudou de repente"

uma terrível conclusão. Se fosse de fato uma recorrência de parede de tórax e se não fosse tratada com a quimioterapia mais agressiva disponível, as chances de Treya ter outra (e provavelmente fatal) recorrência eram de 50% nos próximos nove meses. Não anos, meses! Não fazer quimioterapia, fazer uma aplicação moderada ou partir para a quimioterapia mais agressiva e tóxica existente: o sombrio deslizar para uma tortura ainda mais medieval. "Muito bem, senhora? Você por aqui novamente? Agora já estou perdendo a paciência; você está começando a me aborrecer, entende o quero dizer? Igor, seria muito incômodo pedir-lhe que preparasse o barril, por favor..."

O lento movimento rumo à quimioterapia. Até o Natal estava tudo decidido – o cirurgião e o radiologista não a recomendavam, a prescrição dos oncologistas podia ser descartada como equivalente a perguntar a um corretor de seguros se você precisa de um; e ainda contaríamos com a abordagem da Livingston Clinic.

E aí o retorno para San Francisco e as consultas com dois oncologistas. Ambos recomendaram quimioterapia, um CMF e o outro CMF-P [dois tratamentos quimioterápicos comuns e bastante moderados, relativamente fáceis de tolerar]. Os fatores de risco começaram a pesar mais fortemente na minha mente. No ano passado tive somente um indicador de prognóstico ruim, o fato de que o tumor era pouco diferenciado [isto é, grau quatro]. O tamanho era médio, apenas estágio dois. Os outros aspectos – estrogênio-positivo e vinte nódulos linfáticos limpos – mostravam-se bons. Muito bem.

Mas agora o equilíbrio rompeu-se radicalmente. De repente, foram adicionados aos indicadores ruins: recorrência no período de um ano, recorrência em uma área irradiada, recorrência estrogênio-negativa. E ainda a mesma histologia pouco diferenciada: grau quatro. Lentamente, bem lentamente, estou me convencendo de que seria bobagem não fazer quimioterapia, em especial porque o tratamento CMF não é tão difícil de suportar. Pequena ou nenhuma queda de cabelo, injeções duas vezes por mês, um comprimido três vezes ao dia. Eu continuaria levando uma vida normal, desde que me mantivesse longe de fontes de infecção e desse atenção a cuidados genéricos.

O desgaste entre mim e Ken está começando a aflorar. Hoje saí para um passeio; enquanto estava fora, ele conversou com minha irmã e minha mãe, colocando-as a par do que estava acontecendo. Quando cheguei em casa, explodi com ele; achei que tinha falado sobre a minha história, me senti invadida. Normalmente ele não fica bravo com minhas explosões, mas dessa vez explodiu também. Respondeu que eu estava louca se pensava que essa provação de câncer era uma história só minha. Ele também a estava vivendo e sendo profundamente afetado por ela. Eu me senti culpada, fui mesquinha, mas era quase como se não conseguisse evitar.

Preciso ser mais sensível para o fato de esse período estar sendo tão duro para Ken quanto para mim. Não assumir seu apoio e sua força como coisas naturais. Tenho agido assim e posso dizer que isso o está desgastando. Entender que ele precisa do meu apoio tanto quanto eu do dele.

O nosso desgaste continuava. Treya e eu entramos num frenesi de consultas por telefone com os melhores especialistas do país e do mundo, de Bloomenschein no Texas a Bonnadonna na Itália.

Graça e Coragem

Jesus, quando isso tudo vai acabar? Ken e eu falamos hoje por telefone com cinco médicos, inclusive com o Dr. Bloomenschein do M. D. Anderson, considerado o melhor oncologista de seio do país. Como nosso oncologista aqui de San Francisco colocou: "Ninguém no mundo consegue superar seus números", o que significa que Bloomenschein apresenta taxas de sucesso de quimioterapia mais altas que as de qualquer outra pessoa, em qualquer lugar.

Eu havia decidido começar com um procedimento CMF-P, provavelmente tomando minha primeira injeção amanhã de manhã. Até que o Dr. Bloomenschein retornou nosso telefonema e meu mundo virou de cabeça para baixo. Novamente. Ele recomendou, de maneira enfática, um tratamento com adriamicina [normalmente considerado o mais forte agente quimioterápico disponível, com terríveis efeitos colaterais], afirmando claramente que era mais eficaz que o CMF. Ele disse que não havia a menor dúvida de que minha recorrência era de parede de tórax, estágio quatro. Explicou que estudos recentes mostravam que mulheres que passaram por uma ressecção após uma recorrência de parede de tórax, que é basicamente o meu caso, e não fizeram quimioterapia, apresentaram recidiva na taxa de 50% em nove meses, 70% em três anos e 95% em cinco anos. Ele disse que havia uma probabilidade de 95% de que eu estivesse com câncer microscópico agora mesmo, mas que essa era minha "janela de oportunidade", se agisse depressa.

Muito bem, mas adriamicina? Eu passaria por tudo isso se estivesse certa de que precisava, mas perder meu cabelo, carregar uma bomba portátil para todo lugar, por quatro dias e noites a cada três semanas, por um ano, enquanto ela gotejava veneno em meu corpo, meus glóbulos brancos morriam, surgiam aftas na minha boca e existia o perigo de danos ao coração? Será que valeria a pena? E se o tratamento fosse pior que a doença?

Por outro lado, que tal uma probabilidade de 50% de recorrência letal *no espaço de nove meses*?

Desligamos o telefone, e imediatamente telefonei para Peter Richards, que ainda achava que era uma recorrência localizada e não havia necessidade de quimioterapia. "Peter, você nos faria um favor? Telefone para Bloomenschein e converse com ele. Ele nos assustou; quero ver se ele vai assustar você."

Peter falou com ele, mas era um beco sem saída. "Seus números estão certos se for uma recorrência de parede de tórax, mas continuo achando que é localizada."

Treya e eu nos encaramos inexpressivamente. "Que diabos vamos fazer?", ela finalmente perguntou.

"Não tenho a menor ideia."

"Me diga o que fazer."

"O quê?!", nós começamos a rir, porque nunca ninguém disse a Treya o que fazer.

"Não sei se consigo lhe dar uma opinião. A única forma de chegarmos a uma decisão através da instituição médica é consultarmos um número ímpar de médicos. Do contrário, esses sujeitos se dividem exatamente no meio. Tudo gira em torno do diagnóstico. É localizado ou na parede do tórax? Ninguém parece saber ou, pelo menos, concordar." Nós nos sentamos, exaustos, acabados.

"Minha vida mudou de repente"

"Tenho uma última ideia", disse. "Quer tentar?"

"É claro. Qual é?"

"Em que se baseia essa decisão? Na histologia das células do tumor, certo? No relatório da patologia, o relatório que mostra quão mal diferenciadas são as células. E com quem ainda não falamos?"

"Óbvio! Com o patologista, Dr. Lagios."

"Quer que eu telefone para ele ou você telefona?"

Treya pensou por um momento. "Os médicos dão mais atenção aos homens. Telefone você."

Peguei o telefone e liguei para o departamento de patologia do Children's. Mike Lagios é, pelo que dizem, um brilhante patologista com reputação internacional como líder inovador no campo da histologia de câncer. Foi ele quem examinou o tecido do corpo de Treya no microscópio e foram seus relatórios que serviram de base para as opiniões dos vários médicos. Estava na hora de ir à fonte.

"Dr. Lagios, meu nome é Ken Wilber. Sou o marido de Terry Killam Wilber. Entendo que isso não é muito comum, mas Terry e eu temos de tomar algumas decisões extremamente difíceis e eu pensei se o senhor poderia conversar comigo por alguns minutos?"

"De fato, não é comum, como o senhor bem disse. Normalmente não conversamos com os pacientes; estou certo de que me entende."

"Dr. Lagios, nossos médicos — e até agora consultamos dez deles — estão divididos precisamente no meio sobre se a recorrência da Terry foi localizada ou metastática. Tudo que desejo saber do senhor é quão agressivas lhe parecem as células? Por favor."

Silêncio no outro lado da linha. "Entendo, sr. Wilber. Eu não desejo alarmá-lo, mas já que perguntou, vou lhe falar honestamente. Em minha carreira como patologista, jamais vi uma célula de câncer tão maligna. Não estou exagerando ou querendo ser enfático. Tento ser preciso. Pessoalmente, nunca vi uma célula tão agressiva."

Olho diretamente para Treya enquanto Lagios diz isso. Eu não pisco. Meu rosto mantém-se completamente inexpressivo. Não sinto nenhuma emoção, não sinto nada. Eu estou congelado.

"Sr. Wilber?"

"Diga-me, Dr. Lagios, se fosse sua esposa, o senhor recomendaria que ela fizesse quimioterapia?"

"Sinto lhe dizer que recomendaria o procedimento quimioterápico mais agressivo que pudesse ser tolerado."

"E os prognósticos?"

Graça e Coragem

Houve uma pausa longa. Embora pudesse ter falado sobre estatísticas por uma hora, ele respondeu simplesmente: "Se ela fosse, como o senhor diz, minha esposa, eu gostaria que alguém me dissesse isto: embora aconteçam milagres, os prognósticos não são muito bons".

"Obrigado, Dr. Lagios."

Eu desliguei o telefone.

8. Quem sou eu?

No avião para Houston, terça-feira de manhã. Há 50% de chance de que a adriamicina danifique permanentemente meus ovários, fazendo com que entre na menopausa. Estou tão aborrecida com a possibilidade de talvez não poder ter um filho – não tanto "por que eu?", mas "por que agora?", por que isso não aconteceu daqui a dez anos, aos 46? Ken e eu teríamos dez anos de casamento, estaríamos com um filho e seria tão mais fácil de lidar. Por que agora, por que tão jovem? Parece tão injusto, sinto uma tremenda raiva – até vontade de cometer suicídio para ofender a vida, mostrar que ela não pode me tratar assim. Dane-se tudo, simplesmente desaparecer.

É claro que depois penso nas pessoas realmente jovens que têm leucemia ou mal de Hodgkin, que sequer tiveram a chance de viver tanto quanto eu, de viajar, aprender, explorar, dar, encontrar seu companheiro, e aí me acalmo. Tudo parece normal então – de alguma forma, por alguma razão, a vida é assim nesses tempos. Você sempre pode encontrar outros que estão em condições piores que as suas, e isso me torna mais consciente do lado positivo da minha vida e me deixa particularmente desejosa de ajudar os menos afortunados.

No sábado foi difícil. Uma vez que decidi seguir a recomendação de Bloomenschein, chegamos à conclusão de que a melhor forma de fazer a quimioterapia será implantar um cateter Port-a-Cath no meu tórax e ligá-lo a uma bomba portátil Travenol, que carregarei comigo por quatro dias, todo mês, por até um ano.

Quanto à cirurgia [que aconteceu no Children's antes de viajarmos para Houston], me senti um pouco insegura e pedi para Ken subir comigo à sala de preparação. Ele esperou até me prepararem, me deu um beijo e saiu. Quando me encontrei com o médico, deitada de costas, embrulhada nos lençóis, olhando para o teto, em um corredor frio, ele me pareceu tão bondoso, lembrava um urso, e sua bondade e compaixão me fizeram chorar. Até agora ainda choro quando me lembro daquele momento. Ele me explicou o procedimento, as lágrimas brotando dos meus olhos. Elas escorriam porque de alguma maneira esse passo tornava a decisão mais concreta, mais irrevogável, a decisão de me sujeitar à quimioterapia, e a tudo que significasse, especialmente a possibilidade de não ter um filho. É claro que eu não poderia lhe dizer isso naquele momento ou começaria realmente a chorar. A enfermeira auxiliar foi a mesma de quando o Dr. Richards removeu o nódulo um ano atrás, e também o ajudou quando ele retirou meu seio direito, enquanto o Dr. Harvey trabalhava no esquerdo. Eu gostava dela. Conversamos sobre vários assuntos e pude sentir minha tristeza diminuir com a normalidade da nossa conversa, grotescamente normal naquele ambiente da sala de cirurgia nº 3, luzes brilhantes no teto, uma estranha máquina de raios X à minha direita, que mais tarde verificaria a posição do Port-a-Cath, soro no meu braço esquerdo, uma placa de aterramento na minha coxa esquerda, eletrodos no meu peito e nas minhas costas transformando meu batimento cardíaco em ruídos audíveis para todo mundo (uma total falta de privacidade, já que os sentimentos são transformados em bips públicos). Isso era assustador, não por causa da cirurgia, mas porque seria um passo irreversível. O médico me assegurou que o cateter poderia ser retirado facilmente a qualquer hora, mas acho que ele entendeu o que eu quis dizer.

Enquanto o Demerol fazia um bem-vindo efeito, pensei sobre o período do ano passado em que estive grávida. Tinha certeza de que não poderia engravidar, o que sempre me preocupou muito. Veio-me um pensamento sonolento do Demerol: de alguma forma, parece que uma alma lá em cima decidiu ter uma reencarnação muito

Graça e Coragem

rápida só para me assegurar que eu tinha condições de ficar grávida. "Eu amo você, quem quer que seja." Em seguida, comecei a me preocupar com um pensamento que costumava ter quando jovem; na verdade, mais um sentimento: de que eu nunca teria um filho e não viveria além dos cinquenta anos. No contexto atual, isso me assustava, em especial porque outra premonição que tive, a de que eu não me casaria antes dos trinta, realizou-se. Mas agora, passados alguns dias, sinto uma crescente vontade de virar tudo pelo avesso e fazer disso a minha meta – ter um filho de Ken e viver mais de cinquenta anos.

O M. D. Anderson é um hospital extraordinário e impressionante, particularmente se você gosta da medicina do homem branco. Andando pelos seus imensos e confusos corredores, eu pensava: é melhor me apressar ou vamos perder a viagem. Quando Treya e eu finalmente chegamos à unidade de quimioterapia, descobri um estranho fenômeno que me acompanharia pelos próximos seis meses do seu tratamento: em razão da minha cabeça raspada, todo mundo achava que eu era o paciente e que estava careca por causa da químio. E isso tinha um curioso, e suponho útil, efeito nos verdadeiros pacientes: eles me viam chegar na sala com uma aparência boa, saudável, enérgica, às vezes sorridente, e quase podia antever muitos deles pensando: "Puxa, talvez não seja tão ruim assim".

Sentada na sala de espera. Há dezenas de mulheres aqui, procedentes do mundo inteiro, para se consultar com o famoso Bloomenschein. Uma senhora da Arábia Saudita, com o cabelo completamente branco, uma menininha com apenas uma perna, uma mulher de óculos escuros esperando nervosamente pelo resultado do exame e tentando adivinhar que cateter usará, uma jovem sem ambos os seios.

Ken e eu esperamos por três horas antes de sermos finalmente levados para uma sala com outras dez pessoas, todas com agulha na veia. Sou a única com acompanhante e penso como deve ser horrível passar por isso sozinha. A enfermeira aplicará três soluções em mim, uma de cada vez. Primeiro o FAC [adriamicina mais dois outros agentes quimioterápicos]; em seguida Reglan, um forte agente antienjoo; e depois uma grande dose de Benadryl para neutralizar os efeitos ruins do Reglan. A enfermeira explica calmamente que o Reglan, às vezes, causa violentos ataques de ansiedade e o Benadryl os bloqueia. Nunca tive um ataque de ansiedade realmente sério, portanto assumo que tudo vai correr bem.

O FAC vai bem; em seguida o Reglan. Talvez dois minutos após o início da sua aplicação, sem uma razão aparente, começo a pensar como seria bom suicidar-me. Ken vem me observando atentamente pelos últimos minutos e aperta minha mão. Eu lhe digo o quanto o suicídio viria a calhar. Ele sussurra em meu ouvido: "Terry, meu bem, o Reglan a está afetando fortemente. Pela aparência do seu rosto, acho que você está tendo uma violenta reação histamínica. Aguente firme até o Benadryl. Se não conseguir, me avise que eu pediria a eles para aplicá-lo já". Após alguns minutos, fui acometida de um intenso ataque de pânico, a primeira vez na minha vida. É, sem dúvida, a pior sensação de que me recordo. Eu quero sair deste corpo! Ken consegue que iniciem a aplicação do Benadryl; depois de uns minutos começo a me acalmar, mas só um pouco.

Quem sou eu?

Treya e eu nos hospedamos em um hotel em frente ao Anderson, providenciado por Rad e Sue graciosamente. Sua reação histamínica extremamente forte ao Reglan só foi abrandada parcialmente com grandes doses do anti-histamínico Benadryl; assim, o pânico e os pensamentos suicidas continuaram pela longa noite. E a adriamicina nem sequer começara a fazer efeito.

"Por favor, leia para mim o exercício da Testemunha de *No Boundary*"[1], ela me pediu por volta das seis da tarde. Esse foi um livro que escrevi vários anos antes; o exercício da Testemunha é um resumo de alguns dos caminhos que os maiores místicos do mundo usaram para ir além do corpo e da mente e, finalmente, descobrir a Testemunha. Eu adaptei essa versão particular de Roberto Assagioli, fundador da Psicossíntese, mas ela é uma técnica-padrão de autoinvestigação – a pergunta fundamental "Quem sou eu?" – talvez tornada famosa por Sri Ramana Maharshi.

"Meu amor, à medida que eu for lendo, tente vivenciar o significado de cada frase o mais claramente que puder."

Eu tenho um corpo, mas eu não sou o meu corpo. Eu posso ver e sentir meu corpo, e o que pode ser visto e sentido não é o verdadeiro Vidente. Meu corpo pode estar cansado ou excitado, doente ou saudável, pesado ou leve, ansioso ou tranquilo, mas isso não tem nada a ver com meu Eu interior, a Testemunha. *Eu tenho* um corpo, mas eu não sou o meu corpo.

Eu tenho desejos, mas eu não sou os meus desejos. Eu posso conhecer os meus desejos, e o que pode ser conhecido não é o verdadeiro Conhecedor. Os desejos vêm e vão, flutuando pela minha consciência, mas eles não afetam meu Eu interior, a Testemunha. *Eu tenho* desejos, mas eu não sou os meus desejos.

Eu tenho emoções, mas eu não sou as minhas emoções. Eu posso sentir e perceber minhas emoções, e o que pode ser sentido e percebido não é o verdadeiro Percebedor. As emoções passam por mim, mas elas não afetam meu Eu interior, a Testemunha. *Eu tenho* emoções, mas eu não sou as minhas emoções.

Eu tenho pensamentos, mas eu não sou os meus pensamentos. Eu posso ver e conhecer meus pensamentos, e o que pode ser conhecido não é o verdadeiro Conhecedor. Os pensamentos vêm e vão, mas eles não afetam meu Eu interior, a Testemunha. Eu *tenho* pensamentos, mas eu não sou os meus pensamentos. Portanto, afirme o mais concretamente que puder: eu sou o que permanece, um puro centro de consciência, uma Testemunha impassível de todos esses pensamentos, emoções, sentimentos e sensações."

---

[1] Publicado no Brasil pela Editora Cultrix como *A Consciência sem Fronteiras*. (N.T.)

Graça e Coragem

"Isso realmente ajuda, mas não dura muito. É terrível. Eu me sinto como se estivesse saindo fora da minha pele. Não me sinto confortável nem sentada nem de pé. Fico pensando como o suicídio faz sentido." "Nietzsche costumava dizer que a única forma de pegar no sono à noite era prometer se matar pela manhã." Nós dois rimos dessa verdade tola e dolorosa.

"Leia mais. Eu não sei o que fazer."

"Está bem." E assim, sentado em um sofá cafona de um quarto de hotel em frente ao Maior Centro de Câncer do Homem Branco do Maldito Mundo Inteiro, eu leio para a adorada Treya até tarde da noite. Os venenos em seu corpo começaram a funcionar como o equivalente médico de um bombardeio de saturação. Nunca me senti tão impotente em minha vida. Tudo que queria era que seu sofrimento cessasse; tudo que tinha a oferecer-lhe eram palavrinhas anêmicas. E tudo que continuava pensando era que a adriamicina ainda não fizera efeito.

"Certo, eis aqui mais alguma coisa de *No Boundary*:

"Assim, à medida que começamos a entrar em contato com a Testemunha transpessoal, começamos a nos liberar de nossos problemas, preocupações e interesses meramente pessoais. De fato, nem mesmo tentamos resolver nossos problemas ou angústias. Nossa única preocupação é *observar* nossas angústias particulares, para, simples e inocentemente, ficar cientes delas, sem julgá-las, evitá-las, dramatizá-las, trabalhá-las ou resistir-lhes. Quando surge um sentimento ou sensação, nós o testemunhamos. Se surgir aversão a esse sentimento, nós a testemunhamos. Se surgir aversão à aversão, então nós a testemunhamos. Não é para fazer nada, mas se o fizermos, nós testemunhamos o feito. Permaneça como uma 'consciência sem preferências' no meio de todas as angústias. Isso só é possível quando entendemos que nenhuma delas constitui nosso verdadeiro Eu, a Testemunha. Enquanto nos apegarmos a elas, haverá um esforço, ainda que sutil, para manipulá-las. Qualquer movimento que fizermos para resolver uma angústia simplesmente reforça a ilusão de que *somos* aquela angústia em particular. Portanto, em última instância, tentar escapar de uma angústia simplesmente perpetua essa angústia.

"Em vez de combater uma angústia, então, nós simplesmente assumimos a simplicidade de uma imparcialidade desinteressada em relação a ela. Os místicos e sábios gostam de comparar esse estado de testemunha a um espelho. Nós simplesmente refletimos quaisquer sensações ou pensamentos que surjam sem nos apegar a eles ou rejeitá-los, da mesma maneira que um espelho reflete, perfeita e imparcialmente, qualquer coisa que passe pela sua frente. Chuang Tzu afirma: 'O homem perfeito usa sua mente como um espelho. Ele não agarra nada; não recusa nada; recebe, mas não guarda'.

"Isso está ajudando você de alguma maneira?"

"Sim, um pouco. Conheço esse material, pois pratico meditação há anos, mas é tão difícil aplicá-lo nessas circunstâncias!"

Quem sou eu?

"Oh, meu bem. Você está tendo uma reação realmente grave – é como se alguém tivesse despejado duzentos quilos de adrenalina no seu sistema; você está ligada até os ossos. Estou pasmo de como está suportando isso tão bem. É verdade."

"Leia um pouco mais." Eu não conseguia abraçar Treya porque ela não ficava sentada quieta por mais do que uns poucos minutos.

"À medida que você realmente percebe que não é, por exemplo, suas angústias, então elas não mais a ameaçam. Ainda que se façam presentes, não a subjugam mais porque você deixa de estar exclusivamente apegada a elas. Você não está mais lutando contra elas, resistindo-lhes ou fugindo delas. Na forma mais radical, a ansiedade é completamente aceita e lhe é permitido movimentar-se como quiser. Você não tem nada a perder, nada a ganhar, com sua presença ou ausência, porque está simplesmente observando-a passar, da mesma maneira que observa as nuvens passarem pelo céu.

"Desse modo, quaisquer emoções, sensações, pensamentos, memórias ou experiências que a perturbem estão simplesmente unidos ao que você se identificou exclusivamente, identificou com a Testemunha, e a solução definitiva das perturbações está simplesmente em *desidentificar-se* delas. Você permite que se afastem gradualmente ao perceber que elas não são você – já que consegue vê-las, elas não podem ser o verdadeiro Vidente. Desde que não são seu verdadeiro Eu, não existe nenhuma razão para identificar-se com elas, apegar-se a elas, ou permitir que seu eu fique ligado a elas. Testemunhar esses estados é transcendê-los. Eles não mais o pegam pelas costas, pois você os encara.

"Se persistir nesse exercício, a compreensão contida nele vai aumentando e você começa a notar mudanças fundamentais no seu senso do 'eu'. Por exemplo, você pode começar a intuir uma profunda sensação interior de liberdade, leveza, liberação. Essa fonte, esse 'olho do ciclone', proporcionará uma tranquilidade lúcida até mesmo entre os ventos furiosos da ansiedade e sofrimento que estejam soprando ao redor do seu centro. A descoberta desse centro de testemunho é mais ou menos como mergulhar nas ondas calamitosas na superfície de um oceano tempestuoso em direção às profundezas calmas e seguras do fundo do mar. No princípio, você não consegue mergulhar mais que alguns metros abaixo das ondas agitadas de emoção, mas, com persistência, você aprende a mergulhar braças nas profundezas tranquilas da sua alma e, deitando-se estendido no fundo, olhar alerta, mas de forma desapegada, para o tumulto na superfície.

"Treya?"

"Estou bem, estou me sentindo muito melhor. Realmente, isso ajuda. Me faz lembrar do meu treinamento, do Goenka e do retiro de dez dias que fiz com ele. Gostaria de estar lá agora! Há um capítulo em *A Consciência sem Fronteiras* sobre a imortalidade da Testemunha."

Graça e Coragem

"Sim, meu bem." De repente percebi que me sentia completamente exausto, seguindo-se o pensamento perturbador de que a provação estava só começando. Continuei lendo, tentando ouvir minhas próprias palavras, as palavras dos buscadores de sabedoria ao longo das eras, palavras que escrevi e tentei explicar em uma voz moderna, palavras que agora precisava escutar tanto quanto Treya.

"Talvez possamos abordar esse *insight* fundamental dos místicos – de que existe apenas um Eu ou Testemunha comum a todos nós – do seguinte modo. Talvez você, como a maioria das pessoas, sinta que é basicamente a mesma que foi ontem. Você provavelmente também acha que é *fundamentalmente* a mesma de um ano atrás. Na verdade, você ainda parece ser a mesma desde quando tem lembrança. Coloquemos de outra forma: você nunca se lembra de uma época em que não era você. Em outras palavras, *algo* em você parece permanecer intocado pela passagem do tempo. Mas seguramente seu corpo não é o mesmo que era há um ano. Seguramente também suas sensações são diferentes hoje que no passado. Seguramente também suas memórias de hoje são, em geral, diferentes das de uma década atrás. Sua mente, seu corpo, seus sentimentos – todos mudaram com o tempo. Mas algo não mudou, e você sabe que não mudou. Algo parece o mesmo. O que é isso?

"Há um ano, nessa hora, você tinha preocupações e problemas basicamente diferentes. Suas experiências imediatas eram diferentes, e seus pensamentos também. Tudo isso desapareceu, mas algo em você permanece. Dê um passo adiante. E se você tivesse se mudado para um país completamente diferente, com novos amigos, novo ambiente, novas experiências, novos pensamentos, você ainda teria essa sensação interior básica de Identidade. Ainda mais, e se você agora se esquecesse dos primeiros dez, quinze ou vinte anos da sua vida? Você ainda sentiria essa mesma Identidade interna, não sentiria? Se agora mesmo você esquecesse temporariamente de tudo que aconteceu no seu passado e só sentisse essa pura Identidade interior – *alguma coisa* teria mudado de fato?

"Em resumo, existe algo dentro de você – essa profunda sensação interior de Identidade – que não é memória, pensamentos, mente, corpo, experiência, ambiente, sentimentos, conflitos, sensações ou humores. Pois tudo isso mudou e pôde mudar sem afetar substancialmente essa Identidade interna. É isso que permanece intacto pelo passar do tempo – e isso é a Testemunha ou Eu transpessoal.

"Então, é tão difícil perceber que todo ser consciente possui essa mesma Identidade interior? E que, portanto, o número global de Eus transcendentais é apenas um? Nós já presumimos que se você tivesse um corpo diferente, ainda assim se sentiria basicamente com a mesma Identidade – mas isso é exatamente o que todo mundo sente agora. Não é mais fácil dizer simplesmente que existe apenas uma

Quem sou eu?

Identidade ou Eu único que assume visões diferentes, memórias diferentes, sentimentos e sensações diferentes?

"E não somente agora, mas a qualquer momento do passado e do futuro. Já que você indubitavelmente sente (embora sua memória, mente e corpo sejam diferentes) que é a mesma pessoa de vinte anos atrás (não o mesmo ego ou corpo, mas a mesma Identidade), você também não poderia ser a mesma Identidade de duzentos anos atrás? Se a Identidade não é dependente de memórias, que diferença faz? Nas palavras do físico Schroedinger: 'Não é possível que essa unidade de conhecimento, sentimento e arbítrio que você chama de eu deva ter surgido a partir do nada, em um dado momento, não muito tempo atrás; ao contrário, o conhecimento, sentimento e arbítrio são essencialmente eternos, inalteráveis e numericamente um em todos os homens, não, em todos os seres scientes. As condições para a sua existência são quase tão antigas quanto as das pedras. Por milhares de anos, os homens lutaram, sofreram e procriaram e as mulheres pariram sentindo dor. Há cem anos, talvez, outro homem sentou nesse lugar; como você, olhou com temor e anseio no coração para a luz mortiça das geleiras. Como você, ele foi gerado por um homem e nasceu de uma mulher. Ele sofreu e sentiu alegrias passageiras assim como você. Ele era outra pessoa? Não seria você mesmo?'.

"Ah, nós dizemos, não poderia ser eu, porque não consigo me lembrar do que aconteceu então. Mas isso é cometer o terrível engano de confundir a Identidade com lembranças, e acabamos de ver que a Identidade não é a memória, mas a testemunha da memória. Além do mais, você provavelmente não consegue se lembrar do que lhe aconteceu no último mês, mas mesmo assim você é a Identidade. Portanto, e daí se não consegue se lembrar do que aconteceu no último século? Você ainda é essa Identidade transcendente, e essa Identidade é somente uma em todo o Kosmos – é o mesmo Eu que desperta em cada recém-nascido, o mesmo Eu que proveio de nossos antepassados e dará origem aos nossos descendentes – um e o mesmo Eu. Nós achamos que eles são diferentes só porque cometemos o erro de identificar a Identidade intrínseca e transpessoal com a memória, mente e corpo individuais e aparentes, que são de fato diferentes.

"Mas quanto a esse Eu intrínseco... na verdade, o que é isso? Ele não nasceu com seu corpo, nem perecerá com sua morte. Ele não reconhece o tempo, nem supre suas angústias. Ele não tem cor, forma, aparência, tamanho, e ainda assim contempla a majestade inteira ante seus próprios olhos. Vê o sol, nuvens, estrelas e a lua, mas não pode ser visto. Ouve os pássaros, os grilos, o cantar da cachoeira, mas não pode ser ouvido. Pega a folha caída, a pedra dura, o galho nodoso, mas não pode ser pego.

"Você não precisa tentar ver seu eu transcendente, o que, aliás, não é possível. O olho pode olhar para si mesmo? Você só precisa começar, com persistência, a

Graça e Coragem

abandonar suas falsas identificações com memórias, mente, corpo, emoções e pensamentos. E essa renúncia não requer nenhum esforço sobre-humano ou compreensão teórica. Tudo que se necessita, basicamente, é apenas um entendimento: *o que quer que você possa ver não pode ser o Vidente*. Tudo o que você conhece sobre si mesmo não é o seu Eu, o Conhecedor, a Identidade interior que não pode ser vista, definida, nem transformada em um *objeto* de qualquer tipo. À medida que contata seu verdadeiro Eu, você não vê nada, simplesmente sente uma expansão interior de liberdade, de liberação, de abertura, a qual é uma ausência de limites, ausência de restrições, ausência de objetos. Os budistas a chamam "vacuidade". O verdadeiro Eu não é uma coisa, mas uma abertura ou vazio transparente, livre de identificação com objetos ou eventos particulares. A dependência nada mais é que a identificação equivocada do Vidente com todas as coisas que podem ser vistas. E a liberação começa com a simples reversão desse engano.

"Essa é uma prática simples, mas árdua, embora se afirme que seus resultados constituem nada menos que a libertação nesta vida, pois o Eu transcendente é reconhecido em toda parte como um raio do Divino. Em princípio, seu Eu transcendente é da mesma natureza de Deus (mesmo que você queira concebê-lo). Em última instância, ele é final, definitiva e profundamente, somente Deus olhando através dos seus olhos, escutando com seus ouvidos e falando com sua língua. Que outra explicação haveria para a afirmação de São Clemente de que aquele que se conhece, conhece Deus?

"Assim, essa é a mensagem dos santos, sábios e místicos, não importa se ameríndios, taoístas, hindus, islâmicos, budistas ou cristãos: no fundo da sua alma está a alma da própria humanidade, mas uma alma divina, transcendente, que leva da escravidão à libertação, do sonho ao despertar, do tempo à eternidade, da morte à imortalidade."

"Isso é lindo, meu amor. Faz um sentido tão urgente para mim agora, você sabe", ela disse. "Não são mais simples palavras para mim."

"Eu sei, meu bem, eu sei."

Continuei a ler para ela textos de Sri Ramana Maharshi, de Sherlock Holmes, os quadrinhos de domingo. Treya andava e parava, com as mãos na cintura, como se tentasse evitar sair do corpo.

"Terry?!"

Ela correu abruptamente para o banheiro. Acabou o efeito do Reglan, o agente antienjoo. Treya vomitou a cada trinta minutos, pelas nove horas seguintes. Ela queria ficar sozinha; eu desmoronei no sofá.

Andando com minha mão na parede ainda úmida, tropeço em nosso baú de miscelâneas e acho uma lanterna de bolso. Sigo pelo corredor esquerdo, guiado por sua luz bem fraca, e entro no primeiro quarto, usado para hóspedes.

Quem sou eu?

"Treya?"

Ao varrer o quarto com o tênue feixe de luz, surpreendo-me com uma visão muito esquisita: em vez da cama, mesa e cadeira que esperava encontrar, o quarto está cheio de estranhas formações rochosas, estalactites e estalagmites, enormes formações de cristal brilhante, variadas formas minerais geométricas, algumas flutuando no alto, todas estranhamente belas e muito atraentes. Uma pequena lagoa de águas claras à esquerda; o único som no quarto é um constante "plop, plop, plop" da água que goteja nela de uma grande estalactite. Eu me sento, paralisado por minutos sem fim, hipnotizado pela beleza enigmática.

À medida que contemplo com mais atenção, percebo, extasiado, que a paisagem estende-se de fato por quilômetros, talvez centenas de quilômetros, em todas as direções. Na vasta distância consigo ver uma cordilheira, depois outra, então várias, o sol brilhando nos picos cobertos de neve. Quanto mais fixo o olhar, mais a vista se estende.

Penso: esta não é a minha casa.

Em algum momento da primeira noite da minha quimioterapia, com todo o enjoo, vômito e ansiedade, atinjo um ponto de mutação – não me preocupo mais, a químio quase parecendo coisa do passado, embora só esteja começando. É parte do meu caminho, parte da minha jornada – totalmente aceita. Não luto mais contra ela. Simplesmente observo o que vai e vem. Talvez a químio seja a forma de transcender a inquietação – quase como matar o dragão que me assombrou até agora. Talvez tenha sido a leitura de Ken, talvez minha meditação, talvez apenas sorte, mas me sinto mais preparada para encarar o que der e vier, completamente pronta para isso. Também sinto que algo novo e importante para mim está começando. Não sei o que é, mas surge com muita intensidade. Talvez a culminância da minha vida espiritual, talvez o início.

Cortei o cabelo antecipando a queda. Fiz compras com mamãe e Ken em busca de um turbante e de uma roupa que, como Ken colocou, "não conflite com a calvície". Mamãe e papai se foram – eu chorei, triste por vê-los partir, muito emocionada com seu carinho por mim.

De volta a Muir Beach, Treya continuou a sentir uma forte sensação de ter atingido um ponto de mutação, de aceitar a quimioterapia como parte do seu caminho, de estar disposta a "fazer essa viagem".

A visita à Suzannah – gostoso passar o dia com velhos amigos de Findhorn – pareceu de alguma forma confirmar que os sentimentos de medo do câncer, os medos (do ridículo, da dúvida, do julgamento, o que seja) de trilhar um caminho espiritual mais aberto, no estilo Findhorn, ficaram para trás – eu me sinto novamente no rumo, sustentada por uma sensação de leveza e vigor. Não estou realmente preocupada com a queda de cabelo. Sinto-me tranquila com isso e sigo em frente.

Também estou mais segura da minha missão, meu *daemon* – apoiar Ken e trabalhar com câncer. Encontrei Ange [Stephens] na casa de Suzannah – parece que nós duas desejamos trabalhar com pacientes de câncer. E sinto uma nova infusão de energia e entusiasmo, após essa mais recente mudança, passagem ou promoção!

Graça e Coragem

No final, Treya seria submetida a cinco sessões de quimioterapia. Levamos o protocolo elaborado por Bloomenschein para San Francisco, e lá ele foi administrado por nosso oncologista particular. O protocolo era bastante simples: no primeiro dia do procedimento, Treya e eu iríamos ao consultório do médico, ao hospital, ou ao local combinado, para fazer o tratamento. As substâncias químicas "F" e "C" do FAC seriam administradas via intravenosa (o que levava cerca de uma hora), juntamente com o remédio antienjoo que estivéssemos usando no momento. Em seguida, ligaríamos a bomba portátil Travenol no Port-a-Cath da Treya (um procedimento que aprendi no Anderson). A bomba Travenol é um dispositivo engenhoso – basicamente um balão estupidamente caro – que libera a adriamicina por um período de 24 horas, desse modo estendendo e diluindo seus efeitos colaterais. Usávamos três dessas bombas em cada sessão de quimioterapia. Voltávamos para casa, com nossas bombas cheias de um veneno laranja, e, a cada 24 horas, pelos próximos dois dias, eu desligava a bomba vazia e ligava uma nova. O tratamento durava três dias, e então Treya e eu estávamos liberados até o início da próxima sessão, que era determinado pelo acompanhamento da contagem dos seus glóbulos brancos.

Além da cirurgia, as principais formas de ataque ao câncer da medicina ocidental – quimioterapia e radioterapia – baseiam-se em um princípio simples: as células de câncer apresentam um crescimento extremamente veloz. Elas se dividem muito mais rapidamente do que quaisquer outras células normais do corpo. Assim, se você administrar um agente que mata as células *quando elas se dividem*, então você destruirá algumas células normais, mas muito mais células cancerosas. É isso que a radiação e a quimioterapia fazem. É claro que células normais do corpo que crescem mais rapidamente que outras – como as do cabelo, da parede do estômago, do tecido da boca – também serão destruídas mais rapidamente, daí a consequente queda de cabelo, enjoo estomacal frequente, e assim por diante. Mas a ideia geral é simples: já que as células cancerosas crescem duas vezes mais rápido que as células normais, então, ao final de uma sessão de quimioterapia bem-sucedida, o tumor estará totalmente morto e o paciente só meio morto.

Cerca de dez dias após a aplicação por três dias da adriamicina, a contagem de glóbulos brancos (CGB) de Treya estaria muito baixa. Os glóbulos brancos eram algumas das células normais do corpo que seriam destruídas. Uma vez que eles também são um componente importante do sistema imunológico do corpo, então, pelas próximas duas semanas mais ou menos, Treya teria de ser extremamente cuidadosa para evitar qualquer tipo de infecção – ficar longe de aglomerações, fazer uma cuidadosa higiene bucal etc. Após três ou quatro semanas do dia um, sua CGB voltaria ao normal – o corpo teria se rejuvenescido – e aí ela começaria o próximo *round*.

Quem sou eu?

A adriamicina é, sem dúvida, um dos agentes quimioterápicos mais tóxicos disponíveis, notório pelos seus terríveis efeitos colaterais. Gostaria de enfatizar que a maioria das formas de quimioterapia é mais fácil de tolerar do que a adriamicina. Mesmo assim, até o tratamento com adriamicina, se bem administrado, pode gerar um desconforto apenas moderado. Treya e eu fomos pegos totalmente de surpresa em sua primeira sessão pela inesperada reação alérgica ao Reglan. Nós ajustamos sua medicação antienjoo, primeiro tentando o Compazine, que não deu muito certo, e depois o THC, ingrediente ativo da maconha, que funcionou perfeitamente. E a verdade é que, depois daquela primeira noite, durante todas as sessões subsequentes, Treya só vomitou uma vez.

Treya desenvolveu uma rotina pessoal padrão. No primeiro dia de cada sessão, uma hora antes da primeira aplicação, ela tomava THC e às vezes uma dose muito pequena de Valium (1-2 mg). Antes do início do tratamento ela normalmente meditava, com *vipassana* ou autoindagação ("Quem sou eu?"), e durante a sessão fazia visualização, imaginando a quimioterapia como agressivos mocinhos atacando os bandidos (ela normalmente visualizava a químio como agentes tipo Pac-Man engolindo os vilões). Ao chegar em casa, ia para a cama, tomava um Atavan (um forte tranquilizante/sedativo), escutava música, lia, e geralmente apagava. No segundo e terceiro dias, ela tomava THC durante o dia, e um Atavan à noite. No quarto dia, ela se sentia relativamente bem e, lentamente, retomávamos nossa rotina "normal". Entre cada tratamento, nós, entre outras coisas, fomos uma vez a Los Angeles e outra ao Havaí para uma lua de mel atrasada.

Assim, fisicamente, no frigir dos ovos, Treya suportou as sessões de quimioterapia bastante bem. O que nós negligenciamos, o que nos atacou por trás, o que quase nos destruiu, foi a devastação emocional, psicológica e espiritual que o sofrimento estava nos causando. À medida que os meses passavam e a provação se intensificava, elementos da sombra de Treya emergiram e se avivaram, e eu entrei em uma depressão profunda. Mas, por enquanto, nós olhamos para a frente, nossos espíritos relativamente elevados, o futuro aparentemente brilhante.

"Você ainda vai me amar quando eu ficar careca?" "Não, claro que não."

"Olhe, está começando a faltar cabelo aqui e aqui. Vamos cortá-lo. Partindo do princípio de que você não vai me mandar embora, eu relaxo."

Peguei uma tesoura imensa e picotei o cabelo de Treya até conseguirmos um perfeito corte estilo *punk*. Parecia que ela tinha sido atropelada por um cortador de grama.

Ao tomar banho de chuveiro, fiquei com um monte de cabelo na minha mão. Depois outro. Não me importei mesmo. Eu e Ken nos colocamos em frente ao espelho, olhando um para o outro, ambos completamente carecas. Que espetáculo! "Meu Deus," Ken comentou, "nós parecemos a seção de melões de um supermercado. Prometa-me uma coisa: nunca iremos jogar boliche."

Graça e Coragem

Olhe para o meu corpo! Não tenho um fio de cabelo na cabeça, nenhum pelo pubiano, nem o seio direito. Pareço uma galinha depenada! Eu tenho um corpo, mas não sou o meu corpo! Agradeço a Deus pelas pequenas graças.

Mas gosto de buscar modelos positivos de mulheres carecas. Da mesma forma que as amazonas, que não tinham um seio; elas costumavam removê-lo para poderem usar o arco e flecha com mais eficiência. Modelos negras com a cabeça raspada, a mulher calva de *Jornada nas Estrelas*, a outra de *Contatos Imediatos do Terceiro Grau*, as sacerdotisas egípcias.

Todo mundo parece amar minha careca, eles dizem que está muito bonita, embora, claro, uma parte de mim se pergunte se não estão falando isso para que me sinta melhor. Ken diz que estou realmente linda e, pelo jeito dele, sei que está falando a verdade, o que me faz sentir maravilhosa! Um pequeno grupo de amigos continua testando Ken; querem saber (embora não perguntem) se ele ainda me acha atraente. Ele diz que se sente insultado com isso. "Eles estão assustados. Se simplesmente me perguntassem, eu lhes responderia que acho você a mulher mais sensual que já tive. Se não achasse, eu diria." Assim, ele normalmente evita o assunto fazendo piadas irônicas sobre a situação, e às vezes elas são tão infames que chegam a ser engraçadas. Na noite passada, com Claire e George, ele o pressionou um pouco e Ken respondeu: "Tenho de trocar esse por um novo modelo. Primeiro o para-choque direito caiu, agora a tapeçaria se foi. O valor de revenda desse modelo vai ser zero." Depois ele explicou: "Mas é assim que eles pensam, sabia? Que se algumas partes do corpo se foram, a alma está de certa forma comprometida. É claro que sinto falta do seu corpo como era, mas este não é o ponto. O ponto é, se eu a amo, eu amarei seu corpo do jeito que estiver. Se não a amo, não amarei seu corpo do jeito que estiver. Eles veem a coisa exatamente ao contrário".

Vamos convidar Linda [Conger, a melhor amiga de Treya, uma renomada fotógrafa] para vir a Tahoe e tirar umas fotos de nós dois juntos, carecas. Ken teve a ideia maluca de usar minha prótese do seio, de forma que Linda possa nos fotografar nus da cintura para cima. Os dois carecas e cada um com um seio. "Algo que lembre androginia!", ele disse.

Não estou segura se terei coragem de sair por aí sem peruca ou turbante. Enquanto isso, todo mundo acha que Ken é o paciente. Voltamos para casa com essa impressão da última vez que fomos ao consultório médico. Ken sempre vai comigo e um senhor muito simpático estaciona nosso carro. Nós gostamos muito dele. Dessa vez, Ken se atrasou e foi direto para o consultório. O homem dirigiu-se a ele com uma expressão realmente preocupada no rosto e disse: "Oh, pobrezinho. Teve de vir sozinho dessa vez?". Ken não soube o que dizer; seria muito difícil explicar; assim, respondeu: "Pois é, não é uma droga?".

Os problemas físicos com a quimioterapia começaram a afetar Treya. Viajamos até Los Angeles, entre a segunda e a terceira sessão, para umas pequenas férias com sua irmã Kati, que era advogada do escritório I. Rella Minella.

Parei de menstruar e daqui a pouco terei de começar uma reposição de estrogênio. Estou com aftas bastante doloridas na boca. E os movimentos peristálticos são às vezes muito dolorosos e até com perda de sangue. Todos, tecidos de crescimento rápido do meu corpo. É duro achar algo para comer que seja saboroso. Mas é impressionante o que o ser humano pode suportar, pode tolerar. O que é, é.

Quem sou eu?

Ficamos com Kati em Los Angeles. Tracy veio e foi maravilhoso. Ken gosta realmente das minhas duas irmãs, tem uma quedinha por elas. Kristen [uma amiga de Findhorn] e eu visitamos o Wellness Center em Santa Monica, uma rede de apoio a pacientes de câncer administrada por Harold Benjamin. Gostei de ouvir as histórias, apreciar o bom humor, especialmente das mulheres sem cabelo; gostei de que as pessoas dissessem imediatamente a moléstia que tinham, sem rodeios. Pareceu real, terreno. E a facilitadora colocava as coisas no lugar quando palavras mágicas fugiam ao controle ou as pessoas pressionavam alguém para se conformar ou participar. Como quando uma mulher quis convencer um homem com câncer ósseo a querer viver. Anteriormente, as pessoas o haviam criticado por dizer que queria morrer. Como se tudo que ele devesse fazer era decidir-se a viver, como se não fosse legal querer morrer. Mas isso foi corrigido por outros: "As pessoas morrem.", "Eu quis morrer e ainda penso nisso às vezes.", "Eu já tenho tudo planejado para morrer, e quando chegar a hora, tudo bem, faz parte da vida."

Foi uma viagem maravilhosa, mas as rachaduras emocionais – as ruins – já estavam começando a aparecer.

Naquela noite, de novo na casa de Kati, uma amiga querida telefonou para contar sobre alguém que teve câncer e quis falar com Ken. Fiquei muito aborrecida porque ela não quis conversar comigo e porque ele não lhe sugeriu isso. Fiquei furiosa e Ken explodiu. Foi a primeira vez que realmente aconteceu isso. Ele agarrou minha gola, disse que não podia fazer nada sem ter de se preocupar como me afetaria. Que por um ano e meio havia abandonado seus próprios afazeres para me ajudar e que não poder receber nem um telefonema era demais. Ele achava que não havia nenhum lugar que pudesse ir em busca de consolo, que se dedicou completamente a mim. Desejo que ele sinta que sempre pode se chegar a mim, não que eu não vá criticá-lo. Devia ter percebido que ele estava chateado por ter de guardar coisas que precisavam ser ditas. Escutei, mas também me defendi, rebatendo o que dizia. Eu podia ter feito isso mais tarde. Acho que retrucar foi um grande erro da minha parte, porque realmente não admiti o que ele estava dizendo. Ele ficou louco de raiva.

Com Kati, Kristen e Ken. Conversando sobre células cancerosas e como víamos as minhas. Ken disse que gostaria de vê-las fracas e confusas, mas que infelizmente elas pareciam fortes. Eu disse que não queria ouvir isso, que estava tentando vê-las assim. Ele argumentou que existiam duas coisas diferentes aqui: como gostaria de vê-las – fracas e confusas – contra como infelizmente as via, baseado em vários resultados de exames – fortes. Eu repeti que não queria ouvir isso. Ele respondeu que tinha o direito de dar sua opinião. Concordei, mas ressaltei como era importante para mim a forma como as via e, portanto, preferia não ouvir que eram fortes. "Então não me pergunte", replicou. "Você prefere minha opinião verdadeira ou uma mentira?", ele perguntou. "Minta para mim", respondi. "Muito bem, eu o farei". Ele fez um comentário maldoso – "vou deixar meu cabelo crescer para poder arrancá-lo" – e saiu da conversa. Eu sei como se sentiu – ele não pode sequer receber um telefonema nem expressar sua opinião, sem ter de se preocupar como isso afetará "você e seu câncer". "Você não imagina quanto sua moléstia é difícil para as pessoas que a amam", ele comentou. "Você poderia ter dito: 'puxa, Ken, por favor, não diga que minhas células de câncer são fortes, porque isso me deixa preocupada'. Mas não, você simplesmente dá ordens – não faça isso porque eu disse para não fazer. Faço com prazer qualquer coisa que você me peça, mas estou cansado de receber ordens suas."

Graça e Coragem

Isso foi muito difícil, uma das primeiras vezes que Ken e eu nos desentendemos. Preciso me sentir apoiada, mas estou começando a entender que ele também precisa.

Eis a situação: no último ano e meio, Treya passou por uma cirurgia seguida por seis semanas de radioterapia, uma recidiva, uma mastectomia e estava agora no meio de uma quimioterapia, o tempo todo ameaçada pela inexorável possibilidade de morte prematura. A fim de acompanhá-la 24 horas por dia, decidi parar de escrever, abandonei três empregos editoriais e foquei minha vida completamente na sua luta contra o câncer. Recentemente – grande erro – parei de meditar, porque me sentia muito cansado. Nós nos mudamos de Muir Beach, mas a casa de Tahoe ainda não ficara pronta. Na verdade, estávamos construindo uma casa concomitantemente com a quimioterapia de Treya, como se construir uma casa ou fazer uma quimio não fossem por si só empreitadas suficientemente indutoras de loucura.

E *isso*, nós perceberíamos mais tarde, foi a parte fácil. Quando finalmente nos mudamos para a casa de Tahoe, começou de fato a terrível provação.

9. Narciso ou a autocontração

São sete horas, uma linda e brilhante manhã em North Lake Tahoe. Nossa casa situa-se a meio caminho das enormes colinas que irrompem dramaticamente do lago mais bonito da América do Norte. Você consegue vê-lo por inteiro de qualquer janela da casa com face sul, as impressionantes praias brancas que o margeiam, as montanhas negras ao fundo, cobertas de neve quase o ano todo. O lago apresenta uma cor azul-cobalto tão intensa, tão profunda, tão elétrica; eu me pergunto se não existe um imenso gerador de energia escondido em suas profundezas. Esse lago não parece apenas azul, parece que está ligado por um interruptor.

Treya dorme tranquilamente. Pego uma garrafa de vodca Absolut da estante e despejo cuidadosamente 100 ml em uma xícara. Bebo tudo num rápido gole. Isso me fará aguentar até o meio-dia exatamente, quando beberei três cervejas durante o almoço. Ao longo da tarde, beberei mais cerveja – talvez cinco, talvez dez. No jantar, uma garrafa de vinho. Conhaque à noite. Nunca me embriago. Nunca perco a consciência. Raramente fico até mesmo alegre. Nunca me descuido de quaisquer problemas médicos que Treya apresente, nem me esquivo das responsabilidades fundamentais. Se você me encontrar, não suspeitará que venho bebendo. Estarei alerta, sorridente, animado. Faço isso todo dia, sem falta, há quatro meses. E aí, irei até a loja de material esportivo do Andy, na Park Street, South Lake Tahoe, para comprar um revólver e vaporizar esta situação atual. Porque, como sempre comentam, simplesmente não consigo aguentar mais.

Fazia dois meses que Treya terminara sua última quimioterapia. Embora as sessões fossem fisicamente extenuantes, suas imensas força e coragem sustentaram-na nos piores momentos. Uma vez mais, foi-lhe dado um atestado de saúde, embora para o câncer isso nunca signifique muita coisa (diz-se que você só está curado de câncer quando morre de alguma outra causa). Uma vez mais, nós finalmente esperamos nos acomodar, possivelmente até ter um filho se a menstruação de Treya voltasse. Uma vez mais, o horizonte mostrava-se claro, límpido, convidativo.

Mas algo mudou dessa vez. Ambos estávamos exaustos. Começamos a nos sentir esgarçados. É como se tivéssemos carregado um enorme e pesado fardo por uma montanha íngreme, chegado ao topo, o colocado cuidadosamente no chão para, em seguida, desmoronar completamente. Embora a tensão tivesse crescido devagar, em particular durante os sete meses da quimioterapia, viemos a nos dar conta disso abruptamente, tão abruptamente quanto a apresento nesta narrativa. Parece que em um dia estávamos bem e no dia seguinte a vida rasgou-se nas costuras como uma roupa barata. Aconteceu tão de repente que nos pegou com a guarda baixa.

Graça e Coragem

Não pretendo me fixar nesse período de nossas vidas, mas também não vou escondê-lo. Para nós dois foi o inferno.

Incline Village é uma pequena cidade com cerca de 7 mil habitantes situada na margem nordeste do Lake Tahoe. "Tahoe" é a palavra nativa local para "água alta". (Lake Tahoe é o segundo lago em altitude no hemisfério ocidental. Ele tem mais água do que o Lago Michigan, água suficiente, esses tolos panfletos turísticos nos informam, para cobrir a Califórnia com uma profundidade de 35 cm.) Em 1985 uma estranha doença surgiu nessa aldeia, infectando mais de duzentas pessoas com uma moléstia debilitante que se assemelhava a uma forma branda de esclerose múltipla. Os principais sintomas eram febre baixa crônica, disfunção muscular esporádica, suores noturnos, inchação e dor nos gânglios linfáticos e esgotamento incapacitante. Mais de trinta das duzentas vítimas tiveram de ser hospitalizadas porque ficaram tão debilitadas a ponto de, literalmente, não conseguirem ficar de pé. Tomografias computadorizadas revelaram numerosas lesões secundárias no cérebro, semelhantes à esclerose múltipla. O fato especialmente peculiar sobre essa moléstia foi que não parecia ser transmissível entre seres humanos: os maridos que a contraíram não a transmitiram para suas esposas, mães não a transmitiram para os filhos. Ninguém sabia exatamente como ela era transmitida; no final, a opinião predominante foi de que se tratava de uma toxina ou cofator ambiental. O que quer que tenha soprado na cidade naquele ano, desapareceu rapidamente ao longo do ano seguinte – desde 1985 não se conhece nenhum novo caso da doença naquela área. Parece até *O Enigma de Andrômeda*.[1]

Isso foi tão estranho que, a princípio, o Centers for Disease Control em Atlanta negou que existisse tal entidade. Mas o Dr. Paul Cheney, um brilhante médico, que também era Ph.D. em física, sabia mais, já que tratara da maioria dos casos. Ele coletou tantas evidências empíricas e laboratoriais indiscutíveis a ponto de Atlanta ter de voltar atrás. A doença X, o que quer que fosse, era real.

Treya e eu nos mudamos para Incline Village em 1985. Eu fui um dos felizardos entre os duzentos.

Dentre os que contraíram a moléstia, cerca de um terço pareceu mantê-la por seis meses; outro terço, por dois a três anos; e o restante a tem até hoje (muitos dos quais ainda estão hospitalizados). Eu fiquei no terço do meio, sentindo seus efeitos por dois ou três anos. Meus sintomas incluíam espasmos musculares e tremores quase convulsivos, febre crônica, gânglios inchados, terríveis suores noturnos e,

---

[1] Romance de Michael Crichton, posteriormente transformado em filme, sobre vírus provenientes do espaço sideral. (N.T.)

Narciso ou a autocontração

acima de tudo, um esgotamento debilitante. Levantava da cama, escovava os dentes e considerava isso o trabalho do dia. Não conseguia subir escadas sem parar muitas vezes para descansar.[2]

O fato realmente complicado foi que contraí a doença X e não me dei conta. À medida que ela lentamente se instalava em mim, me sentia cada vez mais cansado, deprimido, entregue. Não conseguia entender por que me sentia tão mal. Junte-se a isso uma depressão existencial genuína em função da situação de Treya e da minha vida em geral. Essa depressão – em parte real, em parte neurótica, em parte induzida pela doença X – era interrompida somente por ataques ocasionais de ansiedade, em que a natureza desesperada da minha situação me arrancava da depressão e me levava ao pânico. Perdi totalmente o controle da minha vida. E não via nenhuma razão para suportar essas coisas desagradáveis impostas por um destino abusivo. De vez em quando, por meses, pensei em me suicidar.

Mas meu problema central, o problema esmagador, foi simplesmente que, com a decisão de fazer qualquer coisa para ajudar Treya, tive de sufocar completamente, por mais de um ano, meus interesses, meu trabalho, minhas necessidades, minha própria vida. Eu decidi voluntariamente fazer isso, e o faria novamente, sem hesitação, sob as mesmas circunstâncias. Mas faria de forma diferente, montando um sistema de apoio para mim e com uma compreensão muito mais clara do preço devastador que um cuidador de tempo integral tem de pagar.

Ao longo da moléstia de Treya, aprendi muitas lições sobre esse difícil trabalho. Uma das principais razões por que me disponho a entrar em detalhes sobre esse período extremamente difícil da nossa vida é permitir que outros possam evitar alguns erros simples que cometi. Na verdade, como veremos, eu, no final, me tornei um tipo de porta-voz de "cuidadores", baseado nas lições que aprendi de uma forma muito dura. Na primeira vez que publiquei um artigo sobre as recompensas e perigos de ser um cuidador, eu e meu editor ficamos surpresos com a impressionante reação gerada por ele. Recebi centenas de cartas de pessoas angustiadas do mundo inteiro, pessoas que passaram por situações semelhantes e não tiveram ninguém com quem conversar sobre a natureza extenuante do seu papel. Preferia ter me tornado uma autoridade no assunto por uma rota mais suave.

Enquanto isso, continuei lutando, a doença X seguindo seu curso, e minha ansiedade sobre a situação inteira – a moléstia de Treya, minhas dificuldades –

---

[2] Ao escrever este livro, Wilber não mais sentia os sintomas da doença – *RNase Enzyme Deficiency Disease (REDD)*. Posteriormente, as crises retornaram. Mais detalhes podem ser obtidos no *link* http://www. integralworld.net/redd.html (N.T.)

Graça e Coragem

aumentando lentamente, até que uma depressão genuína instalou-se nessa confusão. Não conseguia escrever de forma contínua havia mais de um ano e meio; escrever era a seiva da minha vida. Era meu *daemon*, meu destino, minha ventura. Nos últimos dez anos, escrevera um livro por ano; e, como os homens frequentemente costumam fazer, eu me *definia* pela minha produção, pelos meus escritos; quando, de repente, isso parou, senti-me em queda livre sem uma rede. A aterrissagem doeu.

E o pior de tudo é que parei de meditar. O forte sabor da Testemunha lentamente evaporou. Não tive mais acesso fácil ao "centro do ciclone", só ao ciclone. E, no meu caso, mais do que tudo, foi isso que fez com que os tempos difíceis fossem tão duros de aguentar. Quando perdi o contato com a pura consciência aberta – com a Testemunha, com minha alma – somente me sobrou a autocontração, Narciso desesperadamente absorto em sua própria imagem. Parecia que havia perdido minha alma, bem como meu *daemon*, e aí fiquei entregue ao meu ego, um pensamento assustador sob quaisquer circunstâncias.

Mas acho que o mais simples e esmagador erro que cometi foi culpar Treya pelas minhas aflições. Eu decidira, livre e voluntariamente, colocar meus interesses de lado a fim de ajudá-la, e então, quando senti falta deles – de escrever, do trabalho editorial, da meditação – acabei culpando-a. Culpei-a por estar com câncer, por ter arruinado minha vida, pela perda do meu *daemon*. É o que os existencialistas chamam de "má-fé" – má na medida em que você não assume a responsabilidade por suas próprias escolhas.

Fui ficando mais "deprimido" e isso, compreensivelmente, exerceu um forte efeito em Treya, especialmente depois de tudo por que ela passou. Após estar a seu lado dia e noite por um ano e meio, eu, de repente, sumi, envolvido comigo mesmo, com meus problemas, e cansado de ouvir os dela. Senti que agora precisava de um pouco de apoio e achei que ela estava desacostumada ou incapaz de dá-lo. À medida que, sutilmente, comecei a culpar Treya pela maior parte da minha depressão, ela naturalmente reagiu, demonstrando culpa ou raiva. Ao mesmo tempo, agravado pela menopausa prematura e mudanças de humor causadas pela quimioterapia, o "lado" neurótico de Treya veio à tona e eu reagi. Nós acabamos em uma rápida espiral descendente de culpa e acusações, que a levou ao desespero e me levou à loja de material esportivo do Andy.

Sábado. Dois dias atrás comecei a escrever e, após três parágrafos, faltou luz na casa. Estava escrevendo sobre o quanto me sentia mal então – talvez isso não fosse para ser registrado. Estou me sentindo melhor agora – Ken e eu tivemos uma noite adorável juntos, e passamos o dia seguinte inteiro no centro da cidade. Quando fui dormir, tive a sensação de estar sendo realmente cuidada por Deus, de que as coisas vão acabar bem. Minha afirmação mudava às vezes de "eu sinto o poder curativo do amor de Deus agindo sobre cada célula e átomo do meu

Narciso ou a autocontração

corpo" para "eu sinto o poder curativo do amor do Deus agindo sobre cada célula e átomo do meu corpo". Uma sutil mas importante diferença. Como disse antes, sei que Deus me ama melhor por meio do amor de Ken; assim, quando Ken e eu nos ligamos de fato, eu também me ligo a Deus. Se não nos ligamos, me sinto desligada de tudo.

Entretanto, o que nos levou àquela ligação foi um dia terrível. Um daqueles para serem esquecidos. Logo de manhã, Ken reclamou rispidamente da arrumação do armário; mais tarde reclamei do computador novo; ele ficou fora a maior parte do dia; me sentei melancolicamente na varanda, olhando fixamente para o lago, tentando entender a parte má da minha personalidade. Tivemos uma longa conversa à noite, nenhuma sensação real de mudança, ele disse que parecia uma repetição.

Ultimamente, tenho procurado combater o mau humor na maior parte do tempo, algo parecido com TPM. Minha menstruação ainda não voltou; na verdade, encontro-me em pós-menopausa. Será que meu humor se deve à falta de estrogênio? Provavelmente, em grande parte. Comecei a tomar as pílulas [de estrogênio] há uma semana, o que me causou alguns calores. Também tenho sentido dores constantes nas costas, em ambos os lados, abaixo da cintura. Mas, de alguma, forma superamos tudo isso. Ken tomou alguns aperitivos e ficou realmente meigo – foi uma noite adorável.

Hoje, ao arrumar o armário do banheiro, encontrei uma caixa de Tampax. Será que algum dia vou usá-los novamente?

Quarta-feira. As coisas estão muito instáveis. Voltamos de San Francisco hoje, a casa parecia que ia bem, mas eles erraram a cor das paredes da cozinha. Há sempre algo. Mais tarde, fomos dar uma boa caminhada por um local com uma vista adorável de Fairview, mas me senti um pouco desconfortável porque Ken está infeliz. Seu descontentamento com a vida em geral transparece claramente em seu tom de voz, e não consigo evitar: assumo que a culpa é minha. Às vezes, quando ele está assim, sinto que me ama, mas simplesmente não gosta de mim. Ele se desculpa – normalmente com uma voz muito doce – e diz que não queria dizer aquilo. Mas não consigo deixar de pensar que ele realmente queria. Tentei tocar no assunto, mas não encontrei muita receptividade. No momento, ele acha que não vamos resolver as coisas muito bem sem uma terceira pessoa para nos ajudar, como Frances [Vaughan] ou Seymour [Boorstein]. "Meu bem, já tentamos diversas vezes. Eu não sei por que estou tão deprimido, mas nós conversamos sobre isso, você se sente culpada, fica aborrecida, eu fico aborrecido, assim não está funcionando. Quero uma pessoa aqui como árbitro. Vamos evitar essa situação até que consigamos alguém que nos ajude." É difícil para mim; sempre quero resolver logo os problemas. Gosto de colocar as coisas em pratos limpos, de forma que o profundo amor que nos une não seja obstruído. Ele diz que estamos muito envolvidos nisso.

O que me impressiona é que, sem dúvida, continuamos apaixonados; a fundação da nossa relação é muito sólida, mesmo passando por tempos difíceis. Duvido que muita coisa viesse à baila se não fosse por todos os acontecimentos estressantes possíveis que surgiram (quase) de uma vez em nossas vidas. Uma noite estávamos examinando tabelas que mostram a intensidade do estresse causado por várias situações de vida. Para a pior, morte de um cônjuge, foi arbitrariamente definido o valor de cem pontos. Nós tínhamos três entre as cinco primeiras (casamento, mudança, doença grave). Ken tinha uma quarta – perda do emprego (embora voluntária). Até mesmo coisas como férias pesavam quinze pontos. Ken comentou: "Diabo, nós já temos tantos pontos de tensão que se sairmos de férias, elas nos matarão".

Mas sempre que conversamos sobre isso, continuo achando que o que Ken está tentando demonstrar é que está realmente zangado comigo, mas não fala. Ele se sente arrasado, vigiado, preso. De uma certa forma, está

Graça e Coragem

danado porque não pode trabalhar. De fato, ele abriu mão de muita coisa para cuidar de mim e agora está exausto. Sinto-me muito mal com isso e não sei o que fazer. Nada parece funcionar.

Situações assim salientam nossos estilos diferentes. Normalmente eles se complementam, mas agora parecem se atritar. Eu, a cuidadosa, a conservacionista metódica, com tendência a me retrair quando me sinto ameaçada; Ken, o expansivo, o visionário generoso, tendendo a não prestar atenção a detalhes da vida diária e a irritar-se com eles.

Voltamos a San Francisco, no fim de semana seguinte, e nos hospedamos com Frances e Roger. Naquela noite, Whit [Whitson] e Judith [Skutch, editora de *Um Curso em Milagres*] apareceram para comemorar o lançamento do livro brochado na Inglaterra e nos Estados Unidos. Também comemoramos o plano de casamento ainda secreto de Frances e Roger. Na véspera, Roger e eu tivemos uma agradável conversa a respeito do que pensava sobre o assunto. Ele achava que era como arrancar o galho de uma árvore – já soltara o galho (ele tem certeza de querer viver com Frances pelo resto da vida) e agora só falta deixá-lo cair no chão. Na manhã seguinte, pediu a Frances em casamento! Achava que já era tempo... e para já. O casamento será na casa de Judith e Whit, a lua de mel em nossa casa em Tahoe. Ken será padrinho de Roger, eu serei dama de honra da Frances. Parece que Huston Smith presidirá a cerimônia.

De qualquer modo, mesmo com a ajuda de Roger e Frances, não descarregamos nossos problemas. Voltamos hoje a Tahoe, Ken de mau humor. Ele não sai disso. Fica em frente da TV, imóvel, por horas. Meu pobre amor, não sei o que fazer para ajudá-lo. Depois de cuidar de mim por tanto tempo, quero cuidar dele, mas nada parece dar certo. Eu me sinto muito mal.

Sexta-feira. Como é a vida! Do completo desespero a um dos melhores dias.

Quando Ken viajou por dois dias, a negócios, eu desabei. Senti-me terrível já que estava meio esquisita quando ele partiu, voltando à sensação ruim de que era má para ele nas pequenas coisas ou que quero dominá-lo. Uma de suas principais reclamações é que tento controlá-lo ou monopolizar seu tempo. É verdade. Eu o amo tanto, quero estar com ele o tempo todo. Alguns diriam que meu câncer seria um caminho para ter toda a sua atenção 24 horas por dia. Pode ser que haja um pouco de verdade nisso, mas acho que posso conseguir sua atenção de outras formas! Tenho uma ponta de ciúme do seu trabalho, mas, com certeza, não quero que ele o pare. A perda do seu *daemon* é, sem dúvida, a coisa mais dolorosa para mim.

Quando ele saiu, eu fraquejei. A casa parecia tão fria, tão vazia. Passei uma hora no telefone com Kati, chorando.

Depois de falar com Ken pelo telefone – ele disse que também não se sentia bem sem mim – tudo melhorou. Desde seu retorno, estamos nos tratando melhor, menos reativos, tomando cuidado com padrões e evitando as armadilhas em que somos pegos, simplesmente nos amando.

François e Hannah vieram para o fim de semana e Kay Lynne juntou-se a nós [três amigos de Findhorn] – foi fabuloso! O domingo foi um dia perfeito, começando com um passeio pela estrada de Mount Rose para mostrar-lhes a vista, seguido por piquenique em uma cachoeira, caminhada por esse lago magnífico, jantar no melhor restaurante que já fui e, para finalizar, fomos dançar no Hyatt. A caminhada foi espetacular. A única forma de conseguir que Ken fosse conosco foi dizer: "Esse passeio apresenta, sem sombra de dúvida, o maior retorno para o menor esforço, sem ajuda mecânica, que conheço; você normalmente tem de caminhar milhas para usufruir esse

Narciso ou a autocontração

tipo de paisagem". "OK, OK, eu irei." François perguntou a Ken se ele não gostava de exercício. Ele respondeu: "Eu amo exercício, em doses homeopáticas".

Treya e eu estávamos cientes de que começávamos a nos cindir, tanto individualmente quanto como casal. Individualmente, sentíamos que, independentemente das circunstâncias, por mais difíceis que fossem, ambos tínhamos uma boa dose de neurose normal que estava emergindo; neurose que em algum momento teria de ser tratada de qualquer maneira; neurose que, de fato, ficaria escondida ou submersa por anos, não fossem as atuais circunstâncias de panela de pressão.

E, como casal, estava ocorrendo o mesmo processo. Fomos forçados a encarar coisas em nossa relação que a maioria dos casais não encara antes de três, cinco ou até dez anos. Em ambos os casos – individualmente e como casal – tivemos que nos desmontar, por assim dizer, a fim de nos remontarmos de uma forma mais robusta. Nós dois tivemos de passar pelo fogo, por mais doloroso que fosse; ambos sentimos, desde o princípio, que, no final, seria o melhor – se conseguíssemos sobreviver ao processo. Porque o que estava sendo "queimado" nesse fogo não era nosso amor um pelo outro, mas nosso "lixo".

Tracy ainda é minha maior incentivadora. Ontem à noite, no jantar, ela me perguntou se continuava escrevendo meu diário, encorajando-me a mantê-lo. Acha que será um *best-seller*! Às vezes também tenho essas fantasias... na verdade, nunca soube de um livro que contenha tudo que pretendo cobrir. Ela me perguntou se eu estava contente por ter feito quimioterapia – respondi: "Pergunte-me novamente daqui a seis meses". Sinto que ainda estou no processo – acho que não terminará até o final do período de recuperação de três meses e até que meu sangue volte ao normal. Estou esperando que meu cabelo cresça de novo – ele ainda não deu sinal de vida. Ninguém me disse especificamente quando isso ocorreria, mas assumi que seria após o ciclo de 25 dias do último tratamento. Não parece que seja assim, pois já se passaram duas semanas desde então. Ah, paciência.

A outra razão por que não me sinto livre da quimioterapia é a perda da minha menstruação. Soa como um romance policial... onde será que ela foi? Na semana passada, pela primeira vez, senti a vagina seca durante o ato sexual, mais ou menos três semanas e meia depois do último período (quimicamente induzido). Foi doloroso e deprimente. Eu gostaria que alguns médicos-homens sentissem isso. Na verdade, tenho me sentido terrível no último mês, picos de choro e depressão, com alguns dias realmente bons espalhados entre eles. Não que antes não chorasse ou me sentisse deprimida às vezes, porque acontecia, mas este período (ah, grande trocadilho) parece que começou quando fiz a meditação de autoperdão de Stephen Levine e deparei com minha incapacidade para me perdoar. Aquele foi um dia terrível, rinite alérgica além das lágrimas, mas consegui me controlar o suficiente para ir à cidade e escrever a carta de apresentação para a US-USSR Youth Exchange Funding Proposal. Na semana seguinte, tive uma noite terrível quando Ken foi a San Francisco – passei-a chorando e me lamentando. Na outra semana fui ao meu ginecologista e chorei na maior parte daquele dia também. E, na noite seguinte, com Frances e Roger, conversei sobre a parte de mim que parece responsável por causar tanto aborrecimento, dor e inabilidade para me

Graça e Coragem

inserir na vida de Ken. Ela estava se mostrando mais densa e mais rápida dessa vez. Eu me senti novamente chateada quando pareceu que Linda não poderia vir; queria tanto ser cuidada, que ela me amasse o suficiente e se esforçasse para vir. Disse-lhe que conseguiria arranjar alguém para me alegrar. É um problema real admitir que preciso de ajuda, desapontar essa competente persona eu-posso-tratar-disso. Chorei de novo a caminho do aeroporto para buscá-la, emocionada com sua vinda, sentindo-me simplesmente triste com tudo. Alguns dias mais tarde, após sua partida e depois daquele maravilhoso fim de semana com o pessoal de Findhorn, eu novamente passei o dia inteiro chorando, de manhã com Frances, à tarde com o Dr. Cantor [um psicoterapeuta] e em seguida com Hal [o acupuntor] – minha equipe completa de apoio terapêutico. Acho que finalmente senti-me demasiadamente exausta para parar, mas realmente nada pareceu resolvido. Perguntei ao Dr. Cantor se isso acontece às pessoas de vez em quando – elas suportam bem a quimioterapia, desde a queda de cabelo, o enjoo, a fraqueza até a preocupação e, então, quando tudo termina, desabam. Ele respondeu que, em seus 25 anos de trabalho com pacientes de câncer, isso tem se mostrado verdadeiro. Aconteceu o mesmo com Ken. Ele cuidou de mim por dois anos, apoiando-me, em seguida desmoronou.

Com certeza, conscientizei-me de muitos sentimentos não resolvidos de dor, tristeza, medo e raiva que achava não ter condições de suportar, enquanto me submetia ao tratamento a cada três semanas e, ao mesmo tempo, construía esta casa. Agora está tudo vindo à tona. Suponho que seja uma coisa boa, mas é sempre difícil ver o bem quando se está no meio dele. Intelectualmente, como uma ideia abstrata, posso vislumbrar como foi bom, mas, com certeza, ainda não consigo senti-lo. Novamente, pergunte-me daqui a seis meses.

Existe uma parte de mim que tem medo de que fraquejar agora seja uma negação de quão bem lidei durante todos esses meses com a quimioterapia misturada com a tensão de construir uma casa. Conversei sobre isso com Ken e ele me disse: "É exatamente assim que me sinto; principalmente porque estou muito desconcertado com a forma em que me encontro". É duro livrar-se disso. Anos me esforçando para ser forte, firme, nunca permitindo que surgissem sentimentos como medo, tristeza e raiva. Quando acontece, parte de mim ainda os considera negativos e acha que eles podem fazer as pessoas pensarem mal de mim. Mas, francamente, a parte que pensa assim enfraqueceu-se. Onde antes muitos palhaços que, juntos, compunham minha personalidade [uma referência ao filme *A Thousand Clowns*,[3] que trata das numerosas subpersonalidades ou "palhaços" que todos trazemos dentro de nós] e tinham medo de mostrar esses sentimentos "negativos", agora só existe um palhaço ocasional que carrega essa bandeira. Esse palhaço ainda me domina, é claro, mas consigo ficar mais alerta com seus companheiros. Há até mesmo alguns novos que, algumas vezes, me incentivam a desabar – talvez no processo de reconstrução algumas coisas fiquem para trás, novos personagens possam surgir e o *script* desses palhaços seja reescrito. Eu me remonte de forma diferente. Eu renasça, por assim dizer.

Enquanto isso, porém, nós dois ficamos cada vez mais deprimidos, cada vez mais separados, cada vez mais esmagados pelas circunstâncias e pelo nosso próprio lixo neurótico. Parecia haver uma certa inevitabilidade nisso tudo, a morte necessária que precede cada renascimento. E, no meu caso, naquele momento, surgiu a pergunta sobre qual tipo de morte.

---

[3] Filme de 1965 com Jason Robards, lançado no Brasil como *Mil Palhaços*. (N.T.)

Narciso ou a autocontração

Durante o dia seguinte inteiro me senti deprimida – verdadeiramente deprimida, não apenas triste ou para baixo como às vezes me sinto. Isso era algo novo – e assustador. Não tinha vontade de falar. Além disso, Ken não responderia às perguntas enfadonhas, apáticas, a meus esforços para animá-lo. Não me recordo de ter me sentido assim nunca. Silêncio, incapacidade de me concentrar para tomar decisões, nenhuma energia, respondo à perguntas com respostas monossilábicas (quando respondo).

A verdade pura e simples é que não sou mais feliz. Perdi minha exuberância e vitalidade. Sinto-me desgastada pelos acontecimentos. Estou cansada, muito mais do que fadiga física. Senti-me feliz e geralmente animada no primeiro ano do câncer, portanto não foi ele que necessariamente me fez mudar. Sem dúvida, a mudança surgiu durante o período da quimioterapia. Fisicamente, ela não foi tão ruim assim. Mas, disse a Ken, a parte ruim foi sentir que estava envenenando minha alma, envenenando-me não só fisicamente, mas emocional, psicológica e espiritualmente. Sinto-me destruída, totalmente sem controle.

Como desejei que Ken e eu tivéssemos vivido alguns anos juntos antes de passar por tudo isso. É tão triste. Cerca de cinco dias atrás tive dois sonhos. Foi na noite que percebi que poderia estar ovulando. No primeiro sonho, tiveram de retirar mais uma parte do seio que restara e fiquei realmente chateada, porque agora ele estava tão pequeno. (Interessante como nunca sonhei em ter meu outro seio de volta; na verdade, nunca sonhei com ele.) No segundo sonho, estava no consultório do meu oncologista e perguntei-lhe se ficaria assim para sempre, isto é, com falta de estrogênio e secura vaginal. Ele me respondeu que sim e aí comecei a gritar, gritar, gritar, danada por não ter sido alertada sobre o problema no princípio, furiosa com todos esses malditos médicos que parecem achar que essas coisas não são importantes. Eles tratam o corpo, não a pessoa. Eu fiquei absoluta, total e desinibidamente louca, gritando, gritando, gritando.

Daemon, daemon, daemon. Sem ele, eu me sentia sem bússola, sem direção, sem um modo de achar meu caminho, meu destino. Normalmente, diz-se que as mulheres dão sustentação aos homens e que os homens dão direção às mulheres. Não quero me envolver em disputas sexistas sobre se isso é verdade ou não, mas frequentemente parece ser o caso. No passado, Treya me deu sustentação; agora me sentia preso à terra, incapaz de alçar voo. E enquanto no passado dei direção à Treya, agora só podia lhe oferecer uma busca errante e depressiva em círculos.

Comecei o sábado mais animada com a mudança do tempo – adorável, brilhante, ensolarado. Sugeri a Ken que fôssemos ao nosso restaurante favorito para um *brunch*. Lá ele se mostrou estranhamente taciturno. Ainda deprimido, mas de uma forma diferente. Perguntei-lhe se havia algo errado. "É essa coisa de escrever. Continuo achando que a vontade de escrever voltará, mas ela não volta. Eu sei que isso também faz com que você se sinta mal e eu realmente sinto muito. Não posso entender. Não estou com bloqueio de escritor. Isso acontece quando você quer escrever mas não consegue. Eu simplesmente não quero. Olho para dentro de mim em busca daquele *daemon* doido e ele não aparece. Na maior parte do tempo, isso me assusta."

Graça e Coragem

Eu me senti tão mal por ele. Ken aparenta estar cada vez pior, completamente cansado de viver. Naquela noite recebemos algumas pessoas em casa, e Ken, esforçando-se, estava se saindo muito bem até que alguém perguntou sobre seus escritos. Foi uma pessoa que conhecíamos pouco, mas que é um grande admirador do seu trabalho, leu tudo. Ken controlou-se e, educadamente, explicou que não escrevia mais já havia bastante tempo e que achava que seu período de escritor terminara, que vinha tentando voltar a sentir o desejo de escrever e já que não surgia nenhum vislumbre dele, concluíra que estava tudo acabado. O homem ficou muito aborrecido – como o grande Ken Wilber ousa não escrever? – como se o Ken devesse algo a ele. Em seguida, o homem perguntou: "Como você se sente em ser potencialmente considerado o maior filósofo da consciência desde Freud e ver isso se esfumar?". Todo mundo olhou para Ken. Ele se manteve sentado por um longo tempo, em silêncio, encarando fixamente o homem. Podia-se ouvir a queda de um alfinete. Finalmente respondeu: "Mais engraçado do que se deveria permitir a um ser humano ser".

Um dos principais efeitos da minha depressão sobre Treya foi que, por ter de lidar comigo, ou melhor, com a minha ausência, sobrou-lhe pouca força e equanimidade para seus próprios problemas. O medo constante da recidiva, medo que, em outras circunstâncias, ela poderia ter trabalhado muito bem, medo que, em condições normais, eu teria ajudado a absorver, agora simplesmente passava por sua psique desenfreadamente.

Segunda-feira à noite. A dor é muito forte. Acordei às quatro da madrugada com uma dor realmente intensa. Tem sido assim há uma semana. Uma dor muito específica, bem definida. Não posso mais ignorá-la. Acho que é uma recorrência – metástase óssea – o que mais pode ser? Se eu conseguisse pensar em outra possibilidade... mas não consigo. Está piorando. Pensamentos de morte. Eu posso morrer logo.

Oh, meu Deus, como foi acontecer isso? Eu só tenho 38 anos – não é justo, não tão cedo! Pelo menos dê a chance de me acertar com Ken primeiro, curar as feridas na sua vida por lidar com meu câncer quase desde que nos conhecemos. Ajude-me, no mínimo, a fazer isso. Ele está confuso, dividido, desgastado, e o pensamento de mais um *round* de agonia é insuportável.

Oh, Deus, eu posso morrer nesta casa. Não aguento sequer pensar na possibilidade de perder meu cabelo novamente. Tão cedo – muito cedo – passaram-se apenas quatro meses e meio desde meu último tratamento, somente dois meses desde que voltei a ter cabelo suficiente (pouco) para deixar de usar aqueles malditos chapéus. Eu quero que isso acabe para que possa ajudar Ken a levantar-se, começar a organizar a Cancer Support Community, tocar minha vida e ajudar outras pessoas. Oh, Deus, por favor, que seja um alarme falso. Que seja qualquer outra coisa, exceto câncer. Pelo menos permita que me recupere um pouco mais antes de me derrubar novamente!

À medida que fui me tornando cada vez mais amargo, ressentido e sarcástico – e deprimido e exausto – Treya foi ficando cada vez mais defensiva, obsessiva, exigente, até mesmo implicante. Sentíamo-nos apavorados com o que vinha acontecendo; víamos que estávamos contribuindo mais ou menos igualmente para o caos; e nenhum de nós teve forças para sustar o processo.

Alguns dias depois, Treya foi ao fundo do poço. Ambos fomos.

Narciso ou a autocontração

Na última noite, Ken sugeriu que eu passasse a sair e fazer coisas que me interessassem, afastando-me dos seus problemas. Na verdade, ele disse para me salvar, pois essa situação já vinha durando muito tempo para ele, não parecia estar melhorando e os prognósticos não eram bons. Eu me senti muito triste naquela madrugada, até chorei um pouco baixinho perto dele, mas ele não notou. Não consegui dormir, com vontade de chorar. Finalmente levantei-me e liguei a televisão no andar de cima, de forma que pudesse chorar sem ser ouvida. Sentia-me péssima, como se tivesse arruinado sua vida, e lá estava ele a me dizer para me salvar, como se devesse entrar num bote salva-vidas e abandonar seu navio adernado. Parece que tudo que faço o machuca, minhas características de personalidade e caráter causam-lhe grande sofrimento e são, de fato, a principal razão para o seu desgaste no último ano. Esboçava-se uma terrível separação.

Agora mesmo, sinto-me totalmente confusa e impotente. Como se tivesse estragado tudo – arruinei completamente minha doce vida com Ken. Sei que fiz isso com ele – inconscientemente, é claro – e estou sofrendo muito. Não sei como reparar a situação. Não quero lhe impor um fardo adicional com minha dor. Não confio em mim mesma – não confio nos meus sentimentos – acho que qualquer coisa que fizer irá feri-lo. Ser simplesmente eu mesma parece magoá-lo, porque sou muito *yang*, muito teimosa, muito controladora, muito insensível, muito egoísta. Talvez necessite de alguém mais simples, menos sensível, menos inteligente, que não seja afetado pelo meu jeito de ser. E talvez ele precise de outra pessoa, alguém mais gentil, feminina e sensível. Deus, como sofro quando penso nisso.

Não confio mais em mim. Tudo que faço parece lhe causar sofrimento. Caso queira compartilhar minhas preocupações, talvez deva fazê-lo de forma positiva e afirmativa. Agora guardo minhas intensas lágrimas só para mim. Eu não confio nelas. Só consigo dar atenção a mim mesma quando é ele quem mais precisa de atenção? Eu apenas me lamento, incapaz de perceber realmente suas necessidades? Se eu compartilhar, não estarei me apoiando nele, exigindo algo que ele não tem para dar, em lugar de apoiá-lo e ajudá-lo? Eu não confio mais nem em mim mesma. Eu me pego com raiva de Ken, pensando como seria mais simples se ficasse sozinha. Percebo que não tenho com quem conversar e que não tenho compartilhado meus pensamentos mais assustadores com ninguém. Costumava fazer isso com ele o tempo todo, mas agora parece que eu o exauri com minhas exigências, reclamações e teimosia. Se não posso conversar com Ken sobre esses sentimentos, e tenho tentado muito poupá-lo, então, agora, não tenho ninguém com quem possa ser honesta. Penso nas minhas amigas e chego à conclusão de que não posso, de fato, falar com nenhuma delas sobre isso. Sinto medo de estar arruinando meu casamento.

Hoje à noite li sobre pedir ajuda a Deus em *Um Curso em Milagres* – exatamente como me sinto, não consigo fazê-lo por mim mesma, estraguei tudo, por favor me ajude, mostre-me o caminho, qualquer caminho. Não deixe Ken sofrer mais. Quando penso como ele era, o riso, o humor fino, o charme, o amor pela vida, a paixão pelo seu trabalho – meu Deus, por favor, ajude-o.

Nunca conseguirei saber quão difícil deve estar sendo para ele ficar ao meu lado, passando por tudo isso, ainda mais que não nos conhecemos há tanto tempo assim. Ele me carregou nas costas por muito tempo. Eu nunca saberei.

O sofrimento foi simplesmente insuportável para nós dois. A angústia psíquica parecia infinita; doía tanto que parecia sugar o ser inteiro, fazendo-o desaparecer

Graça e Coragem

completamente em um buraco negro de dor, de onde nada podia escapar, nem mesmo a respiração.

Quanto maior o amor, maior a dor. Nosso amor era imenso; a dor, proporcional. Dessa dor surgiu ressentimento, raiva, amargura, culpa.

Não consigo evitar, mas me ressinto com sua mudança. Ele disse que parou de me atender em algumas coisas porque está exausto. Acho que parou porque está zangado comigo. Há momentos em que me sinto não perdoada por ele, talvez porque não tenha perdoado a mim mesma. Mas eu estou *danada* com ele, uma longa e lenta queimadura, danada por ele ter se deixado chegar a esse estado, danada com sua *constante* mordacidade e tom de voz – sua constante mordacidade! – danada por ele ser tão difícil às vezes! Eu me preocupo com a possibilidade de ele me abandonar, depois penso que eu devia ir embora e o deixar, ficar novamente só, ir para fora do país, por conta própria. Tão simples. Tão legal.

Nenhum de nós conseguia dormir ontem à noite e então tivemos uma conversa. Conversamos sobre como, às vezes, penso em abandoná-lo, o que está acontecendo cada vez com mais frequência. Como sinto não conseguir mudar o suficiente para fazê-lo feliz. Ele disse que algumas vezes também pensa em me deixar. Acho que provavelmente iria para Boston. Em um momento ele pulou da cama – essas conversas nos deixam excitados – e falou: "Você pode ficar com Tahn [nosso cachorro]". Quando voltou, eu lhe disse: "Eu não quero o Tahn, eu quero você". Ele se sentou e fitou-me com lágrimas nos olhos, eu comecei a chorar, mas não nos movemos. Nenhum de nós parecia ter condições de continuar. Desejo perdoá-lo, mas talvez não consiga agora, talvez porque esteja muito brava. E sei que ele não me perdoa. Acho até que não gosta mais de mim.

No dia seguinte fui à loja do Andy. Parecia que tudo que poderia dar errado, deu. A vida se tornara plana; não havia nenhum sabor em qualquer experiência; não havia nada que quisesse, nada que desejasse, nada que esperasse ansiosamente, a não ser sumir. É difícil descrever como o mundo se mostra totalmente escuro nessas situações.

Como expliquei, nossas neuroses individuais estavam emergindo, exageradas e ampliadas pelas terríveis circunstâncias. No meu caso, quando fico com medo, quando ele me domina, minha forma normal e leve de encarar a vida, que, com boa vontade, poderia ser chamada de fineza, degenera em sarcasmo e mordacidade, uma amargura contra todos ao meu redor – não porque sou mordaz por natureza, mas porque estou com medo. Nessas condições, torno-me muito desagradável. Acabo confirmando o epíteto de Oscar Wilde: "Ele não tem inimigos, mas repugna intensamente a todos os seus amigos".

E quanto a Treya, quando dominada pelo medo, sua força resiliente degenera em rigidez, em grave teimosia, em uma tendência para controlar e monopolizar.

E foi exatamente isso que aconteceu. Como não podia expressar raiva em relação a ela aberta e diretamente, eu apelava constantemente para o sarcasmo. E com

Narciso ou a autocontração

sua rigidez, Treya monopolizou a maior parte das decisões centrais de nossas vidas. Eu sentia que não tinha nenhum controle sobre a minha vida porque ela sempre estava com o trunfo: "Mas eu tenho câncer".

Nós polarizamos nossos amigos, os dela achando que eu era definitivamente o bandido, eu tentando convencer os meus da total impossibilidade de viver com ela. E ambos estávamos certos. Após sua ida para um retiro com duas de suas melhores amigas – no qual, entre outras coisas, exigiu que as amigas se vestissem fora do quarto para ter meia hora extra de sono – elas me puxaram de lado e comentaram: "A Treya é tão controladora, como você faz para viver com ela o tempo todo? Quase não a aguentamos por apenas três dias". E, frequentemente, após as noitadas com a família ou amigos, eles puxavam Treya de lado e diziam: "Como você o tolera? O Ken parece uma cascavel enrolada. Ele odeia todo mundo?"

A mordacidade colidia com a rigidez e o resultado estava nos destruindo. Nós não nos odiávamos, odiávamos os palhaços neuróticos um do outro, que pareciam estar enredados em um tipo de espiral mortífera – quanto pior um se comportava, pior o outro reagia.

A única forma de quebrar esse círculo vicioso seria penetrar no componente neurótico. Afinal, não havia muito que fazer quanto às circunstâncias ou nossas moléstias reais. E ambos conhecíamos o suficiente sobre terapia para saber que o único caminho para romper a depressão neurótica é entrar em contato com a raiva que espreita sob a superfície. Mas como você consegue ficar com raiva de alguém com câncer? E como você fica com raiva de um homem que ficou ao seu lado para o melhor e o pior durante dois anos?

De alguma maneira, tudo isso passava pela minha mente enquanto me dirigia para a loja do Andy. Examinei as diversas armas por, talvez, meia hora. O que seria melhor, um revólver ou um rifle? Um Hemingway, pensei, exigiria um arame forte também. Quanto mais passeava pela loja, mais agitado e irado ficava. Finalmente percebi. Eu realmente queria matar alguém, mas não era eu.

De volta para casa, tudo isso me veio à cabeça. Acomodei-me na minha escrivaninha na sala de estar e passei a trabalhar em alguns assuntos inevitáveis. Treya entrou com um jornal e começou a folheá-lo. Devo ressaltar que havia várias outras salas na casa, mas em um de seus momentos assustadores e monopolizadores, Treya exigira todas para seu uso (dois escritórios e um estúdio). Eu concordara alegremente (seja bonzinho com o paciente de câncer). Removi o bar de um canto da sala de estar e instalei meu escritório lá. Esse era o único espaço da casa que considerava meu – também era o único espaço da minha vida que ainda controlava – e, mesmo assim, ele não tinha uma porta. Eu me sentia muito territorial sobre quem entrava na sala de estar enquanto estava trabalhando.

Graça e Coragem

"Você se importa de sair, por favor, o ruído do jornal está me incomodando."

"Mas eu gosto de ler jornal aqui. É meu lugar favorito. Eu realmente curto isso."

"Aqui é o meu escritório. Você tem três outras salas. Vá para uma delas."

"Não."

"Não? Não? Foi o que você disse? Olhe, ninguém, que não tenha uma formação do terceiro ano primário ou que não consiga ler um maldito jornal sem mover os lábios, tem permissão para ficar nesta sala enquanto estou trabalhando."

"Odeio quando você fica sarcástico. Eu vou ler meu jornal."

Levantei-me e fui em direção a ela. "Saia."

"Não."

Começamos a discutir cada vez mais alto, a gritar, a ficar vermelhos e furiosos.

"Saia já, sua puta nojenta."

"Saia você."

Eu bati nela. Novamente. E novamente. Continuei gritando: "Saia, maldita, saia!" enquanto a agredia e ela berrava: "Pare de me bater! Pare de me bater!"

Nós finalmente desmoronamos no sofá. Eu nunca batera numa mulher antes e nós dois sabíamos disso.

"Vou embora", disse por fim. "Vou voltar para San Francisco. Odeio este lugar. Odeio o que estamos fazendo um ao outro aqui. Você pode vir comigo ou ficar. Depende de você."

"Meu Deus, que beleza! Olhe para isto! É absolutamente maravilhoso!" Não estou falando com ninguém em particular. Com minha pequena lanterna entro lentamente no segundo quarto, e, à medida que o examino, fico totalmente cativado pelo que vejo. O primeiro pensamento que me vem à mente é Éden. Este é o Jardim do Éden.

Começando pela esquerda, onde deveria estar uma escrivaninha grande, e espalhando-se até se perder de vista, consigo perceber uma selva densa, luxuriante, espessa, úmida, mil sombras do mais rico verde, vida selvagem vagando casualmente pela névoa. No centro desta floresta expansível há uma árvore imensa, seus galhos superiores alcançando as nuvens de chuva acima, iluminadas ocasionalmente pelo sol. É tão idílico, tão pacífico, tão convidativo, tão absolutamente cativante que eu...

"Venha por aqui, por favor."

"O quê? Não entendi."

"Venha por aqui, por favor."

"Quem é você? Não me toque! Quem é você?"

"Venha por aqui, por favor. Acho que você está perdido."

"Eu não estou perdido. Quem se perdeu foi Treya. Olhe, você não viu uma mulher muito bonita, loura, com..."

Narciso ou a autocontração

"Se você não está perdido, então onde está?"
"Bem, está certo, pensei que estivesse na minha casa mas..."
"Venha por aqui, por favor."

Recordando o incidente, Treya e eu achamos que ele foi um ponto de mutação crucial, não porque bater numa pessoa seja motivo de orgulho, mas simplesmente porque nos mostrou que estávamos realmente desesperados. Quanto a Treya, ela começou a controlar suas tendências monopolizadoras, não porque achasse que eu a agrediria novamente, mas porque percebeu que elas se baseavam no medo. Quanto a mim, passei a aprender a delicada tarefa de estabelecer limites e demonstrar necessidades para alguém que tem uma moléstia potencialmente terminal.

Ele está lutando agora por seu espaço próprio, não mais se acomodando, e isso é muito relaxante, porque não tenho de gastar tanta energia perguntando-me ou tentando descobrir o que realmente o faria feliz, para, em seguida, sentir-me culpada se não acertar. Já que uma vez precisei do seu apoio incondicional (e ele o deu!), agora devo me policiar, especialmente porque sou bastante teimosa. Se for muito importante, ele precisa continuar forçando, até que eu desista.

Daquele ponto em diante, as coisas passaram a melhorar dia a dia, lentamente. Ainda tivemos muito trabalho – começamos a fazer terapia de casal com nosso velho amigo Seymour Boorstein e passou-se mais ou menos um ano até que as coisas voltassem ao normal – o que significou recuperar o amor extraordinário que sentíamos um pelo outro, um amor que nunca morreu, mas que havia passado a maior parte do ano sob um sofrimento incessante.

10. Um período de cura

"Alô, sr. Wilber?" Eu estava sentado na varanda da nossa recém-alugada casa em Mill Valley, olhando, calma e vagamente, para as densas sequoias canadenses que davam fama à área.

"Sim."

"Meu nome é Edith Zundel. Sou de Bonn, Alemanha Ocidental. Meu marido, Rolf, e eu estamos editando um livro de entrevistas com mais ou menos uma dúzia de psicólogos de vanguarda do mundo inteiro. Eu gostaria de entrevistá-lo."

"Sinto muito, Edith, mas não dou entrevistas. De qualquer forma, obrigado e boa sorte."

"Eu estou hospedada com Frances Vaughan e Roger Walsh. Vim de muito longe e realmente gostaria de poder conversar com você. Por favor, não vai levar muito tempo."

Três esquilos estavam saltando de um lado para outro entre duas sequoias enormes. Eu tentava descobrir se eles estavam brincando, acasalando-se, namorando ou o quê.

"O problema é o seguinte, Edith. Há muito tempo decidi não dar entrevistas ou aparecer de qualquer forma em público como professor. A razão, além do fato de ficar nervoso ao fazê-lo, é que as pessoas tendem a me encarar como um tipo de mestre, guru ou instrutor espiritual, e eu não sou nada disso. Na Índia, eles fazem distinção entre *pandit* e guru. Um *pandit* [o *pundit* americano] é um simples estudioso ou, possivelmente, um estudioso-praticante, uma pessoa que pesquisa assuntos como ioga e normalmente também os pratica, mas não é iluminado. Um guru é um mestre e professor iluminado. Eu sou um *pandit*, não um guru. No que diz respeito à prática, considero-me um principiante como qualquer outra pessoa. Talvez tenha dado umas quatro entrevistas nos últimos quinze anos. Às vezes, respondo a perguntas escritas, mas é só."

"Eu entendo, sr. Wilber, mas a síntese que desenvolveu das psicologias orientais e ocidentais é exclusivamente sua, e eu gostaria de conversar com você como um estudioso, não como um guru. Seus trabalhos são muito influentes na Alemanha, sabia? Você causou um grande impacto, não só em áreas marginais, mas em círculos acadêmicos predominantes. Todos os seus dez livros foram traduzidos para o alemão."

Os três esquilos desapareceram na mata densa.

"Sim, meus livros são um sucesso na Alemanha e no Japão." Decidi testar seu senso de humor. "Você sabe, os dois países pacíficos."

Graça e Coragem

Edith riu por um longo tempo; em seguida, falou: "Pelo menos apreciamos um gênio quando nos deparamos com ele".

"Gênio louco, talvez. Minha esposa e eu estamos passando por um momento difícil."

Fiquei pensando se haveria algum tipo de chamada para esquilo. Aqui, esquilooo, esquilooo...

"Frances e Roger me contaram sobre Terry. Eu sinto muito. Parece totalmente sem sentido."

Senti uma imensa ternura em Edith, ainda que por telefone. Naquele instante, não podia imaginar o papel crucial que ela representaria em nosso futuro.

"Está bem, Edith, passe por aqui hoje à tarde. Nós conversaremos."

Treya e eu havíamos nos mudado novamente para a Bay Area, para a pequena cidade de Mill Valley, de volta aos nossos amigos, nossos médicos, nossos sistemas de apoio. A mudança para Tahoe tinha sido um completo desastre e ambos estávamos nos recuperando. Mas a página tinha sido virada. Ainda em Tahoe – uma vez que tomamos a decisão de partir – as coisas passaram a melhorar. Treya, em particular, recuperou sua surpreendente equanimidade e força. Ela voltou a meditar e, como eu sugerira antes, decidimos fazer terapia de casal com Seymour, algo que deveríamos ter feito desde o primeiro dia.

E, assim, lições simples passaram a nos tocar, começando por aceitação e perdão. Como apresentado em *Um Curso em Milagres*:

O que você pode querer que o perdão não possa lhe dar? Quer paz? O perdão a oferece. Quer felicidade, mente tranquila, certeza de propósito e sensação de valor e beleza que transcende o mundo? Você sempre quer atenção, segurança e calor da proteção segura? Você quer uma quietude que não possa ser perturbada, uma suavidade que nunca seja ferida, um profundo conforto permanente e um equilíbrio tão perfeito que nunca seja rompido?

O perdão lhe oferece tudo isso e muito mais.
O perdão oferece tudo que eu quero.
Hoje aceitei isso como verdade.
Hoje recebi as bênçãos de Deus.

Sempre admirei a confiança que o *Curso* deposita no perdão como uma forma de recordar o verdadeiro Eu. Essa é uma abordagem sem igual, encontrada em poucas das outras grandes tradições de sabedoria que, normalmente, enfatizam uma forma de treinamento de conscientização ou devoção. A teoria por trás do perdão é simples: o ego, a sensação de um eu separado, não é apenas um constructo cognitivo, mas também

Um período de cura

afetivo. Isto é, não é sustentado apenas por conceitos, mas também por emoções. E a emoção primordial do ego, de acordo com esse ensinamento, é o medo seguido pelo ressentimento. Como declarado nos *Upanishads*: "onde há outro, há medo".

Em outras palavras, sempre que dividimos a consciência inconsútil em sujeito *versus* objeto, em eu *versus* outro, então esse eu sente medo, simplesmente porque existem agora muitos "outros" lá fora que podem prejudicá-lo. Desse medo nasce o ressentimento. Se insistirmos em nos identificar apenas com esse pequeno eu aqui, então outros irão machucá-lo, insultá-lo, feri-lo. Assim, a existência do ego é mantida por uma coleção de afrontas emocionais; ele carrega suas contusões pessoais como a própria essência da sua existência. Coleciona ativamente mágoas e ofensas, mesmo que se ressinta delas, porque sem suas contusões seria, literalmente, nada.

A primeira manobra do ego, ao lidar com esse ressentimento, é tentar induzir os outros a confessar seus erros. "Você me magoou; peça desculpas." Às vezes, isso faz com que o ego se sinta temporariamente melhor, mas não adianta nada para extirpar a causa original. E, geralmente, ainda que a pessoa se desculpe, o resultado provável é agora mais raiva. "Eu sabia que você me fez isso; veja, você acaba de admiti-lo!" A tendência básica do ego: nunca perdoar, nunca esquecer.

O que o ego não tenta é perdoar, porque isso enfraqueceria sua própria existência. Perdoar os insultos, reais ou imaginários, é enfraquecer a fronteira entre o eu e o outro, dissolver a sensação de separação entre sujeito e objeto. Assim, com o perdão, a consciência tende a se desapegar do ego e seus insultos, e voltar-se, ao contrário, para a Testemunha, o Eu, que trata igualmente o sujeito e o objeto. Portanto, de acordo com o *Curso*, o perdão é o modo de me desapegar do meu eu e lembrar do meu Eu.

Achei essa prática extremamente útil, especialmente quando não tinha energia para meditar. Meu ego estava tão machucado, tão ferido – eu acumulara tantas afrontas (reais ou imaginárias) – que somente o perdão poderia começar a desenroscar a dor da minha autocontração. Quanto mais me sentia "ferido", mais contraído ficava, o que tornava a existência dos "outros" ainda mais dolorosa e as feridas ainda mais marcantes. E se não conseguia perdoar os outros por sua "insensibilidade" (em outras palavras, a dor causada por minha propensão à autocontração), então eu usava outra afirmação do *Curso*: "Deus é o amor por meio do qual eu perdoo".

E quanto à Treya, ela encetou uma profunda mudança psicológica, uma mudança interna que passou a resolver o que ela considerava o ponto mais central e difícil de sua vida, uma mudança que atingiria a realização um ano depois, quando alterou seu nome de Terry para Treya, uma mudança que para ela significou trocar o fazer pelo ser.

Viva! Minha menstruação voltou. Talvez possa ter o filho de Ken afinal! As coisas estão, certamente, começando a melhorar. Minha energia está de volta e eu a sinto fluir de novo. Momentos de verdadeira exuberância

Graça e Coragem

e alegria parecem surgir mais frequentemente, como antes, mas, ao mesmo tempo, também me sinto muito mais tranquila e, principalmente, muito menos reativa a situações genéricas. A vida parece estar se equilibrando...

Algumas considerações. Ken está com um tipo de infecção viral que ele, provavelmente, contraiu no ano passado em Incline Village. O Dr. Belknap a descobriu por meio de um exame de sangue completo – o mesmo médico que detectou meu caroço. Ken não acreditou – achava que era uma depressão profunda – e consultou outros dois médicos; ambos apresentaram o mesmo diagnóstico. Ken parou de interpretar seu esgotamento como depressão e sua aparência mudou quase da noite para o dia, como vocês podem imaginar! Ele ainda sente um pouco de ansiedade – está muito desgastado com toda a provação – mas a depressão profunda desapareceu apenas com o diagnóstico correto. Ele ainda está com o vírus – aparentemente não é contagioso – mas está aprendendo a conviver com ele e, assim, sua energia está voltando. Meu Deus, o que ele deve ter passado tendo essa coisa sem saber! Ele me contou como quase chegou ao suicídio, o que realmente me assustou. A única razão por que sempre temi o câncer é não querer deixá-lo. Se ele tivesse feito isso, não sei o que seria de mim. Talvez o imitasse imediatamente, foi como me senti no momento.

Uma das boas coisas que surgiu desse último ano é que acho que meu perfeccionismo diminuiu consideravelmente. É um palhaço que me criou muita dificuldade e desempenhou um importante papel no meu escorpião de autocrítica. Estou sempre me policiando – um atitude "multiplicadora" que, obviamente, implica o fato de que não estou totalmente certa do modo como sou. De alguma maneira, observando o aspecto de como funciono no mundo material – na construção da casa de Tahoe, os pequenos detalhes que deveriam estar "absolutamente perfeitos" – e quanto aborrecimento isso me causou, ajudou-me a diminuir esse impulso autodestrutivo. Sinto-me muito mais disposta agora a aceitar as coisas como elas são. Os aborrecimentos que tive por causa da minha rigidez, a ideia fixa de que as coisas devem estar nos seus devidos lugares. Muito bem, e daí? A vida neste mundo material, para não mencionar no psicológico, é cheia de dificuldades. Se conseguirmos que as coisas fiquem bem, isto é suficiente. A perfeição só leva a problemas. Se tentássemos fazer tudo de forma perfeita, então muito pouco seria feito. Gastaríamos todo nosso tempo com detalhes (uma das minhas tendências) e perderíamos de vista o quadro mais amplo, o significado do todo. Assim, passei a me esforçar a ser menos perfeccionista, a ver como posso ajudar para que as coisas aconteçam, a aceitar e perdoar mais.

Também estou me sentindo mais humilde ultimamente. Vejo mais claramente as coisas com que estou lidando na minha vida, os problemas que surgem nas minhas amizades e no meu casamento, minhas dificuldades interpessoais, minhas dúvidas e medos, problemas com dinheiro, perguntas sobre como contribuir com o mundo, incerteza sobre qual é minha missão, a vontade de entender o significado do sofrimento por que passamos... como isso é quase exatamente a mesma preocupação de todo mundo. Acho que sempre existiu uma parte de mim que se parece com a menininha na casa branca da colina, que de alguma forma as regras não foram feitas para mim, que eu era diferente. O que estou descobrindo com tudo isso é que não sou diferente, que meus problemas são arquetípicos e vêm sendo trabalhados por outros seres humanos há séculos. E o sentimento que brota disso é um novo tipo de humildade, um novo nível de aceitação das coisas como são, uma nova sensação de bem-estar. E o que é melhor – um sentimento maior de ligação com os outros, como se fizéssemos parte de um único ser que enfrenta esses problemas e cresce com o processo. Como não sou diferente, significa também que não estou sozinha.

É como se meu foco, de alguma forma, se estreitasse para viver somente o momento. Sinto-me mais relaxada ao fazer isso, ainda que não satisfaça minha subpersonalidade realizadora. Estou simplesmente fazendo o que é para

Um período de cura

ser feito. Deixando a impaciência de lado e cortando a pilha de lenha específica à minha frente, não tentando cortar outra, buscar água no riacho próximo ou andar à procura de outro. Dando tempo para me curar. Desenvolvendo um espaço aberto, tranquilo, e observando o que pode eventualmente emergir dele.

Passeios e caminhadas têm sido importantes – qualquer coisa que me obrigue a entrar em contato de novo com minha força, desafie-me fisicamente e me faça recordar a beleza delicada do crepúsculo, o som calmante da brisa nas árvores ou a satisfação de observar o sol refletido nas gotas de água.

Ultimamente, trabalhar na minha horta tem sido a coisa mais saudável que faço. Fico lá fora quase o dia inteiro, cavando canteiros (o que significa retirar todo tipo de pedras), plantando alface, couve-flor, ervilha, espinafre, cenoura, rabanete, pepino e tomate. As sementes parecem muito diferentes, algumas são tão minúsculas a ponto de ser difícil de acreditar que contenham tantas informações genéticas; outras têm uma forma tão estranha que nem parecem sementes. A plantação tem crescido ao longo das semanas – provavelmente plantei algumas coisas um pouco tarde para a colheita – mas não me importo se germinarão (Estou falando isso? Eu, a produtora!), é só pelo prazer de ver as sementes brotarem do solo cuidadosamente preparado e observar o conjunto de folhas que define a identidade da planta, acompanhando como cada uma se transforma especificamente em si mesma. As ervilhas com suas pequenas gavinhas enroscando-se na tela de arame – talvez seja minha planta favorita de observar. Considerando que cavar os canteiros foi bem duro para as minhas costas, a satisfação de preparar bom solo para as plantas e vê-las crescer é incrivelmente curadora. Sinto-me novamente em contato com a vida por meio da horta e me faz bem cuidar dela em vez de precisar cuidar de mim mesma. É bom ser capaz de dar em vez de precisar receber. Ver surgir os frutos exteriores do meu trabalho em vez de ser a pessoa tratada. Começar a cuidar de Ken em lugar de ser cuidada.

Recordo-me de todos os anos em que tentei criar um objetivo para minha vida, procurando ansiosamente. O esforço, o forte desejo. A imagem que surge é a de estar buscando, esticando-me, agarrando, desejando. E a lição é que nada disso me trouxe paz, sabedoria ou felicidade. Creio que essa é minha lição. Assim, meu caminho no momento tem um sabor predominantemente budista (mas estudarei outros). Entretanto, não estou em busca da iluminação. Não me juntaria a um grupo de lua cheia, que é formado por pessoas que assumiram o compromisso de alcançar a iluminação plena nesta vida. Eu sei que este tipo de compromisso é perigoso para mim; talvez seja muito cedo ou não seja absolutamente o meu caminho. Preciso aprender a não querer chegar a lugar algum. Cortar lenha e carregar água em abundância. Não desejar mais, almejar mais, buscar um propósito. Apenas viver e deixar acontecer.

Ultimamente estou meditando regularmente, pela primeira vez após algum tempo. E acho que é por causa de uma mudança de abordagem. Agora, quando me sento para meditar, não fico me perguntando secretamente se terei uma experiência interessante, se verei uma luz, se sentirei um fluxo de energia pelo meu corpo. Não medito com o objetivo de "progredir" na minha prática. Não fico ansiosa para que algo aconteça. Bem, isto não é totalmente verdadeiro. Porque a ansiedade e o desejo surgem às vezes. Mas os observo, libero-os e volto novamente ao meu foco atual. Quando me pergunto por que medito – e claro que essa pergunta surge regularmente – digo para mim mesma que é para expressar como estou no momento. Medito porque existe algo em mim que quer dedicar este tranquilo momento de disciplina a mim mesma como uma dádiva. É mais uma afirmação do que uma busca. Talvez mais tarde o propósito se torne claro, livre do apego que costumo vivenciar. Talvez o propósito já esteja aqui, desdobrando-se à medida que relaxo.

Graça e Coragem

Com Kay Lynne na noite passada. Ela me contou que, às vezes, sente muita inveja de outras pessoas e não sabe exatamente o que fazer. Imagino que ela estivesse pensando no John e em sua oportunidade brutalmente interrompida de compartilhar seu futuro com ele [John foi tragicamente assassinado no ano passado por um ladrão]. Também imagino que me ver junto de Ken a afetou ainda mais. Ela mencionou um amigo seu que a visitou e, ao notar nela um intenso desejo de relacionamento, deixou claro que não estava interessado em se comprometer.

"Isso me deixa realmente infeliz. Continuo tentando evitá-lo, mas não consigo. Você tem alguma sugestão?"

"Ah, as antigas avidez e aversão", comentei. "É claro que elas a tornam infeliz; os budistas afirmam que são a causa do sofrimento. Minha única sugestão – e acho que funciona – provém diretamente das minhas experiências de meditação *vipassana*. Apenas perceba, observe, vivencie completamente. Agora mesmo, por exemplo, você está consciente de que se sente desse modo, que está infeliz. É bom que você perceba, que você observe isso."

"Já estou me sentindo melhor", ela disse. "Não sei por que tenho de aprender isso tantas vezes. Estou mais aliviada."

"Minha teoria pessoal é que você não tem de se esforçar para mudar ou parar um certo comportamento ou pensamento de que não goste. Na verdade, o esforço atrapalha. O importante é vê-lo claramente, observar todos os seus aspectos, apenas testemunhá-lo; se toda vez que surgir você o encará-lo, não será pega de surpresa. Acho que existe algo um tanto misterioso; você pode chamá-lo de impulso evolucionário para seguir em direção ao potencial supremo, em direção a Deus, ou ao que seja; mas, uma vez que tenha se conscientizado do problema, defeito ou fixação, esse algo misterioso parece ser capaz de nos manter no rumo, corrigir o defeito. A mudança não é uma questão de vontade. A vontade é necessária para cultivar a consciência, mas frequentemente ela se interpõe no caminho de uma mudança interna sutil e profunda. Esse tipo de mudança, que vai além da nossa compreensão e, certamente, além da nossa capacidade de vontade consciente, é mais como uma dádiva, uma abertura."

"Um pouco como a graça", ela disse. "Entendo exatamente o que você quer dizer."

"Sim, é isso mesmo. Como uma graça. Não havia pensado assim antes."

E me lembrei de *Um Curso em Milagres*, que tem sido meu livro de cabeceira nos últimos dias. As frases finais são:

> Pela graça eu vivo. Pela graça eu me liberto.
> Pela graça eu dou. Pela graça eu libertarei.

Essas frases nunca me tocaram antes. Havia muito ruído sobre a graça benevolente de um deus paternalista na figura de um pai, perdoando seus filhos imperfeitos e pecadores. Mas agora elas estão fazendo sentido. Passei a entender a graça como uma maneira de descrever aquele algo misterioso que parece curar, manter-nos na direção certa, reparar erros.

Treya e eu estávamos tentando permitir que aquele algo misterioso reparasse os erros e curasse as feridas que ambos sofremos ao longo dos últimos dois anos. Observamos que a cura ocorre – e precisa ocorrer – em todos os níveis do ser: físico, emocional, mental e espiritual. E começamos a perceber que a cura física, embora

Um período de cura

desejável, é normalmente a menos importante ou menos indicativa da saúde genuína, que é a saúde da alma, a recuperação da alma. Treya e eu percorremos a Grande Cadeia em nossa busca da cura. E fomos ajudados por tantas pessoas, começando por Frances e Roger.

E também por Seymour, a quem passamos a chamar de "See-more".[1] Ele é um experiente psicanalista que cedo percebeu a extrema importância do modelo freudiano, bem como suas profundas limitações. Assim, começou a complementar sua abordagem própria com práticas contemplativas, usando principalmente a meditação *vipassana* e o *Curso em Milagres*. Seymour e eu nos conhecemos há quase dez anos, quando ele me telefonou em Lincoln, Nebraska, para conversar sobre algumas questões teóricas, na tentativa de sintetizar abordagens orientais e ocidentais para a psicoterapia. Seymour interessou-se pelo meu trabalho, e pelo meu modelo global da consciência, porque onde outros estavam tentando usar Carl Jung como base para unificação Oriente/Ocidente, logo percebi que, embora Jung tenha dado contribuições muito importantes para essa área, ele também cometeu alguns erros profundos e muito enganosos, e que um ponto de *partida* mais coerente (embora *não* um ponto de chegada) seria Freud. Essa conclusão mostrava-se coerente com suas observações e nós nos tornamos bons amigos.

Como acontece frequentemente em terapias — individuais ou de casais — as conquistas realmente importantes são bastante simples e óbvias; o difícil está em aplicá-las na vida cotidiana repetidas vezes, até que hábitos antigos sejam abandonados e substituídos por outros mais saudáveis. Seymour nos ajudou, particularmente, a ver que o problema não foi tanto o que dissemos um para um o outro, mas como nós o dissemos.

Aprender a focalizar mais em como dizemos algo, não apenas no conteúdo. Frequentemente, cada um de nós acha que seu conteúdo é totalmente justificável ou correto, mas falamos essa "verdade" de uma forma indelicada, irada, defensiva ou provocativa. E aí não conseguimos entender por que o outro reage à forma distorcida do comentário, não ao conteúdo. Meu maior *insight* foi compreender como nossos estilos defensivos interagem entre si, criando uma espiral de reação descendente e negativa. Ultimamente, Ken tem se mostrado ansioso, o que surpreende seus amigos (e a mim) porque ele nunca aparenta nervosismo. Ao contrário, ele fica zangado e irônico, seu modo de controlar a ansiedade. Não consegui perceber a ansiedade, só a raiva, o que, obviamente, ativou meu medo fundamental de infância – ser rejeitada e desamada. Como reajo quando não me sinto amada? Eu me recolho, ajo friamente, me cubro, exatamente como, quando menina, me trancava no quarto para ler. Meu recolhimento faz Ken se sentir não amado, o que o torna ansioso e irônico. Eu, por outro lado, fico mais recolhida e rígida, e aí meu lado obsessivo e controlador assume o comando, passo a dar ordens, o que faz Ken esbravejar... e assim por diante.

---

[1] "Vê-mais." Trocadilho com a pronúncia similar de "Seymour." (N.T.)

Graça e Coragem

Consigo entender por que, em um ponto, Ken recusou-se a tocar em alguns de nossos problemas sem, como ele comentou, alguém por perto para servir de "árbitro". Nós poderíamos realmente nos agredir. Mas quando começamos nessa espiral descendente no consultório do Seymour, os três conseguimos localizar quase imediatamente o primeiro passo desse processo e cortá-lo pela raiz ali mesmo. A parte difícil, claro, é aprender a fazer isso fora do consultório, mas estamos descobrindo o jeito.

Após quatro ou cinco meses de terapia, Treya e eu, com a ajuda sempre atenciosa de Seymour, começamos a dar a volta por cima. No início do verão de 1986, chegamos a um divisor de águas.

Não acredito que já seja junho. Continuo achando que estamos em maio. Parece que o tempo não passou desde que me sentei em frente deste computador para escrever. Tenho rabiscado notas com canetas extrafinas em pedacinhos de papel com caligrafia minúscula. Como vou decifrar estes lembretes ilegíveis de momentos de *insight*, medo, amor ou confusão?

Mas eu sei como me sinto agora. Melhor. Muito melhor. Parece que Ken e eu viramos uma página juntos. Atualmente não brigamos mais, como antes, e aprendemos a ser mais amáveis um com o outro. Exige conscientização, um pouco de esforço para controlar a reação, o impulso para brigar, e aprender a ver por baixo dele o medo que cria o impulso de ferir o outro. É isso que estamos exercitando, que Seymour tem trabalhado conosco. E as coisas estão mudando.

Um bom exemplo. Durante o banho de chuveiro, Ken perguntou-me se eu achava que tomamos a decisão correta de nos mudarmos para esta nova casa. Eu acho que sim, respondi, será bom ter mais espaço para os seus livros (a outra casa era muito pequena para a biblioteca dele). Sua resposta foi que não estava se importando muito com os livros agora; tudo que desejava era voltar à sua prática espiritual. Eu me senti incomodada com a resposta, porque ele me culpou por não poder escrever, e agora vem me dizer que não se importa com os livros. Fiquei zangada e magoada pela maior parte da manhã, mas pelo menos, graças a Seymour, não joguei isso na cara dele. Eu não disse nada. Mas a primeira voz que me veio à cabeça disse: fique magoada e zangada.

Em seguida, uma outra voz interior disse coisas como: espere aí, como foi que isso começou? Você ficou na defensiva, não é? Por quê? Oh, você achou que Ken a estava culpando e sentiu-se responsável por ele não escrever. Você tem uma suspeita: parece que ele a culpa. Por que faria isso? Oh, ele não quer se sentir responsável, é mais fácil jogar a culpa em você. O que pode estar por trás disso? Talvez tenha medo de encarar que a culpa é dele. Talvez não queira assumir a responsabilidade por não estar escrevendo. Por que isso surgiu exatamente agora? Ah, a nova casa com mais espaço para seus livros. E ele está com medo de que, na nova casa, as pessoas possam esperar que ele volte a escrever (e elas esperam ansiosamente). Sim, acho que é isso. Ele tem medo de não estar à altura das expectativas e defende-se delas, do seu medo de fracassar, culpando você.

À medida que a segunda voz vislumbrou o medo como a raiz do nosso conflito, a primeira voz ficou menos confiante. Uma vez que o medo foi exposto, senti uma enorme compaixão. Em vez de tentar me defender do "ataque" de Ken, tive vontade de ajudá-lo nessa transição e não esperar nada dele. Consegui repetir a cena e me perguntar: como poderia ter lidado melhor com a situação? Não consegui me imaginar recuando derrotada,

Um período de cura

apoiando minha cabeça fatigada na parede do box, mas sim respondendo sinceramente: que ótimo, amor, se você voltar a meditar na nova casa. O que quer que aconteça será legal e acho que foi muito bom mudar para um local que pode ajudar na nossa cura.

No mesmo dia, mais tarde, confirmei este cenário com Ken, mas muito sutilmente, sem acusações. Ele me condecorou com uma estrela dourada por ter acertado na mosca.

Foi uma verdadeira vitória entre outras mudanças que estão ocorrendo. Agora há mais espaço entre meu medo, o desconforto que ele causa e a reação de defesa. Nesse exemplo, me peguei suficientemente cedo na fase da reação, a ponto de dar um passo atrás e me livrar daquilo que poderia ter gerado mais conflito. Pude sentir também mais espaço em minha última sessão individual com Seymour. E mais delicadeza, mais compaixão, com os outros e comigo mesma.

Por mais importantes que fossem essas mudanças no que se refere à nossa relação como casal, os problemas realmente cruciais estavam sendo tratados em termos individuais. Eu estava tentando controlar minha ansiedade, Treya estava confrontando sua questão arquetípica: ser *versus* fazer, permitir *versus* controlar, confiar *versus* defender.

Sinto mais compaixão por mim mesma, mais confiança. Isto é mais notável ao olhar para minha capacidade de julgar. Na última sessão [individual] com Seymour, percebi meu desconforto quando, no final, nossa atenção voltou-se para mim em vez da relação. Eu quis me esconder por trás dos problemas da relação e não ser o foco. Então, falei sobre isto, sobre meu medo. Agora me é muito mais fácil observá-lo e, especialmente, reconhecê-lo. Fico menos envergonhada. De alguma maneira, não querer conversa sobre mim mesma parecia se relacionar a algo que notei anos antes: o quão difícil é reconhecer quando alguém diz ou faz alguma coisa que facilita o entendimento de mim mesma. Tendo a responder algo como "eu já havia notado isso" em lugar de "obrigada, isso ajudou". Acho difícil aceitar o auxílio dos outros porque isso me torna vulnerável, me coloca em suas mãos; eles conseguem me ver mais claramente do que me vejo. E o mais importante de tudo, o ponto fundamental, é a suposição de que me julgariam pelo que vissem, teriam poder sobre mim, não que eles sentissem compaixão, pois se acreditasse nisso, sua compreensão poderia ser o início de uma relação amorosa mais profunda. Não, considero que as pessoas me julgarão, estão me julgando, sempre me julgaram e continuarão a me julgar.

Porque eu me julgo. O velho escorpião da autocrítica. E vou me livrar dele, estou me livrando. Oh, ainda tenho um caminho a percorrer, mas houve uma grande mudança. Sinto-me aliviada. Parece que faz muito tempo desde que esse processo funciona dentro de mim. Algo mudou, foi liberado, abriu-se. Eu realmente sinto que posso começar a confiar, permitir e não forçar, empurrar. E posso aceitar de fato o amor de Ken. É engraçado; a primeira coisa que escrevi sobre ele foi: "Eu confio nele mais do que no universo". É verdade. Seu amor e confiança, sempre presentes, mesmo nos piores momentos, contribuíram para minha abertura. Seymour diz que, antes de confiarmos em nós mesmos, temos de confiar em outra pessoa.

Seymour também me ajudou a entender melhor meu estilo obsessivo. Ele ressaltou como desperdiço meu tempo com todo tipo de detalhes triviais. Eis aqui, basicamente, a raiz do meu problema para descobrir e fazer o

Graça e Coragem

que quero – acho que nunca tenho tempo. Mas o ponto é que, classicamente, essa é a forma obsessiva para manter as coisas sob controle. Em outras palavras, os obsessivos fazem tudo sozinhos. Eles não confiam nos outros – a desconfiança está no cerne da neurose obsessiva; assim, eles tentam controlar até os mínimos detalhes. Novamente, confiança. Minha grande lição.

Como disse, Treya e eu estávamos cobrindo, ou pelo menos tentando cobrir, todas as bases – física, emocional, mental, espiritual. No nível físico, eu estava aprendendo a economizar energia e coordenar meus recursos enquanto o vírus seguia seu curso. Treya fazia ginástica, *jogging* e longas caminhadas. Continuávamos a aprimorar nossa dieta, baseando-nos largamente em medidas gerais de prevenção do câncer (vegetariana, pouca gordura, muita fibra, carboidratos complexos). Há muito tempo eu assumira o papel de cozinheiro, a princípio por necessidade, depois porque me tornei bastante bom nisso. No momento estávamos seguindo a dieta Pritikin, à qual me dedicava com afinco para torná-la saborosa. E, claro, as megavitaminas. Nos níveis emocional e mental, estávamos fazendo terapia, aprendendo a digerir e integrar diversas questões não resolvidas, e a reescrever nossos roteiros feridos. E, no nível espiritual, estávamos praticando a aceitação e o perdão, e tentando, de várias formas, restabelecer a Testemunha, aquele centro tranquilo de equanimidade no meio dos tumultos infindáveis da vida.

Conquanto eu ainda não tivesse voltado a meditar, Treya e eu começamos a buscar um mestre que ambos pudéssemos seguir. O caminho essencial de Treya era o *vipassana*, a senda básica e central de todas as formas de Budismo, embora ela também fosse muito ligada ao Misticismo Cristão e praticasse o *Curso em Milagres*, diariamente, há mais ou menos dois anos. Mesmo sendo simpatizante de praticamente qualquer escola de misticismo, Oriental ou Ocidental, eu achava que a forma mais poderosa e profunda de misticismo era a budista; assim, minha própria prática tinha sido, por quinze anos, o Zen, o caminho quintessencial do Budismo. Mas o Budismo Vajrayana, a forma tibetana do Budismo Tântrico, que é, sem dúvida, o mais completo e coerente sistema espiritual encontrado em qualquer lugar no mundo, sempre me atraiu. Eu também sentia atração por vários mestres individuais que, embora ligados a uma tradição particular, transcendiam qualquer categorização: Krishnamurti, Sri Ramana Maharshi e Da Free John.

Mas Treya e eu nunca conseguíamos concordar quanto a um mestre, nenhum que ambos pudéssemos seguir sinceramente. Eu gostava muito de Goenka, mas achava o *vipassana* muito estreito e limitado para uma abordagem global. Treya gostava de Trungpa e Free John, mas achava seus caminhos um pouco selvagens e loucos. Finalmente, descobriríamos "nosso" professor em Kalu Rinpoche, um mestre tibetano da mais alta realização. De fato, foi em um retiro de iniciação conduzido

Um período de cura

por Kalu que Treya teve o maravilhoso sonho onde ficou claro para ela que deveria trocar de nome. Enquanto isso, nós continuávamos a busca, visitando, observando, rondando, praticando com o mais extraordinário sortimento de instrutores espirituais que se possa imaginar: Padre Bede Griffiths, Kobun Chino Roshi, Tai Situpa, Jamgon Kontrul, Trungpa Rinpoche, Da Free John, Katagiri Roshi, Pir Vilayat Khan, Padre Thomas Keating...

No domingo fomos a Green Gulch [do San Francisco Zen Center], a primeira vez depois de muito tempo. Quando chegamos havia muitos carros; depreendemos que alguém importante iria falar. Era Katagiri Roshi, um dos antigos mestres zens de Ken. Ficamos perto da entrada do superlotado *zendo*.[2] Eu gosto do Katagiri, ele parece muito direto e presente, embora não consiga entender tudo que ele fala. Mesmo àquela distância, pude perceber que, quando ele sorria, seu rosto inteiro sorria, cada canto, cada ruga, tudo. O Zen do sorriso: quando sorrir, simplesmente sorria! Sua cabeça, claro, é raspada e apresenta um formato interessante, estranho. Nunca vi uma cabeça assim. Tenho agora um recém-descoberto interesse pelas formas de cabeça das pessoas por baixo do cabelo.

Mais tarde, durante a parte de perguntas e respostas, após o chá no deque, alguém lhe fez uma pergunta. Sua resposta me tocou profundamente.

"Se Buda viesse à América hoje, qual de seus ensinamentos você acha que ele enfatizaria?"

"Ser humano, eu acho", respondeu Katagiri. "Não ser americano, japonês, ou o que quer que seja, mas ser humano. Ser verdadeiramente humano. Isto é o mais importante."

Até aquele instante me perguntava se é apropriado para os americanos demonstrar tanto interesse por mestres espirituais de outras culturas. Pensava nisso especialmente depois de ter conhecido tantos do Tibete recentemente. Costumava considerar com simpatia a crítica de que devemos olhar para nossa própria cultura, reavivar nossas próprias tradições, em lugar de, ingenuamente, e talvez injustamente, enaltecer religiões exóticas de outros lugares. Mas, naquele momento, de repente senti que existe uma certa legitimidade nessa tendência, que tem a ver com ser verdadeiramente humano. Estudar uma disciplina espiritual com um homem que fala um inglês claudicante, com um marcante sotaque japonês (ou indiano, ou tibetano), pode ser uma experiência, não de diferenças culturais, mas de como estamos todos trabalhando simplesmente para nos tornarmos mais completamente humanos. E, desse modo, talvez, também mais divinos.

Naquela noite, Ken e eu jantamos com Katagiri e David [Chadwick] no Lindisfarne Center. Bill [William Irwin] Thompson, diretor do Lindisfarne, casado com uma amiga minha de Findhorn, levou-me para conhecê-lo, alguns anos atrás, quando estava quase pronto. Como o mundo é pequeno. Ken e Katagiri recordaram velhas histórias de um sesshin [sessão de prática intensiva de Zen] que Ken fez com ele em Lincoln, há cerca de dez anos, quando teve uma experiência de satori – "uma bem pequenina", Ken comentou – que ocorreu quando Katigiri afirmou: "A Testemunha é a última trincheira do ego". Eles conversaram sobre isso e riram muito. Algum tipo de piada zen, pensei. Parece que existem alguns buscadores espirituais muito loucos lá nos planos que eles dois conhecem.

---

[2] Local onde se pratica o *zazen* (meditação sentada). (N.T.)

Graça e Coragem

Katagiri é muito despretensioso e conseguiu aquecer meu coração. Alguns acreditam que ele seja o verdadeiro sucessor de Suzuki Roshi. Fiquei interessada em estudar e meditar com ele no Zen Center e ver aonde isso poderia me levar. Não estou mais procurando perfeição também no caminho espiritual. Seria maravilhoso encontrar um mestre por quem me apaixonasse, mas isso pode levar tempo e não faz nenhum sentido esperar. Talvez, quem sabe, ele estivesse sentado na minha frente naquele instante e eu ainda não tivesse me dado conta.

Na noite seguinte, jantamos com alguns amigos que são membros da Johanine Daist Community e devotos de Da Free John. Ken escreveu uma introdução para um dos livros de Free John e acabou de dar um forte apoio ao seu mais recente, *The Dawn Horse Testament*. Boas pessoas. Sempre observo os discípulos seniores de um mestre para avaliar como ele realmente é, e essas pessoas eram tão bacanas. Assistimos a um vídeo de Free John e gostei dele mais do que esperava. Acho que o caminho do devoto, até mesmo a palavra devoto, me desconcerta. No vídeo, ele diz que o processo, em primeiro lugar, envolve o estudo de seus ensinamentos escritos (existem muitos!). Em seguida, quando eles forem entendidos, e se você sentir o chamamento, passa-se para uma relação mais íntima com ele. Uma vez que seja um devoto, é como se sua vida passasse a ser totalmente controlada por ele e pelos seus ensinamentos; devo admitir que resisto a isso. Provavelmente seja a neurose com que mais preciso lidar, mas só quando estiver pronta.

Mais tarde, ao ler *The Dawn Horse Testament*, descobri que ele delineia dois caminhos claros. Um é o do devoto; o outro, da indagação. É exatamente ao que Ken se refere como poder do outro e autopoder. Gostei do que ele diz nesse livro, especialmente sobre relacionamentos, sobre como o ego nada mais é do que contração ou fuga da relação. Com certeza me reconheço, quando ele descreve o ego como reativo e fugitivo da relação. Frequentemente me sinto rejeitada e aí me engajo no "ritual egoico" de me defender daquilo que entendo como insulto ou desconsideração. Quando reajo magoada ao que entendo como rejeição – o que significa retrair-me, evitar, normalmente me defendendo – seu ensinamento me ajuda a pensar que devo parar de dramatizar a situação como se tivesse sido traída, parar de reagir, parar de rejeitar e castigar os outros. Eu não devo conter o amor, dissociar-me, mas, ao contrário, ser vulnerável e sofrer por me sentir ferida. "Pratique o ferimento do amor", ele diz, "você não pode evitar ser ferida, apenas observe, não se contraia e continue a amar. Mesmo que se sinta magoada, você ainda sabe que precisa amar e ser amada."

"Venha por aqui, por favor."

Não consigo distinguir a Figura próxima a mim. Alguém está me conduzindo suavemente pelo cotovelo. Eu a empurraria, ou me desvencilharia, se conseguisse vislumbrar, ainda que vagamente, contra o que estaria reagindo. Dirijo lentamente o foco da lanterna na direção da Figura, mas a luz simplesmente parece desaparecer, penetrá-la e não sair. Porém, ela tem uma forma definida, muito mais escura do que o ambiente, que já é praticamente negro. De repente, eu percebo. A Figura não é escura, ela é a ausência de luz ou escuridão. Está lá, mas não está.

"Olhe, não sei quem você é, mas esta é a minha casa e eu agradeceria se fosse embora." Começo a rir nervosamente. "Ou chamarei a polícia." Eu rio porque... polícia?

"Venha por aqui, por favor."

Um período de cura

Decidi sair da varanda e entrar em casa. Edith, suponho, chegaria em aproximadamente uma hora e precisava comer algo. Os esquilos haviam desaparecido e Treya estava em Tahoe, terminando algumas coisas suas, a fim de se mudar definitivamente para a nova casa em Mill Valley.

Apesar de tudo, as coisas estavam indo muito bem; ou, pelo menos, melhorando rapidamente. Como Treya disse a Seymour, ela achava que uma página tinha sido virada; na verdade, várias páginas, e eu concordei.

Peguei um sanduíche e uma Coca-Cola, e voltei para a varanda. O sol estava começando a aparecer acima das gigantescas sequoias, tão altas a ponto de esconder a luz até quase meio-dia. Sempre esperava ansiosamente por esse momento, quando o sol batia no meu rosto, lembrando-me de que existem sempre novos começos.

Pensei em Treya. Sua beleza, sua integridade, sua honestidade, seu espírito puro, seu imenso amor pela vida, sua força surpreendente. O Bem, a Verdade e a Beleza. Meu Deus, eu amo essa mulher! Como consegui culpá-la por minhas provações? Causar-lhe tanto sofrimento? A melhor coisa que já me aconteceu! No momento que a conheci, tive certeza de que faria qualquer coisa, iria a qualquer lugar, sofreria qualquer dor, para estar com ela, apoiá-la, abraçá-la. Essa foi uma decisão profunda que tomei no âmago do meu ser – e depois esquecê-la, culpar outra pessoa! – não me admiro de ter perdido minha alma – eu perdi. Por minha própria conta.

Eu perdoara Treya. Estava no processo muito mais lento de me perdoar.

Pensei na sua coragem. Ela simplesmente recusou-se, absolutamente recusou-se, a deixar que a provação a abatesse. A vida a derrubou, ela se levantou. A vida a derrubou novamente, ela se levantou. No mínimo, os acontecimentos do último ano aumentaram sua enorme resiliência. Virei o rosto para aquecer o outro lado. Sempre senti como se o sol energizasse meu cérebro, despejasse luz nele. Provavelmente, pensei, durante a primeira parte da vida de Treya, sua força proveio de sua capacidade de luta. Agora, passou a vir da sua capacidade de rendição. Onde antes ela tomaria a posição de ataque e conquistaria o mundo, agora ela se abre e permite que ele a inunde. Mas era a mesma força, sustentada por uma impressionante característica: uma honestidade totalmente inflexível. Mesmo nos piores momentos, nunca vi Treya fazer uma coisa – mentir.

O telefone tocou. Decidi deixar que a secretária eletrônica gravasse a mensagem. "Alô, Terry, é do consultório do Dr. Belknap. Por favor, você poderia marcar uma consulta com ele?"

Corri para o telefone e arranquei o fone do gancho. "Alô? Quem fala é Ken. Algum problema?"

Graça e Coragem

"O médico gostaria de discutir o resultado do exame com a Terry."

"Deu alguma coisa?"

"O médico explicará."

"Por favor, senhora."

"O médico explicará."

11. Psicoterapia e espiritualidade

"Olá, Edith, entre. Por favor, me dê um minuto. Acabei de receber um telefonema estranho. Eu volto já." Fui ao banheiro, joguei água no rosto e me olhei no espelho. Não lembro o que passou pela minha cabeça. Então, como sói acontecer frequentemente com pessoas nessas circunstâncias, eu simplesmente desliguei: afastei completamente da consciência o pesadelo que seguramente nos aguardava no consultório do médico. Uma negação total tomou conta da minha alma, o que me permitiu ajustar a *persona* de professor para a entrevista. Retornei com um sorriso emplastrado para atender Edith.

O que havia nela que a tornava tão agradável? Ela devia ter uns cinquenta e poucos anos, um rosto brilhante e aberto, quase transparente às vezes, mas, sem dúvida, muito intenso, firme e seguro. De alguma forma, em poucos minutos, sua presença já prenunciava lealdade, parecendo dizer que faria literalmente qualquer coisa de coração por um amigo. Ela sorria a maior parte do tempo, e não era um sorriso forçado, nem escondia ou negava a dor de ser humana. Isso fazia parte dela: uma pessoa muito forte e, ainda assim, muito vulnerável, que sorria no meio da angústia.

Ao mesmo tempo em que minha mente continuava a barrar o provável futuro, pela primeira vez fui atingido, de fato, pela estranha aura que se formou ao meu redor em razão da minha recusa, nos últimos quinze anos, de dar entrevistas ou aparecer em público. Foi uma decisão simples para mim, mas que gerou intensa especulação, normalmente concentrada na pergunta: será que ele existe mesmo? Nos quinze minutos iniciais, Edith quis discutir apenas minha "invisibilidade" e quando seu artigo foi publicado no *Die Zeit*, começou exatamente assim:

Ouvi dizer que Ken Wilber é um eremita; ninguém consegue entrevistá-lo. Fiquei ainda mais curiosa do que o normal. Até agora só o conhecia por meio da leitura, que indicava ser ele possuidor de um conhecimento enciclopédico, uma mente aberta para paradigmas muito divergentes, um estilo preciso repleto de quadros poderosos, uma incomum visão combinatória e uma rara clareza de pensamento.

Escrevi para ele. Como não recebi nenhuma resposta, fui ao Japão para um congresso da International Transpersonal Association. De acordo com o programa, Wilber seria um dos palestrantes. O Japão na primavera é muito bonito, o encontro com as tradições culturais e religiosas japonesas foi inesquecível, mas Ken Wilber não estava lá. Apesar de estar "presente": muitas esperanças foram projetadas nele. Ser invisível não é uma má técnica de relações públicas – se seu nome for Ken Wilber.

Graça e Coragem

Perguntei quem o conhecia. O presidente da Associação, Cecil Burney, respondeu: "Nós somos amigos. Ele é sociável e muito simples." Como ele conseguiu – tendo nascido em 1949 e estando com 37 anos – escrever dez livros? "Ele trabalha muito e é um gênio", foi a resposta lacônica.

Com ajuda de amigos e das suas editoras alemãs, tentei novamente obter uma entrevista. Já em San Francisco, ainda não tinha nada definido. E então, de repente, ele está ao telefone: "Certo, venha me ver". Nós nos encontramos em sua casa. A sala de estar é decorada com mesa e cadeiras de jardim; por uma porta entreaberta, nota-se um colchão no chão. Ken Wilber, descalço, a camisa aberta – é um dia quente de verão – põe um copo de suco sobre a mesa para mim e sorri: "Eu existo".

"Veja, Edith, eu existo", ri enquanto nos sentávamos. A situação era muito engraçada e lembrei-me da frase de Garry Trudeau: "Estou tentando cultivar um estilo de vida que não exija minha presença". "O que posso fazer por você, Edith?". "Por que você não dá entrevistas?". E lhe expliquei as minhas razões – principalmente porque elas desviam minha atenção; tudo o que quero realmente fazer é escrever. Edith escutou atentamente, sorriu, e pude sentir sua presença calorosa. Havia algo de muito maternal em seu jeito e a generosidade em sua voz, por alguma razão, tornava mais difícil esquecer o temor profundo que, volta e meia, tentava vir à tona.

Conversamos durante horas, passando por um número enorme de tópicos, sobre os quais Edith discutiu com facilidade e inteligência. Ao chegar ao tema da entrevista, ela ligou seu gravador.

Edith Zundel: Eu, Rolf e nossos leitores estamos particularmente interessados na interface entre psicoterapia e religião.

Ken Wilber: E o que significa para você a palavra "religião"? Fundamentalismo? Misticismo? Exoterismo? Esoterismo?

EZ: Bem, este é um bom ponto para começarmos. Se não me engano, em *Um Deus Social* você apresentou onze diferentes definições para religião ou onze diferentes maneiras de como é usada a palavra "religião".

KW: Sim, e minha opinião é que não podemos falar de ciência e religião, ou de psicoterapia e religião, ou de filosofia e religião, antes de definir o que entendemos pela palavra "religião". E visando ao nosso objetivo, no momento, penso que devemos distinguir, pelo menos, entre o que é conhecido por religião exotérica e religião esotérica. A religião exotérica ou "exterior" é religião mítica, religião que é terrivelmente concre-

Psicoterapia e espiritualidade

ta e literal, que realmente acredita, por exemplo, que Moisés abriu o Mar Vermelho, que Cristo nasceu de uma virgem, que o mundo foi criado em seis dias, que, um dia, literalmente choveu maná do céu e assim por diante. Em todo o mundo, religiões exotéricas consistem desses tipos de crenças. Os hindus acreditam que a Terra deve estar apoiada em algo; assim, creem encontrar-se sobre um elefante que, também necessitando de suporte, está sobre uma tartaruga; essa, por sua vez, encontra-se sobre uma serpente. E quando surge a pergunta: "Em que a serpente está apoiada?", a resposta dada é: "Mudemos de assunto". Lao-Tsé nasceu com novecentos anos, Krishna acasalou-se com 4 mil vacas, Brahma nasceu da quebra de um ovo cósmico etc. Isto é religião exotérica, uma série de estruturas de crenças que tentam explicar os mistérios do mundo em termos míticos em vez de termos testemunhais ou de experiência direta.

EZ: Assim, a religião exotérica ou exterior é, basicamente, uma questão de crença, não de evidências.

KW: Sim. Se você acredita em todos os mitos, será salvo; se não, vai para o inferno – sem discussão. Esse tipo de religião é encontrado no mundo inteiro – fundamentalismo. Não tenho nada contra, apenas esse tipo de religião, religião exotérica, nada tem a ver com a religião mística, religião esotérica ou religião experiencial, que é o tipo de religião ou espiritualidade que me interessa.

EZ: O que significa esotérico?

KW: Interior ou oculto. O fato de a religião esotérica ou mística ser oculta não é porque seja secreta ou algo assim, mas sim porque é uma questão de experiência direta ou percepção pessoal. A religião esotérica não pede que você acredite em nada na base da fé ou que engula obedientemente qualquer dogma. Ao contrário, a religião esotérica é um conjunto de experimentos pessoais, conduzidos cientificamente no laboratório da sua própria consciência. Como toda boa ciência, é baseada na experiência direta, não em simples crenças ou desejos, e pode ser verificada e validada por outras pessoas que também tenham executado o experimento. O experimento é a meditação.

EZ: Mas a meditação é privada.

KW: Não, não é. Não mais do que, digamos, a matemática. Não há, por exemplo, nenhuma prova de que menos um elevado ao quadrado é igual a um; não há

Graça e Coragem

nenhuma prova sensorial ou empírica para isso. É verdadeiro, mas somente é provado por uma lógica interna. Você não consegue encontrar menos um no mundo exterior; somente o encontra na sua mente. Mas isso não significa que não seja verdade, que seja conhecimento privado, que não possa ser validado publicamente. Significa somente que esse conhecimento é validado por uma comunidade de matemáticos treinados, por todos aqueles que sabem como funciona o experimento lógico que irá definir se ele é verdadeiro ou não. Do mesmo modo, o conhecimento meditativo é conhecimento interno, mas conhecimento que pode ser validado publicamente por uma comunidade de meditadores treinados, aqueles que conhecem a lógica interna da experiência contemplativa. Não se admite que qualquer pessoa opine sobre a verdade do teorema de Pitágoras; somente matemáticos treinados estão capacitados a fazê-lo. Da mesma maneira, a espiritualidade meditadora faz certas afirmações – por exemplo, que se você olhar profundamente para o seu eu interior sentirá que ele é uno com o mundo exterior – mas a validade delas deve ser verificada por você e por qualquer outra pessoa que tente fazer o experimento. E, após algo como 6 mil anos em que esse experimento vem sendo realizado, sentimo-nos perfeitamente tranquilos em tirar certas conclusões, em desenvolver certos teoremas espirituais, por assim dizer. E esses teoremas espirituais são o núcleo das tradições da sabedoria perene.

EZ: Mas por que ela é chamada de "oculta"?

KW: Porque se você não realiza o experimento, então não sabe o que está acontecendo, não está em condições de opinar, do mesmo modo que se você não aprende matemática, não consegue discutir a validade do teorema de Pitágoras. Quer dizer, você pode ter opinião a respeito, mas o misticismo não está interessado em opiniões e sim em conhecimento. A religião esotérica ou mística mantém-se oculta para a mente daqueles que não realizam o experimento; é isso que significa a palavra "oculta".

EZ: Mas as religiões variam muito entre si.

KW: As religiões exotéricas variam tremendamente entre si; as religiões esotéricas são praticamente idênticas em todo o mundo. Como já vimos, o misticismo (ou esoterismo) é científico, no sentido mais amplo da palavra, e do mesmo modo que não se tem química alemã *versus* química americana, não existe ciência mística hinduísta *versus* ciência mística islâmica. Ao contrário, elas concordam fundamentalmente no que diz respeito à natureza da alma, à natureza do Espírito e à natureza da sua suprema identidade, entre outras coisas. Isso é o que os eruditos chamam "unidade transcendental das religiões do mundo" – eles referem-se às religiões esotéricas. É claro,

Psicoterapia e espiritualidade

suas estruturas superficiais variam tremendamente, mas suas estruturas profundas são praticamente idênticas, refletindo a unanimidade do espírito humano sobre as leis desveladas fenomenologicamente.

EZ: Isso é muito importante; então, acho que você não acredita, diferentemente de Joseph Campbell, que as religiões míticas carregam algum conhecimento espiritual válido.

KW: Você é livre para interpretar os mitos religiosos exotéricos como bem lhe aprouver. Pode, como faz Campbell, interpretar mitos como sendo alegorias ou metáforas para verdades transcendentais. Livre, por exemplo, para interpretar a Imaculada Conceição como Cristo nascendo espontaneamente do seu verdadeiro Eu, com "E" maiúsculo. O problema é que os crentes míticos não acreditam nisso. Eles acreditam, como prova da sua fé, que Maria era realmente uma virgem biológica que engravidou. Os crentes míticos *não* interpretam seus mitos alegoricamente; eles os interpretam literal e concretamente. Joseph Campbell viola o tecido das crenças míticas na sua tentativa de salvá-las. Isso é erudição inaceitável. Diz-se para o crente mítico: "Sei o que você *realmente* entende por aquilo". Mas o problema é que *não* é o que ele realmente acredita. Em minha opinião, sua abordagem é fundamentalmente errada já de início.

Esses tipos de mitos são muito comuns entre seis e onze anos de idade; são produzidos, natural e facilmente, pelo nível da mente que Piaget denomina operacional concreto. Basicamente, todos os fundamentos dos grandes mitos exotéricos do mundo podem ser colhidos das produções espontâneas de crianças de sete anos, como o próprio Campbell concorda. Mas, logo que a próxima estrutura da consciência – chamada operacional formal ou racional – emerge, as produções míticas são abandonadas pela própria criança. Ela não acredita mais nelas, a menos que viva em uma sociedade que recompense essas crenças. Mas, de uma maneira geral, a mente racional e reflexiva acredita que os mitos são exatamente isso, mitos. Uma vez úteis e necessários, mas não mais sustentáveis. Eles não contêm o conhecimento testemunhal que afirmam ter e, uma vez testados cientificamente, desmoronam. A mente racional analisa, por exemplo, a Imaculada Conceição e apenas sorri. A mulher engravida, vai ao seu marido e diz: "Olhe, estou grávida, mas não se preocupe, não dormi com outro homem; o verdadeiro pai não é deste planeta".

EZ: (Rindo). Mas alguns seguidores das religiões míticas interpretam de fato seus mitos, alegórica ou metaforicamente.

Graça e Coragem

KW: Sim, esses são os místicos. Isto é, os místicos são aqueles que dão um significado esotérico ou "oculto" para os mitos e esses significados são descobertos por meio da experiência direta, interior e contemplativa, e não por algum sistema exterior de crença, símbolo ou mito. Em outras palavras, eles não são crentes míticos, mas sim fenomenologistas contemplativos, místicos contemplativos, cientistas contemplativos. Isso explica porque, historicamente, como salienta Alfred North Whitehead, o misticismo tem sempre se aliado à ciência contra a Igreja, uma vez que ambos, misticismo e ciência, dependem de evidências diretas consensuais. Newton foi um grande cientista; foi também um místico profundo, e não havia, como não há, nenhum conflito nisso. No entanto, você não pode ser um grande cientista e um grande crente mítico ao mesmo tempo.

Além disso, os místicos são aqueles que concordam que sua religião é basicamente idêntica em essência a outras religiões místicas: "Eles chamam de muitas maneiras Aquele que realmente é Um". Agora, você não encontra um crente mítico, por exemplo um protestante fundamentalista, dizendo que o Budismo também é um caminho perfeito para a salvação. Crentes míticos afirmam que possuem o único caminho, porque baseiam sua religião em mitos exteriores, que são diferentes entre si; não compreendem a unidade interior oculta nos símbolos exteriores; os místicos o fazem.

EZ: Sim, entendo. Então você não concorda com Carl Jung quanto ao fato de os mitos encerrarem arquétipos e, nesse sentido, apresentarem importância mística ou transcendental.

Só pode ser câncer, era tudo que pensava naquele momento. O que mais poderia ser? O médico explicará. O médico explicará. O médico... Que vá para o inferno! Droga! Droga! Droga! Onde estavam a negação e a repressão quando eu mais precisava delas?

Mas num certo sentido, Edith estava aqui para conversar sobre negação e repressão. Iríamos discutir, principalmente, a relação entre psicoterapia e espiritualidade. E o faríamos usando o modelo geral que desenvolvi e que relaciona essas duas importantes tentativas de compreensão do ser humano.

Isso não era uma mera preocupação acadêmica para mim ou para Treya. Estávamos profundamente envolvidos em nossa própria terapia, com Seymour e outros, e praticávamos meditação há longo tempo. E como as duas se relacionam? Esse era um tópico constante de conversa entre nós e nossos amigos. Acho que uma das razões para concordar em conversar com Edith foi exatamente porque esse assunto era agora fundamental na minha vida, tanto em termos teóricos quanto práticos.

Psicoterapia e espiritualidade

Mas, à medida que a pergunta de Edith voltou flutuante à minha mente, percebi que atingimos um formidável obstáculo em nossa discussão: Carl Gustav Jung.

Eu já esperava que surgisse essa pergunta. Então, como agora, a proeminente figura de Carl Jung – Campbell é um dos seus muitos seguidores – domina completamente o campo da psicologia da religião. Quando comecei nesse campo, eu, como a maioria, acreditava piamente nos conceitos centrais de Jung e nos esforços pioneiros que realizou nessa área. Mas, ao longo dos anos, passei a acreditar que Jung cometeu erros profundos e esses erros são o principal obstáculo no campo da psicologia transpessoal, pior ainda porque foram muito difundidos e, aparentemente, não refutados. Nenhuma conversa sobre psicologia e religião poderia continuar até que esse delicado e difícil tópico fosse discutido; assim, na próxima meia hora, nós o discutimos. Eu realmente discordo da posição de Jung de que os mitos são arquetípicos e portanto místicos?

KW: Jung descobriu que os homens e mulheres modernos podem, espontaneamente, produzir virtualmente todos os principais temas das religiões míticas do mundo; eles o fazem em sonhos, em imaginação ativa, em associação livre e assim por diante. Daí, deduziu que as formas míticas básicas, que ele chamou de arquétipos, são comuns a todas as pessoas, são herdadas por todas as pessoas e são transmitidas por aquilo que chamou inconsciente coletivo. Cito sua afirmação: "Misticismo é experiência de arquétipos".

Na minha opinião, há vários erros cruciais nessa visão. Primeiro, é totalmente verdadeiro que a mente, mesmo a mente moderna, pode produzir espontaneamente formas míticas que são, em essência, similares àquelas encontradas nas religiões míticas. Como já disse, os estágios pré-formais do desenvolvimento da mente, particularmente os pensamentos pré-operacional e operacional concreto, são, pela sua própria natureza, produtores de mitos. Uma vez que todos os homens e mulheres modernos passam por esses estágios de desenvolvimento na infância, naturalmente todos têm acesso espontâneo a esse tipo de estrutura de produção de pensamento mítico, especialmente em sonhos, em que os níveis primitivos da psique podem vir à tona com mais facilidade.

Mas não há nada de místico nisso. De acordo com Jung, arquétipos são *formas* míticas básicas destituídas de conteúdo; misticismo é consciência *sem forma*. Não há ponto de contato.

Segundo, há o próprio uso que Jung faz da palavra "arquétipo", conceito que ele tomou emprestado de grandes místicos, como Platão e Agostinho. Mas o modo como Jung usa o termo *não* é o modo como esses místicos o usam, nem mesmo, de fato, é o modo como místicos do mundo inteiro o usam. Para os místicos – Shankara,

Graça e Coragem

Platão, Agostinho, Eckhart, Garab Dorje e outros – arquétipos são formas sutis primordiais que surgem, à medida que o mundo se manifesta, a partir do Espírito informe e não manifesto. Eles são os padrões sobre os quais todos os outros padrões de manifestação se baseiam. Do grego *arche typon*, padrão original. Formas sutis transcendentais que são as formas primordiais de manifestação, não importa se a manifestação é física, biológica, mental etc. E, na maioria das formas de misticismo, esses arquétipos são, basicamente, padrões radiantes ou pontos de luz, iluminações audíveis, formas e luminosidades brilhantemente coloridas, arco-íris de luz, som e vibração – por meio dos quais, em manifestação, o mundo material é condensado, se assim podemos nos expressar.

Mas Jung usa o termo para certas estruturas míticas básicas que são comuns à experiência humana como o *trickster*,[1] a sombra, o Velho Sábio, o ego, a persona, a Grande Mãe, a *anima*, o *animus* etc. Eles são mais existenciais do que transcendentais. São simplesmente facetas das experiências comuns do *dia a dia* da condição humana. Concordo que essas formas míticas são herdadas coletivamente pela psique. E também concordo inteiramente com Jung quanto a ser muito importante chegar a um acordo com esses "arquétipos" míticos.

Por exemplo, se estou tendo problemas psicológicos com minha mãe, se sofro o assim chamado complexo materno, é importante entender que muito dessa carga emocional não decorre da minha mãe atual, mas sim da Grande Mãe, uma poderosa imagem do meu inconsciente coletivo que é, em essência, a destilação das mães de todo o mundo. Isto é, a psique vem com a imagem da Grande Mãe embutida nela, do mesmo modo como já vem equipada com as formas rudimentares de linguagem e de percepção, e de variados padrões instintivos. Se a imagem da Grande Mãe for ativada, não estarei interagindo somente com minha mãe individual, mas sim com milhares de anos da experiência humana com a maternidade em geral; assim, a imagem da Grande Mãe carrega uma carga e tem um impacto muito além daquele que minha própria mãe poderia gerar. Entrar em acordo com a Grande Mãe pelo estudo dos mitos do mundo é um bom caminho para tratar essa forma mítica, torná-la consciente e diferenciar-se dela. Concordo *inteiramente* com Jung sobre esse ponto. Mas essas formas míticas nada têm a ver com misticismo, com a genuína consciência transcendental.

Deixe-me explicar de maneira mais simples. Na minha opinião, o principal erro de Jung foi confundir coletivo com transpessoal (ou místico). Simplesmente porque minha mente herda certas formas coletivas não significa que essas formas sejam místicas ou transpessoais. Por exemplo, todos herdamos coletivamente dez dedos dos

---

[1] Trapaceiro, vigarista, malandro, brincalhão. (N.T.)

pés, mas se experiencio meus dedos, não estou tendo uma experiência mística! Os "arquétipos" de Jung virtualmente nada têm a ver com a genuína consciência espiritual, transcendental, mística, transpessoal; ao contrário, são formas coletivamente herdadas que destilam alguns dos mais básicos encontros existenciais do dia a dia da condição humana – vida, morte, mãe, pai, sombra, ego etc. Nada místico. Coletivo, sim; transpessoal, não.

Há o coletivo pré-pessoal, o coletivo pessoal e o coletivo transpessoal; Jung não os diferencia com a clareza necessária; e isso, para mim, gera um desvio em todo o seu entendimento do processo espiritual.

Assim, concordo com Jung que é muito importante entrar em acordo com as formas de ambos os inconscientes míticos, o pessoal e o coletivo; mas nenhum deles tem muito a ver com o misticismo real que, primeiro, descobre a luz além da forma, para, depois, chegar ao informe além da luz.

EZ: Mas trabalhar com material arquetípico da psique pode ser uma experiência poderosa, algumas vezes irresistível.

KW: Sim, porque é coletiva; seu poder vai muito além do individual; possui o poder de milhões de anos de evolução por trás de si. Mas coletivo não é transpessoal. O poder dos "arquétipos verdadeiros", os arquétipos transpessoais, provém diretamente do fato de serem as formas primordiais do Espírito intemporal; o poder dos arquétipos junguianos provém do fato de serem as formas mais antigas da história temporal.

Como o próprio Jung ressaltou, é necessário afastarmo-nos dos arquétipos, diferenciarmo-nos deles, livrarmo-nos do seu poder. Ele chamou esse processo de individuação. E, novamente, concordo inteiramente com ele sobre esse ponto. Devemos nos afastar dos arquétipos junguianos.

Mas devemos *nos aproximar* dos arquétipos verdadeiros, os arquétipos transpessoais, para, em última instância, conseguirmos uma mudança integral de identidade para a forma transpessoal. O único arquétipo junguiano que é genuinamente transpessoal é o Self, mas mesmo sua discussão sobre ele, na minha opinião, deixa a desejar, pelo fato de Jung não enfatizar suficientemente seu caráter essencialmente não dual.

EZ: Muito bem, acho que isso está muito claro. Portanto, acredito que possamos retornar ao nosso tópico original. Começaria perguntando...

Graça e Coragem

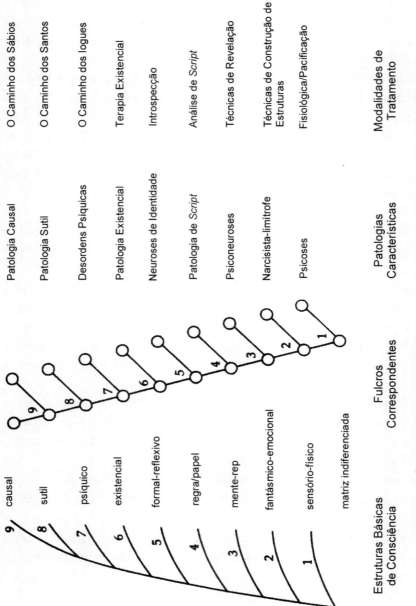

CORRELAÇÃO ENTRE ESTRUTURAS, FULCROS, PSICOPATOLOGIAS E TRATAMENTOS

Reimpresso de *Transformations of Consciousness: Conventional and Contemplative Perspectives on Development* de Ken Wilber, Jack Engler e Daniel P. Brown (Boston & Shaftesbury: Shambhala Publications, 1986), p. 145.
Copyright © Ken Wilber 1986

Psicoterapia e espiritualidade

O entusiasmo de Edith era contagiante. Seu sorriso a iluminava a cada pergunta, ela nunca se cansava. E foi seu entusiasmo, mais do que qualquer outra coisa, que ajudou a manter minha mente longe daquele medo terrível que ameaçava acariciá-la. Peguei mais suco para ela.

EZ: Começaria perguntando qual é a relação entre religião esotérica e psicoterapia? Em outras palavras, qual é a relação entre meditação e psicoterapia, já que ambas afirmam mudar a consciência, curar a alma? Você trata desse assunto de forma muito criteriosa em *Transformações da Consciência*. Talvez possa resumi-lo.

KW: Está bem. Suponho que o modo mais fácil seja explicar o diagrama de *Transformações* (veja a página anterior). A ideia global é simples: o crescimento e o desenvolvimento acontecem por uma série de estágios ou níveis, dos menos desenvolvidos e menos integrados aos mais desenvolvidos e mais integrados. Existem provavelmente dezenas de diferentes níveis e tipos de níveis de crescimento; selecionei nove dos mais importantes. Eles estão listados na coluna uma, "estruturas básicas de consciência".

Agora, à medida que o eu se desenvolve em cada estágio, as coisas podem correr relativamente bem ou relativamente mal. Se tudo correr bem, o eu desenvolve-se normalmente e move-se para o próximo estágio de uma forma mais ou menos tranquila. Mas, se as coisas correrem persistentemente mal em uma dado estágio, então podem ser desenvolvidas várias patologias, e o tipo de patologia, o tipo de neurose, dependerá exatamente do estágio ou nível em que o problema acontece.

Em outras palavras, em cada estágio ou nível de desenvolvimento, o eu enfrenta certas tarefas. Como ele as negocia determina sua situação: se relativamente saudável ou relativamente doente. Primeiramente, em cada estágio de desenvolvimento, o eu começa identificado com esse estágio e deve cumprir as tarefas apropriadas, seja aprender a ir ao banheiro ou a falar. Mas, para que o desenvolvimento continue, o eu tem de deixar esse estágio, ou desidentificar-se dele, a fim de dar lugar a um novo estágio mais elevado. Isto é, tem de *diferenciar-se* do estágio inferior, *identificar-se* com o estágio superior e, então, *integrar* o mais alto com o mais baixo.

Essa etapa de diferenciação e posterior integração é chamada "fulcro" — ele significa simplesmente um ponto de mutação ou um importante passo no desenvolvimento. Assim, na coluna dois, chamada de "fulcros correspondentes", temos os nove fulcros ou importantes pontos de mutação correspondentes aos nove níveis ou estágios principais de desenvolvimento da consciência. Se algo der persistentemente errado em um dado fulcro, então você adquire uma patologia específica e característica. Essas nove principais patologias estão listadas na coluna três: "patologias carac-

Graça e Coragem

terísticas". Nela você encontra coisas como psicoses, neuroses, crises existenciais e assim por diante.

Finalmente, diferentes métodos de tratamento evoluíram ao longo dos anos para tratar essas várias patologias, e eu os listei na coluna quatro, "modalidades de tratamento". Acho que esses tratamentos mostraram ser os melhores ou mais apropriados para cada problema em particular. E é exatamente aí que surge a relação entre psicoterapia e meditação, como veremos a seguir.

EZ: Há uma quantidade enorme de informações embutidas nesse diagrama simples. Por que não examinamos cada um desses pontos com um pouco mais de detalhe. Comece com uma breve explicação das estruturas básicas de consciência.

KW: As estruturas básicas são os tijolos fundamentais da consciência, coisas como sensações, imagens, impulsos, conceitos e assim por diante. Eu listei nove principais estruturas básicas, que são apenas uma versão expandida do que é conhecido na filosofia perene como a Grande Cadeia do Ser: matéria, corpo, mente, alma e espírito. Em ordem ascendente, os nove níveis são:

Um, as estruturas sensório-físicas – elas incluem os componentes materiais do corpo mais sensação e percepção. É o que Piaget chamou inteligência sensório--motora; o que Aurobindo chamou físico-sensorial; o que o Vedanta chama *annamaya-kosha* e assim por diante.

Dois, o fantásmico-emocional – é o nível sexual-emocional, o nível do instinto, libido, elã vital, bioenergia, *prana*. Mais o nível de imagens, das primeiras formas mentais. As imagens – que Arieti chama "nível fantásmico" – começam a emergir na criança por volta de sete meses aproximadamente.

Três, a mente representacional ou, abreviadamente, mente-rep – que Piaget chamou pensamento pré-operacional. Consiste de símbolos que surgem entre os dois e quatro anos, seguidos por conceitos, que emergem entre quatro e sete anos.

EZ: Qual é a diferença entre imagens, símbolos e conceitos?

KW: Uma imagem representa uma coisa que se parece com ela. É bastante simples. A imagem de uma árvore, por exemplo, se parece mais ou menos com uma árvore real. Um símbolo representa uma coisa, mas não se parece com ela, o que é uma tarefa muito mais difícil e mais elevada. Por exemplo, a palavra "Fido" representa seu cachorro, mas ela não se parece com o cachorro real e, portanto, é mais difícil de guardar na mente. É por isso que as palavras surgem somente após as imagens. Finalmente, um conceito representa uma *classe* de coisas. O conceito de "cachor-

Psicoterapia e espiritualidade

ro" significa todos os cachorros possíveis, não apenas Fido. Uma tarefa ainda mais complexa. Um símbolo denota, um conceito conota. Mas nos referimos a símbolos e conceitos em conjunto como mente pré-operacional ou representacional.

EZ: A seguir vem a mente regra/papel?

KW: O nível quatro, a mente regra/papel, desenvolve-se entre as idades de sete e onze anos aproximadamente; Piaget chamou-o pensamento operacional concreto. Os budistas chamam-no *manovijñana*, a mente que opera concretamente as experiências sensoriais. Eu o chamo regra/papel porque é a primeira estrutura que pode desenvolver um pensamento dominado por regras, como multiplicar ou dividir, e é também a primeira estrutura que consegue se colocar no papel do outro, ou assumir de fato uma perspectiva diferente da sua própria. É uma estrutura muito importante. Piaget a chama operacional *concreta* porque, embora consiga desenvolver operações complexas, fá-lo de uma forma muito concreta e literal. Essa é, por exemplo, a estrutura que acredita que os mitos são concretamente verdadeiros, literalmente verdadeiros. Eu gostaria de enfatizar isso.

O nível cinco, que chamo formal-reflexivo, é a primeira estrutura que não somente pensa, mas pensa sobre o pensamento. Portanto, é altamente introspectivo, sendo capaz de raciocinar hipoteticamente ou testar proposições contra evidências. Piaget chamou-o pensamento operacional formal. Surge tipicamente na adolescência e é responsável pela florescente autoconsciência e idealismo selvagem desse período. Aurobindo se refere a ele como a "mente racional"; o Vedanta o chama *manomaya-kosha*.

O nível seis é o existencial ou visão-lógica, uma lógica que não é divisora e sim inclusiva, integrativa, em rede, combinadora. Aurobindo chamou-o "mente superior"; o Budismo, *manas*. É uma estrutura muito integradora. Particularmente, é capaz de integrar a mente e o corpo em uma união de ordem superior que eu chamo "centauro", simbolizando a união corpo-mente (não a identidade).

O nível sete é chamado psíquico, o que não significa capacidades psíquicas *per se*, embora elas possam começar a se desenvolver aqui. Basicamente significa simplesmente os estágios do desenvolvimento transpessoal, espiritual ou contemplativo. Aurobindo chamou-o "mente iluminada".

O nível oito é chamado sutil, ou de fase intermediária do desenvolvimento espiritual, o lar de várias formas luminosas, formas divinas ou formas de divindades, conhecidas como *yidam* no Budismo e *ishtadeva* no Hinduísmo (não confundir com as formas míticas coletivas dos níveis três e quatro). O lar de um Deus pessoal, o lar dos arquétipos transpessoais "reais" e das formas supraindividuais. A "mente intuitiva" de Aurobindo; o *vijñanamaya-kosha* do Vedanta; o *alaya-vijñana* do Budismo.

Graça e Coragem

O nível nove é o causal ou a fonte pura não manifesta de todos os outros níveis inferiores. O lar, não de um Deus pessoal, mas de uma Divindade ou Abismo informe. A "sobremente" de Aurobindo; no Vedanta, o *anandamaya-kosha*, o corpo de bem-aventurança.

Finalmente, o papel no qual o diagrama inteiro está desenhado representa a realidade suprema ou Espírito absoluto, o qual não é propriamente um nível, mas a Essência e a Realidade de todos os níveis. A "supermente" de Aurobindo; no Budismo, o puro *alaya*; no Vedanta, *turiya*.

EZ: Portanto, o nível um é matéria, o nível dois é corpo, níveis três, quatro e cinco são mente.

KW: Correto. E o nível seis é uma integração da mente e corpo, que eu chamo centauro, níveis sete e oito são alma, e nível nove mais o papel são Espírito. Como disse, é só uma elaboração de matéria, corpo, mente, alma e espírito, mas feita de forma que possa ser relacionada à pesquisa psicológica ocidental.

EZ: Assim, em cada um dos nove níveis de crescimento da consciência, o eu depara-se com várias tarefas.

KW: Sim. O bebê começa no estágio um, que é basicamente o nível material ou físico. Suas emoções – nível dois – são muito primitivas e pouco desenvolvidas; ele não apresenta nenhuma capacidade para símbolos, conceitos, regras e assim por diante. É basicamente um eu fisiológico. Além disso, não se diferencia da mãe nem do mundo material ao redor, o denominado adualismo, consciência oceânica ou consciência protoplásmica.

Os esquilos voltaram! Entrando e saindo das sequoias gigantes, brincando na felicidade da ignorância. Fiquei pensando se poderia vender minha alma, não ao Diabo, mas a um esquilo.

Quando Edith levantou a questão sobre o estado de fusão infantil ser algo como um protótipo de misticismo, tocou no ponto mais ardentemente debatido em círculos transpessoais. Muitos teoristas, seguindo Jung, afirmam que, já que o misticismo é uma união sujeito/objeto, então esse primitivo estado de fusão indiferenciado deve ser, de alguma forma, o que é *recapturado* em união mística. Inicialmente, fui um seguidor de Jung e concordei com essa posição; na verdade, escrevi vários ensaios explicando-a. Mas, como tantas outras coisas de Jung, agora a acho completamente insustentável. E mais que isso, incômoda, porque significa que o misticismo, de uma

Psicoterapia e espiritualidade

forma ou de outra, é um estado regressivo. É, como dizem, um ponto realmente sensível para mim.

KW: Só porque o bebê não consegue diferenciar o sujeito do objeto, teoristas pensam que esse estado é um tipo de união mística. Não tem nada a ver. O bebê não transcende sujeito e objeto, simplesmente não consegue diferenciá-los. Os místicos estão perfeitamente cientes da diferença convencional entre sujeito e objeto, mas eles também são conscientes da identidade subjacente maior que os une.

E mais, a união mística é uma união de todos os níveis da existência: físico, biológico, mental e espiritual. O estado de fusão infantil é uma identidade com o nível físico ou sensório-motor *apenas*. Como afirmou Piaget: "O eu aqui é material, por assim dizer". Não é uma união com o Todo, não há nada de místico nisso.

EZ: Mas existe uma união entre sujeito e objeto no estado de fusão infantil.

KW: Não é uma união, é uma indissociação. Uma união é constituída de duas coisas separadas reunidas em uma integração mais elevada. Na fusão infantil, para começar, não existem duas coisas, apenas uma indiferenciação global. Você não pode integrar o que não é primeiramente diferenciado. Além disso, mesmo que afirmemos que esse estado infantil é uma união entre sujeito e objeto, repito que o *sujeito* aqui é meramente um sujeito *sensório-motor*, indiferenciado de um mundo sensório-motor, e *não* um sujeito totalmente integrado em todos os níveis e unido a todos os mundos mais elevados. Em outras palavras, não é nem mesmo um protótipo de união mística; ao contrário, é exatamente o *oposto* dela. O estado de fusão infantil é o ponto de maior alienação ou separação de todos os níveis e mundos mais altos, cuja integração ou união total constitui o misticismo.

A propósito, é por isso que os místicos cristãos afirmam que você *nasce* em pecado, separação ou alienação; não é algo que você faz depois de nascer, mas algo que você é desde o nascimento ou concepção, e que só pode ser superado pelo cres- cimento, desenvolvimento e evolução da matéria para a mente, para o espírito. O estado de fusão material infantil é o *começo* e o ponto mais baixo desse crescimento, não um tipo de prefiguração mística do seu fim.

EZ: Isso está relacionado ao que você chama "falácia pré/trans"?

KW: Sim. Os estágios iniciais de desenvolvimento são pré-pessoais, uma vez que ainda não emergiu um ego pessoal individuado e separado. Os estágios inter- mediários de crescimento são pessoais ou egoicos. E os estágios mais elevados são transpessoais ou transegoicos.

Graça e Coragem

Meu ponto é que as pessoas tendem a confundir os estados "pré" com os estados "trans" porque, superficialmente, eles se parecem. Uma vez que você iguala o estado de fusão infantil – que é pré-pessoal – com a união mística – que é transpessoal – acontece uma de duas coisas. Ou você eleva esse estado infantil a uma união mística que ele não possui ou você nega o misticismo genuíno, afirmando que ele nada mais é do que uma regressão ao narcisismo infantil e ao adualismo oceânico. Jung e o movimento romântico em geral fazem o primeiro – elevam estados pré-egoicos e pré-racionais à glória transegoica e transracional. Eles são "elevacionistas". E Freud e seus seguidores fazem exatamente o oposto: eles reduzem todos os estados genuinamente místicos, transracionais, transegoicos, a estados infantis pré-racionais e pré-egoicos. Eles são "reducionistas". Ambos estão meio certos e meio errados. Nenhum deles consegue diferenciar "pré" e "trans". O autêntico misticismo existe e, com certeza, não há nada de infantil nele. Afirmar o contrário é como confundir pré-escola com escola de pós-graduação; é quase uma loucura e embaralha completamente a situação.

Os esquilos agora estavam frenéticos em sua brincadeira. Edith mantinha-se sorridente e gentil fazendo perguntas. Fiquei pensando se minha má vontade quanto à noção de "misticismo-é-regressão" havia transparecido.

EZ: Certo. Voltemos agora ao tópico original. O bebê está basicamente no estágio um, no nível de percepção sensorial, que concordamos não ser místico. E se algo der errado nesse estágio de desenvolvimento?

KW: Sendo esse nível tão primitivo, as desordens aqui são muito sérias. Se a criança não conseguir se diferenciar do ambiente, suas fronteiras do ego permanecem completamente permeáveis e difusas. O indivíduo não consegue sentir onde seu corpo acaba e começa a cadeira. Há uma falta de clareza alucinatória entre os limites de dentro e fora, entre sonho e realidade. Obviamente, isso é adualismo, uma das características definidoras de psicoses. É uma patologia grave que afeta o nível de existência mais primitivo e básico, o eu material. Na infância, esse distúrbio leva ao autismo e a psicoses simbióticas; se ele persistir em maior ou menor grau na maturidade, contribui para psicoses depressivas e para a maioria das esquizofrenias em adultos.

Eu listei a modalidade de tratamento como "fisiológica/pacificação", já que, infelizmente, os únicos tratamentos que parecem realmente fazer efeito são os farmacológicos ou de custódia.

Psicoterapia e espiritualidade

EZ: E o que acontece quando o próximo nível, o nível dois, emerge?

KW: À medida que o nível fantásmico-emocional emerge, particularmente entre o primeiro e terceiro anos, o eu tem de se diferenciar do mundo material e, ao contrário, identificar-se com o mundo biológico do seu corpo sensível e separado, e aí integrar o mundo físico em sua percepção. Em outras palavras, o eu precisa romper sua identidade exclusiva com o eu material e o mundo material, e estabelecer uma identidade de maior ordem com o corpo, o corpo como uma entidade separada e distinta do mundo. Esse é o fulcro dois, que pesquisadores como Margaret Mahler chamam fase de desenvolvimento de "separação-individuação". O eu corporal tem de se separar e distinguir-se da mãe e do mundo físico em geral.

EZ: E se ocorrem dificuldades nesse estágio?

KW: Aí as fronteiras do eu permanecem indefinidas, fluidas, confusas. O mundo parece "inundar emocionalmente" o eu, que se torna muito volátil e instável. São as chamadas síndromes limítrofes (*borderline*), "limítrofes" porque são zonas fronteiriças entre as psicoses do nível anterior e as neuroses do próximo nível. Relacionadas a elas, mas ligeiramente mais primitivas, são as desordens narcisísticas, onde o eu, justamente porque não se diferenciou completamente do mundo, trata-o como sua ostra e as pessoas como meras extensões de si mesmo. Em outras palavras, totalmente autocentrado, já que o mundo e o eu são a mesma coisa.

EZ: E o tratamento para essas desordens?

KW: Costumava-se pensar que essas desordens não eram tratáveis por serem muito primitivas. Mas, recentemente, incentivado pelo trabalho de Mahler, Kohut, Kernberg e outros, uma série de tratamentos conhecidos como "técnicas de construção de estrutura" foram desenvolvidos e estão sendo bem-sucedidos. Uma vez que o principal problema das desordens limítrofes é que as fronteiras do eu ainda não foram firmadas, as técnicas de construção de estrutura fazem o seguinte: elas constroem estruturas, definem fronteiras, fronteiras do ego. Elas ajudam a diferenciação entre o eu e o outro, basicamente explicando para a pessoa, e mostrando-lhe, que o que acontece com o outro não necessariamente acontece com ela. Você pode discordar da sua mãe, por exemplo, e isso não destruirá você. Essa não é uma coisa óbvia para alguém que não completou a separação-individuação.

Agora, é importante ressaltar que, nessas síndromes limítrofes, a psicoterapia não está tentando desencavar algo do inconsciente. Isso não acontece até o próximo

Graça e Coragem

nível, o nível três. Nas condições limítrofes, o problema *não* é que uma forte barreira do ego está reprimindo alguma emoção ou impulso; o problema é que, em primeiro lugar, ainda não existe uma forte barreira ou fronteira do ego. Não existe nenhuma barreira de repressão e, portanto, não existe nenhum inconsciente dinâmico; logo, não há nada para desenterrar, por assim dizer. De fato, o objetivo das técnicas de construção de estrutura é conseguir "elevar" a pessoa até o nível onde ela possa reprimir! Nesse nível, o eu não é suficientemente forte para reprimir nada.

EZ: De forma que, pelo que entendi, isso acontece no próximo nível, o três.

KW: Sim, correto. O nível três, ou a mente representacional, começa a surgir por volta dos dois anos aproximadamente e domina a consciência até cerca de sete anos. Símbolos e conceitos, a própria linguagem, emergem, e isso permite à criança trocar sua identidade de um eu meramente corporal para um eu egoico ou mental. A criança não é mais apenas um corpo dominado por sentimentos e impulsos presentes: ela também é um eu mental, com um nome, com uma identidade, com esperanças e desejos que se estendem pelo *tempo*. A linguagem é o veículo do tempo; é por meio dela que a criança pode pensar sobre ontem e sonhar com o amanhã, e aí, lamentar o passado e sentir culpa, preocupar-se com o futuro e sentir ansiedade.

Desse modo, culpa e ansiedade surgem nesse estágio, e se a ansiedade for muito grande, então o eu pode reprimir, e o fará, quaisquer pensamentos ou emoções que a causem. Esses pensamentos e emoções reprimidos, em particular sexo, agressividade e poder, constituem o inconsciente dinamicamente reprimido, que eu chamo (conforme Jung) sombra. Se a sombra cresce demais, fica muito sobrecarregada, muito cheia por assim dizer; então ela explode em uma série de sintomas dolorosos conhecidos como psiconeuroses ou, abreviadamente, neuroses.

Assim, o eu mental-egoico, ajudado pela linguagem, emerge no nível três e aprende a se diferenciar do corpo. Mas, se essa *diferenciação* for muito longe, o resultado é *dissociação*, repressão. O ego não transcende o corpo, aliena-o, expulsa-o. Mas isso significa apenas que aspectos do corpo e seus desejos permanecem na sombra, sabotando dolorosamente o ego sob a forma de conflitos neuróticos.

EZ: Então, o tratamento para as neuroses significa contatar a sombra e reintegrá-la.

KW: Sim, está certo. Esses tratamentos são chamados "técnicas revelação", porque tentam revelar a sombra, trazê-la para a superfície e aí reintegrá-la, como você diz. Para fazer isso, a barreira de repressão, criada pela linguagem e sustentada por

Psicoterapia e espiritualidade

ansiedade e culpa, tem de ser rompida ou relaxada. A pessoa, por exemplo, pode ser encorajada a falar o que lhe vier à mente, sem censura. Mas qualquer que seja a técnica, o objetivo é essencialmente o mesmo: fazer amizade com e recuperar a sombra.

EZ: O próximo estágio?

KW: O nível quatro, a mente regra/papel – que predomina tipicamente entre os sete e onze anos de idade – marca algumas profundas mudanças na consciência. Se você pegar uma criança no nível três, pensamento pré-operacional, e mostrar-lhe uma bola colorida de vermelho em um lado e verde no outro, em seguida colocar o lado vermelho em frente à criança e o lado verde virado para você, e então perguntar a ela que cor você está vendo, a criança responderá vermelho. Em outras palavras, ela não consegue assumir sua perspectiva, não consegue se colocar no papel do outro. Com o surgimento do pensamento operacional concreto, a criança, corretamente, dirá verde. Ela consegue assumir o papel do outro. Também nesse estágio, a criança começa a realizar operações definidas por regras, tais como inclusão de classe, multiplicação, hierarquização e assim por diante.

A criança, em outras palavras, passa a habitar crescentemente um mundo de papéis e de regras. Seu comportamento é governado por *scripts*, por regras linguísticas que definem comportamentos e papéis. Nós observamos isso particularmente em relação ao *senso moral* da criança, como esboçado por Piaget, Kohlberg e Carol Gilligan. Nos estágios anteriores, um a três, o senso moral da criança é chamado pré-convencional, porque é baseado, não em regras mentais e sociais, mas em recompensas e castigos corporais, prazer e dor – é egocêntrico ou narcisista, como é natural. Mas com a emergência da mente regra/papel, o senso moral da criança passa de formas pré-convencionais para convencionais – vai de egocêntrico para sociocêntrico.

E eis um ponto muito importante: como a mente convencional ou regra/papel ainda não consegue apresentar nenhum grau de *introspecção*, as regras e papéis que a criança aprende são, para todos os efeitos, considerados concretos. Ela aceita essas regras e papéis de uma forma inquestionável, que os pesquisadores chamam estágio conformista. Carente de introspecção, a criança não pode *julgá-los* independentemente e os segue irrefletidamente.

A maior parte dessas regras e papéis é necessária e benéfica, pelo menos para esse estágio, mas alguns deles podem ser falsos, contraditórios ou enganosos. Muitos de nossos *scripts*, pelos quais vivemos, que herdamos de nossos pais, da sociedade, do que seja, são simplesmente mitos, não são verdadeiros, são ilusórios. Mas a criança nesse estágio não consegue emitir um juízo deles! Ela assume tantas coisas literal e concretamente; se essas falsas convicções persistirem na maturidade, você apresenta

Graça e Coragem

uma patologia de *script*. Você pode se convencer de que é inútil, que é podre por dentro, que Deus o castigará por ter maus pensamentos, que não é amado, que é um pecador desprezível e assim por diante.

O tratamento aqui – particularmente o tratamento conhecido como terapia cognitiva – tenta desenterrar esses mitos e expô-los à luz da razão e evidência. Ele é chamado análise de *script*, sendo uma terapia muito poderosa e efetiva, especialmente em casos de depressão e baixa autoestima.

EZ: Acho que ficou claro. E quanto ao nível cinco?

KW: Com o surgimento do pensamento operacional formal, normalmente entre os onze e quinze anos, acontece outra transformação extraordinária. Com o pensamento operacional formal, o indivíduo consegue *refletir* sobre as normas e regras sociais e, assim, julgar sua pertinência. Isso leva ao que Kohlberg e Gilligan chamam moralidade pós-convencional. Não mais se está limitado a normas sociais conformistas, não mais ligado incondicionalmente a uma tribo, grupo ou sociedade em particular, mas, ao contrário, julgam-se as ações de acordo com padrões mais universais – o que é certo ou justo, não apenas para o meu grupo, mas para as pessoas em geral. Isso faz sentido, é óbvio, porque desenvolvimento mais elevado sempre significa possibilidade de integração maior ou mais universal – nesse caso, do egocêntrico, para o sociocêntrico, até o globocêntrico – a caminho, eu adicionaria, do teocêntrico.

Nesse estágio, a pessoa também desenvolve uma capacidade de introspecção intensa e sustentada. "Quem sou eu?" torna-se, pela primeira vez, uma questão candente. Não mais protegido por, e mergulhado em, regras e papéis conformistas do estágio precedente, os indivíduos têm de moldar sua própria identidade, por assim dizer. Se ocorrerem problemas aqui, a pessoa desenvolve o que Erikson chamou neurose de identidade. E o único tratamento para isso é mais introspecção. O terapeuta transforma-se quase num filósofo e envolve o cliente em um diálogo socrático que o ajude...

EZ: ...a descobrir por si mesmo quem é, o que quer, o tipo de pessoa que pode ser.

KW: Sim, exato. Nesse ponto, não é uma grande busca, não se está procurando pelo Eu transcendental, com E maiúsculo, que é uno e o mesmo em todas as pessoas. Está-se procurando por um eu apropriado, com e minúsculo, não pelo Eu absoluto, com E maiúsculo. É *O Apanhador no Campo de Centeio*.[2]

---

[2] Referência ao romance de J. D. Salinger. (N.T.)

Psicoterapia e espiritualidade

EZ: O nível existencial?

KW: John Broughton, Jane Loevinger e vários outros pesquisadores assinala-ram que se o crescimento psicológico continuar, as pessoas conseguem desenvolver um eu pessoal altamente integrado, onde, e estas são palavras de Loevinger, "mente e corpo são ambas experiências de um eu integrado". Eu chamo essa integração corpo--mente de centauro. Os problemas no nível do centauro são existenciais, problemas inerentes à própria existência manifesta, como mortalidade, finitude, integridade, autenticidade, significado da vida. Não que eles não surjam em outros estágios, só que aqui eles se evidenciam e dominam. E as terapias que tratam dessas preocupações são as terapias humanísticas e existenciais, as assim denominadas Terceira Força (em distinção à Primeira Força – a Psicanálise e à Segunda Força – o Behaviorismo).

EZ: Muito bem, então agora vamos para os níveis de desenvolvimento mais elevados, começando pelo psíquico.

KW: Sim. À medida que você cresce e evolui para os níveis transpessoais, níveis sete a nove, sua identidade continua a se expandir, primeiramente indo além do corpo-mente separado para dimensões mais amplas de existência, espirituais e trans-cendentais, finalmente culminando na identidade mais abrangente possível – a identi-dade suprema, a identidade de sua consciência com o universo em geral – não apenas com o universo *físico*, mas com o universo multidimensional, divino, teocêntrico.

O nível psíquico é simplesmente o início desse processo, o início dos estágios transpessoais. Você experimenta *flashes* da assim chamada consciência cósmica, você desenvolve certas capacidades psíquicas, desenvolve uma intuição aguda e penetrante. Mas, principalmente, percebe que sua consciência não está limitada ao corpo-mente individual. Você começa a intuir que sua consciência, de alguma forma, vai além do, ou sobrevive ao, organismo individual. Você passa a testemunhar os eventos do corpo-mente individual, porque não está mais exclusivamente identificado ou ligado a eles, e aí desenvolve uma medida de equanimidade. Você está *começando* a contactar ou intuir sua alma transcendental, a Testemunha, que em última instância pode levá-lo, no nível causal, a uma identidade direta com o Espírito.

EZ: Você chama as técnicas desse nível de caminho dos iogues.

KW: Sim. Seguindo Da Free John, divido as grandes tradições místicas em três classes, isto é, iogues, santos e sábios. Elas se referem, respectivamente, aos níveis psíquico, sutil e causal. O iogue domina as energias do corpo-mente individual a fim

Graça e Coragem

de transcendê-lo. À medida que o corpo-mente, inclusive muitos de seus processos involuntários prévios, é mantido sob rigoroso controle, a atenção é liberada do corpo-mente propriamente dito e, dessa forma, tende a reverter para sua essência transpessoal.

EZ: Entendo que este processo continua no nível sutil.

KW: Sim. À medida que a atenção é progressivamente desviada do mundo exterior do ambiente externo para o mundo interior do corpo-mente, a consciência começa a transcender a dualidade sujeito/objeto. O mundo ilusório de dualidade começa a surgir como é de fato – isto é, como nada além de uma manifestação do próprio Espírito. O mundo exterior começa a parecer divino, o mundo interior começa a parecer divino. Em outras palavras, a consciência começa a ficar luminosa, plena de luz, numinosa, e parece tocar diretamente, até se unir com, a Divindade.

Esse é o caminho dos santos. Você já notou como os santos, tanto no Ocidente quanto no Oriente, são normalmente representados com halos de luz sobre suas cabeças? Isso é o símbolo da Luz interior da mente iluminada e intuitiva. No nível psíquico você começa a comungar com a Divindade ou Espírito. Mas no sutil, você se une ao Espírito, a *unio mystica*. Não só comunhão, mas também união.

EZ: E no causal?

KW: O processo se completa, a alma ou Testemunha pura dissolve-se em sua Fonte e a *união* com Deus dá lugar a uma *identidade* com a Divindade ou Essência não manifesta de todos os seres. É o que o sufis chamam Identidade Suprema. Você realizou sua identidade fundamental com a Condição de todas as condições, a Natureza de todas as naturezas e o Ser de todos os seres. Já que o Espírito é a equidade ou condição de todas as coisas, é perfeitamente compatível com todas elas. Não há nada de especial. É cortar lenha, carregar água. Por essa razão, indivíduos que alcançam esse estágio frequentemente são representados como pessoas muito simples e comuns. Esse é o caminho dos sábios, de homens e mulheres que são tão sábios a ponto de você sequer notá-los. Eles se ajustam e seguem em sua missão. Nas Dez Figuras do Vaqueiro Zen, que representam os estágios do caminho para a iluminação, a última figura mostra uma pessoa comum entrando no mercado. A legenda diz: Eles entram no mercado com as mãos vazias. É tudo o que ela diz.

EZ: Fascinante. E cada um desses três estágios superiores apresentam patologias possíveis?

Psicoterapia e espiritualidade

KW: Sim. Não discutirei cada um delas porque é um tópico muito longo. Só direi que, em cada estágio, você pode se apegar ou fixar-se a suas experiências – como acontece em qualquer outro estágio – e isso causa diversas patologias e impedimentos ao desenvolvimento no nível respectivo. E, claro, existem tratamentos específicos para cada um. Tento esboçá-los em *Transformações da Consciência*.

EZ: Bom, de certo modo, você já respondeu minha pergunta sobre a relação entre psicoterapia e meditação. Ao apresentar o espectro completo da consciência, você, na verdade, definiu o papel de cada uma delas.

KW: De certo modo, sim. Deixe-me só adicionar alguns pontos. Ponto número um: a meditação *não* é uma técnica de revelação como a psicanálise. Seu principal objetivo não é erguer a barreira de repressão e permitir a emersão da sombra. Ela *pode* fazer isso, como explicarei, mas o ponto é que também pode não fazer. Seu alvo primário é sustar a atividade mental-egoica em geral e, dessa forma, permitir o desenvolvimento da consciência transegóica ou transpessoal, levando finalmente à descoberta da Testemunha ou Eu.

Em outras palavras, a meditação e a psicoterapia geralmente apontam para níveis bastante diferentes da psique. O Zen não necessariamente irá, nem foi projetado para, eliminar psiconeuroses. Portanto, você pode desenvolver uma senso muito intenso da Testemunha e ainda assim continuar bem neurótico. Você só aprende a testemunhar sua neurose, o que o ajuda a viver mais facilmente com ela, mas não faz nada para extirpá-la. Se você tiver um osso quebrado, o Zen não irá curá-lo; se você tiver uma vida emocional partida, o Zen, fundamentalmente, também não a curará. Não é sua função. Eu posso lhe afirmar, por uma experiência pessoal bastante amarga, que o Zen fez muito para permitir que eu convivesse com minhas neuroses e pouco para livrar-me delas.

EZ: Isso é função das técnicas de revelação.

KW: Exatamente. Não há praticamente nada na volumosa literatura mística e contemplativa das grandes tradições do mundo a respeito do inconsciente dinâmico, do inconsciente reprimido. Ele é uma descoberta e contribuição ímpar da Europa moderna.

EZ: Mas quando alguém começa a meditar, às vezes o material reprimido irrompe.

Graça e Coragem

KW: De fato. Como disse, isso pode acontecer; o ponto é, também pode não acontecer. Na minha opinião, a coisa funciona assim: vamos considerar uma meditação que vise ao nível causal, o nível da Testemunha pura (a qual, no fim, dissolve-se no puro espírito não dual). Exemplos seriam a meditação zen, *vipassana*, ou autoindagação (do tipo "Quem sou eu?" ou "Estou evitando relacionamentos?"). Muito bem, se você começa uma meditação zen e se tiver uma neurose grave, digamos, uma depressão do fulcro três causada por uma severa repressão da raiva, eis o que acontece: à medida que você começa simplesmente a testemunhar o ego-mente e seus conteúdos, em vez de se identificar com eles, ser pego e levado para longe por eles, a maquinação do ego começa a diminuir. Ele começa a relaxar, e quando estiver suficientemente relaxado, de repente "desaparece" – você se sente livre como a Testemunha além do ego – ou, de repente, você a vislumbra de alguma forma. Agora, para que isso aconteça não é necessário que todas as partes do ego relaxem. É necessário apenas desapegar-se suficientemente do ego para que a Testemunha possa brilhar. Muito bem, a barreira da repressão pode ser parte do que relaxa; assim, você vai desreprimir, vai ter elementos da sombra, nesse caso a raiva, irrompendo dramaticamente na consciência. Isso acontece frequentemente. Mas às vezes não acontece. A barreira da repressão pode ser simplesmente contornada, mantendo-se praticamente intacta. Você relaxa temporariamente seu apego ao ego o suficiente para se liberar completamente dele, mas não o suficiente para relaxar todas as suas partes, como, por exemplo, a barreira da repressão. E já que ela é frequentemente contornada, e pode ser contornada, então o mecanismo real do Zen tem de ser explicado como algo diferente de uma mera técnica de revelação. Isso é completamente incidental e não obrigatório.

Por outro lado, por mais que use técnicas de revelação, você não se iluminará, não atingirá a identidade suprema. Freud não era Buda; Buda não era Freud. Acredite-me.

EZ: [Rindo] Entendo. Então seu conselho é que as pessoas façam psicoterapia e meditação de forma complementar, permitindo que cada uma cumpra sua respectiva função?

KW: Sim, é exatamente isso. Ambas são técnicas poderosas e efetivas que, fundamentalmente, apontam para níveis diferentes do espectro da consciência. Isso não quer dizer que elas não se sobreponham ou que não tenham algumas coisas em comum, porque o têm. A psicanálise, por exemplo, até certo ponto treina a capacidade para testemunhar, já que manter uma "atenção pairante regular" é um pré-requisito para a associação livre. Mas, além desse tipo de semelhança, as duas técnicas divergem rapidamente, dirigindo-se a dimensões muito diferentes da cons-

Psicoterapia e espiritualidade

ciência. A meditação pode ajudar a psicoterapia na medida em que, ao estabelecer a consciência da Testemunha, facilita a resolução de alguns problemas. E a psicoterapia pode ajudar a meditação na medida em que liberta a consciência de suas repressões e complicações nos níveis mais baixos. Mas afora isso, os alvos, objetivos, métodos e dinâmica diferem dramaticamente.

EZ: Uma última pergunta.

Edith fez a pergunta e eu não a ouvi. Estava observando os esquilos, que desapareceram mais uma vez nos profundos recessos da mata. Por que a capacidade de me manter como Testemunha havia me abandonado completamente? Quinze anos de meditação, durante os quais vivenciei várias experiências inconfundíveis de "kensho", plenamente confirmadas por meus mestres – como tudo isso desapareceu? Onde estão os esquilos do ano passado?

Em parte, claro, era exatamente sobre isso que estava conversando com Edith. A meditação não necessariamente cura a sombra. Eu a usei, muitas vezes, para simplesmente evitar o trabalho emocional que precisava completar. Usei o zazen para curar a neurose e, para isso, ele não serve. E agora eu me encontrava no processo de recuperação...

EZ: Você disse que cada nível do espectro da consciência tem uma visão de mundo particular inerente. Você poderia explicar brevemente o que quer dizer com isso?

KW: A ideia é a seguinte: Como o mundo se pareceria se você *só* tivesse as estruturas cognitivas de um certo nível? As visões de mundo dos nove níveis são chamadas, respectivamente, de arcaica, mágica, mítica, mítico-racional, racional, existencial, psíquica, sutil e causal. Passarei rapidamente por elas.

Se você tiver *apenas* as estruturas do nível um, o mundo se apresenta totalmente indiferenciado, um mundo de *participation mystique*, fusão global, adualismo. Eu o chamo arcaico simplesmente por causa de sua natureza primitiva.

Quando o nível dois emerge, e as imagens se desenvolvem, juntamente com os primeiros símbolos, o eu se diferencia do mundo, mas ainda continua muito ligado e próximo a ele, em um estado de quase fusão; aí, o eu acha que pode influenciar magicamente o mundo, simplesmente pensando ou desejando. Um bom exemplo disso é o vodu. Se eu fizer uma imagem sua e enfiar um alfinete nela, acredito que vou realmente machucar você. Isso acontece porque a imagem e seu objeto não estão claramente diferenciados. Essa visão de mundo é chamada mágica.

Graça e Coragem

Quando surge o nível três, o eu e o outro se diferenciam completamente, e as crenças mágicas diminuem, sendo substituídas por convicções míticas. Eu não posso mais controlar o mundo ao redor, como no nível mágico, mas Deus pode, se, agora, eu souber agradá-Lo. Se eu quiser que meus desejos pessoais sejam satisfeitos, devo orar e pedir a Deus, e Ele intervirá a meu favor, sustando as leis da natureza por meio de milagres. Essa é a visão de mundo mítica.

Com o surgimento do nível quatro e sua capacidade para operações concretas ou rituais, quando percebo que minhas orações nem sempre são atendidas, tento manipular a natureza a fim de agradar aos deuses que, então, intervirão miticamente a meu favor. Além das preces, eu acrescento elaboradas cerimônias, tudo cuidadosamente planejado para conseguir a aproximação de Deus. Historicamente, o principal ritual que emergiu nesse estágio foi o sacrifício humano que, como Campbell assinalou, flagelou todas as importantes civilizações do mundo inteiro nessa fase de desenvolvimento. Por mais terrível que seja, o pensamento por trás disso é mais complexo e complicado que o simples mito, daí por que é chamado mítico-racional.

Com o aparecimento do pensamento operacional formal, nível cinco, percebo que a crença em um Deus pessoal que supre meu caprichos egoicos provavelmente não é verdadeira, pois não existe qualquer evidência digna de crédito; além do mais, ela não funciona de maneira confiável. Se eu quero algo da natureza – comida, por exemplo – deixo de lado as orações, os rituais, os sacrifícios humanos e a abordo diretamente. Com raciocínio hipotético-dedutivo – isto é, com ciência – busco diretamente o que preciso. Esse é um grande avanço, mas também tem seu lado ruim. O mundo passa a ser visto como um conjunto inexpressivo de partículas materiais, sem nenhum valor ou significado. Essa é a visão de mundo racional, frequentemente chamada materialismo científico.

Quando surge a visão-lógica, nível seis, percebo que existem mais coisas entre o céu e terra do que sonha minha filosofia racionalista. Ao integrar o corpo, o mundo se "reencanta", para usar a expressão de Berman. Essa é a visão de mundo humanístico-existencial.

Quando o nível sete, o nível psíquico, emerge, começo a perceber que existem realmente mais coisas entre o céu e Terra do que sonhei. Começo a sentir uma Divindade única subjacente às aparências superficiais da manifestação e passo a comungar com essa Divindade, não através de uma crença mítica, mas com uma experiência interior. Essa é a visão de mundo psíquica. No nível sutil, eu conheço diretamente a Divindade e descubro a união com ela. Mas mantenho que a alma e Deus são duas entidades ontológicas distintas. É a visão de mundo sutil: existe uma alma, existe um Deus transpessoal, mas os dois estão sutilmente separados. No nível causal rompe-se essa separação e realiza-se a identidade suprema. Essa é a visão de

Psicoterapia e espiritualidade

mundo causal, a visão de mundo de *tat tvam asi*, você é Isso. Puro Espírito não dual que, sendo compatível com tudo, é especificamente nada.

EZ: Agora entendo por que, em seus livros, você sempre afirma que a ascensão moderna da racionalidade, que normalmente gasta tanto tempo renegando a religião, é, na verdade, um movimento bastante espiritual.

KW: Sim, nesse ponto, parece que estou sozinho entre os sociólogos da religião. Na minha opinião, esses estudiosos não possuem uma cartografia detalhada do espectro completo da consciência. Assim, é natural que lamentem a ascensão da racionalidade e da ciência moderna, porque elas – nível cinco – transcendem e desmontam definitivamente as visões de mundo arcaica, mágica e mítica. Portanto, a maioria dos estudiosos acha que a ciência está matando a espiritualidade em geral, matando todas as religiões, exatamente porque não parece entender a religião mística muito bem, e, desse modo, deseja fervorosamente a volta dos velhos e bons tempos míticos, antes da ciência, os velhos e bons tempos pré-racionais, onde pensa que se encontra a religião "real". Mas o misticismo é transracional e, portanto, está subjacente ao nosso futuro coletivo, não ao nosso passado coletivo. O misticismo é evolutivo e progressivo, não involutivo e regressivo, como Aurobindo e Teilhard de Chardin perceberam. E a ciência, no meu ponto de vista, está nos despindo de nossas visões infantis e juvenis de espírito, está nos despindo de nossas visões pré-racionais, a fim de abrir espaço para *insights* genuinamente transracionais dos estágios de desenvolvimento mais elevados, os estados transpessoais de desenvolvimento místico ou contemplativo. Está nos despindo do mágico e mítico para dar lugar ao psíquico e sutil. Nesse sentido, a ciência (e a racionalidade) é um passo muito saudável, muito evolucionário, muito necessário, em direção à verdadeira maturidade espiritual. A racionalidade é um movimento do espírito rumo ao espírito.

E, novamente, é por isso que tantos cientistas importantes foram grandes místicos. É um casamento natural. A ciência do mundo exterior juntou-se à ciência do mundo interior, o verdadeiro encontro entre o Ocidente e o Oriente.

EZ: Este é o momento perfeito para encerrarmos.

Despedi-me de Edith, desejando que ela pudesse ter conhecido Treya e achando que, infelizmente, nunca tornaria a vê-la, mal sabendo que ela participaria de nossas vidas durante um período desesperador, quando uma verdadeira amiga mostrar-se-ia extremamente necessária.

Graça e Coragem

Os sonhos são tão estranhos, penso, enquanto sou suavemente conduzido pelo longo corredor em direção ao terceiro quarto. Em direção ao terceiro quarto, bom título para um romance. Os sonhos podem parecer tão reais, é isso aí. Os sonhos podem parecer tão reais. Lembro-me daquela fala de Blade Runner: "Acorde – está na hora de morrer".

E então penso: se é assim, afinal, eu quero acordar ou não?

"Diga-me, por acaso você tem um nome?"

Treya voltou para casa no dia seguinte. Eu havia marcado uma consulta com o Dr. Belknap para aquela tarde.

"Terry," ele falou, após nos sentarmos em seu agradável consultório, "receio que você esteja diabética. Claro, precisamos fazer mais testes, mas o exame de urina foi bastante claro."

Quando o Dr. Belknap explicou para mim e Ken que o meu exame de urina indicava diabetes, veio à minha mente aquela fala do filme *Entre Dois Amores*, quando a personagem descobre que tem sífilis. Muito calmamente ela afirma: "Isto não é o que eu esperava que fosse me acontecer a seguir". A mesma situação aqui. Em meus sonhos ou pesadelos mais delirantes, isto não é o que eu esperava que fosse me acontecer a seguir.

12. Em uma voz diferente

A terceira causa de óbito entre americanos adultos. A maioria das pessoas não dá muita atenção ao diabetes; as duas primeiras, doença cardíaca e câncer, dominam as manchetes. Mas, além de ser o assassino número três, também é a principal causa de cegueira e amputação em adultos. Isso significava outra mudança radical de estilo de vida para nós dois; especialmente para Treya: injeções de insulina, dieta penosamente rígida, sempre verificando níveis de glicose no sangue, sempre carregando um pequeno torrão de açúcar para o caso de choque insulínico. Mais uma onda para se aprender a surfar. Não pude evitar pensar em Jó; a resposta para a pergunta perene "Por que eu?" parecia ser "Por que não?".

Estou diabética, estou diabética. Jesus, quando é que tudo isso vai acabar? Na semana passada perguntei ao Dr. Rosenbaum [nosso oncologista local] se ele retiraria o Port-A-Cath, já que eu achava que não precisava mais dele. Ele hesitou, disse que devíamos deixá-lo lá por enquanto. Isso significa que ele pensa que existe uma chance significativa de recidiva. Justamente agora, quando estou começando a me sentir bem, confiante. Agora que começo a achar que talvez viva por mais tempo. Talvez até viva por muito tempo. Talvez tenha uma vida cheia. Talvez Ken e eu cheguemos a envelhecer juntos. Podemos até ter um filho. Talvez eu possa dar alguma contribuição para o mundo. Aí surge o peso do câncer para me despedaçar. O médico não vai tirar o Port-A-Cath. De repente, caio novamente na real. É inevitável. O câncer é uma doença crônica.

No consultório, ouço uma enfermeira conversando com uma paciente de câncer. "Eu nunca tive câncer, por isso talvez seja pretensão da minha parte dizer, mas existem coisas piores do que o câncer se você contraí-las cedo."

Entrei na conversa, muito interessada. "Como por exemplo?"

"Oh, glaucoma ou diabetes. Eles criam tantos problemas graves e crônicos. Lembro-me de quando diagnosticaram que eu tinha glaucoma..."

Bem, agora, além de tudo, tenho diabetes. Não posso acreditar. Sinto-me esmagada, completamente esmagada. O que posso fazer senão chorar? Desespero, raiva, choque, medo dessa doença que não entendo, tudo isso flui pelas minhas lágrimas salgadas. Recordo-me de um incidente alguns dias atrás. Ken e eu passamos o fim de semana depois do Ano-Novo em Tahoe com alguns amigos (ainda estamos nos preparando para pôr a casa à venda) e notei que me senti anormalmente sedenta. Quando voltamos para casa em Mill Valley, comentei o fato com Ken. Ele levantou os olhos de sua escrivaninha e disse: "Isso pode ser um sinal de diabetes". Eu respondi: "Oh, interessante"; ele voltou ao seu trabalho e nenhum de nós pensou mais sobre o assunto.

O que eu faria sem Ken? O que aconteceria se ele estivesse fora ou viajando a serviço quando chegou a notícia? Ele me ampara e consola. Parece absorver grande parte da minha dor. Saí chorando do consultório do médico. Mais uma doença a ser conhecida, mais uma doença para lidar, mais uma doença a limitar e ameaçar minha vida. Eu sinto muito, muito, por mim mesma e estou furiosa com toda essa situação.

Graça e Coragem

Não me lembro de praticamente nada do que o Dr. Belknap e a enfermeira nos disseram. Fiquei sentada chorando o tempo todo. Veremos se meu diabetes responde ao gliburide, um medicamento oral desenvolvido na Europa. Se não, terei de partir para a insulina. Enquanto isso, devo fazer um exame de sangue toda manhã, inclusive aos sábados e domingos, para avaliar a dose da medicação oral que preciso. A enfermeira nos explicou tudo; espero que Ken tenha escutado mais cuidadosamente do que eu. Senti uma estranha combinação de raiva, rebeldia, tristeza e derrota; parece que isso me acompanhará pelo resto da vida. A enfermeira nos deu uma nova dieta alimentar a ser seguida; vou ter de me acostumar com ela. Mil e duzentas calorias de uma dieta balanceada com substituição de leite, amido, frutas, carne e gordura. Agradeço a Deus pelos alimentos sem restrições – rabanete, repolho chinês, pepino, picles.

Nossa primeira parada, lista de alimentos substitutos na mão, é o supermercado. Ainda estou abatida, mas no momento me distraio lendo rótulos de embalagens e descobrindo açúcar, açúcar em todos os lugares, escondido em pães, escondido na manteiga de amendoim, escondido em molhos de salada, escondido em comidas preparadas, escondido em misturas, escondido em molho de macarrão, escondido em legumes enlatados, em todos os lugares, em todos os lugares! Ken e eu vagamos pelos corredores, avisando um ao outro quando descobrimos algo especialmente fora de contexto – "açúcar em comida de bebê, corredor sete!", ele avisa – ou quando tropeçamos em algo que eu posso comer – "terra para vasos, corredor quatro, sem açúcar". Há muitas coisas novas no carrinho quando chegamos ao caixa, coisas como Equal, refrigerantes diet, uma balança, xícaras e colheres com medidas. Essa dieta de troca de alimentos depende de medidas, estou prestes a aprender.

Toda manhã, antes do café, vou ao laboratório fazer um exame de sangue. Aos sábados e domingos tenho de ir ao Marin General Hospital, onde ganhei um novo cartão de identidade hospitalar para adicionar à minha coleção. No hospital, eles são peritos em tirar sangue; quase não dói quando a agulha entra na veia. Na clínica, durante a semana, porém, cruzo meus dedos para que venha a amável senhora de cabelos brancos, que também possui um toque mágico, e não a enfermeira que, de alguma forma, sempre consegue me machucar e, ocasionalmente, precisa de duas tentativas para pegar a veia. Isso é muito importante para mim porque toda essa função acontece em apenas um braço; devo tirar sangue sempre do braço esquerdo por causa da minha cirurgia de remoção do seio. Está parecendo cada vez mais com o braço de uma viciada em drogas.

E, toda manhã, tomo um comprimido de 5 mg de gliburide, um dos medicamentos de "segunda geração" para diabetes. E toda tarde, por volta das cinco horas, tomo o segundo comprimido. Acho que vou ter de comprar um relógio de pulso com alarme para não me esquecer da rotina de final de tarde.

E todo dia examino a Dieta de Substituição de Alimentos pregada na porta da geladeira. Eu avalio: posso substituir o leite por mais manteiga de amendoim? Posso trocar a maisena por mais legumes? Ou por mais peixe no jantar? Meço minha xícara de cereal, minha xícara de leite, minhas duas colheres de chá de passas, meu um quarto de xícara de queijo *cottage*. Preparo meu almoço, um pote de salada temperado com vinagre, manteiga de amendoim (duas colheres de sopa), um sanduíche de banana (metade de uma pequena) e meia xícara de um legume. O jantar também é considerado e medido: cem gramas de peixe, uma xícara de macarrão integral, meia xícara de legumes; Ken, provavelmente, pensará numa forma inteligente de cozinhar tudo isso. No final da noite, uma ceia rápida com meia xícara de leite e duas bolachas.

E todos os dias faço quatro testes de açúcar na urina – quando acordo, antes do almoço, antes do jantar e antes da ceia. Observo essas malditas varetas ficarem marrons diante de meus olhos quatro vezes por dia. Observo

Em uma voz diferente

o azul-claro virar verde, depois marrom em torno das extremidades, em seguida espalhando-se e ficando mais e mais escuro. E esse processo de observar essas tiras ficarem marrom diante de mim, repetidamente, finalmente me convence. Eu tenho diabetes. Eu sou uma diabética. Eu tenho diabetes.

Ao longo das semanas, o diabetes de Treya respondeu lentamente ao gliburide e à dieta rígida, mas só com a dose máxima do medicamento, indicando que, quase certamente, ela teria de partir para a insulina, talvez daqui a alguns meses, talvez daqui a alguns anos, mas inevitavelmente.

Insulina. Isso significa injeções. Eu me lembro tanto das visitas a meu avô. Todos nós – minhas duas irmãs e meu irmão – adorávamos visitar vovô em sua casa mágica, com colunas brancas na frente, amplas varandas, os gramados verdes e as árvores maravilhosas para subir e brincar de esconder. Recordo-me bem de vê-lo aplicar injeções em si mesmo, expondo a pele branca, franzindo-a, todos nós de olhos arregalados enquanto ele enfiava a agulha. Mais tarde, ficávamos em torno dele, subindo em sua cama de madeira belamente esculpida, antes de voltarmos sem pressa para nossos quartos. Nós amávamos o vovô. Todo mundo amava o vovô. Ele era um homem grande, de peito estufado, jovial, que viveu plenamente a vida. Quando vinha nos visitar, escondia balas, presentes e, nossas favoritas, revistas em quadrinhos, nos bolsos e no paletó. Pulávamos sobre ele para achar as coisas e depois sentávamos felizes no seu colo. Minha avó morreu quando eu era muito pequena; foi uma bênção ter convivido com vovô até os doze anos e, desde então, sinto muita falta dele. Gostaria que ele estivesse por perto, gostaria que pudesse participar da minha vida, gostaria que Ken o tivesse conhecido.

Vovô era diabético. Na verdade, ele morreu de câncer de pâncreas aos 83 anos, mas viveu completa e ativamente. Agora entendo o cuidado com a comida em sua casa, a manteiga sem sal, os ovos frescos do galinheiro, os grãos integrais e os legumes. Lembro-me de que vovô dava mais atenção à comida do que qualquer outra pessoa que conheço, mas só agora entendo o porquê. O irmão do meu pai, Hanks, também teve diabetes quando adulto. O diabetes adulto apresenta uma forte conexão genética, diferentemente do diabetes juvenil. Os jovens que ficam diabéticos normalmente não têm nenhum parente diabético; existe uma hipótese de que a doença seja ativada por alguma infecção viral, mas basicamente ninguém sabe qual ou como curá-la.

Insulina. Droga, droga, droga. Torço para que minha taxa de açúcar no sangue caia mais facilmente e que, em última instância, eu consiga controlá-la com dieta e exercício. Ainda há uma possibilidade, acho, mas é mais remota depois dessas notícias. Estou meio desanimada por ora. Eu realmente não quero admitir isso. Me assusta. Me dá raiva.

Uma amiga me deu os parabéns pelo fato de estar encarando a situação muito bem. Isso me fez sentir esquisita. Certamente estou fazendo o que é preciso para controlá-la, mas estou com raiva e descrente. Faço piadas infames e amargas sobre o assunto. Reclamo por ter de controlar minha dieta tão firmemente. Tenho certeza de que será bom para mim, obrigada, mas não acho graça nenhuma. Farei o que for preciso, mas não gosto nem um pouco de nada disso. A única parte desse reconhecimento que consigo aceitar é a da autenticidade. Eu estou sendo autêntica. Eu estou autenticamente danada. Eu confio na minha raiva, parece saudável e conveniente. Não vou ostentar um falso rosto de felicidade. Suponho que meus sentimentos virão à tona mais completa e profundamente se eu passar pela raiva; ou poderei ficar com ela para sempre. Eu não sei o que acontecerá, mas sei que preciso curtir a raiva por agora e deixar que evolua.

Graça e Coragem

Hoje cedo pensei sobre a ironia de tudo isso. Conversei com uma amiga há alguns dias sobre o fato de que, à medida que envelhecemos, tornamo-nos menos ansiosas em alcançar grandes vitórias na vida e sentimos necessidade de cultivar o prazer nas pequenas vitórias do dia a dia. O diabetes, com certeza, está me fazendo prestar atenção aos pequenos prazeres de beliscar comida, já que é tudo que me é permitido. Você não pode imaginar como é gostoso saborear duas simples colheres de manteiga de amendoim quando você pensa que talvez nunca mais possa comê-la novamente! Abro a porta da geladeira, vejo todas aquelas coisas gostosas lá e fico pensando quanto tempo vai levar para comê-las com as porções mínimas permitidas! Compro uma coisa parecida com bolo, natural, sem açúcar, quase uma iguaria, e levo uma semana inteira para comê-la em pequenos pedaços.

E suponho que as coisas vão melhorar. Imagino que os efeitos do diabetes estão caindo para um nível baixo há algum tempo. Faço votos para que minha família e amigos notem e cuidem mais de sua boa saúde em função de tudo que estou passando.

Parece que o diabetes de Treya, quase certamente, foi causado pela quimioterapia, uma ocorrência habitual. No diabetes em adultos, a genética carrega a arma, mas quem puxa o gatilho é o estresse. No caso, o estresse gerado pela quimioterapia.

À medida que o diabetes começa a cobrar seu pedágio da vítima indefesa, várias coisas desagradáveis acontecem. Já que o pâncreas não produz insulina suficiente, o corpo não pode utilizar a glicose do sangue. O açúcar acumula no sangue e o adensa, tornando-o quase um mel. Parte do açúcar é expelido pela urina – os romanos testavam o diabetes colocando a urina perto de abelhas, que fervilhavam em torno dela se a pessoa fosse diabética. Pelo fato de o sangue ficar "espesso" com o açúcar, ele tende a absorver água dos tecidos circundantes. Consequentemente, a pessoa sente uma sede quase crônica, bebe líquidos o tempo todo e urina com frequência. Além disso, a grande densidade sanguínea pode causar o colapso de pequenos vasos capilares. Isso significa que áreas do corpo servidas principalmente por eles, como as extremidades, rins e a retina dos olhos, vão sendo lentamente danificadas, causando cegueira, problemas renais, amputações. E, pela mesma razão, o cérebro fica desidratado, o que resulta em dramáticas mudanças de humor, falta de concentração, depressão. Juntando o diabetes com o resto – a menopausa artificial, os efeitos posteriores da quimioterapia, as outras dificuldades que estávamos enfrentando – tudo isso certamente contribuiu para a depressão global de Treya e sua disposição sombria. Sua vista já começara a deteriorar, embora, até então, não soubéssemos a causa; ela passou a usar óculos o tempo todo.

"Por que está tão escuro aqui?" Até uma pequena distância percorrida na escuridão parece interminável e eu me sinto bastante desorientado. Devemos estar nos aproximando do terceiro quarto, mas não me recordo de o corredor ser tão longo.

"Por que está tão escuro aqui, por favor?"

Em uma voz diferente

A parede do corredor termina abruptamente em uma abertura, uma porta suponho, e ficamos parados lá, a Figura e eu.

"O que você vê?" A estranha voz flutua simplesmente da ausência que parece ser sua fonte.

"Quando olho para você, nada."

"Lá dentro."

Olho para dentro do quarto. O que é isso, caligrafia, hieróglifos, símbolos, o quê?

"Parece fascinante, realmente, mas tenho de ir agora, estou procurando alguém, tenho certeza de que você me entende."

"O que você vê?"

Como nos outros quartos, este parece estender-se, até onde consigo enxergar, em todas as direções. Quanto mais firmo a vista em qualquer ponto particular do quarto, mais ele se expande. Se olho atentamente para um ponto a meio metro de mim, ele começa a afastar-se para quilômetros, centenas, milhares de quilômetros de distância. Suspenso nesse universo em expansão, há símbolos, talvez milhões deles, alguns dos quais eu reconheço, a maior parte, não. Eles não estão escritos em nada, mas simplesmente flutuando. E, com uma borda luminosa em todos, como se pintados por algum deus louco por cogumelos mágicos. Tenho a estranha sensação de que esses símbolos estão realmente vivos e que também estão olhando para mim.

A partir do momento em que Treya passou a manter sua taxa de açúcar no sangue sob controle, seu humor melhorou dramaticamente, sua depressão praticamente desapareceu. Mas isso era secundário, de certo modo, para a mudança interna que estava agora ocorrendo a toda velocidade e que, muito em breve, faria sua primeira aparição marcante. Essa profunda mudança começava a afetar não só sua vida pessoal, mas sua espiritualidade, seu trabalho mundano e o que ela sentia como seu chamamento, seu *daemon*, que – após todos esses anos! – estava à beira de irromper na consciência.

Acompanhei esse processo com um misto de admiração, assombro e inveja. Teria sido tão fácil para ela continuar amarga, autopiedosa e saturada. Mas, ao contrário, tornou-se mais aberta, mais amorosa, mais perdoadora, mais compassiva. E se fortaleceu do dia para a noite, aparentemente corroborando a citação de Nietzsche: "Aquilo que não me destrói, me torna mais forte". Eu não sei que "lições" ela estava aprendendo com o câncer e o diabetes, mas, para mim, a lição estava se transformando em Treya.

Eu tenho diabetes. Eu sou diabética. Qual é a melhor forma de dizer isso? A primeira soa como uma doença que vem de fora, que eu peguei. A outra dá a entender que é algo intrínseco ao meu caráter, ao meu ser corpóreo.

195

Graça e Coragem

Este corpo, cujo valor de revenda atualmente é, como diz o Ken, zero. Sempre pensei em doar meus órgãos quando morresse, mas ninguém os quereria agora. Pelo menos serei enterrada inteira ou terei minhas cinzas espalhadas pelo Conundrum Peak[1].

Ken tem sido maravilhoso, indo comigo ao médico, fazendo piadas, mantendo meu moral elevado, levando-me toda manhã para fazer o exame de sangue, ajudando-me a decidir sobre as substituições de alimentos, cozinhando o tempo todo. Mas a melhor parte é que estou me sentindo muito bem. Eu me senti maravilhosa ontem ao voltar para casa após saber o resultado do exame de 115 [nível de glicose no sangue], quase normal, já que começou em 322. Não vinha me sentindo bem há algum tempo, o sintoma mais evidente sendo minha perda de visão. Daí minha falta de vontade de fazer exercício. Daí minha dificuldade de concentração. Daí minhas bruscas mudanças de humor. Agora estou me recordando do que seja sentir-se bem. Tenho muito mais energia, uma perspectiva muito mais positiva das coisas, maior poder de recuperação. Estou mais fácil de ser levada, também. Pobre Ken, tendo de me aguentar enquanto eu, sutil mas constantemente, ia para o buraco, e nenhum de nós dava-se conta disso. É sensacional ter de volta minha energia, bom humor e alegria!

Parte disso advém de novas perspectivas sobre trabalho, minha profissão, minha missão, a mesma questão que vinha me incomodando por tanto tempo. Muita coisa influenciou essa mudança interior. A terapia com Seymour, a meditação, o abandono do meu perfeccionismo, o aprender a ser e não apenas fazer sem pensar. Eu ainda quero fazer, ainda quero contribuir, mas plena de ser. Isso também caracteriza uma mudança de sentimentos sobre minha feminilidade, abrindo novas possibilidades que um dia condenei. Estou percebendo cada vez mais como adotei os valores do meu pai – que produziram e contribuíram para tudo isso – e entendo agora que eles não se ajustam bem a mim, embora os admire. Isso combina com o novo rumo que acho que o feminismo está tomando; longe de imitar os homens ou provar que podemos fazer o que eles fazem, valorizar, definir, criar, ressaltar os tipos especiais de trabalho que as mulheres fazem. O trabalho invisível. O trabalho que não tem um título ou uma hierarquia de crescimento profissional. Trabalho amorfo. Trabalho que tem a ver com a criação de um clima, situação ou atmosfera, seja numa reunião, na família ou na comunidade, onde florescem outras formas de trabalho mais visíveis.

Noutro dia participei de uma adorável discussão em grupo sobre a espiritualidade das mulheres, o que me ajudou a cristalizar ideias. Algumas notas:

• A área inteira da espiritualidade das mulheres está em branco. Muitos textos de freiras foram perdidos. De qualquer forma, as mulheres não escrevem muito sobre busca espiritual. Elas ficaram ao largo de posições importantes na maioria das religiões estabelecidas.

• A espiritualidade das mulheres parece diferente da dos homens. Menos orientada para objetivos. Poderia mudar nossos conceitos sobre iluminação. Mais abrangente, acolhedora; novamente, mais amorfa.

• A espiritualidade das mulheres é difícil de ver, difícil de definir. Quais são os estágios, os passos, o treinamento? Crochê e tricô são tão bons quanto meditação para treinar a atenção e aquietar a mente?

---

[1] Montanha localizada no Estado do Colorado, EUA. (N.T.)

Em uma voz diferente

• Um _continuum_ com o desenvolvimento espiritual dos homens num extremo e o das mulheres noutro. O dos homens é definido, o das mulheres, não. Muitas variações entre eles. Há caminhos paralelos, porém diferentes/separados, à Carol Gilligan?

• Longa discussão sobre Gilligan e seu livro In a _Different Voice_ [Em Uma Voz Diferente]. Ela foi aluna de Lawrence Kohlberg, um teorista da moralidade que, pela primeira vez, classificou três grandes estágios de desenvolvimento moral pelos quais as pessoas passam – o estágio pré-convencional, em que as pessoas pensam que o certo é o que elas querem; o estágio convencional, em que as pessoas baseiam suas decisões no que a sociedade quer; e o estágio pós-convencional, em que as decisões morais são calcadas em princípios universais de raciocínio moral. Esses estágios foram verificados por meio de numerosos testes interculturais. Mas as mulheres, constantemente, marcavam menos pontos do que os homens nesses testes. Gilligan descobriu que as mulheres passam por esses mesmos três estágios hierárquicos, do pré-convencional ao convencional, até o pós-convencional, mas o raciocínio usado por elas é muito diferente do dos homens. Os homens baseiam suas decisões em conceitos de regras, leis, julgamentos e direitos, enquanto as mulheres tendem a valorizar sentimentos, ligações, relacionamentos. Olhando sob esse ponto de vista, as mulheres não marcam menos pontos, apenas pontos diferentes.

Meu exemplo favorito de Gilligan: um menino e uma menina estão brincando. O menino quer brincar de "pirata", a menina, de "casinha". A menina resolve o impasse dizendo: "Está bem, faça de conta que você é o pirata que mora na casa ao lado". A ligação, o relacionamento.

Outro exemplo: os meninos estão jogando beisebol, um deles erra e é eliminado, começando a chorar; uma menina dirá: "Dê-lhe outra chance"; os meninos respondem: "Não, regras são regras, ele está fora". O ponto de Gilligan: os meninos passam por cima dos sentimentos em função das regras; as meninas passam por cima das regras em função dos sentimentos. Ambos são importantes no mundo real, mas muito diferentes, e nós precisamos respeitar as diferenças e aprender com elas.

• Ken incorporou muito de Kohlberg e Gilligan em seu modelo, mas diz que não tem nenhuma ideia de como isso afeta a espiritualidade das mulheres, porque não existe quase nada escrito sobre o assunto. "O campo inteiro está em branco. Precisamos de muita ajuda aqui."

• Mulheres que atingiram a iluminação – elas conseguiram seguindo modelos ou caminhos tradicionais masculinos? Ou seguindo seu próprio caminho? Como o descobriram? Por que tipos de conflitos, dúvidas etc. elas passaram para achá-lo?

• Findhorn é o modelo mais próximo. Um lugar bem feminino e maternal. Cada um deve descobrir seu próprio caminho – um ideal feminino? Nenhuma necessidade de aderir a uma forma rígida, predefinida, em um contexto comunitário/familiar aprobativo. Problemas dessa abordagem. Mais lenta, mais orgânica? Mais facilmente passível de desvios? Senso de movimento e realização, menos visíveis, porque não há prêmios, diplomas e etapas exteriores definidas para demarcar o progresso.

• A Deusa é mais descendente, Deus, mais ascendente. Ambos necessários, ambos importantes. Mas há pouco trabalho sobre a descensão da Deusa. Algumas exceções: Aurobindo, Tantra, Free John.

• Falei sobre sair da esfera de identificação com meu pai e valores masculinos, usar meu poder de mulher, e como poderia me tornar uma professora para Ken, uma vez que fizesse isso. Então, percebi que não era tanto uma questão de mudança – todas as aptidões que desenvolvi são boas, não devem ser abandonadas. É como se adicionasse algo mais e me veio à mente a imagem de círculos concêntricos sempre maiores. Ambos/e, não um/ou.

Graça e Coragem

Durante a discussão, de repente senti que parte do meu problema, se ainda quiser defini-lo como tal, pode ter a ver com minha feminilidade. Com certeza pensei nisso antes, mas mais no nível de como é difícil para uma mulher ajustar-se a um mundo definido pelos homens. O novo sentimento agora tem a ver com a sensação de que talvez a razão do insucesso em descobrir meu nicho deva-se ao fato de ter incorporado muitos valores masculinos, indo assim na direção errada. Talvez a razão de não achar meu nicho tenha a ver com alguma forma interior de ser verdadeira comigo mesma, com meus talentos e interesses especiais como mulher. Portanto, em vez de me considerar um fracasso, posso considerar esse período de busca como um tempo de que precisei para chegar a essa conclusão. Tempo de que precisei para descobrir e aprender simplesmente a ver os valores femininos no mais fundo de mim mesma.

De repente, parece legal ser como sou. Ter uma vida profissional indefinida. Envolver-me em vários projetos que me motivam e inspiram. Aprender mais sobre a criação de ambientes em que possam acontecer coisas. Juntar pessoas, formar redes. Comunicar-me, tornar as ideias conhecidas. Permitir o desdobramento e não tentar me forçar em uma fôrma, uma estrutura, uma profissão com títulos.

Que sensação de alívio e liberdade! É bom apenas viver! Ser é legal, fazer não é necessariamente indispensável. É uma espécie de consentimento. Liberar-me dessa sociedade excessivamente masculina e de supervalorização de realizações. Trabalhar com a questão da espiritualidade das mulheres em geral, as faces femininas de Deus. Acomodar-me, cultivar o solo e observar o que crescerá nele.

A primeira coisa que cresceu foi a Cancer Support Community (CSC), uma organização que ofereceria serviços de apoio e ensino gratuitos para mais de 350 pacientes de câncer por semana, com suas famílias e cuidadores.

Logo depois da mastectomia de Treya, nós encontramos Vicky Wells pela primeira vez. Eu saíra do quarto e andava pelo corredor do hospital quando uma mulher muito bonita passou por mim. Ela era alta, parecia uma estátua, boa aparência, cabelos negros, batom vermelho, vestido vermelho e sapatos pretos de salto alto. Parecia uma versão americana de uma modelo francesa, o que me deixou aturdido. Até que descobri que Vicky viveu vários anos na França com sua melhor amiga na época, Anna Karina, então esposa do diretor francês Jean-Luc Godard. Acho que ela nunca perdeu a vibração parisiense.

Mas Vicky estava longe de ser apenas um rosto bonito. De volta aos Estados Unidos, ela trabalhou como detetive particular em um gueto, foi advogada em casos de abuso devido a álcool ou drogas, e uma ativista para pessoas pobres presas pelo sistema de justiça criminal – atividades que exerceu por mais de uma década – até descobrir que tinha câncer de mama. Uma mastectomia, quimioterapia e várias cirurgias plásticas a deixaram com uma compreensão dolorosa de quão lamentáveis eram os serviços de apoio a pacientes de câncer, suas famílias e amigos.

Vicky era voluntária em várias organizações, tais como Reach for Recovery, mas achava que mesmo esses serviços deixavam a desejar. Ela tinha uma vaga noção, meio sem forma, de fundar um centro que preenchesse seus ideais quando conheceu Treya.

Em uma voz diferente

Elas iriam, finalmente, passar horas, semanas, meses – na verdade, dois anos – discutindo e gerando ideias sobre o centro de apoio que desejavam criar. Entrevistaram dúzias e dúzias de médicos, pacientes, enfermeiras, cuidadores – rezando o tempo todo para o "anjo da CSC" em busca de ajuda. Ainda no início, juntou-se a elas Shannon McGowan, outra paciente de câncer, que já havia trabalhado com Harold Benjamin na criação da Wellness Community em Santa Monica, uma organização pioneira na prestação de serviços gratuitos de apoio a pacientes de câncer e suas famílias. Treya a conheceu, levada pela Kristen, quando estávamos hospedados com Kati em Los Angeles, entre a segunda e terceira quimioterapias dela.

Em outubro de 1985, Vicky, Shannon, Treya e eu visitamos a Wellness Community. A dúvida era abrir uma filial em San Francisco ou fundar um centro completamente independente. Embora todos nós tenhamos ficado muito bem impressionados com Harold e o trabalho que ele desenvolvia, Vicky e Treya acharam que uma abordagem diferente talvez pudesse ser útil também. E isso estava diretamente relacionado com a questão de ser *versus* fazer. As ideias amadureceram durante uma discussão com Naomi Remen, uma médica terapeuta que clinicava em Sausalito.

Nossa conversa com Naomi foi muito animada e estimulante. Perdi completamente a noção do tempo e me atrasei para meu próximo compromisso – algo que agora é um problema por causa do diabetes (programação rigorosa de alimentação na hora certa!). Naomi sentiu-se bastante afinada comigo e com Vicky, mas quando lhe apresentamos o material da Wellness Community, ela achou que alguma coisa não batia, estava errada, fora de sincronia conosco.

Eu lhe disse que estávamos cientes disso, cientes de que tínhamos um enfoque um pouco diferente do de Harold. O nosso se aproximava de uma abordagem mais feminina, com menos ênfase em lutar contra o câncer ou recuperar-se dele, e mais ênfase na qualidade global de vida durante todo o processo. Não queríamos transmitir para as pessoas a ideia de falha ou perda no caso de permanência do câncer, o que parecia ser a desvantagem da abordagem de Harold. Quando Vicky mostrou o material a seus amigos no retiro de Stephen Levine, todos com recidivas e metástases periódicas, seus comentários gerais foram mais ou menos os seguintes: "Não gostei do tom dessa abordagem", "Eu conseguiria viver se meu câncer não fosse embora?", "E se aceitasse o câncer e não lutasse contra ele, eu me sentiria bem lá?". Naomi disse que o material lhe passou a sensação de que doença é algo ruim, algo a ser combatido, e que você falhará se não vencer a luta. Para ela – e ela tinha o mal de Crohn[2] desde criança – deve-se aprender a conviver com a doença e não viver para ela.

É óbvio que, como paciente de câncer, sabia que, embora o câncer seja frequentemente considerado uma doença crônica – observe a confusão sobre como ou quando você considera alguém curado – as pessoas leigas e que não têm câncer desejam ouvir você dizer que está curada. Elas não querem ouvi-la falar da mesma forma cuidadosa e comedida dos médicos, de que agora não existe nenhum sinal da doença e os exames estão bons, mas, claro, com

---

[2] Ileíte: inflamação crônica e progressiva do intestino delgado com sintomas de dor e diarreia. (N.T.)

Graça e Coragem

câncer nunca se pode ter certeza, apenas esperança. Não, elas querem ouvir que está tudo acabado e resolvido, que você está bem e que podem continuar tocando suas vidas sem se preocupar com você, nenhum bicho-papão está à espreita atrás das árvores ou pelos cantos. Isso poderia ser parte do que aconteceria com a abordagem do Harold, e a diferença entre a sua atitude e a nossa, a de pacientes de câncer que sabem o quão traiçoeira essa doença pode ser. Decidimos que nosso centro não seria filial da organização do Harold, embora desejássemos realmente muito sucesso a ele.

A conversa com Naomi despertou alguns outros pensamentos que eu não tivera até então. Eles surgiram de uma estranha combinação ao observá-la – tão bonita, ativa e saudável, embora soubesse que tinha uma doença grave – e do trabalho com mulheres em um grupo de câncer de mama que estava frequentando às segundas-feiras à noite. Eu hesitei muito para me comprometer a trabalhar com pacientes de câncer, em parte por medo de ser constantemente lembrada das possibilidades futuras de todos eles, mas também por medo de simplesmente terem câncer, de estarem sempre em frente a mim, sempre na minha mente.

Em poucos dias percebi que esse medo provinha do fato de deixar que a doença e suas consequências possivelmente terríveis obscurecessem o ser humano na minha frente. A ficha caiu na noite da minha última sessão no grupo. Elas eram pessoas acima de tudo. Às vezes passávamos uma sessão inteira sem falar sobre câncer; ele era somente uma presença circunstancial entre nós. Eram pessoas envolvidas em suas vidas, suas dores, seus triunfos, seus amores, seus filhos e, incidentalmente, nesse momento, com seu câncer. Percebi que hesitei porque, de alguma forma, achei que trabalharia com pacientes de câncer que eram pessoas, em vez de pessoas que, ocasionalmente, eram pacientes de câncer. Suponho que isso faz parte da minha própria evolução, afastando-me do câncer e retornando gradualmente, passo a passo, para minha própria vida. Eu quero trabalhar com pessoas que se movimentem em direção à vida, mesmo no meio do câncer. Novamente, isso tudo parece parte da virada, de poder ser capaz de estar com câncer, até mesmo enquanto você tenta fazer algo com ele, importante como é. E considerar pacientes de câncer como pessoas, não como um conjunto de partes que precisam ser tratadas.

Essa virada ocorreu de forma dramática pela primeira vez numa noite no início do verão. Estávamos passando uns dias na casa de Tahoe; Treya não conseguia dormir. E, então, todas as peças começaram a se encaixar. Ela ficou excitada com a descoberta. De acordo com ela, era nada mais, nada menos, que seu *daemon* tão longamente buscado! Não completamente nascido, embora anunciando ruidosamente sua presença – mas em uma voz diferente, uma voz que ela suprimira há muito tempo.

Há algum tempo em Tahoe, uma noite, estava acordada com insônia. Eu via pela janela a luz prateada do luar no lago, envolta pelas formas escuras dos pinheiros ao redor da casa e, mais distante, pelas formas escuras das montanhas de Desolation Wilderness.[3] Um nome tão árido, um lugar tão bonito.

Imagens de caleidoscópio, vermelho intenso, branco iridescente, azul cobalto, flutuam na minha cabeça. Eu me sinto muito excitada, simplesmente não consigo dormir. Será que foi o chá que tomei mais cedo? Em parte,

---

[3] Deserto da Desolação. Reserva localizada na Eldorado Nacional Forest, Califórnia. (N.T.)

Em uma voz diferente

talvez. Mas há outra coisa acontecendo, algo dentro de mim se agitou, acordou. Vidro, luz, formas, contornos, linhas fluentes, juntando coisas, uma visão surgindo do nada, a beleza compondo-se nesse mundo de formas. Que maravilha! Mantenho-me imóvel, consciente da energia que flui pelo meu corpo. Será isso? Será isso que tenho para fazer ou, pelo menos, uma parte importante disso? Será essa uma peça crítica que estava faltando? Um pedaço de mim mesma que perdi?

Acho que sim. Encontrei uma parte de mim que faltava ao longo desses muitos anos. A mulher que trabalha com as mãos. A artista, a artesã, a fazedora. Não a realizadora ou a conhecedora, mas a fazedora. A fazedora de coisas belas, que sente tanto prazer no processo quanto no produto final.

No dia seguinte senti-me como se tivesse experimentado uma pequena epifania. Pareceu-me um instante de importante *insight* para mim e meu futuro. Recordei-me dos momentos em que me senti mais envolvida em meu trabalho, mais motivada com o que estava fazendo; foram momentos de trabalhos manuais e artesanato... desenhando um mapa ricamente detalhado para meu projeto final de cartografia... fazendo desenhos vibrantes a nanquim em lona... fabricando velas e potes de cerâmica em Findhorn... criando belas formas do nada... esculpindo palavras em textos e diários que não mostrava a ninguém. Aqueles foram momentos em que não me dava conta do tempo, totalmente envolvida por um tipo de estado meditativo de concentração e autoesquecimento absolutos.

Comecei a sentir, no próximo dia, que havia redescoberto uma parte importante de mim mesma. Que talvez meu caminho estivesse emergindo da vegetação rasteira e espessa de deveres e desejos de adotar os valores culturais masculinos, enfatizando a vida mental. A escola enfatizava o conhecimento, os fatos, o conteúdo, o pensamento, a análise. Eu descobri que era boa nisso. Era um caminho de distinção, para ganhar elogios e atenção. O que mais haveria além disso, de fato? Assim, percorri essa estrada, claramente delimitada e suavemente pavimentada.

Só que nunca funcionou bem. Por que não tirei meu Ph.D. e passei a ensinar em algum lugar? Pensei sobre o assunto, mas algo dentro afastou-me dessa estrada pavimentada. Tinha capacidade, mas não realmente coração para isso. E ainda assim, me censurava por não ter ido adiante, achava que tinha sido fraca, aceitava críticas de que trivializara minha vida ao não focar em uma carreira de realizações.

Mas agora entendo que a estrada pavimentada não era adequada, porque sou mais uma fazedora do que uma conhecedora ou realizadora. Talvez a razão pela qual fui tão feliz em Findhorn tivesse a ver com o tempo que passei nas oficinas de velas e cerâmica, sem me dar conta. Desde a mais tenra idade sempre gostei de fazer coisas, mas aceitei a visão prevalecente de que tal trabalho era frívolo, superficial, sem importância, desnecessário, não uma contribuição verdadeira; servia apenas como passatempo nas horas vagas. Pensando assim, cortei, obstruí, uma importante fonte de felicidade e energia em mim mesma. Bem, não mais!

O que está mexendo comigo é o surgimento de um novo padrão de escolha para o que faço. Eu me ouço falando sobre possibilidades, apenas possibilidades, de fazer as coisas que sempre quis, não que devesse, mesmo que não tenha a mais vaga ideia de qual será o resultado, se estarei prestando uma contribuição necessária ou promovendo algum bem.

Então, quais são essas coisas que estão me atraindo? Todas as que descobri por acaso, que borbulharam de mim, por assim dizer. Nunca planejadas ou descobertas pelo pensamento. Fico nervosa até para listá-las. A primeira é cerâmica artesanal, uma das atividades que fiz em Findhorn. É estimulante, atraente, satisfatória. Vejo-me olhando para o mundo de uma maneira diferente, sempre pensando em formas, modelos, contornos, inspirados pela arte

Graça e Coragem

ou pelo mundo natural. Pego-me indo a exposições de arte e mostras de artesanato, completamente envolvida em olhar, apreciar, pensar em novas abordagens. Sinto-me muito estimulada, viva, animada. Sempre gostei de fazer coisas com as mãos, trabalhos manuais. Sinto como se isso me desligasse da cabeça, de tantas ideias, e me fizesse engajar mais no mundo lá fora.

Outra coisa que me interessa são vitrais. Eu quis fazê-los por anos e nunca fiz, talvez porque achasse que não fossem importantes em relação ao resto. Ao contar tudo isso, consigo perceber a artista se esforçando para surgir! Quero me dedicar aos meus desenhos – novamente, eles borbulham espontaneamente, começando com rabiscos e evoluindo para figuras reais. E observar como eles se aplicariam a vitrais. E relembrar todos os desenhos de bordado que costumava fazer. Mais uma vez, algo que fazia espontaneamente, ninguém me ensinou ou sugeriu.

Outra coisa é escrever, esculpir palavras, um primeiro amor abandonado, pura e simplesmente, por medo. Essa é a mais assustadora de todas, a mais pública, revelando os interiores da minha mente e alma, medo de ser julgada superficial, juvenil, chata etc. etc. Mas estou determinada a escrever esse livro, ainda que ele nunca chegue a ser publicado. Eu voltarei a encantar-me com as palavras, com sua beleza, poder e capacidade de surpreender. Ainda me lembro vivamente daquele artigo que escrevi no curso secundário sobre como é ficar lendo sentada na cama até tarde da noite. Eu descrevi meus sentimentos, o calor da lâmpada incandescente, os insetos atraídos pela luz, a sensação do lençol nas minhas pernas, os suaves ruídos da noite, a impressão ao virar as páginas, os sons sutis da lombada do livro estalando de leve. E recordo a minha admiração pelas frases bem elaboradas, especialmente ao ler Lawrence Durrell. Eu copiava frases curtas, até palavras únicas, de que gostasse, atrás dos livros, saboreando cada uma. Era quase como comer doces, o prazer que sentia com aquelas frases.

Outra coisa que sempre amei é trabalhar com grupos, como em Findhorn. Não quero voltar para a escola e estudar mais teoria. Estou interessada – é bem o jeito feminino, acho – em abordagens práticas que ajudarão pessoas. Cancer Support Community – é isso aí.

Todas essas coisas! O amor que sempre veio a mim espontaneamente, nunca planejado. Para onde foi tudo isso? Como se perdeu? Não estou certa. Mas independentemente do que tenha acontecido, parece que tudo voltou novamente. O prazer simples de ser e fazer, não saber e realizar. Sinto como se estivesse voltando para casa! Será que é a isso que Ken se refere quando diz que descobriu seu *daemon*? O meu não é brilhante, não é mental, não realiza façanhas incríveis. Mas agora entendo o ponto – acho que ele é mais tranquilo, mais amorfo, mais gentil. Mais em segundo plano, mais feminino, mais invisível. Mais do corpo. Mais da Terra. E mais real para mim!

"E isso foi o que aconteceu na noite passada", ela disse terminando o relato. Eu podia sentir sua excitação, era tão genuína. E o engraçado é que todo mundo que se relacionava com Treya ficava invariavelmente impressionado com sua cabeça; sem dúvida, ela era uma das pessoas com maior acuidade intelectual que já conheci. Quando Treya se envolvia com um tópico, coitado dele. Mas ela estava descobrindo que essa sua capacidade não a satisfazia plenamente. Ela falou que havia escutado a voz errada.

Diretamente relacionado com a mudança de voz, havia a questão crescentemente insistente sobre se nós geramos nossas enfermidades – a noção *new age* de que as pessoas causam a moléstia por seus próprios pensamentos ou como um tipo de

Em uma voz diferente

megalição que precisam aprender (em vez de simplesmente aprender com a moléstia, qualquer que seja a causa). O assunto explodiu novamente com o diabetes de Treya. Ela simplesmente foi assediada por pessoas bem-intencionadas que desejavam ajudá--la a entender por que ela gerou o diabetes. Além das razões teóricas que demonstram ser essa ideia muito tendenciosa, parcial e perigosa – voltarei a esse assunto em um capítulo posterior – Treya adicionou mais uma: é uma abordagem muito masculina, muito controladora, muito agressiva, muito violadora. E, na verdade, ela tornar-se-ia porta-voz nacional de uma visão mais compassiva da moléstia. Como eu sei disso? Bem, pelo único teste acadêmico realmente fidedigno na América: ela foi convidada a debater o assunto com Bernie Siegel[4] no *Oprah Winfrey Show*.

Toda essa história sobre se gerei ou não minha(s) doença(s) está de volta. Porque a pessoa que especula sobre si mesma ou sobre terceiros normalmente vê a questão da responsabilidade à luz da culpa. "O que eu fiz para merecer isso?" "Por que eu?" "O que eu fiz de errado para acontecer isso comigo?" "Não me admira estar com câncer. Eu o criei." Esses tipos de pensamento.

Às vezes eu me impus essa "lógica". Meus amigos fizeram o mesmo. Eu fiz isso com minha mãe, quando teve câncer dezoito anos atrás, e imagino que ela também se sentiu violentada – e com razão. Pois embora ache que exista alguma verdade na ideia de que algo que tenha feito uma vez, certos padrões habituais de comportamento ou certas formas de me relacionar com o mundo e lidar com o estresse possam ter contribuído para o desenvolvimento do câncer e do diabetes em mim, não acredito que esse seja o quadro completo. Eu reagi ao desejo normal do ser humano de descobrir uma causa única, simples e clara, para doenças assustadoras. É uma defesa natural e compreensível contra o medo do desconhecido.

Assim, sou cuidadosa ao explicar que acho que a doença tem muitas causas – genéticas, hereditárias, dietéticas, ambientais, estilo de vida, personalidade. Mas afirmar que existe uma única causa, que somente a personalidade gera doença, negligencia o fato de que, embora possamos controlar a resposta ao que nos acontece, não podemos controlar tudo que nos acontece. Essa ilusão de controle completo, que temos capacidade de dominar as coisas, é tão destrutiva, tão agressiva.

O ponto crítico, porém, repousa mais na questão da culpa. Se uma pessoa contrai câncer e acredita que o causou, sente-se culpada, errada ou má por causa disso; a culpa torna-se um problema que pode até interferir na forma de lidar com a doença e buscar a cura ou melhor qualidade de vida. É por isso que esse é um assunto tão delicado. É por isso que a questão da responsabilidade precisa ser tratada com sensibilidade. É por isso que é importante fazer distinções cuidadosas sobre causação e não imputar motivos inconscientes aos outros. É difícil negar razões inconscientes ou subconscientes. Quanto a mim, sinto-me violentada, e às vezes bastante impotente, quando as pessoas especulam a meu respeito nesse nível. Todos nós sabemos o quão frustrante é sentir-se injustamente acusada por outras pessoas de agir por força de uma motivação inconsciente e, em seguida, interpretarem

---

[4] Médico alternativo, autor dos *best-sellers*: *Love, Medicine & Miracles, Peace, Love & Healing* e *How to Live Between Office Visits: A Guide to Life, Love and Health*, entre outros. (N.T.)

Graça e Coragem

nossos protestos como simples negação e prova adicional de que elas estavam certas desde o princípio! Psicologia em sua forma mais cruel.

A maioria das pessoas que está doente sofre muita tensão ao lidar com a situação, estando ou não envolvida com essas complexas questões de causação e fatores psicológicos. Elas poderão sofrer um estresse ainda maior no caso de se envolverem nas discussões sobre responsabilidade quanto à moléstia. Suas necessidades devem ser respeitadas, os limites sugeridos por elas devem, no mínimo, ser considerados. Não que não acredite em confrontação saudável no momento apropriado, pois certamente o faço. O que me incomoda é as pessoas teorizarem sobre mim e sequer se dignarem a perguntar quais são minhas ideias sobre a moléstia. Não gosto que me digam: "X afirma que o câncer é causado por ressentimento", especialmente se é dito de uma forma que soa como se acreditassem que essa foi a causa do desenvolvimento do meu câncer, ou "a causa do diabetes é falta de amor". Quem realmente sabe? Mas não me importo se a pessoa perguntar: "X diz que o câncer é causado por ressentimento; o que você acha? Isso se aplica de alguma forma a você?".

Acredito que podemos usar as crises em nossas vidas para nos curarmos. Creio piamente nisso. Sei que houve momentos na minha vida em que fiquei magoada e, embora não saiba se as mágoas desempenharam algum papel no meu câncer, acredito que a crise pode ser muito útil para me cientificar dessa possibilidade e decidir usá-la para me curar delas, praticar o perdão e desenvolver a compaixão.

Suponho que um resumo de tudo isso seria algo assim:

Estou com câncer. Sinto-me muito mal com isso, com a ameaça à minha vida, com a cirurgia e os tratamentos por que tive de passar. É amedrontador. Eu me senti culpada por ficar com câncer. Tenho me perguntado se fiz algo para causá-lo. Tenho sido dura comigo mesma ao me fazer tais perguntas. Por favor, ajude-me. Eu não preciso que você seja duro também. Preciso que você me entenda, seja gentil, ajude-me a combater essas perguntas. Não preciso que você teorize sobre mim pelas costas, por assim dizer. Preciso que você me pergunte, não que me diga. Preciso que você tente entender meus sentimentos, só um pouquinho, ponha-se no meu lugar e trate-me, espero, com mais delicadeza do que às vezes me trato.

Em março Treya e eu fomos até a Joslin Clinic em Boston, famosa por seu tratamento de diabetes, em uma tentativa de buscar uma melhor convivência com essa nova moléstia. Combinamos nossa ida com uma viagem de negócios a Shambhala, o que significou encontrar Sam.

Sammy! Que fofura. Um brilhante empresário, mas mesmo assim muito afetuoso e aberto. Adoro o modo como ele e Ken se admiram, um sempre implicando com o outro. No escritório da Shambhala, examinaram algumas críticas recentes de livros do Ken. Parece que eles estão causando um grande impacto, não apenas na América. Sam disse que Ken está fazendo muito sucesso no Japão, mas lá ele é considerado meio new age, o que o deixa muito mal. Na Alemanha ele é bem-aceito pela corrente em voga, um grande fenômeno acadêmico. Brincamos sobre wilberianos que logo degeneram em wilberetes. Comentamos como Ken parece estar mudando, mais vulnerável, mais acessível, menos cáustico, distante e arrogante, mais doce.

Em uma voz diferente

Almoçamos com Emily Hilburn Sell, a editora da Shambhala. Gosto muito dela, confio em seu julgamento. Contei-lhe sobre o livro que estava escrevendo – câncer, psicoterapia, espiritualidade – e perguntei se o editaria para mim. Ela respondeu que adoraria fazê-lo, o que me deixou mais determinada a realizar esse projeto!

Na tarde do mesmo dia, encontramo-nos na Seção Infantil da Joslin Diabetes Clinic, aguardando a enfermeira que iria nos dar instruções. O quadro de avisos estava repleto de artigos de jornal, anúncios, cartazes, desenhos de crianças. Uma manchete anunciava "A vida é uma corda bamba para uma criança de dez anos". Havia uma citação da criança, em letras grandes, sobre como a maioria delas, quando toma conhecimento de que tem diabetes, fica simplesmente furiosa e deseja que não seja verdade; elas não sentem vontade de fazer nada. Havia um cartaz próximo a esse recorte que dizia: "Você conhece alguém que quer ter um filho e tem diabetes?", com o rosto de uma criança pequena me fitando. Existia outro recorte sobre uma criança de quatro anos com diabetes, um cartaz sobre como ajudar crianças a superar o medo de hospitais. Lágrimas transbordaram e umedeceram meus olhos. Essas pobres crianças e o que tinham de encarar ainda tão jovens. Uma coisa triste, muito triste. Havia vários desenhos em crayon brilhante sobre um Dr. Brink, mas um em especial tocou meu coração. Dizia: "Dr. Brink e diabetes condizem com..." e abaixo um desenho de um refrigerante, uma banana-split e biscoitos de chocolate – tudo que a criança que fez o desenho amava e agora não podia mais ter. Ela os escolheu, guloseimas proibidas, para marcar sua posição.

No dia seguinte, Domingo de Páscoa, fomos à Trinity Church, construída em 1834, uma congregação desde 1795. Igreja fabulosa, arcos em estilo românico, o interior com decorações folheadas a ouro, cores quentes desde o verde-escuro ao terracota avermelhado. A igreja estava superlotada nesse Domingo de Páscoa. Ao entrar, vimos mesas repletas de gerânios; mais tarde soubemos que é tradição da igreja dar um a cada criança da congregação nesse dia. Fiquei um pouco surpresa ao me dar conta de que havia me esquecido de que este é um país basicamente cristão. Todas aquelas pessoas usando roupas elegantes, próprias para o Domingo de Páscoa. Ao irmos para a igreja, notamos que parecia ser obrigatório usar paletó e gravata para andar pelas calçadas nessa manhã; a moda em Boston é extremamente conservadora.

Nós nos esgueiramos pelo meio daquelas roupas especiais, respectivos paramentos e chapéus, chegando finalmente a um ponto de observação perfeito, atrás de um dos corneteiros que anunciavam o triunfo da Páscoa, observando o altar de cima. Olhando para baixo, víamos pequenas cabeças grisalhas, castanhas, louras, calvas, com chapéu, sem chapéu. Todos nós enlevados, lembrados de nossa condição de filhos e filhas de Deus pelas camadas de ouro ao redor, os sublimes arcos acima, o belo crucifixo no altar à frente.

Eu gostei do sermão. Foi bem curto e refinado, com referências ao Ulisses de Joyce, bem como à Bíblia. Tema para os episcopais anglicanos. O pastor falou do sofrimento em nosso mundo, da antiga crença de que os que sofrem de alguma forma o merecem, e perguntou: "Não conseguimos nos livrar dessa superstição arcaica de que aqueles que sofrem merecem o sofrimento? Toda noite dois terços dos habitantes da Terra vão para a cama malvestidos, mal-alojados e mal-alimentados". Ele comentou sobre o sofrimento de Jesus como tendo a ver com a condição humana. Eu nunca ouvira essa menção ao fato de Jesus ser simplesmente humano, o sofrimento como parte de sua humanidade, em vez de sua sagrada missão. O pastor também falou da nossa necessidade por significado, e orou por nós para descobrirmos significado tanto no comum quanto no heroico. Deus sabe que fala comigo, com minha constante ânsia por significado.

E assim, ao ouvir isso, senti que ocorreu uma mudança. A palavra "significado" não tem mais o apelo que tinha para mim antigamente, nem mesmo a capacidade de me fazer infeliz, insatisfeita, inquieta e ainda na busca.

Graça e Coragem

Talvez esteja me tornando mais autocompassiva. Mais gentil com a vida, com o que é ser humana. Parte do movimento rumo à sabedoria sobre a qual falei com Ken. Mas, às vezes, quando converso com outras pessoas sobre mudanças que acredito estarem acontecendo dentro de mim, não tenho tanta certeza se é verdade; será que estou contando vantagem, desejando apenas que seja verdade, afirmando algo que quero que seja verdade mas que ainda não é? O toque de verdade, a sensação de que não estou realmente fingindo, é ressaltado quando começo a escrever ou conversar sobre coisas que costumavam me aborrecer, como se ainda o fizessem, mas a reclamação, a irritação e a amargura simplesmente não se apresentam com a antiga intensidade. Não estou tentando convencer ninguém do meu progresso, estou simplesmente apresentando minha velha personalidade intratável, queixosa, autocompassiva, passando pelo mesmo antigo território, e ainda assim as reclamações são fracas, meu coração não está mais nelas, fico um pouco entediada com o que estou dizendo. É aí que sinto confiança de que estou de fato avançando, deixando para trás aquela coisa particular com que convivi durante tantos meses ou anos.

Em seguida fomos à Old South Church – os camarotes de cada família fechados e separados por divisórias altas. Por que essa religião (protestante) era uma experiência privada, entre o homem e seu Deus, em lugar de ser uma experiência essencialmente comunitária? Uma sensação muito diferente daquela da Trinity Church, onde se pode vislumbrar a congregação inteira. Um pastor estava lá, querendo saber se poderia nos ajudar. Ele nos mostrou o camarote principal onde o governador ficava – o governador quando Massachusetts ainda estava sob o domínio da Inglaterra – e nos informou que a Rainha Elizabeth ocupou-o durante sua visita. Ele esperava colocar Dukakis lá quando ele os visitasse. Deu um branco – quem é Dukakis, o atual governador talvez?

Em seguida, passeamos pelo Washington Memorial Garden, cercado por um muro alto de tijolos com placas comemorativas: uma em homenagem ao voluntário que tocou os sinos na noite do um por terra, dois por mar, para avisar Paul Revere,[5] outra homenageando George Washington, ainda outra em homenagem a uma pessoa que em 1798 provou, para satisfação de muitos que assistiram, que poderia voar da torre do campanário. Ken comentou, brincando, que "eles deveriam ter posto a placa aqui no chão, onde ainda existe a mancha de gordura". Em volta, as paredes de tijolos brilhavam ao sol da primavera; em locais densamente cobertos pelos talos expostos das heras, sobrepostos, entrelaçados, camadas sobre camadas delicadamente trançadas, cada ramo fino refletindo a luz, os raios solares pareciam entretecidos. Eu me senti abençoada, e me sinto novamente agora, só de pensar nisso.

Dois de junho, de volta a San Francisco – um dia memorável. Os médicos decidiram remover o Port-a-Cath de Treya. Aleluia! Isso significa que eles acham que as chances de recidiva são muito remotas. Estamos em êxtase. Após a retirada do Port-a-Cath saímos para uma grande comemoração na cidade, dane-se a dieta! Treya está feliz, entusiasmada, radiante. Pela primeira vez em muito tempo, consigo respirar, respirar de verdade.

Exatamente duas semanas após esse dia, Treya descobriu um caroço no peito. O caroço foi removido. Era câncer.

---

[5] Referência ao código instituído por Paul Revere para ser informado sobre o ataque dos ingleses: se um toque, o ataque seria por terra; se dois, seria por mar. (N.T.)

13. Estrella

Na manhã em que Treya descobriu o nódulo, eu estava deitado a seu lado. "Meu amor, olhe, bem aqui." Sem dúvida, era um caroço pequeno e bastante duro debaixo do seu braço direito.

Muito calma, ela disse: "Provavelmente é câncer".

"Acho que sim."

O que mais poderia ser? E pior, uma recorrência nesse ponto seria extremamente séria. Significaria, entre outras coisas, que a possibilidade de uma metástase realmente terrível – nos ossos, cérebro ou pulmões – agora seria muito, muito alta. E nós dois sabíamos disso.

Mas o que me surpreendeu, e continuaria a me surpreender pelos próximos dias, semanas e meses, foi a reação de Treya: pouco ou nenhum alarme, nenhum medo, nenhuma raiva, nem mesmo lágrimas, uma única vez que fosse. As lágrimas sempre a denunciaram; se algo estivesse errado, suas lágrimas avisavam. Nenhuma lágrima. E não era que ela se sentisse simplesmente resignada ou derrotada. Treya parecia estar genuinamente em paz consigo e com a situação, relaxada, aberta. O que é, é. Sem julgamento, sem fuga, sem apego, sem aversão – ou, pelo menos, em quantidade incrivelmente modesta. Sua equanimidade meditativa parecia inabalável. Eu não acreditaria se não tivesse testemunhado pessoal, cuidadosa e intimamente por um longo período de tempo. Era indiscutível, e não só para mim.

Definitivamente, algo estava acontecendo com ela. Treya o descreveu como a culminância daquela mudança interna, em muitas de suas facetas – do fazer para o ser, do saber para o realizar, da obsessão para a confiança, do masculino para o feminino e, acima de tudo, do controle para a aceitação. Tudo isso veio de uma forma muito simples, muito direta, muito concreta.

Treya realmente mudou ao longo dos últimos três anos e expressou claramente gratidão por essa recorrência, porque demonstrou, provou-lhe, como nada mais poderia ter feito, quão profunda fora sua transformação interior. Sentiu que seu velho eu, Terry, morrera e um novo eu, Treya, nascera. Ela mesma descreveu esse processo como um renascimento, e Treya não era dada a hipérboles.

E então, como me sinto agora? Neste momento? Basicamente, sinto-me bem. Uma boa aula de Sufismo hoje à noite, a sensação de que gostei dessa prática e quero continuá-la. Ken e eu vamos dar um passeio amanhã pela costa e passaremos a noite pelo caminho. Isso parece bom.

Graça e Coragem

Exatamente hoje à tarde conversei com Peter Richards e descobri que, novamente, tenho uma recorrência. Insucesso no tratamento, acho que é assim que eles falam. Isso soa tão grande, tão funesto. Eu me sinto bem, ao mesmo tempo que surge uma voz, não muito alta, dizendo que deveria estar preocupada, que estou aceitando a situação com muita calma, seria isso uma negação, você não sabe que coisas terríveis provavelmente a esperam daqui para a frente? Essa voz está presente, mas não tem muita força. Acho que é a mesma parte de mim que me dopou quando eu soube, pela primeira vez, que estava com câncer, que me fez acordar no meio da noite cheia de medo. É uma voz ignorante; naquela época, ela sabia tão pouco sobre câncer, a ponto de não conseguir pintar imagens amedrontadoras, a não ser a óbvia: morte. Mas ela captou lá fora o tom geral a respeito da doença e tocou ruidosamente notas fúnebres nos meus ouvidos.

Agora ela sabe mais. Li muito sobre como o câncer e seus tratamentos podem ser realmente terríveis, relatos medonhos como *A Mortal Condition* e *Life and Death on 10 West*, cenas que costumavam me dar pesadelos. Mas agora elas estão bem pálidas. Não são mais horrendas como antes.

Quando descobri o caroço, embora reconhecesse o que significava, não senti propriamente medo, apenas prendi a respiração por um momento. Não entrei em pânico, não chorei, não lutei contra as lágrimas. Foi mais uma reação do tipo "oh, isto de novo?".

Obviamente voltei ao consultório do Peter para um exame. Passamos bons momentos, mostrei-lhe meus retratos careca, ele estava bem-humorado, tanto quanto eu. No dia seguinte, enquanto extraía o nódulo, Ken e Vicky na sala de espera, ele me contou a história de como um dos médicos finalmente casou com uma mulher que ele [o médico] namorou por muito tempo até que ela lhe desse um ultimato – ou casa comigo ou não sairei mais com você. Clássico conto de homem-mulher; pude observar como a enfermeira que estava nos acompanhando apreciou a história confidencial.

Ken é maravilhoso. Nós vamos passar por essa coisa juntos, ele diz. Sinto-me em paz com tudo isso. Se é meu carma, meu pedaço na vida, então aceito. Não adianta sofrer. Não adianta pensar ou temer possibilidades futuras. Se esse é o caminho que minha vida tomou, então é por aí, e a viverei bem. Uma certa curiosidade, uma tranquilidade. Por enquanto me sinto bem. Minha dieta está ótima, meus exercícios regulares, sinto-me com energia e ânimo para encarar novamente a vida.

Ao meditar hoje à noite, tive a sensação de que não evito mais os relacionamentos, não resisto mais à vida e a tudo que significa. Abrir-me para ela em todos os seus aspectos. Assumir riscos, confiar plenamente. Parar de usar minha acuidade mental como justificativa para minhas defesas, minhas fugas. Seguir minha intuição, aquela sensação que vem das entranhas de que algo é certo, e afastar-me das coisas que parecem erradas, mesmo quando conseguir sustentá-las com argumentos sobre argumentos. Aproveitar tudo da vida, da experiência. Nunca mais rejeitar sem provar. Abraçar, envolver, incluir todas as qualidades femininas. Não mais querer ser homem e regozijar-me em me tornar mulher.

E, de repente, veio a mim. Pare de tentar ser homem. Pare de se chamar Terry. Transforme-se em Treya. Treya Wilber. Deixe de ser o filho primogênito. Tive um sonho naquela noite, maravilhoso e excitante; a única frase dele que consigo recordar é: "Oi, meu nome é Treya".

Na manhã seguinte, Terry me pediu para começar a chamá-la de "Treya", o que passei a fazer. Treya, Treya, Treya. Naquele ponto, eu e muitos amigos seus

Estrella

não pudemos evitar a preocupação de que talvez tivesse entrado em um processo de negação – ela se mostrava tão tranquila, tão jovial, tão aberta e receptiva. Mas isso, eu concluiria, seria simplesmente menosprezar Treya. Ela mudou de fato; foi muito genuíno, muito real, muito profundo.

É conveniente que eu escreva especificamente sobre o quanto me sinto diferente no momento, após essa recidiva mais recente, quando o disquete que vim trabalhando nos últimos seis meses está agora cheio. Começo de novo com um disco em branco.

Parece um novo começo, um renascimento por assim dizer. Eu mudei de uma forma densa e profunda. É fácil pensar que você não tem medo de algo que não aconteceu e que acha que não acontecerá, mas você tem certeza, não até a coisa temível realmente acontecer. Só então você vai saber se está ou não com medo.

E dessa vez estou sem medo. Oh, certo, há algumas partes de mim que sentem medo; afinal, ainda sou humana. Existem uns poucos palhaços temerosos, mas eles não chegam a tirar pedaço. Eles montam cenários e estão felizes com o trabalho!

E nunca teria me dado conta dessa mudança interior sem a recorrência. Quando digo que sou agradecida a ela, é isto que quero dizer. Algo maravilhoso aconteceu. Um grande fardo de medo que eu carregava sumiu tranquilamente, no meio da noite, não sei exatamente quando ou como.

Também estou muito menos receosa do futuro, de possíveis recidivas que possam me levar a uma dessas terríveis mortes de câncer, sobre as quais li tanto. Quando olho para esse beco particular, ainda existem fantasmas escondendo-se pelos cantos, mas a mudança deu-me confiança de que, mesmo que tenha de cruzá-lo, conseguirei fazê-lo com bastante tranquilidade. Frase favorita do Ken: "Seja a Testemunha do destino, não sua vítima". Eu simplesmente me observo, com atenção plena e alegria tranquila, andando por esse beco. Aquele pedregulho, que carreguei a partir do choque e do medo do primeiro anúncio, desapareceu. Se for tentada a pegar seixos pelo caminho, acho que também poderei colocá-los de volta em seus lugares.

Como me sinto em relação a isto? Curiosamente animada. Como uma oportunidade maravilhosa. Eis aqui o estímulo perfeito para explorar outras formas de tratamento de câncer, uma espécie de curso de pós-graduação em terapias experimentais. Pretendo experimentar diferentes opções como terapias metabólicas, dietas cruas e de baixa gordura, estimulação do sistema imunológico, curandeiros psíquicos e ervas chinesas. Avaliei minha vida, o que aprecio e sinto falta, e agora assumi um compromisso real de reintroduzir coisas que abandonei. Seguir meu *daemon* de artesã, a mulher que trabalha com as mãos. Continuar a meditar. Continuar a pesquisar o componente psicológico que é responsável por 20% (ou o que seja) da gênese da doença. Não tenho mais medo de ser acusada ou de me sentir culpada. Não quero mais estar certa. Não quero mais me defender. Estou simplesmente interessada na vida, terrivelmente interessada. Posso me expandir nela, exatamente como na minha visão da infância, confundindo-me com o universo.

O único tratamento que os médicos podiam oferecer a Treya era mais radioterapia na área, o que ela rejeitou imediatamente pela razão óbvia de que a recorrência anterior, os cinco caroços, já haviam demonstrado que seu câncer era resistente à

Graça e Coragem

radiação. Isso a liberou para explorar alternativas, já que a medicina do homem branco tinha se esgotado. Terry poderia ter escutado os conselhos dos médicos – eles tinham de oferecer algo, tratar a enfermidade, uma vez que não conseguiam tratar a moléstia – mas Treya não lhes deu ouvidos.

E então começou o que, sem dúvida, foi o trecho mais divertido da nossa viagem pelo mundo louco dos tratamentos de câncer. Novamente com o pé na estrada, fomos a Los Angeles para uma consulta com um médico muito competente, especialista em estimulação do sistema imunológico; em seguida, continuamos até Del Mar, onde passamos uma semana inteira com a selvagem, fabulosa, louca, adorável, desvairada, às vezes eficaz, curandeira psíquica Chris Habib.

O que quer que Chris Habib tenha conseguido em termos de cura real, não contarei agora. Mas posso lhe afirmar que ela conseguiu uma coisa incrivelmente importante: ela completou a transformação de Terry em Treya, inoculando na nova Treya um senso de humor irreversível.

Viramos nômades nos últimos dias. Uma noite, no quinto andar de um Holliday Inn, as janelas não abrem e o ar-condicionado não funciona, mas os estofados são de pelúcia. Outra noite em um Mission Inn, todo térreo, confortável, com uma cafeteria-padaria anexa muito popular, sempre cheia de famílias comendo bolos, tortas e pratos da antiga culinária americana. Outra noite em um Budget Motel, onde o tapete não está muito limpo e você pode ouvir as pessoas no terceiro andar, acima do nosso, desfazendo e fazendo as malas; há um aviso no banheiro dizendo que serão cobradas as toalhas faltantes. À noite, um jantar fabuloso em um restaurante chamado Five-Foot. Entre outras coisas, é um estabelecimento com gastronomia europeia tocado completamente por chineses. O que significa o nome? Ninguém sabe. Hipótese de Ken: a altura média dos garçons.[1]

Del Mar – lugar adorável, banhado pelas ondas do mar e pelo sol, tão relaxante (como é que alguém consegue trabalhar aqui?). Decidimos fazer um feriado e esbanjar em um motel na praia. Assim a viagem transformou-se de ficar hospedada em um motel barato em uma aventura praiana, com direito a um jantar tranquilo e um sono embalado pelo marulho das ondas. Quando voltamos, após jantar, olhar as vitrines e abarrotar nossa minúscula geladeira com legumes e peixe fresco; a larga praia onde o rio desemboca no mar tinha grandes fogueiras lambendo os contornos da noite, vultos se movimentando pelas extremidades douradas da luz, e eu imaginei sentir o cheiro de cachorro-quente e *marshmallow* no suave ar noturno. Fico pensando neles lá fora agora, as esposas, maridos e amantes, as brasas ainda douradas, pequenas diante da imensidão do céu.

O que fiz essa tarde? Bem, fui a uma curandeira psíquica. Quando a sessão terminou, fiz um cheque de 375 dólares por uma semana de tratamento e me senti melhor gastando essa quantia do que a maior parte do dinheiro que gastei no meu tratamento de câncer. Só não ouso contar o que estou fazendo a meus médicos ortodoxos. Preferir uma curandeira psíquica à radioterapia? Que loucura. Mesmo assim, pareceu-me uma decisão comple-

---

[1] Cinco pés correspondem aproximadamente a um metro e meio. (N.T.)

Estrella

tamente saudável e afirmativa, tomada com plena consciência das opções e alternativas. Todo mundo concorda que a certeza na eficácia de um tratamento é extremamente importante, e não acredito mais em radioterapia ou quimioterapia para curar a doença que me restou. Antes, elas funcionavam para mim, mas não mais. Não agora.

No momento estou pronta para algo diferente. Com essa curandeira, simplesmente verei o que acontece, sem julgar.

Às três da tarde, enquanto Ken arruma um local para nos hospedarmos, dirijo-me ao Holistic Health Center e subo as escadas até a recepção. Um jovem simpático – olhos azuis, cabelo louro, rosto franco – oferece-se para me mostrar o caminho. Ele se apresenta como Dr. George Rawls, diretor do Centro. Nós entramos no consultório da Chris por uma sala de espera. Um homem mais velho encontra-se deitado na mesa de tratamento e Chris o está atendendo. Também estão na sala o filho pequeno dela e um homem que a observa e me diz que está aprendendo com ela. George se senta. A conversa flui facilmente enquanto Chris continua a trabalhar, uma atmosfera muito relaxada e despreocupada. O homem mais velho, Bill, tem um tumor cerebral inoperável. Ele teve dois tumores antes, tratados pela Chris, que aparentemente regrediram, mas um novo tumor surgiu depois. Ele chegou em cadeira de rodas do hospital local na semana passada. Agora já está andando, e nos dias que se seguem Chris frequentemente pedirá a ele que vá lá fora e nos traga café. Às vezes, ela se refere a ele como se ele não estivesse presente; mais tarde seu irmão chega e entra na conversa. Ela trabalha com sua mão esquerda por trás da cabeça e sua mão direita ao lado. Numa hora, diz que sente um ponto frio lá, parado, um pequeno ponto. Ele concorda, ele também sente. Ela o repreende suavemente: Você deve me dizer essas coisas, você quer que descubra tudo sozinha? George explica que o modo descontraído de Chris trabalhar não é típico do Centro, é o modo dela.

Chegou minha vez de deitar na mesa. George vai embora após me dizer que adoraria conhecer Ken. Ele aprecia muito _Up From Eden_ e os escritos de Ken em geral. Primeiro ela trabalha meu lado esquerdo. Sinto um frio no lado do meu seio onde está sua mão direita; ela me diz para ter atenção e avisá-la se sentir qualquer coisa realmente fria. Em seguida, move as mãos e sinto um frio na área das costelas, bem abaixo do meu seio. Continuando, ela trabalha por vários minutos no meu abdômen. Há alguma coisa no pâncreas, comenta. "Oh, esqueci de lhe dizer que também tenho diabetes." Interessante. Ela trabalha lá por uns vinte minutos mais ou menos, movendo sua mão esquerda para o centro, bem debaixo do meu esterno, mantendo a direita sobre as costelas, onde continuo sentindo o frio. Ela fala um pouco sobre a causa do câncer ser um vírus e como o vírus ainda pode estar escondido lá, mesmo que os médicos digam que ele já se foi. O que ela está fazendo agora é evitar que ele vá para outro lugar, explica. Ela mantém uma das mãos no centro do meu peito, bem abaixo do esterno, e a outra sobre minha costela e meu pâncreas. Um lugar está frio, o outro não. Quando ela muda para o lado esquerdo do meu corpo, continuo sentindo um frio no pâncreas e lembro-me de que meu avô morreu de câncer de pâncreas.

No lado direito, ela põe sua mão esquerda por baixo de mim e a direita exatamente onde ocorreram as recorrências. Não senti nenhum frio, lhe digo. Após um tempo, ela coloca sua mão sobre a minha prótese. Eu me ofereço para tirá-la, mas ela diz não ser necessário, sua energia pode atravessá-la facilmente. Tudo isso, claro, com seu filho e o homem assistindo.

Descubro que ela teve câncer com 23 anos, um nódulo no seio que, em três anos, espalhou-se pelo seu corpo. Ela me conta que foi o início do seu trabalho, que foi a todo tipo de médico e curandeiro. Durante algum tempo, estudou com um bioquímico na Itália, mas lá foi presa por curar uma criança com leucemia. Você consegue imaginar,

211

Graça e Coragem

diz, como se isso fosse um crime... Esse bioquímico era partidário de abordagens alternativas e lhe falou que, no instante que a conheceu, sentiu que ela possuía o dom de curar.

Seu sonho é ir para um país do Terceiro Mundo e ensinar outras pessoas a curar. Ela diz que seu método é bem matemático e passível de ser ensinado, embora, obviamente, alguns tenham mais talento para ele do que outros. Há dez níveis de existência de doenças, ela explica, e o câncer é uma doença do quinto nível. O diabetes é uma doença do quarto nível. Para curar, você tem de elevar suas vibrações para o nível correto, ajustá-las para o tipo de câncer e saber exercer a pressão certa no seu cérebro. Por exemplo, neste momento, ela diz, estou exercendo cerca de treze unidades de pressão. Normalmente trabalho entre dez e 25. Ela precisa ir para um país de Terceiro Mundo porque esse tipo de coisa não é aceita nos Estados Unidos.

No dia seguinte, de volta à Chris. Ken está se mantendo longe, de modo que seu ceticismo não chova na minha horta. Simpatizo muito com ela, qual será sua história? Hoje ela me conta que teve câncer sete vezes (e três ataques cardíacos); em dois deles foi diagnosticada como terminal. Seu marido – casou-se com quinze anos – apareceu em casa um dia, quando ela estava com trinta anos, e avisou que iria abandoná-la. Por sua secretária, que ele havia contratado um mês antes. Foi assim, sem nenhuma outra explicação, nenhum problema prévio, as coisas pareciam que iam bem. Quando isso aconteceu, eles tinham três filhos e mais dois adotados. No período de um mês, o câncer se espalhou. A razão da recidiva foi estar com o coração partido e sentir-se vazia; ela não aprendera a satisfazer suas próprias necessidades. Seu padrasto abandonou a família quando tinha oito anos e, sendo a primo-gênita, ela cuidou de todo mundo, inclusive de sua mãe que teve dezenove ataques cardíacos ao longo da vida. Ela também cuidou de uma irmã retardada, um ano mais moça. Eis uma situação típica por que passou: seu padrasto, que era carpinteiro, chegou um dia em casa com as tripas para fora, acidente causado por uma serra circular. Ele pediu à sua mãe que chamasse uma ambulância, ela desmaiou e Chris chamou a ambulância, ajudou-o a deitar-se e ficou com ele. Ela teve de aprender a cuidar de si mesma antes de realmente se curar.

Ela explica que está caçando vírus pelo meu corpo, certificando-se de que eles não se escondam em nenhum lugar. Quando ela aplica energia, se existe qualquer vírus, a área fica fria. Ela sabe disso pela temperatura. É o frio que mata os vírus; eles não gostam dele, ela comenta. Assim, durante a sessão, ela coloca as mãos em diferentes locais; às vezes me pergunta se sinto o frio em algum lugar ou se sinto um fluxo de um lugar para outro; outras vezes, me diz que sente algo em um lugar específico e me pergunta se também sinto. Quando sinto o frio, é mais como um frescor e normalmente não muito profundo. Bom, ela diz, é muito bom que você não esteja sentindo um frio cortante, senão teríamos muito trabalho a fazer. Eu lhe pergunto se é mais difícil trabalhar com pessoas que não conseguem sentir certas áreas por causa de cirurgia ou radiação. Responde que não, porque ela consegue sentir. Mas parece importante para a cura que as pessoas também possam sentir, pois aí sabem que algo está acontecendo. Quando ela coloca sua mão onde está frio, pergunta: Nós não queremos que esse vírus se esconda em outro lugar, não é mesmo?

Durante o tratamento, colocava duas pedras sobre mim, um estranho cristal de fluorita na minha barriga e outra, uma bonita pedra metálica, sobre meu coração. Não posso afirmar com certeza se senti algo vindo delas, mas o tempo todo que estive lá, senti muita energia fluindo pelo meu corpo, especialmente pelas pernas e pés.

Naquele dia ela falou muito – ficamos sozinhas durante a sessão – sobre o quão difícil é trabalhar nos Estados Unidos. Por exemplo, um fiscal veio recentemente inspecionar se havia algum instrumento em seu consul-

212

Estrella

tório. Ele queria certificar-se de que usava apenas as mãos, o que ela confirmou. Ela o convidou a ficar, mas ele não podia. Aparentemente, ela é muito vigiada.

Uma vez, contou, trouxeram-lhe uma menininha com leucemia. Eles tentaram tudo, todo tipo de médico, todos os tratamentos, e Chris era sua última esperança, disseram. Quando chegaram com ela, portavam bolsas cheias de vitaminas, ervas e comidas especiais. Chris riu, disse-lhes para irem ao McDonald's e comprar um hambúrguer para ela. A pequena ficou encantada, eles horrorizados, mas foram. A menina se curou com apenas quatro sessões, Chris disse. Ela adora trabalhar com crianças, elas são fáceis, não têm os problemas dos adultos para atrapalhar.

Ela contou que seu filho de dezoito anos passou-lhe um sermão essa manhã: Mãe, você tem de se vestir mais profissionalmente e parar de falar bobagens. Mas Chris acha que deve fazer as coisas do seu modo, e é capaz de contar uma piada para obter um efeito calmante e curador. Afinal, diz, a maior parte do tempo tento fazer com que meus pacientes se iluminem para a vida. As pessoas ficam tão rígidas nessas circunstâncias, as piadas ajudam. Tenho visto tanta doença, sofrimento e morte ao longo da minha vida a ponto de não levá-los mais a sério, e isso ajuda as pessoas que vêm aqui. Normalmente elas são muito sisudas. Minha lição de casa: contar uma piada no dia seguinte.

Por que a acho tão agradável? Por que gosto tanto dela? Confio na sua transparência sobre o que faz e na sua vontade de ensinar. Ela não é gananciosa, com certeza. Gosto de estar na sua presença, espero ansiosamente pelas sessões. Ela transmite uma energia intensa, nutridora, maternal. Espero que tenha aprendido a cuidar de si; ainda a ouço contando como, durante todos esses anos em que se doou e tomou conta dos outros, sentia-se internamente vazia, não soube doar-se a si mesma.

Chris Habib era uma pessoa diferente. Ela era realmente muito bonita, de um jeito ligeiramente decadente. Claro, se você acreditasse nos sete surtos de câncer autocurados, ficava fácil entender a decadência. Mas era exatamente esse tipo de ceticismo que Treya queria que eu guardasse para mim, muito obrigada. A atmosfera ficou bem pesada entre nós – algo bastante raro então – e corremos para nossos respectivos amigos com histórias de mágoas e remorsos. Finalmente pusemos tudo para fora naquela tarde, o suave som das ondas contrastando com o calor da discussão.

"Veja", eu comecei, "não sou cético quanto à cura pela fé em geral ou quanto à imposição de mãos em particular. Acredito que ambos sejam fenômenos às vezes bem reais.".

Treya interrompeu-me. "Você conhece tanto quanto eu a teoria por trás disso. Existem fluxos de energias sutis no corpo humano – prana, chi, ki – as mesmas energias usadas na acupuntura, as mesmas energias manipuladas no ioga *kundalini*. E eu acredito que algumas pessoas, os chamados curandeiros, conseguem manipular intencionalmente essas energias em si mesmos e nos outros."

"Eu também acredito." De fato, essas energias compõem o nível dois do modelo que esbocei para Edith Zundel, o nível emocional-bioenergético, o nível que cria o vínculo fundamental entre o corpo físico – e suas doenças – e os níveis mentais e espirituais. Pessoalmente, creio que a manipulação dessas energias, seja por meio da ioga,

Graça e Coragem

exercício, acupuntura ou imposição das mãos, pode ser um fator importante e algumas vezes crucial na cura da moléstia física, já que cada nível mais elevado tem um profundo impacto no(s) nível(eis) mais baixo(s). A chamada "causação descendente".

"Então por que o ceticismo quanto à Chris? Posso dizer pelo seu tom irônico que você não a aprova."

"Não, não é nada disso. É só que, na minha experiência, curandeiros ou médiuns nem sempre entendem exatamente o que estão fazendo ou, até mesmo, como o fazem. E mesmo assim, às vezes funciona. Portanto, tendem a inventar histórias ou teorias sobre o que eles fazem. Eu não questiono que haja energia lá, que algumas vezes funcione muito bem. Questiono suas histórias, suas teorias. Não questiono o que eles fazem, questiono o que eles contam a respeito do que fazem. Às vezes, as histórias são realmente engraçadas, normalmente apoiadas em teorias meio cruas da física. Não consigo evitar reagir a isso."

Naquela mesma tarde fui assistir Chris trabalhar. E foi como eu disse: não duvidei de que algo verdadeiro estivesse acontecendo – com toda certeza ela estava manipulando energias – mas não acreditei em uma palavra do que falou. Nunca ouvi tanta conversa fiada na minha vida. Ela inventava cada uma com uma naturalidade que envergonharia os irmãos Grimm. Mas era exatamente esse o seu encanto; foi isso que me atraiu nela. Como Treya, eu a achei extremamente agradável.

Você acabava querendo ficar ao lado dela, seduzido por suas histórias mágicas. Isso, vim a concluir, era uma parte crucial do que quer que estivesse fazendo. Mas não significava que eu deveria acreditar em suas histórias, não literalmente. Platão disse que pelo menos um terço do que um bom médico tem de fazer é transmitir o que ele chamou de "encantamento"; e por esse critério, Chris era uma médica fabulosa.

Mas Treya confundiu meu ceticismo sobre as histórias de Chris com ceticismo quanto à sua eficácia, e ela não quis entender. "Simplesmente, não preciso disso agora", ela repetia. O que eu ainda estava aprendendo, e aprendendo da forma mais difícil, era como ser um bom cuidador. Minha lição aqui: se você estiver genuinamente cético sobre um tratamento particular, verbalize o ceticismo durante o período em que a pessoa estiver em dúvida sobre se vai ou não fazer o tratamento. Isso é ser honesto e útil. Mas se a pessoa decidir fazer o tratamento, então guarde o ceticismo para si e a apoie integralmente. Nesse ponto, o ceticismo é cruel, injusto e debilitante.

E de qualquer maneira o encantamento de Chris estava fazendo um efeito maravilhoso em Treya. É esse "encantamento" que falta na medicina do homem branco, em que seus efeitos são dispensados com o termo descontaminado de "placebo". Mas você prefere ser curado por uma medicina "real" ou por uma medicina "encantada"? Você realmente se importa com isso?

No passado, enquanto Treya sempre dependeu de mim para manter o ânimo diante da situação, ela às vezes achava meu humor inconveniente. Mas, comparando-

Estrella

-me à Chris, me senti anêmico. Ela ria de tudo, não havia nada sagrado, nada fora dos limites, nada de que não se pudesse rir. E pelo menos isso levamos conosco da louca Chris Habib: alegrem-se, crianças; é tudo uma piada mesmo.

Correndo pela praia, agora sob a luz fugidia do crepúsculo, e na caminhada de volta para o motel, pensei sobre como desejo mudar, mudar ainda mais. Quero viver com mais tranquilidade, não encarar tudo com muita seriedade. Quero rir mais, brincar mais e não ver as coisas como se fossem sempre críticas. Quero tirar a pressão de mim e dos outros. Tocar a vida com leveza, meu novo lema.

Quarto dia de tratamento. "Muitas pessoas não querem aprender a se curar", ela afirma. "Elas querem que outras o façam, transferem a responsabilidade. Às vezes também tenho de ser um objeto de amor para elas. Houve um homem de quem tratei – um cara bonito pelo qual todo mundo se apaixona imediatamente –, dirigia cinco empresas, tinha dois Corvettes, pagara dezessete abortos para dezessete mulheres diferentes. Ele me procurou aos 32 anos com câncer e apaixonou-se por mim. Ele vinha o tempo todo e sempre dizia que me amava. Você não me ama, eu retrucava, você ama a energia. E você a tem em si mesmo, você pode se curar. Por que você não me traz um cristal e eu o energizarei para você? Assim, não precisará voltar o tempo todo. Ele trouxe o cristal e descobriu que podia usá-lo para lidar com o frio quando algo acontecesse. Eu o vi ontem pela primeira vez em oito meses. Sempre que sente que algo está dando errado, usa o cristal. Ele diz que sentiu só um pouco de frio ultimamente e sabe que pode controlar a situação."

Ken chegou nesse instante. Nós passamos a nos entender melhor depois que discutimos seu ceticismo. É sua vez na mesa. Ele gosta realmente da Chris, acha-a um barato. Ela passa as mãos pelo seu corpo, diz que não sente frio em nenhum lugar. Você sente? Não. Então começa a trabalhar em sua cabeça. Estranho, ela murmura. Cada lado do cérebro tem dez canais. Na maioria das pessoas, somente dois ou três canais estão abertos. Quatro no máximo. Ela diz que ambos os lados do seu cérebro têm os dez canais abertos, mas isso só depois de muitos curandeiros excelentes tratarem dela. Isso acontece apenas uma vez a cada 2 mil anos, ela explica. A última pessoa antes dela foi Buda. Mas afirma que Ken tem dez canais abertos em um lado e sete no outro. Ela nunca tinha visto isso antes. Uma vez que seu cérebro já é tão aberto, acha que pode abrir os três canais que faltam. Ela o manipula por mais ou menos trinta minutos, o tempo todo fazendo perguntas, especialmente se ele sentia algum cheiro estranho. "Sinto cheiro de fumaça." "Bom." "Agora, cheiro de mofo." Finalmente informa que todos os canais de ambos os lados do seu cérebro estão abertos. A teoria foi por água abaixo, ela comenta. Achava-se que isso acontecia com apenas uma pessoa a cada 2 mil anos, e existem duas nesta sala! Ken começa a rir desbragadamente – ele não acredita em nada disso – e eu não sei se fico feliz por ele ou zangada com ele!

Chris pergunta se quero aprender a me curar. Respondo que sim, sem dúvida. Então ela me ensina o exercício. Ken parece bastante interessado nele. "Imagine que você está se pesando, mas pesando apenas seu corpo etérico. Veja-se de pé sobre a balança cuja escala vai de 1 a 10. Note que essa escala de 1 a 10 não tem nada a ver com os dez canais do cérebro. É uma escala completamente diferente. Veja onde o ponteiro para." Eu visualizo. Primeiro surge dois, mas é mais um pensamento do que uma imagem. Tento manter minha mente na imagem e vejo o ponteiro oscilando entre 4,5 e 5. Digo isso a ela. "Bom", ela responde. "Cinco significa que você está equilibrada. Pegue o ponteiro e mova-o na direção do cinco, segurando-o aí por algum tempo. Agora, leve o ponteiro em direção ao

Graça e Coragem

dez e observe o que acontece em sua mente quando você faz isso." Eu visualizo o movimento. Interiormente sinto resistência, tenho de empurrar o ponteiro. Eu lhe digo isso. "E o que você sentiu em sua mente, a energia foi para um lado?" Sim, foi. Agora ela me pede para levar o ponteiro para o 1 e observar o que acontece. Minha atenção vai para o lado esquerdo da minha cabeça, do meu cérebro. "Daqui por diante, o que eu quero que você faça é praticar para manter o ponteiro firme no cinco. Quando conseguir fazê-lo por 35 minutos, você estará no caminho certo. Verifique de vez em quando e veja se o ponteiro está no cinco; se não estiver, leve-o para lá e mantenha-o firme nessa posição."

Durante o resto da sessão, eu verifico de vez em quando. Por enquanto, o ponteiro se mantém mais ou menos constante no cinco, com uma leve tendência para o 4,5. Muito bom, ela diz. Não consigo descobrir nenhum frio em seu corpo. O vírus se foi, você vai ficar bem.

Ela pega um lindo cristal e me dá. Se eu sentir qualquer frio no meu corpo, devo pôr o cristal nele até que o frio desapareça. E complementa, olhando para Ken: Agora ele está apto a fazer qualquer coisa que eu faço; portanto, se você precisar de cura, ele pode curá-la.

"Você pode me curar?", ela perguntou assim que saímos do Holistic Health Center. "E por que você começou a rir?"

"Não consegui me controlar, amor. Não sou nenhum Buda. Você sabe disso, eu sei disso. Gostaria de poder manipular energias como ela faz, mas não consigo."

"Sentiu alguma coisa enquanto ela estava tratando você?"

"Senti de fato a energia fluindo, mas o mais interessante é que senti odores estranhos antes mesmo que ela me perguntasse. Como eu lhe disse, acredito que realmente aconteça algo com curandeiros bem-dotados. Só não concordo com suas interpretações."

Mas o efeito líquido foi encantamento. Chris definitivamente mexeu com muita energia em nós dois. Sentimo-nos vitalizados, alertas, felizes. E a série constante de histórias exageradas fez com que Treya e eu passássemos a levar as coisas com mais leveza. Na presença de Chris, a verdade perdia todo o significado — tudo era igualmente verdadeiro ou igualmente falso, um despropósito, não importa. Tudo parecia gozado. A doença de Treya, eu ser um Buda — ambos eram uma piada. E este, acho, foi o único ponto que Chris desejava que apreendêssemos.

"O que você vê?" A voz é firme.

Decido não reagir, já que não faz o mínimo sentido. Começo a ler em voz alta as poucas palavras, símbolos e frases que consigo entender dentre os milhões que se abrem ante meus olhos, eu olhando para eles, eles olhando para mim.

"Assim, não podemos escapar do fato de que o mundo que conhecemos é construído a fim de (e, portanto, de certa forma, poder) se ver. Mas é óbvio que, para fazer

isso, ele deve primeiramente limitar-se, no mínimo, a um estado que vê e outro que é visto. Nessa condição, dividido e mutilado, qualquer coisa que veja é apenas parcialmente ele. Na tentativa de se ver como um objeto, deve, indubitavelmente, agir para tornar-se diferente de si mesmo e, portanto, falso para si mesmo. Portanto, ele estará sempre parcialmente iludido."

"Continue lendo", diz a voz, e eu descubro outro parágrafo flutuando.

"Tudo que acontece no céu e na terra a partir da eternidade, a existência de Deus e todas as ações do tempo são simplesmente as lutas do Espírito para se conhecer, descobrir-se, ser ele mesmo e finalmente unir-se a si mesmo; ele está alienado e dividido, mas apenas para ser capaz de se encontrar e retornar a si mesmo."

"Continue."

"Ele não dá importância ao César despótico, ao moralista implacável ou ao realizador determinado. Ele se apoia nos elementos suaves do mundo que, lenta e pacificamente, operam pelo amor; e acha sentido na proximidade presente de um reino que não é deste mundo. Assim o desejo ardente se justifica – o prazer de que a existência seja renovada pela incorruptível importância sempre presente de nossas ações imediatas, que perecem e ainda assim vivem eternamente."

"Você sabe o que tudo isso significa?" pergunta a voz da ausência.

No longo caminho de volta à Bay Area, Treya lê em voz alta para mim capítulos do livro *The Causes and Prevention of* Cancer, do psicanalista Frederick Levenson, que era uma das poucas obras que, em sua opinião, tratava adequadamente dos componentes psicológicos do câncer, pelo menos em seu caso. Ela agora estava se dedicando à fatia psicogênica da torta de câncer, que achávamos que correspondia a cerca de 20% do quadro. Não o quadro inteiro, mas um segmento crucialmente importante.

"Sua teoria é que as pessoas são mais propensas ao câncer se, quando adultas, têm dificuldade em se ligar a outras pessoas. Se elas tendem a ser superindividualistas, excessivamente autossuficientes, nunca pedindo ajuda, sempre tentando fazer as coisas por si mesmas, a tensão que acumulam não pode ser facilmente descarregada por meio do relacionamento, por um pedido de ajuda ou se permitindo depender de outra pessoa. Desse modo, essa crescente tensão não tem para onde ir, e se elas forem geneticamente propensas ao câncer, a tensão pode ativá-lo."

"E acha que isso se aplica a você?", perguntei.

"Com certeza. Ao longo da minha vida, frases favoritas têm sido 'oh, não obrigada, eu me viro', 'eu consigo fazer isto sozinha', 'oh, não se preocupe, eu posso resolver'. É extremamente difícil para mim pedir ajuda."

"Talvez porque, por ser a primogênita, você queira bancar a durona."

Graça e Coragem

"Acho que sim. Fico com vergonha só de pensar quantas vezes repeti essas coisas. Inúmeras pela minha vida afora. Consigo fazer sozinha. Eu me viro. Não, obrigada.

"E sei o que está por trás disso. Medo. Medo de me tornar dependente. Medo de ser rejeitada se pedir. Medo de me diminuir se mostrar minha carência. Medo de parecer necessitada. Recordo-me de como era quieta na infância, fácil de levar, pouco exigente, não me queixava. Eu não pedia muito. Não contava a ninguém meus problemas na escola. Ia para o meu quarto, onde lia livros, sozinha. Muito quieta, bem autocontida, mantendo-me calma. Tímida, reservada, com medo de críticas, imaginando julgamentos negativos por toda parte. Mesmo quando brincava com meu irmão e irmãs, frequentemente me sentia só.

"Eis o ponto de Levenson", ela continuou. "Vou ler: 'O indivíduo pré-canceroso, carente de entropia emocional, é incapaz de unir-se a outro como um meio de dissipar a irritação. É mais provável que experiencie intimidade apenas quando cuida de outra pessoa. Isso é seguro. Ser amado e cuidado, porém, resulta em desconforto emocional, uma intranquilidade que é facilmente detectada.'"

"Eu sou assim. Você é a primeira pessoa a quem realmente me uni. Lembra daquela lista que eu fiz com as possíveis causas do meu câncer e um dos itens foi 'não ter conhecido Ken mais cedo'? Parece que Levenson concordaria com isso. Ele diz que 'faça você mesmo é um conceito cancerígeno'. Bem, eu fui assim a vida inteira e não acho que tenha sofrido influência; já nasci desse modo. É provável que seja uma tendência cármica. Não é só por ser a primogênita. Parece que fui assim sempre."

"Então enterre isso, está bem? Você agora é a Treya, não a Terry. A página já foi virada, certo? Isso está presente em tudo sobre você. Portanto, vamos dar atenção à união, o que significa mais tempo para abraçá-la, no que, com certeza, sou muito competente."

"Estou chateada comigo mesma por não ter começado mais cedo."

"Não se permite chateação aqui no carro."

"Está bem. E você? Qual é sua principal dificuldade? A minha é deixar o amor entrar, querer fazer e controlar tudo, entender que existem pessoas lá fora que *me amam*. Qual é a sua?"

"Encarar o fato de que existem pessoas lá fora que *não me amam*. Tendo a cometer o erro contrário. Acho que todo mundo deveria me amar, e quando alguém não o faz, fico nervoso. Assim, quando jovem, eu compensava isso loucamente. Presidente da turma, orador oficial, até capitão do time de futebol. Uma dança frenética por aceitação, uma tentativa para que *todo mundo* me amasse.

"Por baixo estava um medo idêntico ao seu – medo da rejeição. Mas enquanto você se fechou e se tornou muito direcionada ao interior, eu me abri e me tornei

Estrella

muito direcionado ao outro. Tudo isso impulsionado por ansiedade, na tentativa de agradar e impressionar. Clássica neurose de ansiedade."

"O que você chama de patologia F3."

"Patologia do fulcro três, sim. Senti essa ansiedade durante a maior parte da minha vida. Tenho trabalhado isso com Roger, com Frances, com Seymour. Ela é bem teimosa; ou deveria dizer, eu sou. Mas não acho que esse seja meu problema principal. Quero dizer, é um problema que, sem dúvida, eu tenho, sempre tive e sempre controlei. O que não consigo suportar é não ser honesto com meu *daemon*, minha própria voz interior. Quando eu o abandono, me meto em dificuldades reais."

"E você o abandona quando não escreve?"

"Não, eu o abandono quando não escrevo e ponho a culpa por não escrever em outra pessoa. Essa é a mentira. E provém da alma, não do corpo. A ansiedade F3 é apenas uma energia corporal mais baixa, normalmente agressividade, que você não deixa *emergir*. Seu *daemon* é uma energia mais elevada, psíquica ou sutil, que você não deixa *imergir*. E é o bloqueio dessa energia descendente que causa a ansiedade que não consigo suportar, a ansiedade que me anula. Assim, se estiver sendo honesto com meu *daemon*, consigo lidar com a ansiedade F3. Caso contrário, sou acometido por uma patologia F7 ou F8, uma patologia da alma, e as duas juntas me liquidam. Foi isso que aconteceu em Tahoe. Meu Deus, realmente sinto muito por ter culpado você por toda aquela merda."

"Tudo bem, meu amor, nós dois temos muito a nos perdoar."

Essa foi a primeira vez que admiti, livre e abertamente, que a culpei por muitas das minhas angústias, embora ambos soubéssemos disso há algum tempo. Foi bom esclarecer essa difícil questão, especialmente porque, já na ida para Del Mar, não estávamos nos dando bem. Desde que passamos a nos tratar com Seymour, praticamente paramos de brigar (nós dois achávamos que provavelmente Seymour salvara nosso casamento). Mas, influenciado pelo meu ceticismo a respeito de sua escolha de tratamento mais recente, partimos para uma agressividade que só casais conseguem gerar, uma agressividade que nenhum de nós exibira anteriormente. A princípio, ambos pensamos que seria o início de um novo e difícil *round* de luta. Mas foi exatamente o oposto – foi agressão conjugal – a última importante trincheira, embora fosse uma das boas. Daquele ponto em diante, nós simplesmente paramos de brigar, pelo menos a ponto de nos separarmos. Talvez tenhamos entendido a piada por meio da Chris.

De volta a San Francisco, soubemos que o venerável Kalu Rinpoche daria a iniciação ao *Kalachakra*[2] em Boulder, Colorado. Sam estava indo e nos incentivou a ir

---

[2] O último e mais complexo tantra budista. Ele foi introduzido no Tibete em 1027 e é considerado a base do calendário tibetano. (N.T.)

Graça e Coragem

também. Nós concordamos e, alguns meses mais tarde, encontramo-nos no auditório da Universidade do Colorado, juntamente com mais de 1.600 pessoas, para participar dessa que é a mais elevada cerimônia budista e dura quatro dias. Embora não soubéssemos naquele momento, essa cerimônia marcaria a emersão final de "Treya", que ela anunciaria oficialmente um mês depois, no seu quadragésimo aniversário. Isso faz sentido, já que, na primeira vez que encontramos Kalu, Treya e eu tivemos certeza de ter encontrado nosso mestre.

25 de novembro de 1986,

Oi, amigos. Em 16 de novembro fiz quarenta anos e nesse dia mudei meu nome para Treya. Daqui por diante não serei mais conhecida como Terry Killam ou Terry Killam Wilber, mas como Treya Wilber ou Treya Killam Wilber.

Sete anos atrás, quando estava vivendo na Findhorn Community, na Escócia, tive um sonho, um daqueles muito claros que, de alguma forma, parecem significativos. Sonhei que meu nome deveria ser Estrella, que significa "estrela" em espanhol. Quando acordei, achei que o nome deveria ser encurtado para Treya (a maioria das pessoas não sabe que, em espanhol, pronuncia-se o "ll" como "y"). Mas... nunca levei a ideia adiante. Sempre desconfiei das pessoas que trocam de nome e condenei as que escolhem nomes como Diamond e Angel Ecstasy. Naquele tempo eu tinha vergonha de mudar o nome; meu senso crítico não me permitia "seguir aquele sonho".

Ou talvez ainda não fosse a hora. Talvez eu precisasse de sete anos para amadurecer o nome. Sem dúvida, esses últimos anos têm sido os mais dramáticos e desafiadores da minha vida. Especialmente os últimos três, começando por conhecer Ken Wilber, casar com ele quatro meses mais tarde e, dez dias depois do nosso casamento, descobrir que estava com câncer de mama. Cirurgia e radioterapia, uma recorrência oito meses depois, outra cirurgia, seis meses de quimioterapia e calvície, diabetes oito meses mais tarde e, agora em junho, mais uma recorrência.

Minha reação a essa última recorrência surpreendeu-me. Nos dois surtos de câncer anteriores, a resposta predominante foi medo, mas dessa vez senti-me muito tranquila. Claro que havia algum medo – afinal, depois desse tempo todo, certamente não sou ingênua sobre câncer – mas o grau de tranquilidade e praticidade que senti demonstrou que minha relação com a doença mudou profundamente. Se não tivesse ocorrido a recidiva, nunca teria reconhecido totalmente essa transformação interior.

Uma noite, logo após receber o resultado da biópsia, escrevi no meu diário sobre ela, deixando os pensamentos a respeito do seu significado transbordarem e fluírem na forma de um fluxo de conscientização. Sem perceber para onde estava indo, peguei-me escrevendo sobre o novo equilíbrio que sentia entre meus lados masculino

Estrella

e feminino, e como agora poderia parar de tentar ser o filho primogênito do meu pai. Flagrei-me falando: "Treya... meu nome agora deve ser Treya. Terry é um nome masculino, independente, sem frescuras, muito direto, sério – tudo que tentei ser. Treya é mais suave, mais feminino, mais amável, mais sutil, um pouco misterioso – a pessoa em quem estou me transformando. Mais eu".

Porém, ponderei sobre o assunto. Que bobagem mudar de nome! Sim, essa teria sido a atitude da Terry; que tolice. Mas a Treya, Treya entenderia, ela incentivaria e apoiaria a mudança. Tive mais dois sonhos no último verão, e um sobre a recorrência, com sabor de: "Vamos lá, deixe de enrolação; está na hora de mudar o nome; seu nome é Treya".

Então, no mês passado, Ken e eu fizemos um retiro de iniciação ao *Kalachakra* de quatro dias com Kalu Rinpoche. No sábado à noite, todo mundo deveria dormir sobre uma esteira de grama *kushi* (Buda estava sentado sobre uma esteira dessa grama quando alcançou a iluminação) e lembrar de seus sonhos; acredita-se que os sonhos durante o retiro sejam particularmente importantes e auspiciosos. Naquela noite sonhei que Ken e eu estávamos procurando um lugar para morar – a sensação era a de estar "voltando para casa". Em uma casa à beira-mar, vi uma grande caneta--tinteiro preta no chão e a peguei. Senti vontade de escrever com ela, tirei a tampa e escrevi tão claro quanto o dia: "Treya".

Assim, decidi mudar de nome no meu quadragésimo aniversário; ainda mais porque ele caiu na lua cheia. Tudo a ver com a Deusa!

O que mais mudei, além do nome? Estou fazendo algo que realmente amo fazer, artesanato com vidro fundido, algo que desejava ardentemente, que sonhava fazer. Algo totalmente novo, isso não veio do meu passado, de alguém me incentivando. Um verdadeiro rompimento com o passado. Algo que sempre me intrigou, me interessou; algo que, de alguma forma, era inato, estava lá dentro de mim, desde o princípio, só que nunca consegui ver por causa dos filtros que usava.

Estou menos crítica sobre os outros. Não os classifico pelos padrões convencionais de sucesso ou "realização". Tenho um boa amiga que é tecelã; seu marido é ativista político. Não acho que seu trabalho seja menos importante do que o dele. Não só estou mais tolerante, como também genuinamente interessada nas várias formas que as pessoas escolhem para dar sentido à vida; não faço mais julgamentos rápidos, esperando nos bastidores para surgir no palco a qualquer momento. Passei a entender a vida como um jogo, não tão carregada de importância assim. É mais divertido, mais fácil. Vivo a vida com mais leveza.

Minha própria atitude de professora de escola do interior, a tendência de corrigir a vida dos outros, está diminuindo. Eu não devo impor a minha vontade, controlar tanto, e cada vez menos acredito que exista uma gramática "correta" ou precisa para

Graça e Coragem

a vida das pessoas. Assim, estou menos propensa a sentir raiva, reagir. Tento simplesmente me observar e os outros, sem julgar.

Confio mais em mim mesma. Estou mais compreensiva comigo. Creio que há uma sabedoria guiando minha vida, que não tem de parecer com a vida de ninguém para que me sinta feliz, realizada e até mesmo bem-sucedida.

E é surpreendente como todas essas mudanças chegaram ao mesmo tempo, como uma bola de neve, ganhando impulso, integrando-se verdadeiramente, de várias formas, neste meu aniversário. Em um certo sentindo, estou renascendo. Desapegando-me do meu passado e direcionando-me para um futuro realmente meu, não algemada e condicionada tão fortemente ao passado, mas, ao contrário, guiada e fortalecida por ele, com um rumo que é genuinamente meu.

Assim, parabenizando todos vocês que também trocaram de nome, o meu agora é Treya Killam Wilber.

Com amor,
Treya

14. Que tipo de ajuda realmente ajuda?

Kalu Rinpoche era um professor simplesmente extraordinário, geralmente considerado um dos maiores mestres modernos do Tibete. Ainda jovem, Kalu decidiu buscar devotadamente o caminho da iluminação, afastou-se da vida mundana e dedicou-se a meditar, sozinho, em várias cavernas ao longo do montanhoso Tibete. Ele passou treze anos incríveis em meditação solitária. A notícia de um santo extraordinário começou a circular pelo Tibete; leigos piedosos levavam-lhe comida e a deixavam do lado de fora da caverna em que estivesse meditando no momento. Finalmente, Karmapa, que pode ser considerado o "Papa" da tradição de Kalu, procurou-o, testou sua realização e anunciou que a conquista meditativa de Kalu era igual à de Milarepa, o maior de todos os iogues e sábios do Tibete. Ele o encarregou de trazer o *Budadarma* para o Ocidente e Kalu, relutantemente, desistiu de sua vida solitária e passou a fundar centros de meditação no mundo ocidental. Ao morrer, em 1989, ele fundara mais de trezentos desses centros e, sozinho, iniciara mais ocidentais no Darma do que qualquer outro homem na história.

Durante a iniciação ao *Kalachakra*, na mesma noite em que Treya teve seu sonho "Treya", eu sonhei que Kalu me dera um livro mágico, um livro que, de alguma forma, continha todos os segredos do universo. Logo após o *Kalachakra*, Treya e eu fomos a um retiro de dez dias de Transmissão de Sabedoria conduzido por Kalu em Big Bear, nos arredores de Los Angeles.

Como eu disse, não acho que o Budismo seja o melhor ou o único caminho. E não me considero especificamente um budista; tenho muitas afinidades com o Hinduísmo Vedanta e com o Misticismo Cristão, entre muitos outros. Mas, no caso de se desejar de fato *praticar*, tem-se de escolher um caminho particular e meu caminho tem sido budista. Assim, acabei concordando com o dito espirituoso de Chesterton: "Todas as religiões são iguais, especialmente o Budismo".

Acho que o Budismo se sobressai na completude. Tem práticas específicas para acessar todos os estágios mais elevados de desenvolvimento: psíquico, sutil, causal e não dual. E possui um sistema gradual de práticas que leva você, passo a passo, a cada um desses estágios de desenvolvimento, limitado apenas por sua própria capacidade de crescimento e transcendência.

O retiro de Transmissão de Sabedoria foi uma introdução a todas essas práticas e estágios. Ele foi particularmente importante para Treya, porque marcou

Graça e Coragem

uma mudança importante no tipo de prática meditativa que ela empreenderia dali em diante.

O Budismo Tibetano divide o caminho espiritual global em três grandes estágios (cada um deles com vários subestágios): o *Hinayana*, o *Mahayana* e o *Vajrayana*.

O *Hinayana* é a prática fundacional, a prática essencial e básica encontrada em todas as escolas do Budismo. Central nesse estágio é a prática do *vipassana*, ou meditação de *insight*, a forma de meditação que Treya vinha praticando há quase dez anos. No *vipassana*, a pessoa simplesmente se senta numa posição confortável (se possível, lótus ou meio lótus; se não, de pernas cruzadas), e presta uma "atenção simples" a qualquer coisa que surja, externa e internamente, sem julgá-la, condená-la, segui-la, evitá-la ou desejá-la.

Você simplesmente *testemunha* a experiência imparcialmente e depois a libera. O objetivo dessa prática é verificar que o ego separado não é uma entidade real e significativa, mas apenas uma série de sensações passageiras e impermanentes como qualquer outra coisa. Quando se percebe quão "vazio" é o ego, cessam a identificação, a defesa e a preocupação com ele, e assim nos liberamos da infelicidade e sofrimento crônicos por defender algo que não existe. Como explicado por Wei Wu Wei:

> Por que você é infeliz?
> Porque 99,9% do que você pensa,
> e tudo que você faz,
> é para o seu ego,
> e não existe nenhum.

Os primeiros dias do retiro de Transmissão de Sabedoria foram dedicados a essa prática fundamental. Todo mundo lá, claro, já a praticava extensivamente, mas Kalu deu suas próprias instruções adicionais.

Por mais profunda que seja essa prática, ela não é completa, porque ainda existe um dualismo sutil contido na consciência pura da Testemunha. Há muitas maneiras técnicas para explicar isso, mas a mais simples é: o nível do *Hinayana* tem por meta a iluminação individual, mas negligencia a iluminação dos outros. E isso não mostra que existe um traço de ego que sobrou: pense no seu e esqueça o dos outros?

Assim, enquanto o ensinamento do *Hinayana* ressalta a iluminação individual, a doutrina do *Mahayana* dá um passo adiante e destaca a iluminação de todos os seres. Desse modo, ela é, acima de tudo, o caminho da compaixão, e não somente sob o aspecto teórico; existem práticas reais para desenvolver a compaixão na mente e no coração.

A mais notável dessas práticas é a conhecida por *tonglen*, que significa "absorver e enviar". Após a pessoa ter desenvolvido de forma consistente a prática fundamental

Que tipo de ajuda realmente ajuda?

do *vipassana*, parte-se para a prática do *tonglen*. Por ser tão poderosa e transformadora, essa prática foi mantida em segredo até recentemente no Tibete. E foi ela que Treya assumiu de coração. A prática é a seguinte:

Durante a meditação, conceba ou visualize alguém, que você conhece e ama, que esteja passando por muito sofrimento – doença, perda, depressão, dor, ansiedade, medo. Na inspiração, imagine que o sofrimento da pessoa – sob a forma de nuvens escuras, negras, enfumaçadas, alcatroadas, espessas e pesadas – entra pelas suas narinas e aloja-se no seu coração. Prenda a respiração, absorvendo todo esse sofrimento no coração. Em seguida, na expiração, vivencie paz, liberdade, saúde, bondade e virtude, e as envie para a pessoa sob a forma de luz curativa e libertadora. Imagine que ela absorva isso tudo e sinta-se completamente livre, liberada e feliz. Repita o procedimento por diversas respirações. A seguir, imagine a cidade em que a pessoa mora e na inspiração absorva o sofrimento da cidade; na expiração, envie sua saúde e felicidade para todos que vivem lá. Repita a prática para o estado, o país, o planeta, o universo. Você está absorvendo o sofrimento dos seres de toda parte e enviando de volta saúde, felicidade e virtude.

Quando as pessoas são apresentadas pela primeira vez a essa prática, suas reações são normalmente fortes, viscerais e negativas. As minhas foram. Absorver aquele piche preto? Você está brincando? E se eu ficar doente? Isto é loucura, muito perigoso! Quando Kalu nos deu as instruções do *tonglen*, a prática que ocupou o período intermediário do retiro, uma mulher, entre as cerca de cem pessoas do público, levantou-se e expressou o que praticamente todo mundo estava pensando:

"Mas e se fizer isso com alguém que estiver realmente doente e contrair eu mesma a doença?"

Sem hesitar Kalu respondeu: "Você deve pensar: oh que bom!, está funcionando!".

Ele pôs o dedo na ferida. Pegou-nos a todos, "budistas sem ego", com nosso ego exposto. Nós praticaríamos para atingir nossa própria iluminação, reduzir nosso próprio sofrimento, mas absorver o sofrimento dos outros, mesmo que apenas na imaginação? Nem pensar.

O *tonglen* foi projetado exatamente para acabar com a autopreocupação, autopromoção e autodefesa egoicas. Ele troca o eu pelo outro e, desse modo, atinge profundamente o dualismo sujeito/objeto. Ele nos incentiva a enfraquecer o dualismo eu/outro exatamente no ponto em que temos mais medo: ferir a nós mesmos. Não simplesmente falar em sentir compaixão pelo sofrimento dos outros, mas estar disposto a absorvê-lo em nosso coração e libertá-los dele. Esta é a autêntica compaixão, o caminho do *Mahayana*. De uma certa forma, é o equivalente budista do que Cristo fez: dispor-se a assumir os pecados do mundo para, em seguida, transformá-los (e nos transformar).

Graça e Coragem

O ponto é bastante simples: para o verdadeiro Eu, ou Eu único, o eu e o outro podem ser facilmente permutados; já que ambos são iguais, não fazem nenhuma diferença para o Eu único. Reciprocamente, se não conseguimos permutar o eu pelo outro é porque estamos fechados para a consciência do Eu único, impedidos de acessar a pura consciência não dual. Nossa resistência em assumir o sofrimento alheio nos aprisiona em nosso próprio sofrimento, sem saída, porque nos fecha em nosso eu, ponto. Como colocado por William Blake: "Com receio de que o Julgamento Final chegue e não me encontre aniquilado, eu me agarro e me coloco nas mãos do meu próprio egoísmo".

Começa a acontecer uma coisa estranha quando se pratica o *tonglen* por algum tempo. Em primeiro lugar, ninguém fica doente. Não tenho conhecimento de nenhum caso legítimo em que alguém ficou doente por causa do *tonglen*, embora muitos de nós usemos esse medo como desculpa para não praticá-lo. Ao contrário, você pára de recuar em face do sofrimento, tanto seu quanto dos outros. Você pára de fugir da dor e, ao contrário, descobre que pode transformá-la simplesmente estando disposto a assumi-la, para, em seguida, liberá-la. Acontecem mudanças reais, apenas pela vontade de eliminar suas tendências protetoras do ego. Você começa a aliviar a tensão eu/outro, percebendo que existe apenas um Eu que sente todas as dores e desfruta de todas as alegrias. Por que sentir inveja dos outros, quando há apenas um Eu que se deleita com o sucesso? É por isso que o lado "positivo" do *tonglen* é expresso na afirmação: eu me regozijo com o mérito dos outros; ele também é meu na consciência não dual. Desenvolve-se uma grande "consciência de igualdade", que, por um lado, extermina o orgulho e a arrogância e, por outro, o medo e a inveja.

Quando se estabelece o caminho da compaixão do *Mahayana*, quando a permutabilidade do eu e do outro é realizada, pelo menos até certo ponto, então se está pronto para o caminho do *Vajrayana*. O *Vajrayana* é baseado em um princípio inflexível: só existe o Espírito. À medida que se extingue a dualidade sujeito/objeto em todas as suas formas, fica cada vez mais óbvio que todas as coisas, transcendentes ou mundanas, sagradas ou profanas, são, completa e igualmente, manifestações ou ornamentos perfeitos do Espírito, da Mente de Buda. Reconhece-se o universo manifesto inteiro como um jogo da própria consciência, vazia, luminosa, clara, radiante, desobstruída, espontânea. Aprende-se a não buscar tanto a consciência, mas encantar-se com ela, brincar com ela, já que existe *somente* ela. O *Vajrayana* é o caminho de vibrar com a consciência, com a energia, com a luminosidade, refletindo a sabedoria perene de que o universo é um jogo do Divino e você e todos os seres sencientes *são* o Divino.

O caminho do *Vajrayana* apresenta três divisões principais. Na primeira (os tantras exteriores), você visualiza a Divindade à frente ou em cima da sua cabeça e imagina a energia e luz curativas banhando você, conferindo-lhe bênçãos e sabedoria.

Que tipo de ajuda realmente ajuda?

Esse, claro, é o nível psíquico, nível seis, onde se estabelece pela primeira vez uma comunhão com a Divindade.

Na segunda divisão (os tantras interiores mais baixos), você se visualiza *como* a Divindade e repete certas sílabas ou mantras que representam a fala divina. Esse é o nível sutil, nível sete, o nível do estabelecimento da união com a Divindade. E, finalmente, na terceira divisão (os tantras interiores mais elevados, *mahamudra* e *maha--ati*), dissolve-se tanto o eu quanto a Divindade no puro vazio não manifesto, o nível causal da derradeira Identidade. Nesse ponto, a prática não mais envolve visualização, recitação de mantras ou concentração, mas sim a realização de que sua própria consciência, da forma como é, está sempre iluminada a cada momento. Desde que todas as coisas já são o Espírito, não existe nenhum modo de alcançar o Espírito. Há apenas o Espírito em todas as direções, e aí simplesmente nos mantemos na natureza espontânea da mente propriamente dita, abraçando sem esforço tudo que surge como ornamentos da nossa própria experiência primordial. O não manifesto e o manifesto, o vazio e a forma, unem-se no puro jogo não dual da consciência – geralmente considerado como o estado supremo, mas que não é nenhum estado em particular.

O tradutor de Kalu Rinpoche no retiro (e na iniciação ao *Kalachakra*) foi Ken McLeod, um brilhante discípulo-sênior de Kalu, de quem Treya e eu nos tornamos amigos. A propósito, Ken traduziu um texto tibetano fundamental sobre a prática do *tonglen* – *The Great Path of Awakening* (Shambhala) – que recomendo com empenho se você estiver interessado nessa prática.

Treya, então, sob a orientação de Kalu, e com a ajuda de Ken, expandiu sua prática para incluir não apenas o *vipassana*, mas também o *tonglen* e o ioga da Divindade (visualizando-se como Chenrezi, o Buda da Compaixão). Eu fiz o mesmo. Ela começou sua prática do *tonglen* assumindo minha dor e sofrimento durante o ano em Tahoe; fiz o mesmo com relação a ela. Depois, expandimos nossa prática até incluir, no final, todos os seres sencientes. Esse caminho, mais do que qualquer outro, foi o que Treya e eu seguimos nos anos posteriores.

E foi a prática do *tonglen*, acima de tudo, que tanto aprofundou a compaixão de Treya por qualquer sofrimento. Ela falava sobre a profunda ligação que sentia com todos os seres, simplesmente porque todos eles sofrem. E o *tonglen* permitiu-lhe, de forma especial, resgatar seu sofrimento, sua provação com o câncer. Uma vez que seja proficiente no *tonglen*, você pensa quase espontaneamente na inspiração: "Que eu possa assumir esse sofrimento"; e você o libera na expiração. O efeito é que isso favorece seu próprio sofrimento; você entra nele. Você não recua em face dele, mas, ao contrário, usa-o como uma forma de se ligar a todos os seres que estão sofrendo. Você o abraça e então o transforma, dando-lhe um contexto universal. Não existe mais apenas você e sua dor isolada, mas sim uma oportunidade de estabelecer uma

Graça e Coragem

conexão com todos que estão sofrendo, uma chance de perceber que "porquanto você faça isso para o mais humilde dos meus irmãos, você o faz para mim". Na simples prática do *tonglen*, da troca compassiva, Treya resgatou muito do seu sofrimento, deu-lhe significado, contexto, ligação; isso a levou de suas "próprias" aflições isoladas para a textura da humanidade em geral, onde não estava só.

E, o mais importante, ajudou-a (e me ajudou) a parar de julgar a moléstia ou o sofrimento pessoal ou alheio. Com o *tonglen*, você não se distancia do sofrimento (seu ou dos outros); você se relaciona a ele de uma forma simples, direta e compassiva. Você não se afasta dele e elabora teorias favoritas sobre a razão que levou a pessoa a "gerar sua própria doença" ou o que ela "significa" de fato. Esse não é um modo útil de se tratar o sofrimento de uma pessoa; é uma forma de se distanciar dela. Não importa o quão "proveitosa" você pense que seja sua teoria, em última instância é apenas um meio de dizer: "Não me toque".

Foi a partir da prática do *tonglen*, que relaciona o sofrimento à compaixão, como Kalu nos ensinou, que Treya escreveu "Que Tipo de Ajuda Realmente Ajuda?". O artigo foi publicado pelo *Journal of Transpersonal Psychology* e, em seguida, pela revista *New Age*, na qual conseguiu um dos maiores retornos dos leitores na história da revista. E foi ele que chamou a atenção do *Oprah Winfrey Show* para Treya. (Treya educadamente recusou o convite — "eles só me querem para discutir com Bernie [Siegel]".) Os editores da *New Age* consideraram o artigo uma "visão mais compassiva da moléstia", isto é, mais compassiva do que a visão *new age* prevalecente de que você causa sua própria moléstia. Eis aqui um resumo dele:

QUE TIPO DE AJUDA REALMENTE AJUDA?

Cinco anos atrás, encontrava-me sentada à mesa da minha cozinha tomando chá com um velho amigo que me contou que, alguns meses antes, soubera que estava com câncer de tireoide. Eu lhe falei sobre minha mãe, que fez uma cirurgia de câncer de cólon há quinze anos e está bem desde então. Descrevi as diversas teorias elaboradas por mim e pelas minhas irmãs para explicar por que ela contraiu câncer. Tínhamos muitas; provavelmente nossa favorita era que ela fora esposa do meu pai em demasia e deixara de ser suficientemente ela mesma. Especulamos que se não tivesse se casado com um pecuarista, poderia ter se tornado vegetariana e evitado as gorduras causadoras do câncer de cólon. Outra teoria favorita era que a dificuldade de sua família para expressar emoções poderia ter contribuído para o surgimento do câncer. Ao longo dos anos, sentimo-nos bastante confortáveis com nossas teorias e histórias sobre esse evento traumático. Meu amigo, que, obviamente, meditou muito sobre o assunto, então disse algo que me abalou profundamente.

"Você não percebe o que está fazendo?", perguntou. "Está tratando sua mãe como um objeto, elaborando teorias sobre ela. Teorias de outras pessoas a seu respeito podem parecer uma violação. Eu sei disso, porque, no meu caso, as ideias que meus amigos apresentaram sobre meu câncer me foram impostas como um fardo. Não parece

Que tipo de ajuda realmente ajuda?

que tenham surgido, em princípio, da preocupação comigo e, com certeza, eles não me respeitaram em uma fase difícil. Eu senti suas 'teorias' como um ataque, não como uma ajuda. O fato de ter contraído câncer deve tê-los assustado tanto, a ponto de precisarem descobrir uma razão, uma explicação, um significado. As teorias serviram para ajudá-los, não para me ajudar, e eles me causaram muita dor."

Fiquei chocada. Eu nunca percebera o que estava por trás da minha teorização, nunca pensara como as teorias poderiam ter afetado minha mãe. Embora nenhuma de nós jamais tivesse exposto nossas ideias, estou certa de que minha mãe as sentia no ar. Esse tipo de clima não encorajava confiança, abertura ou pedido de ajuda. De repente, compreendi que me colocara totalmente indisponível para mamãe durante a maior crise da sua vida.

Aquele incidente com meu amigo abriu-me uma porta. Foi o início de uma transformação rumo a me tornar mais compassiva em relação às pessoas que estão doentes, mais respeitosa de sua integridade, mais amável na minha abordagem – e mais humilde quanto às minhas ideias. Comecei a vislumbrar o julgamento parcialmente escondido pela minha teorização e reconhecer o medo subjacente não admitido. A mensagem implícita por trás de tais teorias começou a emergir. Em vez de dizer: "Eu me importo com você; o que posso fazer para ajudar?", estava de fato dizendo: "O que você fez de errado?, onde foi que você errou?, qual foi sua falha?". E não por acaso: "Como posso me proteger?".

Eu vi medo – medo oculto e não reconhecido – como o que me motivava, o que me compelia a inventar histórias que me convencessem de que o universo fazia sentido, que era ordenado de uma forma que eu podia controlar...

Ao longo dos anos, tenho conversado com muitas pessoas que estão com câncer, grande parte com diagnóstico recente. A princípio, não sabia o que dizer. Era mais fácil conversar sobre minhas próprias experiências como paciente de câncer, mas logo percebi que, normalmente, não era o que a pessoa precisava ouvir. A única forma de descobrir como ajudar uma pessoa era ouvir o que tinha a dizer. Só quando escutasse o que estava tentando expressar, conseguiria sentir do que ela precisava, os problemas que enfrentava, o tipo de ajuda que realmente ajudaria naquele momento específico. Uma vez que as pessoas passam por muitas fases diferentes durante o curso de uma moléstia persistente e imprevisível como o câncer, aprender a ouvir suas necessidades é de vital importância.

Às vezes, especialmente quando decisões sobre opções de tratamento assomam à frente delas, as pessoas querem informações. Elas desejam que lhes fale sobre alternativas ou as ajude a pesquisar terapias convencionais. Porém, uma vez que tenham escolhido seu plano de tratamento, elas, na prática, não precisam mais de informações, embora seja a coisa mais fácil e menos ameaçadora que posso lhes dar. Agora elas precisam de apoio. Não precisam ouvir sobre os perigos da radioterapia, da quimioterapia ou da clínica mexicana que escolheram, uma escolha normalmente feita a duras penas depois de uma longa deliberação. Aproximar-me delas, nesse ponto, com novas sugestões sobre curandeiros, técnicas ou terapias poderia simplesmente criar-lhes confusão, pensar que estou em dúvida sobre o caminho que escolheram e, desse modo, alimentar suas próprias dúvidas...

As decisões que tomei [sobre meus tratamentos de câncer] não foram fáceis; sei que as decisões que todo mundo tem de tomar nesse tipo de situação são algumas das mais difíceis a ser encaradas. Aprendi que nunca posso

Graça e Coragem

saber com antecedência que escolha faria se me colocasse no lugar de outra pessoa. Esse conhecimento ajuda a me sentir genuinamente sustentadora das escolhas que os outros fazem. Uma amiga muito querida, que me fez sentir bonita até quando meu cabelo caiu, recentemente me disse: "Você não escolheu o que eu teria escolhido, mas não importa". Eu lhe agradeci por não deixar que isso se interpusesse entre nós durante, sem sombra de dúvida, o período mais difícil da minha vida. Eu respondi: "Mas você não poderia saber o que eu escolheria; não escolhi o que você pensa que teria escolhido; também não escolhi o que eu achava que escolheria".

Nunca pensei que concordaria com a quimioterapia. Sentia um tremendo receio de instilar venenos no meu corpo e medo dos seus efeitos a longo prazo no meu sistema imunológico. Resisti até o fim, mas, em última instância, decidi que, apesar de suas muitas desvantagens, a quimioterapia era minha melhor chance de cura...

Estou certa de que desempenhei um papel na minha doença, um papel principalmente inconsciente e não intencional, e sei que desempenho um importante papel, este muito consciente e intencional, para me curar e ficar bem. Tento focalizar o que posso fazer agora; desvendar o passado muito facilmente degenera em um tipo de autoacusação que torna as escolhas saudáveis do presente mais difíceis, não mais fáceis. Também estou ciente dos muitos outros fatores, que estão bem além do meu controle consciente ou inconsciente. Somos todos, graças a Deus, parte de uma totalidade muito maior. Gosto de saber disso, embora signifique que tenho menos controle. Somos todos interligados uns aos outros e ao meio ambiente – a vida é maravilhosamente complexa – para que uma afirmação simplista como "você cria sua própria realidade" seja verdadeira. A crença de que controlo ou crio minha realidade, na verdade, aliena-me do contexto rico, complexo, misterioso e motivador da minha vida. Tenta, em nome do controle, negar a teia de relações que nos nutre noite e dia.

Para contrabalançar a crença de que estamos à mercê de forças maiores ou de que a moléstia é devida somente a agentes externos, essa ideia de que criamos nossa própria realidade e, portanto, nossas próprias moléstias, é importante e necessária. Mas ela tem ido muito longe. É um exagero baseado em uma supersimplificação. Cheguei à conclusão de que a forma radical dessa crença nega o que é útil nela, que é frequentemente usada de forma tacanha, narcisista, divisiva e perigosa. Acho que estamos prontos para uma abordagem mais madura dessa ideia. Como Stephen Levine afirma, essa declaração é uma perigosa meia verdade em sua incompletude. É mais correto dizer que nós afetamos nossa realidade. Isso está mais próximo da verdade completa; abre espaço tanto para a efetiva ação pessoal quanto para a maravilhosa riqueza do mistério da vida...

Se uma pessoa me pergunta: "Por que você decidiu ter câncer?", normalmente parece que vem de um local íntegro e protegido, onde ela está bem e eu estou doente. Essa pergunta não leva a uma introspecção construtiva. As pessoas mais sensíveis à complexidade da situação poderiam fazer uma pergunta mais útil, algo como: "Como você decidiu usar o câncer?". Para mim essa pergunta é motivadora; me ajuda a decidir o que posso fazer agora, faz com que me sinta poderosa, apoiada e desafiada de uma forma positiva. Alguém que faz esse tipo de pergunta demonstra que vê minha moléstia não como um castigo por algo que fiz de errado, e sim como uma situação difícil e desafiadora, mas potencialmente repleta de oportunidades de crescimento, o que naturalmente me ajuda a abordá-la dessa mesma maneira.

Em nossa cultura judaico-cristã, com sua difundida ênfase em pecado e culpa, a moléstia é facilmente vista como um castigo para o mal. Prefiro uma abordagem mais budista, na qual tudo que acontece é considerado uma oportunidade para aumentar a compaixão, servir aos outros. Posso olhar para as coisas "ruins" que me acontecem,

Que tipo de ajuda realmente ajuda?

não como castigo por ações passadas, mas como uma chance, agora, de trabalhar o carma do passado, apagá-lo do quadro-negro, resolvê-lo. Essa abordagem me ajuda a focalizar a ação na situação presente.

Acho isso muito útil. Sob uma perspectiva *new age*, sou tentada a perguntar a alguém que está doente: "O que você fez de errado?". Mas, sob uma perspectiva budista, é mais provável que me aproxime da pessoa que está com uma moléstia que apresenta risco de morte, mesmo que ela esteja seguindo um caminho que não escolheria, e dizer-lhe algo como: "Parabéns pela coragem de seguir esse caminho, pela vontade de investir nele; eu a admiro".

Quando converso com uma pessoa com diagnóstico recente de câncer, que tenha tido uma recidiva ou que esteja cansada após anos de tratamento, procuro me lembrar de que, para ser útil, não devo dar ideias ou conselhos concretos. Escutar é ajudar. Compreender é doar. Tento me tornar emocionalmente acessível, aproximar-me através dos meus próprios medos e tocá-la para manter o contato humano. Descobri que podemos rir juntas de muitas coisas terríveis, desde que nos permitamos sentir medo de forma autêntica. Tento evitar a tentação de definir imperativos, até mesmo imperativos como lute pela sua vida, transforme-se ou morra conscientemente. Tento não pressionar a pessoa a seguir rumos que eu escolhi ou que acho que poderia ter escolhido. Tento manter contato com meus medos para o caso de um dia encontrar-me na mesma situação em que ela está agora. Devo aprender constantemente a fazer amigos por meio da moléstia, não vê-los como um fracasso. Tento usar meus reveses, fraquezas e doenças para desenvolver compaixão pelos outros e por mim mesma, sempre lembrando de não levar as coisas sérias muito a sério. Tento ficar consciente das oportunidades de cura psicológica e espiritual presentes na dor e sofrimento bem reais que pedem nossa compaixão.

15. A nova era

Treya e eu gostamos tanto de Boulder que decidimos nos mudar para lá. No verão daquele ano (1987), Treya começou a ter uma série de sonhos ameaçadores. Isso era preocupante porque, pela primeira vez nesses três anos com câncer, ela tinha sonhos funestos e pressagiosos sobre sua saúde física. Embora tivessem se passado nove meses desde a última recidiva e os exames médicos não mostrassem nenhum sinal da moléstia nesse período, seus sonhos pareciam estar apontando para algo diferente. Dois sonhos foram particularmente vívidos e pesados.

No primeiro, sonhei que havia um porco-espinho grudado no lado esquerdo do meu corpo; ele também se parecia com uma arraia-manta, uma figura negra e plana presa da panturrilha até a altura do ombro. Kati me ajudava a descolar a criatura e retirar alguns espinhos. Havia ganchos nas extremidades dos espinhos. E a sensação era de que eles deixaram algum tipo de veneno dentro de mim, e o veneno continuava lá.

No segundo sonho, via uma médica que estava muito preocupada com a aparência da pele no local da mastectomia e da radioterapia. Ela dizia que era um mau sinal, que algo estava ocorrendo por dentro. Ela não mencionou câncer, mas é óbvio que isso estava implícito.

Embora concorde que os sonhos são uma via que leva ao inconsciente submerso – normalmente ao passado mágico e mítico (individual e coletivo) – e embora também ache que eles podem, às vezes, apontar para o *futuro* – psíquico e sutil – quase sempre não lhes dou muita atenção na vida cotidiana, simplesmente porque a interpretação é muito complicada. Ainda assim, nós dois não conseguimos evitar que o augúrio fatídico desses sonhos poderosos nos atingisse.

Mas, já que todos os outros sinais se mostravam normais, não existia nada que pudéssemos fazer a não ser continuar com sua programação: meditação, visualização, dieta rigorosa, exercício, estimulação imunológica (por exemplo, extrato de timo), megavitaminas, redação do diário. Estávamos, em geral, seguros de que Treya encontravase a caminho da recuperação e, sob essa ótica otimista, passamos um verão glorioso, a primeira vez em três anos que, em vez de tudo parecer dar errado, tudo deu certo.

Treya lançou-se a seus trabalhos artísticos, em especial à moldagem de vidro fundido, com jovial dedicação, e começou a produzir seus próprios projetos que encantavam as pessoas pela beleza e originalidade. Eu nunca vi nada que chegasse aos pés deles em vidraria; ninguém mais também. Nós os mostramos a vários profissionais da área. "Eles são primorosos. Você deve ter levado anos para fazê-los." "Na verdade, alguns meses."

Graça e Coragem

Eu voltei a escrever! Em um mês e meio, trabalhando febrilmente dia e noite, produzi um livro de oitocentas páginas, intitulado provisoriamente *A Grande Cadeia do Ser: Uma Introdução Moderna à Filosofia Perene e às Grandes Tradições Místicas do Mundo*. Meu bom e velho *daemon*, após três anos de confinamento na prisão da minha mentira – a mentira de culpar Treya – irrompeu em cena cheio de energia e vontade. Meu Deus, senti-me extasiado! Treya ajudou-me muito com o livro, lendo cada capítulo recém-saído do computador e dando um retorno inestimável, frequentemente sugerindo que eu refizesse capítulos inteiros. Em nossas horas de folga, sentávamos juntos e pensávamos em títulos tolos para o livro, como *Quem É Afinal Essa Pessoa Chamada Deus?*.

Finalmente, cheguei à conclusão de que queria ter um filho, talvez dois, deixando Treya totalmente perplexa. Percebi que não querer uma criança baseava-se simplesmente no meu recuo perante a vida e as relações. Eu me senti tão ferido ao longo dos últimos anos, a ponto de, em vez de me abrir para a vida, afastar-me dela, um plano ruim, na melhor das hipóteses. Passamos um mês maravilhoso em Aspen, onde Treya envolveu-se ativamente com a Windstar e o Rocky Mountain Institute. Lá recebemos visitas de John Brockman e Katinka Matson, Patricia e Daniel Ellsberg, e Mitch e Ellen Kapor com seu jovem filho Adam. Mitch, o fundador da Lotus, era um velho amigo meu; ele costumava me visitar nos tempos de Lincoln para discutir meus livros. Ao observar Mitch e Adam, pela primeira vez pensei em ter filhos. Conversas adicionais com Sam e Jack Crittenden me convenceram.

Mas na verdade não era isso. O fato era que Treya e eu finalmente nos religáramos em todos os níveis depois de tanto sofrimento. Estava sendo igual ao princípio; talvez melhor.

E Ken? Pela primeira vez desde que nos casamos demonstrou vontade de ter um filho! O tempo que passou com Jackson, Mitch e Sam realmente o afetou. Supostamente, ele lhes perguntou como é ter filhos (Sam tem dois, Jack três, Mitch um). Todos lhe responderam: "Sem dúvida, não hesite, não pense sobre o assunto, simplesmente os tenha. É a experiência mais fabulosa de todas. Sua vida mudará totalmente, eles o tocarão de tantas maneiras que você sequer consegue imaginar, e é maravilhoso. Faça isso. Tenha um filho". Assim, tudo que temos a fazer agora é observar minha saúde por um ano!

Mesmo antes de decidir ter filhos, Ken mudou muito. Ele tem sido tão encantador, tão doce, tão amoroso. Fica lindo sentado na frente do computador trabalhando, lindo quando experimenta temperos e produz primorosos pratos *gourmet* – e obedecendo rigorosamente à minha dieta! Será que já era assim antes de passarmos pelos tempos difíceis? Ele está mais maravilhoso do que antes!

Recordo-me daquele período que passei, quando fiquei careca e me perguntava se algum dia voltaríamos a ser o que éramos. Isso me parecia muito importante então. Para mim, significava aquele tipo de intimidade e paixão um pelo outro, especialmente de mim para ele, que sentíramos no começo do nosso relacionamento. Bem, acho que

A nova era

voltamos à origem, mas claro que de um modo diferente. Talvez seja pretensioso chamar de um degrau mais alto da espiral, mas é o mais próximo que me vem à cabeça. O que é diferente é a intensidade do desejo, da ligação e, embora sinta falta, acho que isso indica que cresci. Lembro-me da sensação de ser uma espécie de sarna grudada no Ken; ele satisfazia desejos tão vazios, antigos, profundos, de forma que só queria estar a seu lado. Ainda prefiro estar na sua presença a qualquer outra coisa, mas a intensidade dessa necessidade sumiu, os vazios foram amplamente preenchidos. O que voltou foi o puro prazer de estarmos juntos, as pequenas delícias nas coisas únicas que ele faz, como observar os momentos que iluminam o dia. O que voltou foi sermos amáveis, carinhosos e brincalhões um com o outro, um retorno da leveza e alegria por estarmos juntos. O que foi acrescentado é uma consciência mais madura dos nossos pontos sensíveis e uma disposição de tratar com humor e carinho os pontos delicados. Aprendi a encorajá-lo, a dar-lhe um retorno positivo, algo que não era costumeiro na minha família. Acho que ele aprendeu que a ironia me machuca de verdade. Ambos aprendemos a intuir um problema que se aproxima e dar um passo atrás ou encará-lo de uma forma branda. Em geral, as coisas estão muito mais suaves, muito mais tranquilas, na nossa casa, na nossa relação. Eu me delicio com a delicada interação disso tudo.

Outra coisa adorável está acontecendo à medida que Ken escreve seu novo livro. A parte realmente boa, além do grande prazer que sinto ao ver suas ideias apresentadas de forma clara e totalmente acessível (esse é outro livro que poderei dar de presente às amigas da mamãe!), é que ele está me passando cada capítulo, tão logo sai da impressora, pedindo meus comentários. Ele realmente os leva em consideração e, em muitos casos, os incorpora. É bom ver tantas conversas nossas sendo escritas, como por exemplo discussões sobre as diferenças entre o homem e a mulher. E é bom poder contribuir para a formação das suas ideias. Quaisquer que sejam os comentários, o principal é que me sinto uma verdadeira participante desse projeto. E é um projeto que acho ser realmente acessível a todo mundo. Só de ler sobre a transição do nível existencial para o da alma [nível 6 para os níveis 7/8], tantas perguntas da minha vida atual foram respondidas. Estou encantada por ele estar escrevendo esse livro!

E adoro fazer meu trabalho artístico! Crio meus próprios projetos, baseados nos desenhos abstratos que faço, e transfiro-os cuidadosamente para peças de vidro cortado que, em seguida, monto em três ou quatro níveis. Coloco o conjunto completo em um forno e o aqueço. Já vi isso em livros, mas nada se compara a meus projetos. As pessoas parecem realmente apreciá-los, e não acho que o digam apenas para serem simpáticas. Adoro essa atividade! Penso constantemente nela, sonho com ela, fico ansiosa para voltar a ela.

E a Cancer Support Community (CSC) em San Francisco está crescendo. Recebemos uma doação de 25 mil dólares de uma importante fundação e as pessoas estão batendo à nossa porta. Pelo que ouço – fico triste por não poder estar mais lá para essa parte divertida – as pessoas se beneficiam tremendamente ao participarem dos grupos. Um homem com câncer metastático disse que a CSC é seu único sistema de apoio e que não está mais com tanto medo. Uma senhora mais idosa, do grupo de câncer de mama, que vive longe de suas filhas, agora sente que ganhou quatro novas filhas (as mulheres mais jovens do grupo). Pessoas contaram a seus médicos que até mesmo uma ou duas reuniões de grupo ajudaram tremendamente; elas não se sentem mais sozinhas ou com medo. Vicky atualmente dirige a CSC e está fazendo um trabalho fabuloso! Ontem escrevi para a mãe dela:

"Gostaria de compartilhar com a senhora um aspecto da CSC que considero muito especial. Eu só fiquei ciente dele ao comparar a CSC com a Wellness Community que, como sabe, foi nosso modelo original, e agora com a Qualife, um grupo que faz um trabalho semelhante em Denver. Valorizo profundamente a atividade de

Graça e Coragem

ambos, mas entendo que a CSC é diferente, principalmente porque foi criada por pessoas que tiveram câncer. Os outros grupos, embora igualmente motivados para ajudar as pessoas durante um período muito difícil, estão mais focalizados em técnicas, em resultados, em marcar uma posição. A Wellness Community, por exemplo, fala sobre "vamos lutar juntos contra o câncer" em seus panfletos. Esses grupos acreditam que têm algo concreto a ensinar, como visualização ou o que seja, e querem demonstrar que isso faz diferença.

"A CSC, por outro lado, pensa em algo mais suave do tipo 'nós estamos nisso juntos'. Sim, acreditamos que essas técnicas podem ajudar, mas estamos muito mais interessadas em encontrar as pessoas onde elas estão e dar-lhes o que elas pedem, do que provar uma tese. De fato, frequentemente digo que, de uma certa forma, tudo o que fazemos – os grupos de apoio, as aulas, os eventos sociais – são meras desculpas para reunir as pessoas, estruturas que facilitam esse objetivo. Quando tive câncer, senti dificuldade em estar com meus amigos. Tinha de gastar muita energia cuidando deles, explicando as coisas, lidando com seus medos em relação a mim, medos que quase sempre não eram expressos. Descobri que estar com outra pessoa que tivesse câncer era um grande alívio. Percebi que me tornara membro de outra família, a família daqueles que conhecem o câncer por experiência pessoal. E creio que a principal coisa que a CSC faz é prover um lugar, e uma forma, para os membros dessa família se reunirem e se apoiarem mutuamente. Apoiar o outro por amizade, compartilhando informações, compartilhando medos, podendo discutir questões como suicídio, abandono dos filhos, sofrimento, medo da dor ou da morte, como é ficar careca, e assim por diante.

"Temos de ser compassivos uns com os outros, sim. Sabemos, por exemplo, que não devemos apresentar alguém que acabou de receber um diagnóstico de câncer para alguém que tenha tido metástases do mesmo tipo de câncer (em outros lugares misturam-se pessoas que estão em vários estágios, sem prepará-las para o choque). Sabemos como é importante ressaltar uma definição mais abrangente de saúde que não apenas a saúde física, porque acreditamos que o verdadeiro teste de sucesso para encarar o câncer é como você vive sua vida. Sabemos – espero – sugerir coisas para as pessoas, abrir-lhes portas, de tal modo que, qualquer que seja sua escolha, mesmo que não aceitem as sugestões ou decidam não entrar pela porta, terem certeza de que continuaremos a seu lado. Sabemos de tudo isso porque estivemos lá. E é isso que é diferente na Cancer Support Community."

Sinto-me estranha ao ler isto. Estou adorando o fato de Ken querer ter filhos. Será que minha saúde permitirá? Mas, o que quer que aconteça, sempre considerarei a CSC como minha filha. Ela é muito especial e, como qualquer mãe coruja, tenho orgulho dela. Pela primeira vez, sinto-me em paz quanto a essa questão.

Enquanto isso, me liguei no livro. Um de seus capítulos, "Saúde, Integridade e Cura", foi publicado na revista *New Age* ao lado do artigo de Treya, com o título "Nós Criamos Nossas Doenças?". Não repetirei aqui o capítulo inteiro, mas esboçarei rapidamente seus pontos importantes, já que ele representou a culminância das minhas reflexões a respeito dessa difícil questão, com a qual Treya e eu convivemos nos últimos três anos.

1. O argumento fundamental da filosofia perene é que os homens e as mulheres estão incorporados à Grande Cadeia do Ser. Isto é, temos dentro de nós matéria, corpo, mente, alma e espírito.

A nova era

2. Em qualquer doença, é extremamente importante tentar determinar em que nível ou níveis ela primeiramente se originou – físico, emocional, mental ou espiritual.

3. É de suma importância usar um procedimento do "mesmo nível" para a principal (mas não necessariamente exclusiva) linha de tratamento. Use intervenção física para doenças físicas; use terapia emocional para perturbações emocionais; use métodos espirituais para crises espirituais, e assim por diante. Se houver uma combinação de causas, use uma combinação de tratamentos de níveis apropriados.

4. Isso é muito importante, porque se você errar no diagnóstico da doença, achando que ela se origina em um nível mais elevado do que o correto, você gerará *culpa*; se em um nível mais baixo, gerará *desespero*. Em qualquer dos casos, o tratamento será pouco eficaz e apresentará a desvantagem adicional de sobrecarregar o paciente com culpa ou desespero causado basicamente por erro de diagnóstico.

Por exemplo, se você for atropelado por um ônibus e quebrar a perna, essa é uma moléstia física com remédios físicos: você coloca o osso no lugar e imobiliza a perna; é uma intervenção do "mesmo nível". Você não se senta na rua e visualiza sua perna se recompondo. Essa é uma técnica de nível mental que não funciona para problemas do nível físico. Além disso, se alguém à sua volta lhe disser que foram seus pensamentos que causaram o acidente e que você deveria ser capaz de curar sua perna apenas com seus pensamentos, então a única coisa que vai acontecer é você se sentir culpado, se autoacusar e baixar a autoestima. É uma completa confusão de níveis e tratamentos.

Por outro lado, se você sofre, digamos, de baixa autoestima, por causa de certos *scripts* que interiorizou sobre sua fraqueza ou incompetência, esse é um problema do nível mental que responde bem a uma intervenção de nível mental, como visualização ou afirmações (revisão de *script*, que é exatamente o que faz a terapia cognitiva). Usar intervenções do nível físico – por exemplo, tomar megavitaminas ou mudar sua dieta – não vai fazer muito efeito (a menos que você realmente tenha um desequilíbrio vitamínico que contribua para o problema). E se você só usar tratamentos do nível físico, vai acabar se desesperando, porque são tratamentos do nível errado e não fazem muito efeito.

Portanto, na minha opinião, a abordagem genérica para qualquer doença é começar de baixo e ir subindo. Primeiro, pesquise causas físicas; na medida do possível, esgote todas as possibilidades. Em seguida, suba para possíveis causas emocionais e também as esgote. A seguir, causas mentais e depois, espirituais.

Isso é particularmente importante, porque muitas doenças que, anteriormente, pensávamos ter uma origem espiritual ou psicológica, agora sabemos que apresentam componentes principalmente físicos ou genéticos. No passado, considerava-se que

Graça e Coragem

a asma fosse causada por uma "mãe sufocante"; atualmente, compreendemos que sua causa e emergência são amplamente biofísicas. A tuberculose era causada por uma "personalidade destrutiva"; a gota, por fraqueza moral. A existência de uma "personalidade com propensão à artrite" era largamente aceita, o que simplesmente não resistiu à prova do tempo. Todas essas noções geravam culpa em suas vítimas; as curas não se consumavam porque os tratamentos provinham do nível errado.

Agora, isso não significa que tratamentos de outros níveis não sejam importantes como auxiliares ou coadjuvantes. Certamente são. No exemplo simples da perna quebrada, técnicas de relaxamento, visualização, afirmações, meditação, psicoterapia, se necessárias, contribuem para uma atmosfera mais equilibrada que facilita e talvez acelere a cura física.

Considerando-se que os aspectos psicológicos e espirituais podem ser muito úteis, o que não ajuda é afirmar que a razão para você ter quebrado sua perna é faltar-lhe, basicamente, facetas psicológicas e espirituais. O fato de uma pessoa, acometida por qualquer moléstia importante, conseguir realizar mudanças significativas e profundas devido à moléstia, não significa que ela a contraiu porque não fez as mudanças. Isso é o mesmo que afirmar que, se você está febril, toma uma aspirina e a febre diminui; então, a causa da febre é falta de aspirina.

É óbvio que a maioria das doenças não se origina de um nível único e isolado. Qualquer coisa que aconteça em um nível ou dimensão afeta todos os outros níveis em maior ou menor grau. As elaborações emocionais, mentais e espirituais da pessoa com certeza podem influenciar a moléstia e a cura físicas, da mesma maneira que uma moléstia física pode ter fortes repercussões nos níveis mais elevados. Quebre sua perna e provavelmente sentirá efeitos emocionais e psicológicos. Na teoria de sistemas isso é chamado "causação ascendente" – um nível mais baixo gera certas ocorrências em um nível mais alto. E, o contrário, a "causação descendente", ocorre quando um nível superior afeta ou influencia um nível inferior.

Portanto, a pergunta é: qual é o efeito da "causação descendente" – o produto da nossa mente (pensamentos e emoções) – sobre a moléstia física? E a resposta parece ser: muito maior do que se pensava antigamente e muito menor do que acreditam os *new agers*.

A nova escola da psiconeuroimunologia (PNI) descobriu evidências convincentes de que nossos pensamentos e emoções podem ter uma influência direta no sistema imunológico. O efeito não é grande, mas é detectável. Isso, claro, é o que esperaríamos do axioma que afirma que todos os níveis afetam todos os outros níveis até certo ponto, embora de forma secundária. Mas, já que a medicina enveredou para uma ciência puramente do nível físico e desconsiderou a influência dos níveis elevados na moléstia de nível físico ("o fantasma na máquina"), a PNI provê uma correção

A nova era

necessária, oferecendo uma visão mais equilibrada. A mente pode afetar o corpo em pequeno grau, mas não insignificante.

Em particular, descobriu-se que a imagética e a visualização talvez sejam os ingredientes mais importantes na influência "pequena mas não insignificante" da mente sobre o corpo e o sistema imunológico. Por que as imagens? Se olharmos para a versão estendida da Grande Cadeia do Ser, notamos onde as imagens acontecem: matéria, sensação, percepção, impulso, imagem, símbolo, conceito, e assim por diante. A imagem é a mais baixa e primitiva parte da mente, que está diretamente em contato com a parte mais elevada do corpo. Em outras palavras, a imagem faz a ligação direta com o corpo – seus humores, seus impulsos, sua bioenergia. Portanto, nossos pensamentos e conceitos mais elevados podem ser traduzidos descendentemente em imagens simples, que, aparentemente, têm uma influência modesta, mas direta, em sistemas corporais (via sensação ou impulso, as dimensão inferiores mais próximas).

Assim, tudo considerado, a disposição psicológica representa um papel em toda moléstia. *E esse componente deve ser exercitado ao máximo*, concordo plenamente. Em uma eleição disputada, o componente psicológico pode fazer pender o prato da balança a favor da saúde ou da moléstia, mas sozinho não enche as urnas eleitorais.

Desse modo, como Steven Locke e Douglas Colligan escrevem em *The Healer Within*, toda moléstia decerto apresenta um componente psicológico e todo processo curativo é afetado pela psicologia. Mas, continuam os autores, o problema é que as pessoas confundem os termos *psicossomático*, que significa que um processo de doença física pode ser afetado por fatores psicológicos, e *psicogenético*, que significa que a moléstia é causada somente por fatores psicológicos. Os autores declaram: "No sentido correto da palavra, toda moléstia é psicossomática; chegou a hora de se aposentar o termo psicossomático definitivamente. [Porque] tanto o público quanto parte dos médicos usam as palavras psicossomático (significando que a mente pode influenciar a saúde do corpo) e psicogenético (significando que a mente pode causar doenças no corpo) com o mesmo sentido. Eles perderam de vista o verdadeiro significado de doença psicossomática. Como sugerido por Robert Ader: 'Não estamos nos referindo à causação da doença, mas à interação entre eventos psicossociais e condições biológicas pré-existentes'".

Os próprios autores citam hereditariedade, estilo de vida, drogas, local, ocupação, idade e personalidade. É a interação de todos esses fatores – eu acrescentaria fatores existenciais e espirituais – de *todos* os níveis que, juntos, parecem influenciar a causa e o curso de uma moléstia física. Escolher qualquer um deles e ignorar os outros é uma tremenda simplificação.

Portanto, de onde vem a ideia de que apenas sua mente causa e cura todas as moléstias físicas? Afinal, os defensores dessa ideia afirmam possuir um sólido

Graça e Coragem

fundamento nas grandes tradições místicas, espirituais e transcendentais do mundo inteiro. E aqui estão pisando em solo movediço, creio. Jeanne Achterberg, autora de *Imagery in Healing* (que recomendo com empenho) crê que a noção possa ser historicamente rastreada voltando-se às escolas do New Thought e Metaphysical Thought, que cresceram com base em uma leitura (distorcida) dos Transcendentalistas da Nova Inglaterra, Emerson e Thoreau, os quais fundamentaram muito do seu trabalho no misticismo oriental.

As escolas do New Thought, da qual a Christian Science é a mais famosa, confundiram o conceito correto "Deus cria tudo" com o conceito "já que sou um com Deus, eu crio tudo".

Acho que se cometem dois erros com essa posição; tanto Emerson quanto Thoreau discordariam totalmente dela. Primeiro, que Deus é um pai interveniente no universo, em vez de ser sua Realidade, Quididade ou Condição imparciais. Segundo, que seu ego é uno com esse Deus paternalista e, portanto, pode intervir e ordenar o universo ao redor. Não encontrei suporte para essa noção em nenhuma das tradições místicas.

Os defensores da *Nova Era* afirmam que fundamentam essa ideia no princípio do carma, que diz que as circunstâncias da sua vida presente resultam de pensamentos e ações de uma vida passada. De acordo com o Hinduísmo e o Budismo, isso é parcialmente verdadeiro. Mas mesmo que fosse totalmente verdadeiro, o que não é, os *new agers* omitiram um fato crucial: para essas tradições, suas circunstâncias presentes são o resultado de pensamentos e ações de uma *vida passada* e seus pensamentos e ações presentes afetarão, não sua vida presente, mas sua *vida futura*, sua próxima encarnação. Os budistas dizem que nesta vida você está simplesmente lendo um livro que escreveu na vida *passada*; e o que você está fazendo agora será fruído na sua vida *futura*. Em nenhum dos casos, seu pensamento presente cria sua realidade presente.

Agora, pessoalmente não acredito nessa visão particular de carma. Ela é uma noção bastante primitiva, subsequentemente refinada (e amplamente abandonada) pelas escolas mais elevadas do Budismo, que reconhecem que *nem tudo* que lhe acontece é resultado de suas ações passadas. Como Namkhai Norbu, mestre do Budismo *Dzogchen* (geralmente considerado o ápice do ensino budista), explica: "Existem moléstias devidas ao carma ou a condições prévias do indivíduo. Mas também existem moléstias geradas por energias que vêm de outros, de fora. Existem moléstias que são provocadas por causas provisionais, como alimentos ou outras combinações de circunstâncias. Existem moléstias geradas por acidentes. Por último, existem todos os tipos de moléstias ligadas ao meio ambiente". Minha opinião é que *nem* a versão primitiva de carma *nem* os ensinamentos mais evoluídos fornecem qualquer suporte para a noção *new age*.

A nova era

E, então, de onde veio essa ideia? Aqui vou me distanciar de Treya e apresentar minhas teorias favoritas sobre as pessoas que comungam essas crenças. Não vou relatar compassivamente o sofrimento causado por elas. Vou tentar classificá-las, categorizá-las e elaborar teorias sobre elas, porque acredito que são ideias perigosas e precisam ser ordenadas, quando muito para evitar mais sofrimento. E meus comentários não são endereçados para o grande número de pessoas que acreditam nelas de uma forma bem inocente, ingênua e inofensiva. Tenho em mente mais os líderes nacionais desse movimento, indivíduos que dão seminários sobre como criar sua própria realidade; que coordenam grupos de trabalho ensinando, por exemplo, que o câncer é causado somente por ressentimento; que ensinam que a pobreza é culpa sua; e que a opressão é provocada por você mesmo. Eles talvez sejam pessoas bem-intencionadas, todavia perigosas, na minha opinião, porque desviam a atenção dos níveis reais – físicos, ambientais, legais, morais, e socioeconômicos, por exemplo – nos quais tanto trabalho precisa ser realizado urgentemente.

Na minha opinião, essas crenças – em especial a que você cria sua própria realidade – são crenças do nível dois. Todas elas têm a marca registrada dos distúrbios de personalidade egocêntrica da visão de mundo infantil e mágica, incluindo megalomania, onipotência e narcisismo. A ideia de que os pensamentos não só influenciam a realidade, mas a criam é, sob meu ponto de vista, resultado direto da diferenciação incompleta do limite do ego que define o nível dois. Os pensamentos e objetos não estão claramente separados e, desse modo, ao manipular o pensamento acredita-se que, onipotente e magicamente, manipula-se o objeto.

Acredito que a cultura hiperindividualista na América, que alcançou o zênite na "década do eu", fomentou a regressão para níveis mágicos e egocêntricos. Acredito (como Robert Bellah e Dick Anthony) que o colapso de estruturas sociais mais coesivas fez com que os indivíduos se voltassem para seus próprios recursos, ajudando a reativar tendências narcisistas. E acredito, como os psicólogos clínicos, que a raiva está à espreita logo abaixo da superfície do narcisismo, particularmente, mas não somente, expressa na convicção: "Eu não quero feri-lo, eu o amo; mas discorde de mim e contrairá uma moléstia que o matará. Concorde comigo, concorde que pode criar sua própria realidade, e você melhorará, você viverá". Não existe base para ela em nenhuma das grandes tradições místicas do mundo; ela se apoia em patologia limítrofe e narcisista.

Embora a maioria das respostas e cartas ao artigo original da revista *New Age* compartilhasse da minha sensação de afronta moral que essas ideias causam a tantas pessoas inocentes, os *new agers* radicais reagiram com raiva, dizendo coisas como: se Treya e eu pensávamos dessa forma, ela merecia ter câncer; ela o criara com esses pensamentos.

Graça e Coragem

Isso não significa uma condenação cega de todo o movimento *new age*. Existem aspectos desse movimento – afinal ele é uma fera grande e variada – que se baseiam de fato em alguns princípios místicos e transpessoais autênticos (como a importância da intuição e a existência da consciência universal). O que acontece é que qualquer movimento genuinamente transpessoal sempre atrai um número muito grande de elementos pré-pessoais, simplesmente porque ambos são não pessoais, e essa confusão entre "pré" e "trans" é exatamente um dos principais problemas do movimento, na minha opinião.

Eis é um exemplo concreto baseado em pesquisa empírica. Durante os tumultos de Berkeley contra a guerra do Vietnã, uma equipe de pesquisadores aplicou um teste de desenvolvimento moral a uma amostragem representativa de estudantes. A conclusão foi que a principal objeção à guerra prendia-se à sua imoralidade. Em que estágios de desenvolvimento moral encontravam-se os alunos?

Os pesquisadores descobriram que uma pequena percentagem dos estudantes, algo em torno de 20%, estava operando de fato em estágios pós-convencionais (ou estágios "transconvencionais"). Isto é, suas críticas baseavam-se em princípios universais de certo e errado, e não em padrões sociais específicos ou caprichos individuais. Suas opiniões sobre a guerra poderiam estar corretas ou não, mas seu raciocínio moral era bastante desenvolvido. Por outro lado, a vasta maioria dos protestantes – cerca de 80% – era pré-convencional: seu arrazoado moral baseava-se em motivos pessoais e bastante egoístas. Eles não queriam lutar, não porque a guerra fosse imoral, não porque estivessem realmente preocupados com o povo vietnamita, mas porque não queriam ninguém lhes dizendo o que fazer. Seus motivos não eram universais ou mesmo sociais, mas puramente egoístas. E, como esperado, quase não havia alunos do nível convencional, o nível do "meu país certo ou errado" (já que, em princípio, esses estudantes não teriam qualquer razão para protestar). Em outras palavras, um pequeno número de estudantes pós ou transconvencionais atraíram um grande número de indivíduos pré-convencionais, porque o que ambos tinham em comum era serem não convencionais.

Assim sendo, creio que, no movimento *new age*, uma percentagem pequena de princípios e elementos genuinamente místicos, transpessoais ou transracionais (níveis sete a nove) atrai um número enorme de elementos pré-pessoais, mágicos e pré-racionais (níveis um a quatro), simplesmente porque ambos são não racionais, não convencionais, não ortodoxos (níveis cinco e seis). E esses elementos pré-pessoais e pré-racionais, avocam, como fizeram os estudantes pré-convencionais, a autoridade e a sustentação de um nível "mais elevado", quando tudo que fazem, receio concluir, é racionalizar sua posição de autoenvolvimento. Como Jack Engler assinalou, são atraídos pelo misticismo transpessoal como uma forma de racionalizar inclinações pré-pessoais. É uma "falácia c" clássica.

A nova era

Eu também concluiria, concordando com William Irwin Thompson, que cerca de 20% do movimento *new age* é transpessoal (transcendental e genuinamente místico); por volta de 80%, pré-pessoal (mágico e narcisista). Você normalmente descobre os elementos transpessoais porque eles não gostam de ser chamados "new age". Não há nada de "novo" neles; eles são perenes.

Na psicologia transpessoal, constantemente temos de tratar da forma mais delicada e cuidadosa possível com tendências pré-pessoais, porque elas dão ao campo inteiro uma reputação "escamosa" ou "tola". Não somos contra crenças pré-pessoais; simplesmente sentimos dificuldade quando nos pedem para acolhê-las como se fossem transpessoais.

Nossos amigos mais "escamosos" ficam zangados conosco, porque tendem a pensar que só existem dois campos no mundo: racional e não racional, e nós deveríamos nos juntar a eles *contra* o campo racionalista. Mas, há de fato *três* campos: pré-racional, racional e transracional. Na verdade, estamos mais próximos dos racionalistas do que dos pré-racionalistas. Os níveis mais altos transcendem e *incluem* os mais baixos. O Espírito é translógico, não antilógico; abraça a lógica e vai além, não rejeita a lógica simplesmente. Toda doutrina transpessoal tem de resistir à prova da lógica, para então, mas só então, seguir além com seus *insights* adicionais. O Budismo é um sistema extremamente racional que complementa a racionalidade com a consciência intuitiva. Receio que algumas das tendências "escamosas" não vão além da lógica, mas sim ficam aquém dela.

Portanto, o que estamos tentando fazer é filtrar os elementos do desenvolvimento místico, autênticos, universais, "testados em laboratório", daqueles com tendências mais idiossincráticas, mágicas e narcisistas. Essa é uma tarefa difícil e traiçoeira, e nem sempre acertamos. Os líderes nessa área são Jack Engler, Daniel Brown, Roger Walsh, William Irwin Thompson e Jeremy Hayward.

Mas permita-me concluir esta discussão reafirmando meu ponto original: ao diagnosticar qualquer doença, esforce-se para determinar de que níveis são provenientes seus vários componentes, e use tratamentos de mesmo nível para curá-los. Se conseguir detectar razoavelmente os níveis corretos, você conseguirá gerar ações com grande chance de serem curativas; se não, gerará apenas culpa ou desespero.

"Elas são realmente lindas, *não são? Refiro-me a essas imagens, essas ideias. Parece que estão vivas, conscientes. Estão?" Na verdade, estou fazendo uma pergunta para a Figura.*

"Venha por aqui, por favor."

"Espere um instante. Posso entrar aqui? Estranho, mas, não sei, parece que todas as respostas para todas as perguntas que tenho estão neste quarto. Quero dizer, olhe para

Graça e Coragem

elas, todas essas ideias vivas. Por favor, eu sou um filósofo." Dou-me conta de como isso soa tolo.

"Bem, de qualquer modo", continuo, "esta é uma oportunidade que só se tem uma vez na vida. Se estou perdido em um sonho, você poderia, pelo menos, permitir que eu fosse até o fim." Estou de fato falando isto? Querendo entrar no quarto? E as ideias continuam lá, tão atraentes, tão dispostas a cooperar. Admita, penso com meus botões, você não encontra ideias assim em qualquer lugar.

"Você está procurando a Estrella, não está?"

"Treya? O que você sabe sobre Treya? Você a viu?"

"Venha por aqui, por favor."

"Eu não vou a lugar nenhum enquanto você não me disser o que está acontecendo."

"Por favor, você precisa vir comigo. Por favor."

À medida que se aproximava a época de Treya fazer o próximo *check-up* completo, ficamos um pouco apreensivos, principalmente por causa daqueles sonhos ominosos. Treya fez um exame dos ossos e... tudo limpo!

Recebi os resultados do meu *check-up* anual; pela primeira vez, passei um ano sem recidiva! Estou maravilhada! Ao mesmo tempo, não vou me prender apenas ao nível físico, porque se definir saúde dessa forma, o que acontecerá se ocorrer uma recidiva? Terei falhado?

De qualquer forma, o fato é que acho que minha vida está completa e saudável. Sinto-me abençoada. Convivendo com Ken, religando-me à natureza, trabalhando em meu pequeno jardim, criando no vidro – a pureza da recém-nascida, a parte que mais me encanta, a Treya, a artista, tranquila, da terra. Minhas raízes se aprofundam agora...

Continuo a fazer meu círculo de visualização de amor várias vezes por dia, imaginando-me cercada de pessoas que me amam, respirando seu amor. A princípio foi difícil, mas está ficando cada vez mais fácil. Há duas noites, tive um sonho, sem dúvida o sonho de autoimagem mais positivo que já tive. Sonhei que alguns amigos deram uma grande festa em minha homenagem e todos me diziam que eu era maravilhosa. Eu parecia não sentir nenhuma dificuldade com isso, nenhum ataque de modéstia, nenhuma barreira interna dizendo-me que não sou o que eles pensam. Não, eu escutava e deixava tudo isso entrar no meu coração. O sonho mais positivo que me lembro de ter tido.

Às vezes, no meu círculo de visualização de amor, imagino o amor em volta como uma luz dourada. Uma vez, estava imaginando uma luz muito rica e cintilante ao meu redor, quando vislumbrei uma tênue linha azul em torno do meu corpo e compreendi que era a tristeza dos tempos difíceis que Ken e eu passamos. De repente, as duas luzes se fundiram e criaram uma luz verde brilhante, vibrante, elétrica, muito poderosa. Senti-me banhada por essa luz curadora, senti o amor presente dentro de mim e não fora. Senti que ele me acompanharia para sempre.

Tenho diversas afirmações. Minha atual é: "O universo está se desdobrando perfeitamente". Confiança e controle sempre foram problemas para mim. Essa afirmação também me ajuda porque me liberta das coisas que não fiz, pois aprendi com elas de um modo que nunca esquecerei.

A nova era

Chamo tudo isso de sistema imunológico do espírito. As células T e B, e os glóbulos brancos desse sistema são: pensamento positivo, meditação, afirmações, sangha, darma, compaixão e generosidade. Se esses fatores valem 20% do processo de cura da doença física, quero os 20%!

Outra meditação que faço atualmente é o *tonglen*. Quando comecei a praticá-lo, quase um ano atrás, a primeira coisa que veio foi Ken e Tahoe. Pensei que fosse ficar triste, zangada ou amargurada; pelo contrário, senti somente compaixão. Compaixão por tudo que Ken e eu passamos naquele período, nossas brigas, nossas lutas, nossos medos. Surpreendeu-me sentir compaixão e ternura por aquelas duas pessoas feridas, machucadas, assustadas, fazendo o melhor que podiam. O *tonglen* pareceu limpar toda a amargura. Agora, quando o pratico, sinto uma sensação de profunda ligação com todos os seres. Não me sinto mais abandonada, solitária. O medo é substituído por uma paz intensa e tranquila.

E às vezes apenas me sento, como no Zen, com uma sensação de abertura e amplidão, para o céu a que sempre retorno na abordagem de Suzuki Roshi – sinto-me atraída a meditar como uma forma de expressar algo dentro de mim, algo que se afirma pela oferta do meu tempo e da minha atenção. É como uma dádiva que ofereço a algum poder maior. Sento-me com o propósito de fazer uma oferenda que satisfaça e corrobore uma parte misteriosa de mim que não consigo descrever. Não espero nem procuro por quaisquer mudanças que porventura ocorram. Se nada muda, ótimo. A oferta permanece, acompanhada de uma sensação de paz.

Então, como estou me sentindo em relação ao câncer? Tenho flashes ocasionais de como seria voltar para um hospital, pensamentos como "eu faria quimioterapia novamente se fosse necessário?", mas não estou absolutamente obcecada com isso. O câncer se transformou mais em um pano de fundo. Mas não encaro nada disso como um "sinal", de uma forma ou de outra. Ouvi muitas histórias de pessoas que estiveram assim por mais de cinco anos, que pensaram que estivessem curadas e que, por fim, descobriram algo como metástase óssea. Não obstante, é bom que não seja mais uma presença indistinta e nefasta.

Nos meses seguintes aos exames, Treya e eu começamos, pela primeira vez em três anos, a sentir que nossa vida realmente poderia voltar à normalidade. Estávamos muito felizes com isso, deixamos que nossas esperanças em relação ao futuro crescessem gradativamente. Além de escrever, comecei novamente a meditar, combinando meu treinamento zen com o *tonglen* e o ioga da Divindade ensinado por Kalu Rinpoche.

Em especial devido ao *tonglen*, parei de refrear meu medo, minha ansiedade, minha depressão. Toda vez que surgia um estado de sofrimento ou temor, inspirava profundamente pensando: "Que eu absorva todo esse medo em mim mesmo" e, em seguida, o liberava na expiração. Comecei a assumir meus estados e não evitá-los sempre com medo, raiva ou contrariedade. Na verdade, estava digerindo as experiências dolorosas dos últimos três anos que, até então, não conseguira digerir.

Treya e eu passamos o Natal em Laredo, como fazíamos há quatro anos. Foi um período adorável, todo mundo fazendo resoluções de Ano-Novo com o pensamento feliz da boa saúde de Treya em mente.

Graça e Coragem

Quando retornamos a Boulder, Treya queixou-se de que uma flutuação particularmente desconfortável no seu campo visual esquerdo não melhorava. Ela a vinha notando pelo último mês, cada vez mais insistente.

Fomos ao nosso oncologista em Denver, que providenciou uma tomografia de alta densidade do cérebro. Eu estava sentado na sala de espera quando ele entrou e me puxou de lado.

"Parece que existem dois ou três tumores em seu cérebro. Um deles é bem grande, talvez três centímetros. Vamos examinar seus pulmões também."

"Você já contou a Treya?" O choque ainda não havia sido absorvido. Eu estava falando de outra pessoa, não dela.

"Não, ainda não. Vamos esperar até termos o resultado dos pulmões."

Sentei-me e fiquei olhando fixamente para o vazio. Tumores cerebrais? Tumores cerebrais? Tumores cerebrais... são... graves.

"Ela apresenta tumores nos dois pulmões, possivelmente uma dúzia ao todo. Estou tão surpreso quanto você. Acho que é melhor contar-lhe amanhã no meu consultório. Por favor, não lhe diga nada agora. Quero ter todas as informações prontas para ela."

Fiquei tão chocado, tão petrificado, que não pensei em responder: "Ei, espere um instante, nós não agimos assim. Vou contar a ela agora mesmo. Nunca fizemos esse tipo de coisa". Não, entorpecidamente balancei a cabeça e disse: "O quê? Oh, sim, certo, está bem".

A volta para casa foi terrível.

"Eu acho que não é nada. Sinto-me bem; na verdade, sinto-me muito bem. Provavelmente é algo relacionado ao diabetes. Nós vamos ter uma vida boa juntos, meu amor, não fique tão preocupado. O que você acha?"

O que eu acho é que vou matar aquele médico. Quero lhe contar, mas agora já fui muito longe. Sinto-me fisicamente nauseado com o que isso significará para ela, com o que vai ter de suportar. Deus, se o *tonglen* funcionasse de fato! Eu fecharia meus olhos e inspiraria sua provável morte com tal intensidade, a ponto de sumir completamente, levando comigo essa maldita doença para o vazio cósmico. Tanto meu amor por Treya quanto o ódio por aquele médico tomaram proporções infinitas, simultaneamente. Fiquei murmurando coisas como: "Tenho certeza de que vai dar tudo certo".

Quando chegamos, fui para o banheiro e vomitei. Naquela noite fomos ao cinema – ainda por cima, assistimos *Atração Fatal*. Quando retornamos para casa, Treya telefonou para o médico e soube das notícias.

Minha primeira reação foi de raiva! Raiva absoluta, total, completa, subjugante! E de choque absoluto! Como isso pôde acontecer? Eu fiz tudo direito! Como isso pôde acontecer? Maldição! Maldição! Maldição! Maldição!

A nova era

Maldição! Não senti medo. Não estava particularmente temerosa do significado da situação. Estava simplesmente irada. Comecei a chutar os armários da cozinha, jogando coisas no chão, gritando. Enfurecida, transtornada. Não queria que a raiva fosse embora. Era a resposta certa. Estou cheia disso, quero lutar! Nas minhas visualizações, os cavaleiros brancos transformaram-se em piranhas furiosas.

Avisamos a família e os amigos. No dia seguinte, Treya e eu encetamos uma busca impetuosa e intensiva por quaisquer tratamentos, em qualquer lugar, que apresentassem uma chance de controlar um caso tão agressivo e avançado. Treya analisou seriamente cerca de duas dúzias de abordagens, incluindo Burzynski, Revici, Burton, a Janker Klinik (Alemanha), Kelley/Gonzales, American Biologic, Livingston-Wheeler, Hans Nieper (Alemanha), a Steiner Lucas Clinic (Suíça), Gerson (México).

Depois da raiva, passei por um período de alguns dias de resignação e tristeza. Eu soluçava incontrolavelmente nos braços de Ken por horas a fio. Parecia que estava desmoronando completamente, algo que não sentia há anos. Remorso, autoacusação: eu poderia ter feito mais, eu fiz o suficiente? Pensei sobre coisas de que sentiria falta: arte, esqui, envelhecer com a família e os amigos, Ken, o filho dele. Eu queria tanto envelhecer junto com todos os meus amigos maravilhosos. Nem gosto de escrever isso – nunca poderei ter o filho dele. Ken – quero viver com ele, não quero abandoná-lo. Quero acariciá-lo por anos. Ele vai ficar sozinho; será que encontrará alguém? Aí ele poderá fazer o retiro de três anos do Kalu; isso me faz sentir melhor.

Sinto como se tivesse acabado de nascer, mas que não posso permanecer aqui.

As escolhas reduziram-se a algumas: tratamento-padrão americano, que significava mais adriamicina; tratamento americano agressivo, recomendado por Bloomenschein; e tratamento extremamente agressivo, oferecido pela Janker Klinik, na Alemanha. A primeira opção foi esboçada pelo Dr. Dick Cohen, um bom amigo da Vicky e da CSC, que recomendou um programa que incluiria dose baixa de adriamicina com um prazo médio de tratamento de quatorze meses. Mas Treya simplesmente não queria tomar mais adriamicina, não porque não suportasse, mas porque, por razões pessoais, achava que ela não era eficaz para seu câncer.

A Janker Klinik é mundialmente famosa por sua quimioterapia de alta dose em curto prazo, que é tão agressiva a ponto de, às vezes, as pessoas terem de ser ligadas a sistemas de manutenção vital. A Klinik aparece nas manchetes de vez em quando por tratar de pessoas como Bob Marley e Yul Brynner. Relatórios publicados (mas não científicos) atribuem a Janker uma incrível taxa de remissão de 70%, ainda mais surpreendente porque a maioria das pessoas que se internam lá vão como último recurso. Médicos americanos afirmam que as remissões são extremamente curtas e quando o câncer volta é rapidamente fatal.

Graça e Coragem

Bloomenschein deu a Treya uma série de recomendações que, basicamente, qualquer ditador da América Central consideraria cruel e incomum. Concluiu dizendo: "Eu lhe peço, querida, não vá para a Alemanha". Mas ele só nos apresentou estatísticas sombrias para casos como o dela: talvez um ano, com sorte.

16. Mas ouça o canto daqueles pássaros!

"Alô, Edith? Aqui quem fala é Ken Wilber."

"Ken! Como vai você? É tão bom ouvir sua voz."

"Edith, sinto muito lhe dizer, mas tenho más notícias. Treya teve uma recorrência muito grave, agora nos pulmões e no cérebro."

"Oh, que terrível. Eu sinto muito mesmo."

"Edith, você não vai acreditar de onde estou ligando. E, olhe, estamos precisando de ajuda."

Bem, não consigo acreditar que estou no hospital há dez dias e ainda não comecei a quimioterapia. Chegamos a Bonn na segunda-feira, saímos para jantar à noite, terça-feira pela manhã comecei a me sentir estranha e à tarde internei-me na Klinik. Peguei uma gripe terrível com febre de 40 graus. Ainda não me recuperei totalmente e eles não podem começar a quimioterapia até que eu esteja bem, por causa do risco de pneumonia, o que significa um atraso de quase duas semanas.

Passei a primeira noite aqui em um quarto com duas outras mulheres, ambas alemãs. Senhoras muito agradáveis, nenhuma falava inglês. Uma delas roncou a noite inteira e a outra achava que se falasse bastante alemão acabaria entendendo; assim ficou jogando todas aquelas palavras em alemão em cima de mim, tagarelando o tempo todo; de vez em quando, falava consigo mesma.

O Dr. Scheef, diretor da Klinik, deu um jeito e conseguiu um quarto particular para mim (existem apenas dois ou três na Klinik inteira); sinto-me no sétimo céu desde então. É pequeno, absolutamente minúsculo [2,5 m x 4,0 m], mas é maravilhoso.

Estou surpresa com o fato de raras enfermeiras falarem inglês. Algumas falam um pouco; nenhuma é fluente; a maioria não fala nada. Fico envergonhada por não falar alemão; explico-lhes que falo francês e espanhol como uma forma de me desculpar pelo total desconhecimento do alemão.

Na primeira noite que passei aqui, a senhora falastrona nos levou, Ken e eu, até a lanchonete; o jantar é servido de 16h45 às 17h30. A comida é horrível. Na maioria das vezes, no café da manhã e jantar, servem frios fatiados de queijo, presunto, carne, salsicha, mais vários tipos de pães, que não posso comer por causa do diabetes. Ocasionalmente, no almoço, servem carne cozida e batatas quentes. Essa é a extensão da variedade aqui. Minha dieta não permite nada disso. O que acontece com a comida de hospital no mundo inteiro? Ken se perguntou em voz alta: "Quem mata mais pessoas, médicos ou cozinheiros de hospital?"

Naquela primeira noite na lanchonete, havia uma mulher mais jovem e atraente que usava uma peruca muito bonita com um boné adorável por cima. Ela falava um pouco de inglês e lhe perguntei sobre sua peruca, sabendo que logo precisaria de uma. Também perguntei qual era a palavra alemã para câncer, porque nem isso eu sabia. Ela

Graça e Coragem

me respondeu que era *Mütze*. Então perguntei: Todo mundo aqui tem *Mütze*? E ela respondeu que sim, apontando para todas as outras pessoas na lanchonete. Eu lhe perguntei: Que tipo de *Mütze* você tem? E ela: Um branco e um azul. Fiquei sentada lá, atônita, não disse que não tinha entendido. Somente no dia seguinte é que descobri que a palavra *Mütze* significa chapéu ou boné. Câncer é *Krebs*.

Em função de um artigo que lemos, tanto Treya quanto eu esperávamos que Bonn fosse triste, encardida, industrial. Mas a única coisa sombria em Bonn era o tempo. Fora isso, é uma cidade adorável e, de certa forma, muito bonita – centro diplomático da Alemanha, com uma catedral ou *Dom* espetacular, construída em 1728, uma universidade imponente e impressionante, um enorme *Zentrum* ou centro comercial, estendendo-se talvez por trinta quarteirões (todos proibidos para carros) e o magnífico Reno a uma curta caminhada.

A estação ferroviária ou *Hauptbahnhof* ficava a um quarteirão da Klinik, que se localizava a um quarteirão do Hotel Kurfürstenhof, onde me hospedei, bem na beira do Zentrum. Um grande e magnífico parque cortava a cidade inteira. No meio do Zentrum ficava o Marktplatz, para onde todos os dias os agricultores locais traziam uma maravilhosa variedade de frutas e legumes frescos e os vendiam em uma grande área aberta, pavimentada com tijolos, do tamanho de mais ou menos quatro quarteirões. Em um lado do Zentrum ficava a casa, construída em 1720, onde Beethoven nasceu. No outro lado, ficava a Hauptbahnhof, a Klinik e o Kurfürstenhof. No meio havia todo tipo imaginável de lojas – restaurantes, bares, lojas de comida natural, lojas de departamentos de quatro andares que tomavam um quarteirão, lojas de material esportivo, museus, lojas de roupas, galerias de arte, farmácias e sex shops (a pornografia alemã é objeto de inveja na Europa). Em resumo, tudo, do Reno até o hotel, a pouca distância ou, pelo menos, a uma distância razoável.

Eu passaria os próximos quatro meses andando pelas ruas e vielas pavimentadas com tijolos do Zentrum, conhecendo os taxistas, garçonetes e comerciantes que falavam inglês. Todos começaram a acompanhar a história de Treya, perguntando sobre ela sempre que me viam – "Undt how iss dear Treya-yah?" – muitos iam visitá-la na Klinik com flores e doces. Treya achava que metade de Bonn acompanhava seu progresso.

E foi em Bonn que tive minha derradeira crise de aceitação da situação de Treya e do meu papel de cuidador. Eu me esforçara muito, desde Seymour até o *tonglen*, para digerir, elaborar e aceitar os tempos difíceis que nós dois suportamos. Mas ainda tinha umas poucas questões profundamente não resolvidas, questões sobre minhas escolhas, minha má-fé, e questões (não mais passíveis de negação) sobre a possível morte dela. Isso tudo me veio à mente em um período de três dias, durante o qual pareci rachar por inteiro. Meu coração simplesmente partiu-se, partiu-se por Treya, partiu-se por mim.

Mas ouça o canto daqueles pássaros!

Enquanto isso, nós nos instalamos. Nosso problema imediato era a gripe de Treya, que estava complicando gravemente a situação. A Klinik especializara-se em aplicar radioterapia e quimioterapia simultaneamente, acreditando que isso produziria um nocaute duplo. A gripe não permitia a administração da quimioterapia por causa de uma provável pneumonia. Nos Estados Unidos, Treya fora informada de que o tumor cerebral, sem tratamento, a mataria em seis meses. A Klinik tinha de fazer algo, e agir rapidamente; assim, eles começaram apenas a radioterapia, aguardando a diminuição da temperatura e o aumento da taxa de glóbulos brancos.

Fiquei um pouco tonta nos três dias seguintes porque minha temperatura estava muito alta. Eles me deram sulfamida, mas o efeito foi lento. Ken me ajudou a andar pelos corredores, cozinhou para mim no quarto e tratou das providências. Ele comprava legumes frescos na Marktplatz toda manhã. Ele conseguiu uma chapa elétrica, uma cafeteira (para fazer sopa), e, melhor de tudo, uma bicicleta ergométrica (para meu diabetes). Ele me trouxe plantinhas, flores e crucifixos para o meu altar. Com a comida, flores, altar e bicicleta, meu quarto ficou cheio! Além disso tudo, sentia-me fraca e atordoada, mas relativamente contente.

Conseguimos arrancar do Dr. Scheef que, enquanto perdurar a hipertermia, continuarei a radioterapia no cérebro, que é indolor e dura cerca de meia hora por dia. Uma vez que comecemos a quimioterapia de alta dose, sobre a qual ouvimos falar tanto (nada agradável), as aplicações durarão cinco dias. No oitavo e nono dias, meu corpo atingirá o nível mais baixo. Se a contagem sanguínea estiver abaixo de 1000, eu deverei ficar na Klinik; se abaixo de 100, precisarei de aplicações de medula óssea. No décimo quinto dia, eles examinarão o tumor cerebral e os tumores dos pulmões, por tomografia computadorizada ou ressonância magnética, para avaliar os resultados. Terei duas a três semanas de folga entre as aplicações, que serão três.

Em função da febre alta e da infecção pulmonar, o pâncreas de Treya parou de produzir insulina.

Ken e eu caminhamos bem devagar pelo corredor porque me sinto muito tonta e doente. Minha temperatura está alta e o açúcar no sangue subindo rapidamente. Apesar da objeção insistente de Ken, passei cerca de cinco dias tentando controlar a taxa de glicose exercitando-me na bicicleta. Mas não funcionou. Perdi quatro quilos que não podia perder. Deitar de lado tornou-se doloroso para mim, porque meu quadril esgarça a pele. Sinto-me entorpecida. As coisas nem sempre acontecem rapidamente por aqui. Ken exigiu providências e, finalmente, eles me puseram na insulina. Comecei a me alimentar bem, esforçando-me para ganhar peso novamente.

Enquanto tentava ajustar minha dose de insulina, tive minha primeira reação. Meu coração disparou, o corpo começou a tremer e quando fiz o teste de sangue, a taxa estava em 50. Desmaios e convulsões podem ocorrer com 25. Graças a Deus Ken estava comigo, e já que não conseguimos nos comunicar de fato com as enfermeiras, ele correu até a lanchonete e conseguiu alguns cubos de açúcar. Verifiquei meu sangue novamente; estava em 33. Vinte minutos mais tarde foi para 50, e depois 97. Ah, os altos e baixos da vida no quarto 228...

Graça e Coragem

Os dias se arrastavam à espera de que a infecção cedesse. E, ao fundo, o pensamento constante da famosa "quimioterapia assassina" nos aguardando à frente, a incapacidade ominosa de não poder enfrentá-la, exceto em imaginação, uma estranha atmosfera de H. P. Lovecraft, em que o monstro é sempre mencionado, nunca visto. Kati chegou na hora certa para aliviar a tensão e mostrou-se uma absoluta dádiva de Deus. Com sua ajuda, Treya e eu recuperamos um pouco a equanimidade e até o humor. Totalmente indispensável!

E aí surgiu Edith. Eu a encontrei na entrada da Klinik e a levei até o quarto 228. Foi amor à primeira vista, eu acho, algo de que não participei. Elas se agarraram imediatamente, como se uma forte amizade já tivesse sido selada. Eu vi isso acontecer frequentemente no passado. Mais de uma vez me senti quase instantaneamente em segundo plano, com *meus* bons amigos apaixonando-se por Treya. "Eu sou marido dela, sou amigo dela, de verdade, você me entende? Se quiser, posso combinar para jantarmos com ela."

Passaríamos um período delicioso com Edith e seu marido Rolf, um famoso cientista político com quem simpatizei de cara. Rolf era tudo que eu admirava no que o homem "europeu" tem de melhor: culto, humor fino, brilhante, leitor intenso de todos os campos, muito convincente em seu conhecimento, muito gentil na maneira de ser. Mas, acima de tudo, foi a presença de Edith que fez as coisas melhorarem; membros da nossa família e amigos que a conheceram tranquilizaram-se de pronto e pararam de se preocupar conosco, crianças perdidas na Alemanha – Edith estava lá!

À medida que vou sendo gentilmente conduzido pelo corredor ao quarto aposento, me pergunto como esta Figura pode estar me arrastando pelo braço, já que ela aparenta ser apenas uma ausência, um nada. Como um nada conduz a algo? A menos que – e o pensamento me surpreende...

"O que você vê?"

"O quê? Eu? O que eu vejo?" Olho lentamente para dentro do quarto. Já sei que verei algo estranho. Mas o que vejo, mais do que estranho, é de tirar o fôlego, absolutamente empolgante. Fico parado por minutos em puro maravilhamento infantil.

"E agora vamos entrar, está bem?"

Ainda nada de quimioterapia; é realmente esquisito. Aqui estou aguardando no hospital e parece que não tenho tempo suficiente para fazer nada! Escrever cartas, ler romances, ler meus livros espirituais – agora mesmo estou lendo *Healing into Life and Death*, de Stephen Levine – fazer minha meditação, exercitar-me na bicicleta, responder às cartas, redigir meu diário, conversar com Ken, Kati e Edith, conversar com os outros americanos, fazer meus desenhos. É meio ridículo. Só prova que nunca há tempo. Sinto uma sensação engraçada quando penso nisso, porque com certeza não vou ter tempo suficiente nesta vida. Algumas vezes sinto-me muito positiva, outras fico muito amedrontada; posso morrer este ano.

Mas ouça o canto daqueles pássaros!

Ao sair do meu quarto, passei por um grupo de pessoas, todas com os olhos vermelhos de chorar. Quem sabe as más notícias que receberam sobre parentes ou amigos. É tão triste. Um homem jovem abraçando uma moça, que poderia ser sua esposa ou namorada, ambos com os olhos inchados. Uma mulher abraçando outra de robe verde sobre a mesa, talvez ela seja a doente, as duas chorando. Três outras pessoas sentadas em torno da mesa, com olhos vermelhos e inchados. A primeira verdade nobre: o sofrimento existe.

Acabei de ler a edição da *Newsweek* que trata do direito de morrer. É um assunto que sempre me interessou, mesmo antes do câncer. Por causa do tempo, despesas e sofrimento – sofrimento real – envolvidos na manutenção da vida de pessoas por meio de medidas heroicas, de uma forma que não vale a pena viver. Quando chegar minha hora, espero morrer no hospital sem medidas incríveis de manutenção da vida e com a dor sob controle. Outro dia disse a Ken que pedirei algumas pílulas ao Scheef para tê-las perto de mim, só para ter certeza de que estão lá.

Desejo manter forte minha vontade de viver, desejo me desligar do problema o maior tempo possível; portanto, preciso trabalhá-lo com foco, dedicação, clareza e concentração totais, além de esforço correto; ao mesmo tempo, preciso me desapegar dos resultados, quaisquer que sejam. Dor não é castigo, morte não é fracasso, vida não é recompensa.

Recebi uma bonita carta da Lydia. Ela escreveu algo que realmente me tocou. "Se o Senhor a chamar, se você tiver de passar por isso, eu sei que você o fará com graça." Se tiver de morrer, passarei pela morte com graça. Eu espero. Novamente, às vezes acho que as pessoas em minha volta julgarão meu sucesso ou fracasso em função do tempo que viver, em vez de como eu vivo. É claro que quero viver muito tempo, mas, se não for possível, não quero que me julguem um fracasso. Assim, foi muito bom que ela escrevesse aquilo.

Comecei um programa de meditação pelo menos duas vezes por dia: *vipassana* de manhã e *tonglen/Chenrezi* à tarde. Estou tentando praticar visualização três vezes por dia. Agora mesmo, estou fazendo isso só para provar a mim mesma que não sinto preguiça de fazer algo que possa me ajudar. Fortalece minha convicção de que estou preparada para o que der e vier – mas, de novo, esperançosa de não me apegar a resultados. Apenas para fortalecer a fé em mim mesma, honrar meu espírito, fazer uma oferenda.

Após a primeira semana de nossa chegada a Bonn, por mais difíceis que fossem as circunstâncias, Treya, uma vez mais, recuperou sua firme e até mesmo jovial equanimidade, o que era frequentemente comentado pelos médicos, enfermeiras e visitantes. As pessoas começaram a passar pelo seu quarto só para desfrutar o encanto que ela transmitia. Às vezes, era difícil achar um momento para estar sozinho com ela!

É espantoso como me recupero depressa das notícias ruins, como estou pronta para encarar as coisas como são. É a meditação, sem dúvida. Na primeira semana, depois de receber as más novas, simplesmente desmoronei. Deixei emergir tudo – raiva, medo, fúria, tristeza. Isso tudo passou por mim, foi embora e voltei, simplesmente, a ser o que sou. Se tem de ser assim, então que seja. Parece aceitação, não resignação, mas quem pode afirmar com certeza? Será que estou me enganando? Aquela mesma vozinha dizendo: "Treya, você deveria estar preocupada". Mas é uma voz tão apagada. Continua lá, mas sente dificuldade para ser ouvida.

Graça e Coragem

E o fato é que me sinto tremendamente abençoada – abençoada com minha família, abençoada com meu marido, abençoada com meus amigos maravilhosos. Não consigo acreditar quão perfeita é minha vida! Com exceção desse maldito câncer.

Comentei com Ken que não é difícil de entender, mas meu humor está excelente, meu moral está alto, estou curtindo a vida, gosto de ouvir os pássaros cantando do lado de fora da minha janela, adoro conversar com todas as pessoas da Klinik. Não tenho tempo suficiente para fazer tudo. Espero ansiosamente pelo raiar do dia, não quero que termine. Eu não entendo isto! Sei que posso não sobreviver a este ano. Mas ouça o canto daqueles pássaros!

Finalmente, recebemos a notícia de que a quimioterapia começaria na segunda--feira. No dia da aplicação, me sentei desajeitadamente na bicicleta ergométrica, Kati no canto do quarto. Treya estava bem tranquila. O fluido amarelo começou a gotejar devagar em seu braço. Dez minutos se passaram. Nada. Vinte minutos. Nada. Trinta minutos. Nada. Eu não sabia o que estávamos esperando, talvez que ela explodisse ou algo assim, tão horripilantes foram as histórias que nos contaram nos Estados Unidos. Uma semana antes, as pessoas começaram a telefonar com votos de "despedida", convencidas de que o tratamento a mataria. E, de fato, era um tratamento muito agressivo e poderoso; a contagem de glóbulos brancos do sangue às vezes chegava a zero! Mas a Klinik desenvolvera drogas de "salvamento", igualmente poderosas, que mitigavam a maior parte dos problemas. Isso, obviamente, nossos médicos americanos não mencionaram. Treya achou que estava uma moleza e começou a almoçar calmamente.

Bem, já se passaram algumas horas após a primeira aplicação e me sinto bem! Estou um pouco sonolenta por causa da medicação antienjoo, mas não acredito como foi mais fácil do que a adriamicina. Eu almocei enquanto a substância quimioterápica pingava dentro de mim...

Fizeram a segunda aplicação hoje e mais uma vez me sinto ótima. Comecei a me exercitar por cinquenta minutos na bicicleta. Acho que eles desenvolveram muito bem essa rotina da droga de salvamento. Bravo para eles. Bravo! Bravo! Bravo! Bravo! Mas estou danada com os médicos americanos que, sem conhecer nada sobre esse tratamento, encheram nossa cabeça com imagens sádicas. Ah, tudo vai bem quando termina bem, suponho. E o fato é que me sinto completamente normal, saudável. Isso é café pequeno!

Janker Klinik, 26 de março de 1988

Queridos amigos,

não sei como agradecer a todos vocês por seus cartões maravilhosos e criativos, e pelos telefonemas... é magnífico sentir-me tão apoiada, como se flutuasse em um oceano deliciosamente morno, calmante, acariciante. Cada cartão e cada telefonema aumenta a temperatura e o empuxo do oceano.

Mas ouça o canto daqueles pássaros!

Tenho muitas importantes fontes de ajuda nesse adorável oceano. Uma é Ken, que tem sido o Cuidador Perfeito – não se trata de uma tarefa fácil e normalmente é pouco reconhecida. Ele providencia as coisas para mim, segura minha mão, me distrai, batemos grandes papos e estamos mais apaixonados do que nunca. Outra é minha família, que não tem comparação em seu amor e assistência. Mamãe e papai estiveram conosco em San Francisco, quando fiz a coleta de medula óssea, antes de vir para a Alemanha (em caso de necessidade para tratamentos futuros); minha irmã Kati ficou aqui por dez dias e nos ajudou no período inicial de acomodação; meus pais estão na Alemanha agora e planejam fazer uma viagem de carro conosco quando minha contagem subir o suficiente; e minha outra irmã, Tracy, e seu marido, Michael, irão nos encontrar em Paris e nos trarão de volta a Bonn para o início do segundo tratamento. Isso sem mencionar a maravilhosa família de Ken, Ken e Lucy, que são tão encorajadores e amorosos. Em seguida, há todas as pessoas especiais da Cancer Support Community, especialmente Vicky, que foi essencial para a coleta da medula óssea e na busca de informações em todas as frentes. Por fim, meus maravilhosos amigos de Aspen e Boulder e meus amigos especiais de Findhorn, espalhados por toda parte... Eu me sinto muito, muito abençoada.

Tivemos um início um pouco complicado na chegada. Peguei uma gripe que infelizmente durou três semanas. Fiquei no hospital durante esse tempo fazendo radioterapia diariamente, com medo de perder meu quarto, pois talvez não houvesse nenhum disponível quando chegasse a hora de começar a quimioterapia. Minha irmã ficou conosco, ajudando-nos a superar esse período difícil. Agora estamos adaptados e tenho plena confiança no Herr Professor Doktor Scheef, o homem que dirige a Janker Klinik. Ele é cheio de energia, vitalidade e alegria; comparo-o a um Papai Noel mais jovem (de barba grisalha) que carrega um enorme saco vermelho de presentes contra o câncer. Diferentemente da maioria dos médicos nos Estados Unidos, cujo saco é menor por causa da Food and Drug Administration (FDA) e do que, às vezes, parece denotar um interesse muito limitado na ampla gama de tratamentos disponíveis, em razão de uma postura supostamente profissional. Por exemplo, a principal droga que o Dr. Scheef está usando para o meu caso chama-se ifosfamida; é prima da citoxan, ou ciclofosfamida, uma das principais drogas quimioterápicas usadas nos Estados Unidos; ela foi desenvolvida primeiramente pelo próprio Scheef. Ele usa ifosfamida há dez anos, mas somente no ano passado ela foi aprovada pela FDA para uso na América – e apenas para sarcomas (ela é eficaz para uma grande variedade de cânceres) e só em doses bem abaixo das preconizadas pelo Dr. Scheef. Portanto, não poderia ter sido tratada com essa droga nos Estados Unidos.

Consultei muitos médicos em janeiro e fevereiro; tudo que eles tinham a me oferecer era a mesma droga de antes, adriamicina, basicamente em um programa no

Graça e Coragem

qual eu a tomaria até morrer (ou até que a droga me matasse devido a complicações, como aconteceu recentemente com uma amiga minha). O tempo médio de sobrevida proporcionado por ela é de quatorze meses, contados a partir da primeira aplicação. Não conseguia vislumbrar o tipo de vantagem que ela me proporcionaria, mas conhecia muito bem o tipo de sofrimento que causaria. Quando minha irmã me perguntou sobre a adriamicina e comecei a listar os sintomas, percebi que não era tão ruim assim. Então, lembrei do que costumava dizer para Ken enquanto me encontrava sob o efeito da droga: "não me sinto tão mal, consigo sair e fazer as coisas, mas o terrível sobre essa droga é que ela envenena a alma, sinto como se estivesse destruindo minha alma". Portanto, vocês podem imaginar por que não tinha nenhuma vontade de me submeter a esse tipo de quimioterapia novamente, ainda mais pelos números que os médicos me apresentaram. Quando os pressionei quanto a minha expectativa de vida, eles disseram que se eu conseguisse uma resposta parcial (o que era esperado, uma vez que eu já "falhara" na resposta a essa droga), teria 25-30% de chance de viver de seis a doze meses. Ninharia, respondi, bastante indignada, e fui atrás de outras opções!

Eu sabia há bastante tempo (embora às vezes esquecesse por conveniência!) que, por causa do tipo de célula cancerígena que tive (o pior grau) e das duas recidivas logo em seguida à primeira cirurgia, as chances de uma recorrência metastática eram muito, muito altas. Desde que recebi a notícia da minha condição em 19 de janeiro, passei por diversos estados — começando por uma extrema raiva pelo fato de ter acontecido comigo e poder acontecer com qualquer pessoa. Meu espírito de luta despertou definitivamente e meu moral tem se mostrado bem alto desde então. Ainda melhor depois que descobri essa Klinik... Sem sombra de dúvida, a parte mais difícil foi escolher um tratamento.

Além da raiva, quase sempre sentia-me extremamente aborrecida, embora muito ocupada e frenética para ter tempo de ficar deprimida (devo ter batido o recorde de telefonemas enquanto tentava decidir o que fazer). Durante os primeiros dias, fiquei muito abalada, chorando muito, extremamente agitada, perto de desmoronar, girando em torno do medo da dor e pensamentos de morte... mas depois surgiram pensamentos sobre todos os que estão sofrendo no planeta agora, sobre todos os que sofreram no passado, e senti imediatamente uma onda de paz e tranquilidade. Não me senti mais só, não me senti mais excluída; em vez disso, senti uma ligação incrível com todas essas pessoas, como se fizéssemos parte da mesma imensa família. Pensei em todas as crianças que têm câncer, pensei nas pessoas que morrem jovens inesperadamente, em acidentes de trânsito, pensei naquelas que sofrem de doença mental, pensei nos famintos do Terceiro Mundo, nas crianças que estarão limitadas para sempre pela desnutrição, ainda que sobrevivam. Pensei nos pais que têm de suportar a morte de um filho, em todos que morreram no Vietnã quando tinham metade da

Mas ouça o canto daqueles pássaros!

minha idade, naqueles que são vítimas de tortura. Meu coração transbordou para todos eles, como membros da minha família, e me senti confortada, lembrando-me da primeira verdade nobre, a verdade nobre do sofrimento. Sem dúvida, há sofrimento neste mundo, sempre houve.

Agradeço ao meu treinamento budista no meio de tudo isso, em particular ao *vipassana* e ao *tonglen*. Também estou me sentindo novamente atraída pelo Cristianismo, pela música, pelas cerimônias e pelas magníficas catedrais, não pela teologia. Elas me comovem de um modo que os rituais budistas não conseguem. É como se estivesse ocorrendo uma mistura dos dois em mim, o Cristianismo com sua ênfase na dimensão vertical ou divina, e o Budismo com sua aceitação tranquila do que é e seu caminho direto que leva à extinção do sofrimento.

Logo depois que cheguei e arrumei meu quarto, um grupo de enfermeiras espantadas e acanhadas veio me perguntar: "Qual é sua religião?". Eu não as culpo por estarem confusas! Mantenho um lindo altar instalado em uma mesa do quarto. Nele há uma bela estátua do Buda curador e outra de Maria, que Ken me deu; um notável cristal de quartzo redondo, dos meus amigos de Sunshine Canyon; uma estátua adorável da Madona e o Menino, da minha cunhada; uma estátua de Santa Ana, que ajudou na cura de Vicky; uma delicada gravura de Kwan Yin, da Ange; um pequeno *thangka* de Tara Verde, do Ken; um lindo ditado pintado por minha irmã Tracy em uma moldura antiga; sal usado pelo sucessor de Trungpa Rinpoche, o Regente, para embalsamar seu corpo (e outras relíquias que uso com muita gratidão); um retrato de Kalu Rinpoche, com quem estudei, e de Trungpa Rinpoche e o Regente; outros retratos, enviados por várias pessoas, Ramana Maharshi, Sai Baba e o Papa; uma antiga pintura mexicana em metal de um curador; um belo crucifixo de um parente e um velho livro de orações da minha tia; uma oração da Eileen Caddy, cofundadora de Findhorn; presentes comoventes de amigos da Cancer Support Community; um rosário e um *mala* de um Retiro de Sabedoria com Kalu Rinpoche... não me espanta que estivessem confusas! Mas para mim é normal. No fundo, sempre fui ecumênica; agora concretizei isso no meu altar!

Embora tenha problemas filosóficos tanto com o Cristianismo quanto com o Budismo, no momento eles se tornaram insignificantes. Quando tento resolver o quebra-cabeça, recordo-me da advertência do Buda contra filosofar sobre coisas para as quais não podemos achar respostas. Então, não faço nenhum esforço para conciliar os dois – obviamente, uma tarefa impossível! – mas noto que, em uma situação como a minha, a filosofia cristã parece levar a tipos inúteis de abordagens e perguntas: por que aconteceu isso comigo, por que acontece com qualquer pessoa, "Deus" está me castigando, eu fiz algo de errado, o que posso fazer para corrigir tudo novamente, não é injusto que crianças contraíam essa doença terrível, por que coisas ruins acontecem

Graça e Coragem

com pessoas boas, por que Deus permite que essas coisas aconteçam no mundo? Mas a paz de uma catedral, os hinos que emanam da música do órgão e a alegria singela e tranquila dos cânticos de Natal, tudo isso me toca profundamente.

Por outro lado, o Budismo é uma autêntica fonte de conforto quando as coisas não vão bem. Em vez de fazer discursos e críticas entusiasmados sobre o estado das coisas, ou começar uma cruzada para corrigi-las, ele me ajuda a aceitá-las do modo como são. Mas isso não me induz à passividade, já que ele sempre enfatiza o esforço correto, ao mesmo tempo que nos liberta da avidez e da aversão. De fato, paradoxalmente, a luta fica mais fácil para mim, porque me sinto menos ligada a resultados, mais envolvida em investigar o que está acontecendo do que em estabelecer objetivos, lutar para alcançá-los e desapontar-me se não conseguir.

Por exemplo, ainda sinto a flutuação no olho esquerdo – esse foi o sintoma que levou à descoberta do tumor cerebral (no meu lóbulo occipital direito) e, em seguida, dos tumores nos pulmões. Ao completar as aplicações de radiação no cérebro, esperei por uma melhora; assim, toda vez que notava a flutuação, sentia uma pequena reação – irritação, medo, decepção. De repente, tudo mudou para mim. A flutuação tornou-se algo a ser observado, investigado, testemunhado. Aqui está ela, e nenhuma reação no mundo alterará a verdade deste momento presente. Com essa abordagem, meu nível de medo diminuiu drasticamente e, quando surge, consigo simplesmente testemunhá-lo em vez de empilhar medo sobre medo. Acho-a incrivelmente útil sempre que o medo aparece, como quando minha contagem de glóbulos brancos diminui ou minha temperatura sobe alguns décimos de grau. Isso é o que é, isso é o que está acontecendo, posso observar, observar minhas reações, observar meu medo, e quando ele diminui, sinto que retorno suavemente à equanimidade.

Bem, voltando ao tratamento. Estou sendo tratada com duas drogas, ifosfamida e BCNU. O tratamento dura cinco dias, a ifosfamida aplicada diariamente via intravenosa e o BCNU no primeiro, terceiro e quinto dias. Eles desenvolveram várias drogas de salvamento e técnicas de apoio que tornam os efeitos colaterais relativamente secundários, no curto e longo prazos. Uma droga, mesna, é dada quatro vezes por dia durante o tratamento e protege os rins. Existe outra droga, que eles chamam "antifúngica", aplicada em duas doses durante e após o tratamento, enquanto a contagem de glóbulos brancos está abaixo de 1000. Suas drogas antienjoo, misturadas na químio e aplicadas por supositório, funcionam extremamente bem, sem efeitos colaterais, a não ser uma leve sonolência. Eles têm outras mais fortes de reserva, se necessário. Quando me lembro como me dopavam (literalmente – uma das drogas que tomei foi THC em cápsula) para conseguir suportar as aplicações de adriamicina e, mesmo assim, como as primeiras oito horas eram terríveis... uma lembrança não muito agradável. Simplesmente, não posso acreditar como esse tratamento é tão mais

Mas ouça o canto daqueles pássaros!

fácil! Quando comentei isso com o Dr. Scheef, ele disse: "Ah, e ele é muito, muito mais forte!".

Não só isso: não existe esse negócio de manter a quimioterapia por anos. É uma quimioterapia de alta dose e prazo curto, apenas três procedimentos, aproximadamente um por mês. A programação estimada (que obviamente depende da contagem sanguínea) é de cinco dias de quimioterapia, seguidos por dez a quatorze dias no hospital, enquanto sua contagem de glóbulos brancos diminui (um americano chegou a 200 aqui) e depois aumenta. Durante o tempo todo, eles lhe ministram medicação de apoio, controlando sua temperatura, recomendando que você escove os dentes e bocheche com um líquido antibiótico para limpeza bucal, com um sabor horrível, toda vez que comer. Você pode deixar o hospital quando sua contagem chegar a 1500 e viajar entre os tratamentos quando alcançar 1800. Usualmente você tem duas semanas de folga entre as aplicações, mas, geralmente, se você pedir três, eles concedem. Eles aguardam até que sua contagem esteja entre 2500 e 3000 para começar o procedimento seguinte.

A única coisa de que sinto falta aqui são as valiosas informações que você normalmente obtém de outros pacientes. Eu não falo nada de alemão e só existe um outro paciente americano agora. É um homem jovem chamado Bob Doty; Ken e ele ficaram amigos rapidamente. Está na segunda aplicação (oito a dez dias de quimioterapia para um sarcoma relativamente raro) e tenho aprendido muito com ele. As enfermeiras não falam muito inglês; assim, estou elaborando uma carta para futuros pacientes de língua inglesa sobre procedimentos, o que esperar, menus, como converter graus Celsius para Fahrenheit (para saber sua temperatura) e quilogramas para libras, os nomes científicos e americanos das drogas que eles usam, como programar suas folgas, a culinária local etc.

Duas das minhas pessoas favoritas no mundo para passear são meus pais; felizmente, Ken pensa do mesmo modo! Passaremos nossas duas semanas de folga com eles, passeando de carro pela Alemanha, Suíça, França, terminando em Paris, onde ficaremos cinco dias. Meus melhores momentos com meus pais aconteceram em duas outras viagens de carro pela Europa; portanto, estou esperando ansiosamente por essa. E vai ser ainda mais especial porque é a primeira viagem de Ken pela Europa! Até agora tudo que ele viu foi Bonn e seus arredores... quase não consigo esperar para lhe mostrar Paris! Ele é um menino da cidade, enquanto eu aprecio mais o passeio, a paisagem se desdobrando diante de mim, as amplas colinas, os vales estreitos, as altas montanhas, os lagos, os campos, as pequenas aldeias, os rios, a vegetação e a geografia variáveis – há algo na natureza que me encanta profundamente. Kati, Ken e eu fizemos um passeio no domingo anterior ao início do tratamento, que me lembrou de como isso acalma minha alma, de como minhas raízes espirituais baseiam-se em um amor intenso pela terra.

Graça e Coragem

Espero não me apegar muito às vantagens colaterais de estar doente! Tem sido uma experiência interessante para uma pessoa do tipo faça você mesmo deixar que os outros façam tudo para mim. Um verdadeiro relaxamento... permitindo-me sentir merecedora disso, não mantendo nenhuma contabilidade interna do tipo eu o pagarei de volta, aprendendo a aceitar elogios em vez de dar de ombros. Fico sentada aqui na cama do hospital, enquanto Ken, ou qualquer outra pessoa que esteja comigo no momento, compra comida, providencia coisas, me traz revistas e, às vezes, até cozinha para mim.

Ah, o tempo. A única constância é que, em geral, está feio, úmido, nublado, triste. A neve com granizo que saudou nossa chegada transformou-se em chuva. O sol aparece, mas apenas cerca de dez minutos por vez. A chuva, porém, dura mais. O Reno encontra-se no seu nível mais alto em oito anos por causa da chuva. Não me atrapalha muito, rainha do quarto 228; não saio do hospital desde o início do tratamento, há treze dias. É o clima ideal para tirar uma soneca!

Existe uma jovem atraente que dá aulas de arte duas vezes por semana. Ela me iniciou no acrílico, bem diferente dos meus desenhos a lápis e trabalhos em vidro. Eu estou me divertindo, aprendendo principalmente a misturar cores e fazer um quadro desde o pano de fundo até os destaques (trabalho ao contrário com o lápis, começando pelos destaques). Parece difícil de acreditar que esteja realmente me divertindo presa aqui neste quarto por tanto tempo, mas é verdade.

Quanto ao Dr. Scheef, receio ter me juntado às fileiras daqueles que acreditam que ele caminha sobre as águas. Ken acha que Scheef tem uma das mentes "mais lúcidas e mais rápidas" que conheceu. Suas visitas às terças-feiras são alegres e muito breves, por isso aprendi a marcar consultas para vê-lo de vez em quando. Sempre temos de esperar um tempo incrivelmente longo, de duas a quatro horas, antes de sermos atendidos em seu consultório.

Porém, uma vez lá dentro, ele é nosso. Comecei a gravar essas reuniões, porque minha caneta não consegue acompanhar seus fatos, histórias, opiniões e risadas! Ele leu dois livros de Ken em alemão e disse que tinha muito prazer em "tratar de pessoas tão famosas". Vimos livros sobre os tratamentos de Issels, Burzynski, Gerson e Kelley em suas estantes; será que eu os acharia no consultório de um médico americano? Aumenta minha confiança saber que o Dr. Scheef deu-se ao trabalho de se informar completamente a respeito de uma grande variedade de opções e que experimentou diversas delas. Ele tem uma energia e vitalidade incríveis; confio plenamente nele. Ele está ciente das pesquisas mais recentes e tem acesso às últimas técnicas, do interferon a enzimas. Não só confio no seu discernimento para escolhê-las, como também tenho certeza de que se achar que elas funcionariam melhor no meu caso, ele certamente as recomendaria. Para mim, isso é uma coisa maravilhosa de se dizer

Mas ouça o canto daqueles pássaros!

sobre um médico e uma forma muito confortante de se sentir sobre quem que está me tratando.

Terminarei esta carta depois da nossa consulta na segunda-feira com o Dr. Scheef, quando teremos os resultados da tomografia e saberemos como está o tumor cerebral. Exercitarei minha equanimidade ao longo do fim de semana como preparação para os resultados da segunda-feira...

"Você gosta de bala de alcaçuz?", foi a primeira coisa que ele me perguntou.

"Alcaçuz? É a minha favorita." Desde então, nossas reuniões com Scheef sempre começavam com uma rodada da melhor bala que já chupei.

Mas nem era pelo alcaçuz. Era mais pela cerveja. Scheef instalou uma máquina automática na Klinik – duas cervejas Kolsch por 5 marcos. No dia que saí de Tahoe, parei de beber vodca, mas continuei tomando cerveja. Scheef costumava beber dez a quinze cervejas por dia – os alemães apresentam o mais elevado consumo *per capita* de cerveja do mundo – mas agora estava diabético e somente tinha, como um pobre substituto, seu alcaçuz. Eu me tornei um bom amigo daquela máquina. "Cerveja", Scheef me encorajava, "é a única bebida alcoólica que põe mais do que tira do seu corpo", e ela ficava publicamente disponível para todos os seus pacientes.

Em uma ocasião, perguntei-lhe como fazia normalmente com todos os médicos, se ele recomendaria esse tratamento específico para sua esposa? "Nunca pergunte a um médico se recomendaria algo para a esposa. Você não sabe se eles estão se dando bem. Pergunte se o recomendaria para a filha!", ele respondeu com uma gargalhada.

"Bem, e para sua filha?", Treya perguntou. Ela tinha em mente a adrenalectomia para câncer de mama.

"Nós não fazemos isso porque a qualidade de vida baixa drasticamente. Você nunca deve esquecer," ele continuou, "que em torno do tumor há um ser humano". Foi aí que Scheef me seduziu.

Perguntamos a ele sobre outro tratamento que era popular nos Estados Unidos. "Não, nós não fazemos isso." "Por quê?" "Porque", ele respondeu diretamente, "prejudica a alma". Eis aqui o homem que ficou famoso pela quimioterapia mais agressiva do mundo afirmando que existiam coisas que, simplesmente, não faria porque prejudicavam a alma.

E sobre a crença difundida de que o câncer é causado apenas por fatores psicológicos, de que o câncer é psicogenético?

"Alguns afirmam que o câncer de mama apresenta uma causa psicológica: problemas com seu marido, problemas com seus filhos, problemas com seu cachorro. Mas, durante a guerra e nos campos de concentração, onde havia muitos problemas

Graça e Coragem

e imensa tensão, ocorreu a taxa mais baixa de câncer de mama. É porque a dieta não continha gordura. Entre 1940 e 1951, ocorreu na Alemanha a menor incidência de câncer, embora a tensão fosse a mais elevada. Como podemos afirmar que os cânceres são causados por problemas psicológicos?"

"E o que você me diz das vitaminas?", perguntei. "Minha formação é em bioquímica e, pelos estudos que conheço, não só as megavitaminas ajudam na cura do câncer como também são suficientemente poderosas para desativar agentes quimioterápicos. Nossos médicos americanos discordam das duas assertivas."

"Não, você está certo. A vitamina C em particular tem propriedades anticancerígenas, mas se você a ministrar junto com a quimioterapia, desativará a ifosfamida e a maioria dos outros agentes quimioterápicos. Havia um médico aqui na Alemanha que anunciou que conseguia aplicar quimioterapia sem que os pacientes apresentassem queda de cabelo. Ele dava doses maciças de vitamina C a seus pacientes junto com a quimio e aí, claro, seus cabelos não caíam. Nem o câncer era curado. Para provar isso" – e aqui você tem de entender a tradição europeia do Herr Professor: experimente primeiro em você – "eu me apliquei uma injeção letal de ifosfamida, obviamente na presença de médicos, mais vinte gramas de vitamina C. E continuo vivo. Portanto, esse médico não estava aplicando ifosfamida IV [intravenosa], ele a estava aplicando PJ – pela janela."

Treya conversou com uma alemã cujo filho morava em Los Angeles. Ela acabara de saber que estava com um grave câncer de ovário e, preocupada com a possibilidade de morrer, queria visitar o filho. Mas ela não tinha nem dinheiro nem visto. Scheef conseguiu a passagem aérea e o visto; em seguida, simplesmente lhe disse: "Primeiro cuidaremos do câncer, depois você visitará seu filho".

Se Scheef fosse o modelo do formando de uma faculdade de medicina, eu nunca teria abandonado a Duke.[1] A maioria das escolas médicas americanas ensina você apenas a pôr uma placa na sua escrivaninha, de frente para os pacientes, que diz: "A morte não o exime da sua obrigação de pagar".

Um dia encontrei Scheef na rua. "Onde é que eu encontro um bom restaurante por aqui?"

Ele riu. "Siga por trezentos e vinte quilômetros naquela direção, logo após a fronteira com a França."

1º de abril

---

[1] Referência à Duke University, onde Wilber iniciou o curso pré-médico, desistindo em seguida. (N.T.)

Mas ouça o canto daqueles pássaros!

Estivemos com o Dr. Scheef na terça-feira, após a tomografia do cérebro feita na segunda-feira. Ele disse que os resultados eram "espantosos, excelentes"... o tumor cerebral grande já quase desapareceu; só sobrou um pedacinho da parte externa, tipo uma lua em quarto crescente. Realmente, a radioterapia continua funcionando e ainda há mais dois tratamentos de quimioterapia a ser feitos; portanto, tenho uma boa chance de remissão completa. Viva! (Eles não examinarão meus pulmões antes da próxima aplicação.) Isso é muito encorajador e mamãe e papai, que estavam conosco, ficaram mais esperançosos.

A única decepção foi que minha contagem sanguínea ainda não subiu, embora isso seja temporário. Ela tem de chegar a 1500 antes que possa viajar com mamãe, papai e Ken. A contagem de glóbulos brancos variou entre 400 e 600 nos últimos sete dias e a hemoglobina ainda está baixa. Porém, não é exatamente uma surpresa, já que fiz aquela coleta de medula óssea antes de vir para cá, quando metade da medula foi retirada. Isso significa, explicou o Dr. Scheef, que tenho menos "células-mãe" e, em geral, uma população jovem de células na medula. Entretanto, uma vez que elas amadureçam suficientemente, minha contagem crescerá "exponencialmente". Bob Doty teve sua contagem indo de 200 a 400, depois voltou a 200, em seguida chegou a 800, no dia seguinte pulou para 1300 e no outro dia alcançou 2000.

Esse é o tipo de progresso que estou aguardando... como os dias que planejamos passar com meus pais em Paris, que diminuirão a sensação do longo confinamento no hospital. Além disso, minha irmã e seu marido vão nos encontrar lá e depois viajaremos de volta com eles, o que será divertido.

Eles não estavam planejando fazer minha contagem sanguínea hoje, já que é feriado (Sexta-feira Santa). Se eles não o fizessem, não poderia partir. Ken saiu e criou um caso; contou que todo mundo está bravo com ele agora, mas o exame de sangue está sendo providenciado. Fico contente que existam pesquisas que concluam que pacientes de câncer difíceis, isto é, exigentes, têm melhor prognóstico. Meus pais disseram que os médicos com que conversaram no M. D. Anderson concordam com isso; eles não querem pacientes passivos, já que os outros se saem melhor. Espero que as enfermeiras daqui tenham lido o mesmo estudo! Qualquer culpa que sinta por pedir o que desejo ou receio de aborrecer os outros por ser exigente são atenuados por esses resultados.

Gozado o efeito que essas pesquisas geram — nesse caso, tenho permissão para não ser "boa" ou "agradável" e exigir o que quero, enquanto outros estudos me fazem pensar se devo agir diferentemente. Por exemplo, quando me religo ao meu treinamento budista e pondero sobre esforço correto, aceitação e simplesmente ser com o que é, sinto que a luta, a raiva e a atitude "eu vencerei este câncer" se derretem. Essa mudança me parece correta, mas uma pequena parte de mim me faz lembrar dos estudos sobre o melhor desempenho de pacientes bravos e com espírito de luta.

Graça e Coragem

Estarei perdendo meu "espírito de luta"? Será que é ruim? O mesmo velho paradoxo entre ser e fazer.

Somente ontem à noite li um artigo do Daniel Goleman no *New York Times* (17 de setembro de 1987). Uma Dra. Sandra Levy estudou o contraste entre pacientes de câncer bravos e com espírito de luta e aqueles passivos e "bonzinhos", em um grupo de 36 mulheres com câncer de mama avançado. Eis aqui os resultados:

Passados sete anos, 24 das 36 mulheres haviam morrido. Para sua surpresa, a Dra. Levy descobriu que, após o primeiro ano, a raiva não teve nenhuma influência na sobrevivência. O único fator psicológico que pesou para a sobrevivência nesses sete anos pareceu ser a sensação de alegria de viver.

O fator primário que definia a sobrevivência, concluiu, já estava bem estabelecido na oncologia: o período de tempo que os pacientes ficavam livres da doença após serem tratados... Mas o segundo fator mais forte fora alcançar uma alta pontuação em "alegria" em um teste-padrão com papel e lápis que avaliava o humor. A evidência de alegria detectada pelo teste era um fator de prognóstico de sobrevivência estatisticamente mais significativo do que o número de metástases, uma vez que o câncer tivesse se espalhado. A conclusão de que um estado de espírito jovial fosse um fator tão poderoso de prognóstico de sobrevivência foi totalmente inesperada.

Era bom saber disso, em especial porque tenho me sentido tão feliz ultimamente, apesar de estar presa no hospital. Eu trocarei com prazer minha raiva por alegria, obrigada! Agora, fico me perguntando qual será o efeito desse mesmo estudo sobre mim quando estiver me sentindo deprimida e infeliz... A possibilidade de luta incessante por causa de reações do tipo ioiô a novos artigos, novos estudos, novos resultados de testes, novos prognósticos, sem parar, é exatamente o que torna tão importante o cultivo da equanimidade, ser com o que é, observar sem tentar mudar ou fazer "melhor".

Hoje é Sexta-feira Santa. O hospital está tranquilo, sem muita atividade. Os pássaros estão cantando do lado de fora da minha janela. Há um que dá um trinado que serve de acompanhamento para outro canto de uma nota só, insistente, um dois três quatro, pausa, um dois três quatro, pausa. Néctar dos deuses.

Eu me dei conta de que, misturado ao canto dos pássaros, estão os sinos da Catedral de Bonn, que fica a seis quarteirões daqui. O carrilhão toca de tempos em tempos o dia todo, um belo acompanhamento para os pássaros. Ken vai lá toda manhã para acender uma vela e, às vezes, como diz, para "chorar um pouquinho". Ele levou mamãe e papai lá outro dia e todos acenderam velas para mim.

Mas ouça o canto daqueles pássaros!

Minha janela dá para um adorável pátio cercado por outros prédios. As árvores ainda não começaram a perder as folhas, mas estou certa de que estarei aqui quando isso acontecer. Vai ser maravilhoso observar.

E amanhã será Domingo de Páscoa. Hoje fui acordada pelo sol. É o dia mais ensolarado que tivemos desde que estamos aqui. Mais tarde, enquanto tomava o café da manhã e pensava como aprecio o canto das aves, de repente um lustroso pássaro de cabeça vermelha pousou no peitoril da janela. Havia uma bolacha de centeio que estava lá fora há dias. Eu ficava observando a chuva caindo, ela enrugando enquanto secava, a chuva molhando-a de novo. Nenhum pássaro chegava perto enquanto estava no quarto, o que significava a maior parte do tempo. De repente, esta manhã, surge o brilhante pássaro de cabeça vermelha e fica me olhando; tento me manter o mais imóvel possível para não assustá-lo. Então, um outro, com manchas na cabeça, pousa e depois de alguns minutos olhando para mim e bicando a bolacha, ambos vão embora com ela. Como se fosse uma hóstia comunitária. Eles aceitaram minha oferenda acidental!

Muito, muito carinho para cada de um vocês. Sinto seu amor e apoio quase de maneira palpável e isso faz uma tremenda diferença. É como a água e o fertilizante que dou a essas plantas no parapeito da minha janela; seu amor e apoio nutrem meu espírito e ajudam a manter minha alegria intensa e vital. Eu me sinto incrivelmente abençoada com a família, marido e amigos que tenho, um Círculo de Amor muito poderoso!

Beijos,
Treya

P.S. Minha contagem de glóbulos brancos chegou a 1000; portanto, parece que, finalmente, vamos para Paris!

17. "Minha estação favorita agora é a primavera"

"Não deixe que o acidente estrague sua viagem, Ken. Paris é uma cidade maravilhosa." Radcliffe acabara de bater na traseira de um carro em uma pequena aldeia perto de Paris – a primeira vez em seus 77 anos de vida que causara um acidente. Ele vinha dirigindo há dias, eu sentado a seu lado com numerosos mapas, dando uma de navegador, Sue e Treya atrás. Foi um passeio fabuloso pela Alemanha, Suíça e agora França, Treya haurindo a paisagem campestre após ficar confinada em um minúsculo quarto por mais de um mês.

Nesse exato momento estávamos andando bem devagar, entrando na fila de carros que iam para Paris. Rad olhou para trás só por um instante, bateu no carro da frente, que então bateu noutro. Ninguém se machucou, embora fizesse bastante barulho; e os habitantes do local – nenhum deles falava uma palavra de inglês – animaram o espetáculo, gesticulando e tagarelando excitadamente. Felizmente Treya falava francês fluentemente e passou as três horas seguintes negociando, calma e pacientemente, com as partes envolvidas, sem tirar o *Mütze* que protegia sua cabeça totalmente calva, conseguindo finalmente nos liberar.

O dia em que saímos de Bonn, Domingo de Páscoa, estava luminosamente ensolarado e fresco – o primeiro dia assim desde nossa chegada no final de fevereiro. Percorremos estradas estreitas e pitorescas, papai ao volante e Ken como navegador. Ao passar por diferentes cidades, vimos as pessoas saindo da igreja, vestidas para a Páscoa, pais levando os filhos pelas mãos, avós seguindo atrás até entrarem em um restaurante, um clima claro e agradável, o sol brilhando, o verde primaveril ao redor. Uma das cidades parecia uma estância balneária, transbordante de pessoas que celebravam e desfrutavam os raios solares e as flores da primavera. Havia lá cerca de trinta restaurantes com mesas ao ar livre e vista para o rio, todas completamente ocupadas. A larga calçada estava repleta de pessoas alegres, o parque ao lado do rio pontilhado de carrinhos de criança de todas as idades. Parecia que todo mundo queria estar nessa cidade; ao sairmos dela, encontramos uma extensa fila de carros tentando entrar.

À medida que andávamos, meus olhos sorviam sofregamente as paisagens: prados verdejantes, árvores com folhagem recente ao longo de córregos e margeando campos, forsítias amarelas espalhadas como pontos de exclamação, cerejeiras em flor, vinhedos como colchas de retalhos adornando as íngremes colinas e as margens dos rios, a terra ondulante e inconstante dos vales, que subimos e descemos, ao sair da Alemanha e nos aproximarmos de Paris. Meus olhos e alma, sedentos pela estada no hospital, beberam isso tudo, profunda, repetidamente. Nunca me canso de observar a natureza, principalmente na primavera. Você acredita que o outono costumava ser minha estação favorita? Mas agora a primavera, a suave e brilhante primavera, tomou seu lugar.

Graça e Coragem

Paris, realmente, é linda. E nós tivemos uma única e extravagante oportunidade na vida: Rad e Sue nos hospedaram no Hotel Ritz, onde um desjejum simples com croissant e café custava meros 40 dólares por pessoa. Mas esqueça o Ritz. Logo virando a esquina, ficava o Harry's New York Bar, o antro preferido de Hemingway, Fitzgerald e da Geração Perdida, e um dos poucos lugares em Paris onde as pessoas de fato podiam falar inglês. O piano em que Gershwin compôs "Um Americano em Paris" ainda estava lá no andar de baixo. Harry afirmava ser o inventor do Bloody Mary e do Sidecar; verdade ou não, seus Bloody Marys, todos concordamos, eram inesquecíveis.

Mas o que literalmente nos levou, Treya e eu, às lágrimas foi a Catedral de Notre Dame. Bastou entrar para sentir imediatamente que estávamos em local sagrado; o mundo profano do câncer, doença, pobreza, fome e aflições ficou atrás de portas magníficas. A arte perdida da geometria sagrada estava aparente em todos os lugares, convidando a consciência a assumir os mesmos contornos divinos. Treya e eu fomos a uma missa lá um dia, apoiando-nos mutuamente, como se Deus todo-poderoso, dessa vez na figura de um Pai Benevolente, realmente pudesse descer milagrosamente e arrancar o câncer do seu corpo, quanto mais não fosse pelo fato de que Ele mesmo seria compelido a agir em um espaço tão sagrado, tão diferente daquilo que Seus filhos fizeram com o resto de Sua criação. Os raios solares que atravessavam os vitrais pareciam tão curadores; ficamos sentados horas em contemplação.

Tracy e Michael chegaram, despedimo-nos de Rad e Sue, e nos mudamos para a margem esquerda. Tracy é uma artista talentosa, Treya, uma artesã, Michael e eu, apreciadores de obras de arte; assim, entramos na fila do Musée d'Orsay para visitar a exposição de Van Gogh. Schopenhauer tinha uma teoria sobre arte que dizia: "A arte ruim copia, a boa arte cria, a grande arte transcende". E por "transcende", ele queria dizer "transcende a dualidade sujeito-objeto". O que toda grande obra de arte tem em comum, ele afirmou, é a capacidade de fazer com que o observador sensível saia de si e entre na obra de uma forma tão completa a ponto de a sensação de o eu separado desaparecer inteiramente e, pelo menos por um breve momento, ele ser conduzido à consciência não dual e eterna. Em outras palavras, a grande arte é mística, não importando seu conteúdo real. Eu nunca acreditei que a arte tivesse tal poder até que vi Van Gogh. Foi simplesmente atordoante. Para sua respiração, apaga seu eu, tudo de uma vez.

Deixamos Paris de volta à Alemanha, Michael dirigindo, Tracy navegando, Ken e eu aconchegados na parte traseira do carro. De volta ao campo, sempre minha parte favorita. Passamos uma noite em Vittel, de onde vem a água mineral. Difícil dizer se era uma cidade cujo tempo de estância já passara ou, simplesmente, uma cidade-estância que ainda não acordara do inverno, mas não me importei, já que nosso quarto dava para um parque ensolarado e brilhantemente verde. Coloquei uma cadeira na pequena sacada e me senti feliz.

"Minha estação favorita agora é a primavera"

Mais estradas serpenteantes, um adorável piquenique às margens de um riacho e, em seguida, ao subirmos colinas íngremes, uma surpresa... pistas de esqui, cadeiras elevatórias funcionando, neve e gente esquiando! Já era por volta de 4 da tarde, se não eu tentaria convencer a turma a me deixar dar umas descidas – quase arrancou meu coração; como adoraria estar lá com aquele sol, naquela neve; lembrei-me do que o Dr. Scheef havia nos contado a respeito de um menino que foi esquiar quando sua contagem de glóbulos brancos estava apenas em 400. Ele morreu de pneumonia, mas senti o mesmo desejo que o levou a assumir aquele risco temerário.

Colmar foi nossa cidade favorita. Quase toda de madeira, excêntricas casinhas amontoadas, amistosamente apoiando-se umas nas outras para se manterem de pé contra o passar dos séculos. Corcundas, arqueadas, inclinadas, arriadas, oscilantes, curvadas, inchadas – cada uma com personalidade única. Uma pintada de salmão desbotado, a próxima de creme ricamente mosqueado, a seguinte de azul listrado pelo tempo, outra de cinza rachado e descascado reduzido a marrom. As ruas da parte velha são de pedra, estreitas, sinuosas, só para pedestres. Os chalés inclinam-se nessas vielas como vizinhos murchos, curvados, fofocando por cima da cerca, ano após ano. Logo abaixo, nós, turistas, olhando avidamente as vitrines das lojas, acendendo velas nas igrejas e passeando, passeando, passeando.

Uma famosa peça de altar, o *Retable d'Issenheim* (1515), estava aberta à visitação em Colmar. Era meio repugnante – provavelmente, a vida naquele tempo fosse repugnante – Jesus é retratado na cruz não só com uma vívida coroa de espinhos e pregos que gotejam sangue, mas com seu corpo coberto por pequenas chagas sanguinolentas. Tracy comentou que a sífilis estava disseminada na Europa naquela época e o artista retratou Jesus com essa marca particularmente impressionante de sofrimento. A princípio reajo a essa ênfase cristã dada ao sofrimento, mas depois me lembro de que monges budistas tradicionalmente meditam em cemitérios, onde os mortos jazem abaixo da terra em diferentes estados de decomposição. O sofrimento e a dor existem – como deve ter sido viver no século XVI? – e essa peça de altar serve apenas como mais uma lembrança. Respiro fundo e observo minha reação a essa descrição particular, observo a parte de mim que não quer saber que esse tipo de coisa aconteceu e ainda acontece, a parte que causa um calafrio de repugnância só de pensar que pode acontecer comigo ou com qualquer um. Observo minha ojeriza, respiro fundo e sinto anelos de misericórdia, amizade e compaixão, que também existem dentro de mim.

Em Salzburgo bebemos vinho alsaciano, comemos pernas de rã, compramos toalhas de mesa com motivos campestres e visitamos a catedral. A alegre garçonete – foi uma das nossas melhores refeições – disse que da próxima vez que fôssemos a Paris, ela iria conosco; normalmente a comida em Paris era "*trés cher et pas bonne*", muito cara e ruim.

Já na Alemanha, rumo a Bonn, paramos em Baden-Baden, uma das mais famosas estâncias termais. Lá Treya teve uma experiência que a aborreceu profundamente e nos levou a meditar sobre seu significado.

No dia seguinte fomos aos banhos romano-irlandeses, uma experiência muito relaxante onde você passa por dez banhos ou estações diversos, todos com uma temperatura ligeiramente diferente, a série inteira calculada para produzir o máximo relaxamento. Mas à noite, de repente, descobri que meu cordão com a estrela de ouro desaparecera. Sumira! Eu não podia acreditar! Procuramos por toda parte e perguntamos a todo mundo. Meu amuleto de boa sorte! Com meu nome! A estrela me fora dada por meus pais em San Francisco, na véspera da nossa

Graça e Coragem

partida para a Alemanha. Baseava-se em uma figura que desenhei e tinha sido feita à mão pelo Russell, um antigo e querido amigo da família. Significava muito para mim. Por várias vezes, durante aquele primeiro mês sombrio na Alemanha, acordara segurando a estrela e me sentira menos solitária por causa disso. Fiquei arrasada. Como podia tê-la perdido? Não fazia nenhum sentido, mas sumira. Meu lado supersticioso que, naturalmente, ganha força nos momentos de crise, me assustava com pensamentos do tipo: Será que a boa sorte acabou? Isso significa que as coisas vão piorar? Teria eu, figuradamente, perdido também minha "estrela"?

Depois de uma noite chorosa, com Tracy, Michael e Ken fazendo tudo para me consolar, de repente pensei em algo. Pensei em uma parte da meditação de Chenrezi que Kalu Rinpoche me ensinou. Nela você visualiza todos os deuses e deusas, budas e bodisatvas na sua frente e lhes oferece tudo que é belo e agradável no mundo; eles ficam muito felizes e chovem bênçãos sob diversas formas no universo inteiro. Também me lembrei da visualização de absorção e envio [*tonglen*], onde você assume os sofrimentos e dores de outras pessoas na forma de betume negro e lhes envia seus méritos e bom carma na forma de luz branca.

Eis aqui o meu modelo, um modo de trabalhar a dor do apego, de transformar uma perda física em uma experiência benéfica. Meditei para me desapegar verdadeiramente da estrela de ouro, tanto do objeto material quanto de suas qualidades de "boa sorte", e enviar essas qualidades para os outros. Ao tentar fazê-lo, pude sentir a força dos meus apegos – aos meus pais, ao amigo que fez a estrela, às circunstâncias que me levaram a ganhá-la, à ideia de boa sorte, ao significado original de *estrella* (estrela, em espanhol) em meus sonhos de anos atrás, que me induziram a mudar meu nome. Profundos laços de apego, de avidez, revelados pelo choque de perder o símbolo físico e intensificados pelo fato de que também era um joia valiosa.

E, assim, esforcei-me repetidas vezes para liberá-la. Simplesmente deixá-la ir. Eu visualizava a estrela na minha frente, multiplicava-a muitas vezes na minha mente, depois espalhava aquelas brilhantes estrelas douradas por toda parte, de forma que outros se beneficiassem de sua beleza, de sua boa sorte, de suas propriedades curativas. Sempre que sentia a dor da perda, o que era comum, toda vez que inconscientemente procurava pela estrela no meu pescoço e não a encontrava, fazia isso. Não era fácil, mas foi a única coisa que ajudou. Às vezes, na minha mente, eu presenteava a estrela especificamente para todo mundo que visse. Às vezes, eu a dava para todas as pessoas no restaurante em que estávamos, visualizando-a no pescoço de cada um. Outras vezes, eu a visualizava brilhando acima das cabeças das pessoas na rua ou eu me visualizava espalhando milhões de estrelas pelo mundo inteiro, miríades delas piscando através dos raios solares, como se caíssem devagar na terra para iluminar a vida das pessoas.

Esse exercício me tornou mais intensamente consciente de outras formas de apego e egoísmo – como querer o último pedaço do melhor queijo no piquenique, ou o último gole de vinho, ou o quarto com a melhor vista. A perda da estrela ressaltou essas pequenas e momentâneas formas de avidez, de desejo, de posse e, então, como fiz com a estrela, pude praticar o desapego presenteando alguém com alguma coisa que desejava. Uma experiência muito interessante.

Com essa prática, nem sempre gosto do que vejo em mim mesma, nem sempre sou rápida na percepção do apego, nem sempre sou bem-sucedida em desapegar-me – nem espero ser, honestamente. Sinto que dou um sorriso compreensivo quando noto que acabei de pegar o melhor pedaço, ou me conscientizo de maus pensamentos passando pela minha cabeça, ou ouço palavras indelicadas que simplesmente escapam da minha boca, apesar das minhas melhores intenções. Espero estar aprendendo a me conscientizar desses momentos de uma forma em que a

"Minha estação favorita agora é a primavera"

misericórdia que sinto pese mais do que o autojulgamento. Penso frequentemente na afirmação de São Paulo que Ken me recordou, algo como "o bem que quero, eu não faço; o mal que não quero, eu faço". Isso me faz lembrar de que não estou só nessa luta e fortalece meu senso de compaixão quanto ao que é ser humano...

Percebo que isso pode parecer o "jogo do contente" da Pollyana, mas é um exercício desafiador e muito, muito útil. Ao visualizar a estrela desse modo, ela continuava existindo em toda sua beleza; na verdade, existiam miríades delas na minha mente; impossível perdê-las. Meus pensamentos supersticiosos sobre sua presença ou ausência físicas desvaneceram-se. Os laços de apego enfraqueceram-se. Eu realmente curti essa visualização; era muito divertido dar um presente desse tipo para todo mundo constantemente! De vez em quando surgia uma dor por ter perdido algo que meus pais me deram, feito pelo Russell. Mas lembro-me de comentar com o Ken: "Sabe, faz apenas três dias, mas acho que estou quase superando a perda da estrela".

E, finalmente, chegamos a Bonn. No último motel em que ficamos, Michael comentou que "os colchões são tão cheios de crateras quanto as colinas de Verdun" – os declives esburacados por causa dos bombardeios da Primeira Guerra Mundial. Tracy queria condicionador para os cabelos e todas as lojas estavam fechadas. Michael enfiou a cabeça na nossa porta.

"Ei, algum de vocês tem condicionador?"

"Simplesmente ponha seu pé para a frente e dê um passo. Tudo acontecerá naturalmente."

"Mas é só espaço vazio", reclamo. Espaço escuro, interminável, oco.

"Por favor, você tem de fazer isso."

"Que diabo. É apenas um sonho." Dou um passo para a frente e me sinto em queda livre, aterrissando no topo de uma montanha, ou talvez de uma colina, a Figura a meu lado. Ao olhar para cima vejo milhões de estrelas, em todas as direções, iluminando o universo.

"Então, as estrelas representam Treya, certo? Estrella? Isso é bastante óbvio, senhor."

"As estrelas não representam Estrella."

"Não? Certo, eu mordo a isca. O que as estrelas representam?"

"Elas não são estrelas."

"Está bem, o que quer que sejam, elas representam o quê?"

"Você não sabe o que elas significam?"

"Não. Eu não sei o que tudo isso significa."

"Bom. Isso é muito, muito bom."

Em Bonn, despedimo-nos de Michael e Tracy. Fiquei muito triste em vê-los partir. Teríamos tempos difíceis pela frente, eu sabia, e sentiríamos falta da sua companhia. Scheef avaliara exames recentes de Treya e emitira sons murmurantes cujo

Graça e Coragem

significado ainda não conhecíamos. E, por causa de complicações devidas a várias moléstias de Treya – infecção de pulmão, diabetes, pernas inchadas, medula óssea esgotada, sem mencionar o câncer – o procedimento completo, que era para durar dois meses, acabou durando quatro. Os dias se arrastavam pesadamente, o enfado combinando-se ao medo, uma estranha mistura.

"Norbert? Você está por aí?"

"Sim, Ken, em que posso ajudá-lo?"

Norbert e sua esposa Ute administravam o Hotel Kurfürstenhof. Durante os meses em que me hospedei lá, Norbert transformou-se em nosso "Sexta-feira", provando-se absolutamente indispensável o tempo todo. Ele possuía uma inteligência brilhante e rápida, com um senso de humor ligeiramente cáustico, bem parecido com o meu (certa vez ele fez o seguinte comentário sobre um médico que considerava incompetente: "Ele consegue predizer o passado com 90% de acerto"); eu o via mais como um advogado, talvez um médico, mas ele parecia amar a recepção do hotel. No meu primeiro dia de hospedagem, pedi que ele me preparasse diversos cartões de 7,5 cm x 12,5 cm, todos em alemão, com textos tais como: "Tenho permissão especial do Dr. Scheef para fazer isso", cartões que me ajudaram a navegar mais facilmente pela Klinik (eles me permitiram, por exemplo, correr para a lanchonete no dia da reação à insulina de Treya, pegando qualquer coisa que parecesse açúcar).

Mas mais que isso, Norbert foi um bom amigo, com quem compartilhei alguns momentos muito difíceis.

"Norbert, como vai ser o tempo hoje?"

"Pergunte-me à noite."

"Está bem. Vou lhe dizer por que estou perguntando. Treya acabou de fazer um exame de sangue, e ele ainda está longe do ideal para iniciar a próxima sessão de quimioterapia. Ela está um pouco abatida. Não apenas por que queira se ver livre disso, mas qualquer atraso, até mesmo de um dia, significa que o tratamento torna-se menos eficaz, e agora parece que vamos ter de esperar outra semana pelo menos. Da última vez houve um atraso de duas semanas. A situação não está me cheirando bem, Norbert. Droga. Como se diz isso em alemão?"

"Oh, Ken, eu sinto muito. Há alguma coisa que eu possa fazer?"

"Vamos tentar o seguinte. Preciso de um pequeno motel agradável, não muito caro, às margens do rio, digamos a trinta quilômetros daqui. E um táxi com um motorista que fale inglês. E instruções de como chegar a Königswinter. E preciso dos horários das balsas que atravessam o Reno. E dos horários de visita a Drachenfels. Oh, e em Königswinter, um restaurante que ofereça pratos sem carne. É possível?"

"Claro, Ken."

Eu teria gastado metade do dia para conseguir tudo isso. Trinta minutos depois, Treya e eu estávamos seguindo Reno abaixo, primeiro para Bad Godesberg, em

"Minha estação favorita agora é a primavera"

seguida para Königswinter e o magnífico Drachenfels, e finalmente para o mais atraente motel no Reno, tudo cortesia do Norbert.

Ah, o tempo! Não mais sombrio e chuvoso, mas claro, ensolarado e suave. Em uns dias o céu fica sem nuvens; em outros, nuvens brancas e túmidas vêm e vão. Eles dizem que essa primavera está sendo surpreendentemente adorável, depois de um inverno surpreendentemente chuvoso. Ken e eu passamos um fim de semana maravilhoso em Bad Godesberg e Königswinter, apreciando a vista de diversos pontos elevados, coroados com castelos em ruínas. Ficamos em um motel no Reno e foi incrivelmente romântico. A primavera é realmente minha estação favorita. Adoro vê-la desabrochar, cada vez mais intensa, ao meu redor. E posso levá-la de volta comigo para o hospital: consigo fechar meus olhos e vislumbrar diante de mim, com clareza cristalina, flores de cerejeiras brancas encaracoladas contra a luz do sol, o verde-claro das folhas recentemente desabrochadas nos galhos das árvores, a ondulação de um campo muito verde, decorado por minúsculas margaridas brancas e bravos dentes-de-leão amarelo-brilhantes. Tão nítido quanto um *slide* bem focalizado nas minhas pálpebras!

Agora, de volta ao hospital, de volta à tarefa nada agradável de tratar esse câncer. Comecei a quimioterapia uma semana depois do que esperávamos, aguardando minha contagem subir. Mais uma semana para torná-la menos eficaz. Mas as aplicações foram, de novo, incrivelmente fáceis. Perda de apetite, necessidade de mais sono e de pílulas para dormir, um pouco de tontura, foi só isso – novamente, muito mais fácil do que a adriamicina. Se um médico me receitasse essas drogas por um ano, como fizeram com a adriamicina, eu aguentaria. Diferentemente da adriamicina, que envenenava minha alma, que me fazia estar sempre lutando para atingir um pouco de felicidade, sinto-me muito bem com esse tratamento, positivamente contente!

Ah, os alemães! Eles têm sido extremamente prestativos, agradáveis e gentis conosco – especialmente com Ken, que tem muito mais contato com eles lá fora do que eu. Outro dia, duas garçonetes de um restaurante frequentado pelo Ken me trouxeram flores. Há mais motoristas de táxi, donos de lojas e garçonetes acompanhando minha história do que vocês possam imaginar!

"O Reno em Chamas" é uma grande festa que aconteceu nesse fim de semana; todos os castelos foram iluminados e houve uma grande exibição de fogos de artifício. Vicky está nos visitando, o que é ótimo; assim, Ken e Vicky foram assistir do rio. Havia uma multidão, pessoas de todas as idades, muitas crianças, alinhadas em seis colunas pelas margens do Reno. Foi uma grande exibição; consegui ver alguns fogos da minha janela. Ken e Vicky murmuravam oh, ah, olhe aquele ali, quando de repente perceberam que todo mundo ao redor estava completamente calado. Você poderia ouvir um alfinete caindo. Nem as crianças faziam barulho. Meio sinistro, eles disseram. Mais tarde, Ken perguntou ao recepcionista o que acontecera, explicando que, nos Estados Unidos, nós exclamamos oh e ah toda vez que vemos fogos de artifício. O recepcionista primeiro respondeu que eles talvez tivessem bebido muita cerveja. Ken riu e disse: impossível, vocês bebem mais cerveja do que qualquer um no mundo, não foi isso. O balconista então retrucou: "Na Alemanha nós não exclamamos oh ou ah; nós dizemos 'shhhh'".

Vicky e eu topamos em Bonn com situações hilárias, uma atrás da outra, o que foi muito bom para nosso humor. Uma vez, nos sentamos em um pequeno café na calçada, Vicky tomando seu *cappuccino*, eu, minha Kolsch. Um garçom aproximou-se

Graça e Coragem

da mesa e disse: "Você é Ken Wilber, não é? Eu estou com um buraco no estômago e preciso de ajuda urgente".

Um buraco no estômago? Nós ficamos horrorizados. Achamos que ele estava com câncer de estômago e pensou que, por causa da minha cabeça careca, eu também tivesse câncer, e que precisava de cuidados médicos urgentes. Vicky ficou pálida. Eu me levantei para levá-lo imediatamente à Klinik.

Acontece que ele vira um de meus livros na vitrine de uma livraria local, reconheceu meu retrato e queria desesperadamente conversar sobre seus problemas, particularmente sobre a namorada que acabara de deixá-lo. "Buraco no estômago" era sua amável tentativa de dizer em inglês "vazio no fundo do ser" – em outras palavras, que estava deprimido. E aí ele se sentou estatelado, danem-se os outros clientes, e por mais de uma hora falou-me desse terrível buraco em seu estômago.

Não pude deixar de comentar com Vicky e Ken que desejaria ter encontrado esse lugar mais cedo. Falei um pouco sobre os "erros" que achava ter cometido no passado – não ter feito logo a mastectomia total em vez de uma segmental, não ter tomado tamoxifena. São águas passadas, claro, e qualquer paciente de câncer que tem uma recidiva provavelmente sempre sente que não fez o suficiente. Cada um de nós pode apresentar mais de um exemplo de algo que não fizemos que poderia, pelo menos, ter postergado a recidiva.

A questão para mim não é me perder em recriminações – embora às vezes eu deslize pela escorregadia ladeira do arrependimento – mas tentar usar os óculos da sabedoria *a posteriori* (sempre abundante) para olhar para minha situação atual. O que vislumbro em muitos desses momentos de decisão do passado são uma certa preguiça, uma tendência em confiar nos tratamentos "de choque" e negligenciar o acompanhamento essencial (manter uma dieta rígida, megavitaminas, exercício, visualização etc.). Fiz isso relativamente bem, mas houve momentos em que me descuidei. Como fiz cirurgia e radioterapia ou quimioterapia, achei que já era suficiente, não devia me preocupar mais, queria voltar à minha vida antiga e não ir mais a lugar nenhum, ou procurar outro médico, ou ter de tomar outra difícil decisão sobre tratamento. Pagara meu tributo de um ano de sofrimento, isso já era suficiente; de qualquer maneira, é muito difícil decidir o que fazer a mais nessa área obscura.

Também vejo aí um desejo natural de acreditar no melhor ("é só uma recidiva localizada"), induzido um pouco desmedidamente pelo movimento do pensamento positivo inteiro: concentre-se firmemente em livrar-se do câncer, diga "eu estou bem" com total convicção, proteja-se de quaisquer desvios de pensamento sobre futuras internações em hospitais ou suspeitas de que o câncer ainda está à espreita em algum lugar do seu corpo, porque esses são pensamentos negativos que têm o poder mágico de se tornar realidade.

Sofri alguma pressão de amigos e da família para pensar positivamente também. Embora seja compreensível que ninguém, doente ou saudável (isto é, potencialmente doente), queira pensar sobre as piores possibilidades, os amigos e a família deveriam se lembrar de que o medo de alguém com câncer não é fora de propósito, não é simplesmente um pensamento negativo. Espero que eles aprendam a conviver mais confortavelmente com o medo, porque, em muitos casos, ele funciona positivamente; devemos escutá-lo e trabalhá-lo, não negá-lo.

"Minha estação favorita agora é a primavera"

Atualmente sinto que as ideias simplistas sobre o pensamento positivo não só me levaram a negar meu medo, como também diminuíram minha motivação para continuar com outros tratamentos após a quimioterapia. É preciso ter um nível incrivelmente elevado de motivação quando o "algo mais" requer primeiro fazer uma escolha difícil (nada é claro no campo do tratamento alternativo ou complementar do câncer), em seguida, dedicar-se muito, diariamente, sem mencionar o tempo e o dinheiro gastos em viagens para clínicas e médicos distantes. O que parece ser um tratamento interessante no papel quando se está bem, transforma-se em um grande desafio a ser superado na vida cotidiana quando se está doente. E, se você estiver praticando apenas o pensamento positivo, não terá a motivação necessária.

Quando volto minha atenção para o presente e ajusto cuidadosamente os óculos especiais da sabedoria *a posteriori* no meu nariz, o que vejo? Novamente, um pouco de preguiça que quer confiar nas "grandes armas" do Dr. Scheef e deixar o resto fluir. De novo, a crença bastante insidiosa de que o pensamento positivo fará o câncer sumir. Mas, com os óculos, essas tendências entram em foco, vejo-as claramente e, por causa disso, estou bem motivada a continuar minha busca por terapias complementares de longo prazo. Uma vez que escolha a combinação que acho certa para mim, tenho certeza de que me comprometerei a segui-la. Eu sei que minha preguiça, meu desejo de levar uma vida normal como os outros, alimentará perguntas e dúvidas sobre minha escolha, que surgirão inevitavelmente à medida que obtiver novas recomendações ou escutar novas histórias de amigos ou de novos resultados que surgem. Mas sinto que poderei controlar a preguiça e o desejo de crer, de forma a não anuviar o quadro. E escrevo isso com a esperança de ajudar outras pessoas a manter o alto nível de motivação necessário para suportar os altos e baixos da vida com câncer.

E, mais uma vez, relembro a mim mesma que tudo o que faço tem pouco ou nenhum efeito no curso da doença ou no resultado final. Eu me lembro de respirar profundamente e relaxar. A motivação alimentada por recriminações do passado só me enfraquece. Quando sinto que começo a me agarrar a algo, procuro deixar fluir. Ser gentil comigo mesma. Ficar sem saber. Sempre o enigma do esforço sem esforço, da escolha sem escolha, da motivação sem motivação. Esforço sem apego a um objetivo.

Quando Treya começou seu segundo tratamento de quimioterapia – que transcorreu sem um senão – a questão da visualização surgiu novamente para ela, já que se espera que a pessoa visualize a quimioterapia atacando o câncer. Sua dificuldade centrava-se na chamada visualização ativa *versus* a passiva. Treya concluiria finalmente que ambas eram importantes – novamente, não se trata da escolha entre ser e fazer, mas do equilíbrio correto entre os dois. Naquela época, porém, a maioria dos exercícios de visualização usados por pacientes de câncer era muito ativa, e Treya sentiu que precisava complementá-la com abordagens mais abertas e não direcionadas. Com esse intuito, ela trabalhou frequentemente com Edith, que era terapeuta transpessoal com inclinação rogeriana. Treya apresentou suas observações em um artigo que circulou amplamente por vários centros de câncer na América.

"Ken? Ken? Venha cá!"
"Oi, Norbert. O que está acontecendo?"

Graça e Coragem

"Olhe aqui."

"Você está brincando! De onde surgiu isso? Eu *não* acredito."

Outro dia estava sentada no meu quarto, recebendo uma visita da Edith, quando Ken entrou. Eu lhe contava sobre a perda da minha estrela e como estava me esforçando para desapegar-me dela, doando-a para todo mundo. Eu lhe dizia que vira muito significado em perdê-la, já que era minha homônima. Ken começou a gozar desse meu lado estranho e supersticioso. Ele brincou que ponho mais fé nos presságios negativos do que nos positivos. Eu imediatamente respondi: "Não, isso não é verdade: os bons sinais, da mesma maneira, são cheios de significado". Ele retrucou: "Ah, bom, você crê em presságios positivos. Então o que você vai fazer com esse?", perguntou, puxando do seu bolso a estrela de ouro com a corrente. Fiquei atordoada. De onde ela poderia ter vindo após tanto tempo? Ken demorou a me contar. "Eu só quero ter certeza de que, se você sentiu algo realmente ruim ao perdê-la, agora vai sentir algo igualmente bom ao recuperá-la."

A moça da lavanderia do hotel encontrou-a no bolso traseiro da minha calça, um bolso de que não me lembrava. Nos banhos, preocupada em deixar a estrela em um armário com as minhas roupas, devo tê-la colocado naquele bolso e prontamente esquecido do fato. Fiquei encantada em ter a estrela de volta, confortavelmente pendurada no meu pescoço, esperando que me trouxesse boa sorte. Mas o estranho é que, por mais que gostasse da estrela, ela se tornara mais poderosa para mim após perdê-la. Eu ainda pratico a doação, visualizando-a em outras pessoas, imaginando que ela vive em seu coração. É uma boa prática, mas menos desafiadora do que doar algo de que ainda sentia falta, mas não possuía mais. Por outro lado, a prática de doação poderia ter arrefecido com o tempo, à medida que a lembrança da estrela se esvaecesse; agora, com ela no pescoço, tornou-se uma lembrança constante e a prática continua.

No final da tarde passada, enquanto fazia meu passeio de uma hora com Edith, percebi uma consequência muito poderosa dessa "doação" – eu a estava praticando quando notei que sempre que estou sendo boa comigo mesma significa que não estou sendo boa para outras pessoas. É o caso do último gole de vinho – se bebo o último gole, estou privando alguém dele.

Eu entrei em conflito, mas aí, de repente, surgiu a pergunta "Quem sou eu?". E comecei a perceber que a distinção entre ser boa para os outros e ser boa para mim, a tal situação conflitante, na verdade não existe. E que se eu me dedicar com afinco a responder à pergunta "Quem sou eu?", as fronteiras e as distinções entre mim e os outros começam a desaparecer, de forma que não é uma questão de ser boa para mim mesma ou ser boa para outra pessoa. Quanto mais esses limites se enfraquecem, percebo que uma ação que sempre interpretei como sendo boa para o outro é algo que quero fazer por mim. Sinto prazer em abrir mão do último gole de vinho em favor de outra pessoa. Ou do vinho inteiro, se for o caso!

Essa era uma questão muito importante para mim. Eu a vinha trabalhando com a estrela, e antes, com o *tonglen*. Era mais um passo no caminho, usar a pergunta "Quem sou eu?" para extirpar a sensação de divisão, de separação. Toda vez que pego o último pedaço de queijo, me pergunto: "Oh. Quem está pegando? Quem está se privando?". E então sinto o maior prazer em abrir mão dele. Como Ken diz, na verdade existe apenas um Eu apreciando tudo. Portanto, parece que a distinção um pouco dura e rígida entre o eu e o outro é o que me impediu, no passado, de também ser de fato boa para mim mesma. Presa a essa distinção, se fosse boa para os outros, sentia-me

"Minha estação favorita agora é a primavera"

privada, e se fosse boa para mim, sentia-me mesquinha e má. Agora é tão mais fácil desapegar-me e desfrutar o dar, beneficiando todo mundo. Eu já sabia disso antes, claro, mas foi uma realização muito concreta e prática, e muito importante para mim.

Enquanto Treya estava se recuperando do segundo tratamento, subitamente surgiu uma infecção branda em seu pulmão. Nada sério, os médicos nos asseguraram; mas, preocupados com a contaminação externa, eles me pediram para reduzir as visitas por alguns dias. Treya e eu passamos a nos falar por telefone; ela continuava com suas atividades: arte, meditação, escrevendo cartas, praticando "Quem sou eu?", redigindo seu diário, indo bem.

Mas eu não. Estava acontecendo algo muito ruim dentro de mim; não conseguia saber exatamente o quê. Eu me sentia péssimo.

"Norbert, estou voltando a Drachenfels. Telefonarei para você de Königswinter. E você tem o número do telefone da Edith, não tem?"

"Sim, Ken. Você está bem?"

"Eu não sei, Norbert. Eu não sei."

Fui andando até o Reno e tomei a balsa para Königswinter. Lá, um bonde nos leva ao topo da fabulosa Drachenfels, a montanha mais visitada da Europa, local de uma majestosa fortaleza que, no passado, protegeu o Reno por duzentas milhas. Como qualquer maravilha cênica, Drachenfels é uma mistura de monumento empolgante e atrações turísticas bastante cafonas. Existe uma torre na fortaleza que a maioria dos turistas não sobe. Leva-se talvez uns vinte minutos de cuidadosa escalada para subir degraus íngremes, pequenos, claustrofóbicos.

Do topo dessa torre, conseguia vislumbrar talvez 260 quilômetros em todas as direções. Olhei para a direita: a torre de Bad Godesberg, a catedral de Bonn, o grande Domo de Colônia, setenta quilômetros ao norte. Olhei para cima: Céu; olhei para baixo: Terra. Céu, Terra; Céu, Terra. E isso me fez pensar em Treya. Nos últimos anos, ela retornara às suas raízes na Terra, ao seu amor pela natureza, ao corpo, ao fazer, à sua feminilidade, à sua abertura, confiança e atenção essenciais. Enquanto eu permaneci onde queria, onde me sinto em casa – no Céu, que, na mitologia, não significa o Mundo do Espírito, mas o mundo apolíneo das ideias, da lógica, dos conceitos e símbolos. O Céu é da mente; a Terra é do corpo. Eu considerava os sentimentos e os relacionava a ideias; Treya considerava as ideias e as relacionava a sentimentos. Eu me movia do particular para o universal, constantemente; Treya movia-se do universal para o concreto, sempre. Eu amava pensar, ela amava fazer. Eu amava a cultura, ela amava a natureza. Eu fechava a janela para ouvir Bach; ela desligava Bach para ouvir os pássaros.

Nas tradições, o Espírito não é encontrado nem no Céu nem na Terra, mas no Coração. O Coração sempre foi visto como a integração ou o ponto de união do Céu e

Graça e Coragem

da Terra, o ponto em que a Terra sustenta o Céu e o Céu exalta a Terra. Nem a Terra, nem o Céu, sozinhos, podem capturar o Espírito; só o equilíbrio dos dois, encontrado no Coração, pode levar à porta secreta além da morte, da mortalidade e da dor.

E foi isso que Treya fez por mim; foi isso que fizemos um pelo outro: apontar o caminho para o Coração. Quando nos abraçávamos, Céu e Terra unidos, Bach e os pássaros cantando, a felicidade se abria diante de nós até onde nossos olhos podiam ver. No início do nosso relacionamento, às vezes essas diferenças nos irritavam, eu, o professor distraído, sempre voando pelas ideias, tecendo teorias complexas em torno dos mais simples eventos; Treya sempre abraçando a Terra, recusando-se a voar sem primeiro programar-se.

Mas, logo percebemos que esse era o ponto essencial, nós éramos diferentes; talvez ele se aplicasse a muitos homens e mulheres (à Carol Gilligan), isto é, longe de sermos pessoas inteiras e autossuficientes, éramos meias-pessoas, uma do Céu, outra da Terra, e era exatamente assim que devíamos ser. Estamos aqui para apreciar essas diferenças – não apenas glorificá-las, mas sermos gratos a elas. Eu sempre me sentiria à vontade no mundo das ideias, Treya sempre se sentiria em casa no mundo da natureza, mas juntos, unidos pelo Coração, formávamos um todo; podíamos descobrir aquela unidade primitiva que nenhum de nós, sozinho, conseguia administrar. Nossa citação favorita de Platão passou a ser: "Os homens e as mulheres, uma vez, já formaram um todo, mas foram rasgados em dois, e a busca e o desejo daquela totalidade chama-se amor".

A união do Céu e da Terra, continuei divagando, enquanto olhava para cima e para baixo. Com Treya, eu pensei, estou começando, só começando, a descobrir meu Coração.

E ela vai morrer. Esse pensamento me fez chorar, na verdade, soluçar, incontrolável e ruidosamente. Algumas pessoas, falando alemão, me perguntaram, eu presumi, se estava me sentindo mal; gostaria de estar com meu cartão em alemão que dizia: "o Dr. Scheef me deu permissão especial para fazer isso".

Não sei dizer quando foi a primeira vez que me dei conta de que Treya morreria. Talvez tenha sido quando aquele médico falou-me sobre os tumores no cérebro e pulmões, e pediu-me para não contar a ela. Talvez quando nossos médicos americanos lhe deram seis meses de vida sem tratamento. Talvez quando *vi* realmente a tomografia com os tumores espalhados pelo seu corpo. Mas não interessa quando; tudo isso finalmente desabou sobre mim. Pensamentos que evitei durante anos emergiram de repente na minha mente. O tumor cerebral poderia regredir; mas até Scheef só deu 40% de chance de remissão dos tumores dos pulmões, e a maioria das pessoas não confiava nesse número. Imagens terríveis do seu provável futuro passaram pela minha cabeça: Treya sofrendo, tentando respirar, ofegante, ligada a um respirador, o gotejar

"Minha estação favorita agora é a primavera"

contínuo da morfina na veia, os parentes e os amigos andando pelos corredores do hospital à espera de que a respiração por aparelhos cessasse. Eu me abracei e fiquei oscilando para a frente e para trás: "Não, não, não, não, não, não, não, não...".

Tomei o primeiro bonde de volta da montanha e telefonei para Norbert da taverna local.

"Treya está bem, Ken. E você?"

"Não fique acordado me esperando, Norbert."

Eu me sentei no bar e comecei a beber vodca, muita vodca. As imagens terríveis de Treya continuavam na minha mente, mas agora também estava sendo possuído por uma autopiedade aparentemente interminável. Pobre de mim, pobre de mim, enquanto continuava me encharcando de Korn, a miserável imitação alemã da vodca. Mesmo em Tahoe, eu nunca bebera até cair. Aqui pretendia fazer isso.

Quando voltei para o Kurfürstenhof, não me lembro como, Norbert me despejou na cama e deixou um punhado de comprimidos de vitamina B na mesa de cabeceira. Na manhã seguinte, pediu que a moça da limpeza visse se eu os tomara. Telefonei para o quarto de Treya.

"Oi, amor, como você está passando?"

"Estou bem, meu querido. É domingo, você sabe, então não está acontecendo nada por aqui. Minha febre está baixando. Devo ficar boa em poucos dias. Temos consulta com Scheef na quarta-feira. Ele vai nos explicar os resultados do último tratamento."

Senti um enjoo violento com o fato, pois sabia o que ele iria dizer, ou pensava que sabia, o que dava no mesmo no meu estado.

"Você está precisando de alguma coisa, meu amor?"

"Não. Na verdade, estou no meio da minha visualização; portanto, não posso falar muito."

"Sem problema. Escute, eu vou dar um passeio. Se precisar de alguma coisa, telefone para o Norbert ou para a Edith, está bem?"

"Certo. Divirta-se."

Desci de elevador até a portaria. Norbert estava lá.

"Ken, você não devia embriagar-se desse jeito. Você tem de se manter forte para Treya."

"Oh, Deus, Norbert, estou cansado de ser forte. Eu quero me sentir fraco e invertebrado por algum tempo. Vai ser melhor para mim."

"Não fale assim, Ken, isso não ajuda nada."

"Olhe, Norbert, vou dar um passeio. Até Bad Godesberg. Eu telefonarei para saber se está tudo bem."

"Não faça nenhuma besteira, Ken."

Graça e Coragem

Eu o encarei enquanto o táxi partia.

A Alemanha fecha aos domingos. Vaguei pelas ruas estreitas de Godesberg, sentindo cada vez mais pena de mim. Nesse momento, não pensava muito em Treya; estava chafurdando em mim mesmo. Minha maldita vida está em frangalhos, desisti de tudo por sua causa, e agora ela, minha vontade é matá-la, vai morrer.

Enquanto caminhava, irritado com o fato de não achar nenhuma taverna aberta, ouvi uma polca que vinha de vários quarteirões adiante. Deve ser um bar, pensei; mesmo aos domingos, você não consegue manter os pobres alemães longe da Kolsch e da Piers. Fui seguindo a música até uma simpática taverna, mais ou menos a seis quarteirões. Havia cerca de doze homens dentro, todos com idade um pouco avançada, talvez no final dos sessenta, bochechas rosadas por terem começado o dia com uma Kolsch. A música era alegre, diferente daquela que os americanos acham que é polca, um mingau à Lawrence Welk, mas mais como a autêntica música típica alemã; eu a adorei. Pelo menos metade dos homens – não havia mulheres nem jovens – dançava em um semicírculo, braços sobre os ombros dos outros, como a dança de *Zorba, o Grego*, de vez em quando levantando as pernas ao mesmo tempo.

Sentei-me sozinho no bar e apoiei a cabeça nos braços. Surgiu uma Kolsch na minha frente e, sem perguntar de onde veio, a bebi de um gole. Apareceu outra. Eu a bebi. Acho que pensaram que eu tinha conta lá.

Quatro cervejas mais tarde, comecei a chorar novamente, embora agora tentasse esconder. Não me recordo de nunca antes ter chorado tanto. Chorava por mim mesmo. Comecei a ficar ligeiramente alegre. Alguns homens vieram dançando na minha direção e gesticularam para que me juntasse a eles. Não, obrigado, não, gesticulei de volta. Mais umas cervejas e eles gesticularam novamente, só que, dessa vez, um deles me pegou pelo braço e me arrastou amigavelmente.

"Ich spreche kein Deutsch", eu disse, a única frase que decorara. Eles continuaram me puxando, gesticulando, sorrindo, mostrando-se preocupados, querendo ajudar. Pensei seriamente em sair porta afora, mas não pagara as cervejas. Desajeitadamente, muito autoconsciente, juntei-me aos homens dançando, braços nos ombros daqueles ao meu lado, movendo-me para a frente e para trás, levantando as pernas de vez em quando. Comecei a rir, depois a chorar, rir, chorar. Gostaria de me virar, esconder o que estava acontecendo comigo, mas estava preso, braços e ombros, no semicírculo. Por cerca de quinze minutos, perdi completamente o controle das minhas emoções. Medo, pânico, autopiedade, riso, alegria, terror, lamento, felicidade – tudo vinha à tona e se expressava no meu rosto, o que me deixava envergonhado, mas os homens continuavam a balançar a cabeça, sorridentes, como se quisessem me dizer: tudo bem, meu jovem, "Tudo bem; continue dançando; veja, é assim..."

"Minha estação favorita agora é a primavera"

Fiquei na taverna por duas horas, dançando e bebendo Kolsch. Eu não queria ir embora. De alguma forma, naquele curto período de tempo, tudo pareceu amadurecer, rebelar-se e lavar minha alma, ser exposto e ser aceito. Não totalmente; mas passei a sentir um pouco de paz; suficiente, pelo menos, para continuar. Finalmente, levantei-me para ir embora e dei adeus para todos. Eles acenaram e continuaram dançando. Ninguém me cobrou pelas cervejas.

Tempos depois, contei essa história para Edith e ela me disse: "Ah, agora você sabe como é a verdadeira Alemanha".

Eu gostaria de contar que meu grande *satori* sobre aceitar a condição de Treya, entrar em acordo com sua provável morte, responsabilizar-me finalmente por minha decisão em pôr de lado meus interesses e fazer qualquer coisa para sustentá-la — gostaria de afirmar que tudo isso surgiu em uma poderosa sessão de meditação, com uma fulgurante luz branca e *insights* espontâneos despejando-se sobre mim, que absorvi um pouco da coragem zen e mergulhei novamente na luta, que alcancei uma elevada epifania transcendental, esclarecendo-me subitamente. Mas aconteceu em uma pequena taverna, com um grupo de amáveis senhores, cujos nomes não sei e cuja língua não falo.

De volta a Bonn, meus piores receios, e os de Treya, começaram a se materializar. Primeiro, o tumor cerebral não apresentou remissão completa, como costuma acontecer em cerca de 80% de casos semelhantes. Isso era particularmente grave, porque Treya já se expusera aos limites máximos de radiação no cérebro. Segundo, embora o maior tumor do pulmão tivesse diminuído, surgiram, pelo menos, dois novos. E, terceiro, o ultrassom detectou dois pontos em seu fígado.

Voltamos para o quarto e Treya desabou em lágrimas. Eu coloquei meus braços em volta dela e ficamos olhando para fora pela pequena janela enquanto ela chorava. Inspirei sua dor e a segurei firmemente. De alguma forma, senti que as lágrimas que eu já vertera foram por causa desse momento, exatamente esse.

"Eu sinto como se tivesse recebido minha sentença de morte. Estou de pé aqui na janela, apreciando essa linda primavera, minha estação favorita, e pensando que será minha última."

Treya escreveu para seus amigos, sendo muito cuidadosa na redação:

Cheguei à conclusão de que a única metáfora para viver com câncer metastático é andar em uma montanha-russa sem fim (e como eu gostava delas!). Simplesmente nunca sei se vou receber boas notícias ou sentir-me à beira de um precipício, com o estômago nas costas e o medo inundando meu corpo. Fiz uma ultrassonografia de fígado na semana passada; eu lá, deitada, enquanto a técnica me examinou cuidadosamente de todos os ângulos possíveis e depois chamou outra mulher. Elas trocaram

Graça e Coragem

ideias – em alemão – e, em seguida, repetiram o procedimento várias vezes. Apesar de eu estar completamente apavorada, ninguém me disse nada a não ser "respire profundamente – segure a respiração – respire normalmente", repetidas vezes. Quando me levantei, vi dois pontinhos na tela. Convenci-me de que estava com câncer no fígado, subi para meu quarto e desmoronei. Pode ser que eu não chegue nem ao fim deste ano, pensei; tenho de me preparar para essa possibilidade.

Portanto, como vou me preparar interiormente para as terríveis notícias que podem chegar a qualquer momento, sem enfraquecer minha força vital, minha "vontade de viver"? O que fazer para cultivar a aceitação, ao mesmo tempo que luto pela minha vida? Eu realmente não sei. Sequer estou certa de que sejam perguntas válidas; fundamentalmente, pode não haver oposição entre as duas. Talvez tenha chegado à conclusão de que a variação do meu humor, algumas vezes predominando a aceitação, outras a atitude de luta, seja como a vida, revezando entre polos negativos e positivos, semelhante à alternância necessária entre dia e noite, ação e contemplação. Talvez precise praticar ambas, talvez seja possível algum tipo de interpenetração das duas. Novamente, o enigma do esforço sem apego. Primeiro, sofri incrivelmente com a ideia do câncer de fígado (nós ainda não sabemos o que os pontos significam). Em seguida, após respirar profundamente diversas vezes, descobri que, agora, embora relutantemente, incorporei essa possibilidade. Se tiver de acontecer, que aconteça. Eu lidarei com ela no momento certo; não me fixarei nela agora. E sinto que ainda aprecio muito a vida em todos os seus detalhes, mesmo circunscrita a um quarto de hospital com flores no parapeito. Sinto dentro de mim uma onda de determinação para fazer o que puder, reconhecendo que, mesmo que esteja com câncer no fígado, isso não necessariamente é o início do fim; existem outros tratamentos que ainda tenho a possibilidade de experimentar. E milagres sempre acontecem.

Mais um mergulho na montanha-russa – meu sistema imunológico não está respondendo como meu médico gostaria (opa, lá se vai meu estômago de novo...); ele receitou uma alta dose de esteroides anabolizantes (dose para oito semanas em quatro dias) para colocá-lo nos trilhos. E ainda outro mergulho de embrulhar o estômago – o Dr. Scheef está desapontado porque o tumor cerebral não desapareceu completamente. Ele esperava uma remissão completa após a radioterapia e a primeira rodada de quimioterapia. Se isso não acontecer depois do terceiro tratamento, ele pensa em usar cisplatina – em que dose e por qual período, ainda não sei.

Já que meu corpo leva muito tempo para se equilibrar, Ken e eu decidimos voltar para Boulder até a época da terceira aplicação. Mal posso esperar para retornar aos Estados Unidos, aos diversos sotaques americanos! É preciso sair da América para vê-la sob outra perspectiva – aqui, no nosso poleiro em Bonn, lemos sobre as eleições primárias, os problemas das drogas e dos sem-teto com olhos recém-sensibilizados.

"Minha estação favorita agora é a primavera"

É surpreendente saber que o número de homicídios relacionados a gangues em Los Angeles, no ano passado, foi maior do que o número total de homicídios na Europa. Mas... eu ainda a amo. Quero voltar para casa.

Beijos e abraços para cada um de vocês! Uma vez mais, suas cartas, telefonemas, preces e votos de breve recuperação iluminam imensamente nossos dias. Estamos prontos para o que der e vier. Sou eternamente grata ao Ken por continuar me acompanhando nessa jornada – e ambos apreciamos profundamente sua companhia ao longo do caminho...

Com amor,
Treya

O que ela não escreveu na carta foi mais tocante.

Eu trarei o medo para o meu coração. Para encarar a dor e o medo com abertura, abraçá-los, aceitá-los, permiti-los – isto é o que é, isto é o que está acontecendo. É o sofrimento que conhecemos o tempo todo, constantemente mudando, mudando. Percebê-lo cria maravilhamento pela vida. Eu definitivamente sinto assim. Quando ouço os pássaros pela minha janela ou quando passeamos pelo campo, meu coração se alegra e minha alma se nutre. Eu sinto esta felicidade. Não estou tentando "vencer" minha moléstia; estou me permitindo acolhê-la, perdoá-la. Como diz Stephen Levine: "A piedade é a experiência do encontro da dor com o medo. Faz com que se queira mudar os dados do momento... Mas quando sentimos a mesma dor com carinho, deixando-a ser como é, tratando-a com misericórdia, em vez de medo e ódio, isso é compaixão".

Abrir meu coração. Eu tenho sentido uma enorme abertura e particular capacidade de amar Ken ultimamente; ele está muito acessível e presente após sua crise. Acho esse o ponto mais importante da cura, independentemente se eu me curarei fisicamente ou não – suavizar o entorno do meu coração e abri-lo. O problema é sempre esse, não é? O problema é sempre esse.

Olhando pela minha janela, percebo mais uma vez como minha estação favorita agora é a primavera. Eu sempre amarei o fogo dourado do outono, mas a primavera atinge mais fundo meu coração. Suponho que seja porque tenho esperança de uma nova chance, de uma nova primavera na minha vida.

Ainda me sinto muito motivada para fazer o que devo para melhorar, mas não como uma batalha, não como uma luta feroz. Eu continuarei vivendo, não com raiva e amargura, mas com determinação e alegria.

18. Mas não estou morto!

Treya e eu retornamos a Boulder, para nossa casa, nossos cães, nossos amigos. Eu sentia uma forma estranha de paz com sua condição, se é que "paz" é a palavra certa; era mais um misto de aceitação genuína e paciência melancólica, acho. Treya sabia muito bem da gravidade da sua situação e, apesar de tudo, tanto sua equanimidade quanto sua alegria de viver cresciam quase diariamente. Sua felicidade era autêntica – ela se sentia feliz por estar viva agora! Dane-se o amanhã! Às vezes seu humor jovial era positivamente contagioso, e quando a via brincar alegremente com os cachorros, tratar do jardim com prazer ou manipular seu vidro fundido com um sorriso, me dava conta da mesma alegria tranquila alastrando-se pela minha alma, alegria por viver cada momento, que se mostrava absolutamente precioso. Eu me sentia tão feliz pelo presente – mais feliz, de certo modo, do que quando tive uma série interminável de momentos diante de mim, por meio dos quais diluí minha felicidade, espalhando-a ao longo de toda a vida em vez de concentrá-la no agora, uma lição que Treya me ensinou ao conviver diariamente com a morte.

Os amigos e parentes notavam e comentavam o encantamento que parecia permear a vida de Treya. A Diretoria da Windstar, da qual Treya era membro, organizou um retiro de quatro dias sobre busca de visão; ela gostaria de ter comparecido, mas não pôde por causa de uma gripe renitente. Em uma parte do retiro, cada um dos trinta e poucos participantes tinha de se levantar, escolher uma palavra que achasse que melhor o descrevia – raiva, amor, beleza, poder, o que fosse – e então dizer para o grupo, "eu sou _", usando sua palavra. Se ele fosse convincente, os membros do grupo ficariam de pé; se não, teria de escolher outra palavra, e depois outra, até que todo mundo se levantasse. A maioria teve de falar várias palavras até convencer todo mundo. As pessoas passavam cinco a dez minutos angustiantes tentando apresentar uma palavra, deixando escapar frases como "eu sou a chuva" ou "eu sou uma tartaruga", que não faziam ninguém ficar de pé. Bem no meio desse processo, Cathy Crum levantou-se e falou: "Na realidade, existe uma pessoa que não pôde estar aqui e então vou falar por ela". Todo mundo entendeu que se referia a Treya. Cathy disse: "Eu sou a alegria!"; isso soou tão verdadeiro a ponto de todos ficarem imediatamente de pé e começarem a aplaudir. Eles lhe enviaram um cartaz enorme com as palavras "Eu sou a alegria" e dedicatórias maravilhosas de todos os presentes.

Treya e eu logo assumimos a mesma postura sobre sua provável morte: as chances reais indicavam que ela não sobreviveria ao fim do ano. Soubemos disso em Bonn. Mas, depois de reconhecermos totalmente a situação, nós a pusemos de lado.

Graça e Coragem

Com exceção de assuntos práticos, como a elaboração do testamento ou ocasionais conversas íntimas sobre o que eu faria se ela morresse, ou o que ela gostaria que eu fizesse por ela quando morresse, nós simplesmente abandonamos o assunto e passamos a viver cada momento. Treya, mais que nunca, começou a viver no presente, não no futuro, submetendo-se ao que é, não ao que poderia ser.

Os amigos e parentes frequentemente se perguntavam se ela não estava sendo pouco realista – não devia estar preocupada? Atormentada? Infeliz? Mas o fato é que ao viver o presente, recusando-se a viver o futuro, ela começou *exatamente* a conviver conscientemente com a morte. Pense o seguinte: a morte, o que quer que seja, é a condição de *não haver futuro*. Ao viver o presente, como se não houvesse futuro, ela não estava ignorando a morte; ela a estava vivenciando. E eu tentava fazer o mesmo. Lembrei-me daquela bela citação de Emerson:

"Essas rosas debaixo da minha janela não se ligam a rosas antigas ou melhores; elas são o que são; elas existem com Deus hoje. Não há tempo para elas. Há simplesmente a rosa; perfeita a cada momento de sua existência. Mas o homem posterga ou recorda; ele não vive o presente; olhando para trás, lamenta o passado ou, negligente das riquezas que o cercam, fica na ponta dos pés para antever o futuro. Ele não conseguirá ser feliz e forte até que também viva, como a natureza, no presente, acima do tempo".

E isso era exatamente o que Treya vinha fazendo. Se e quando a morte chegasse, ela trataria dela no momento oportuno. Há um famoso koan zen sobre essa questão. Um discípulo procura um Mestre zen e pergunta: "O que acontece conosco após a morte?". E o Mestre responde: "Eu não sei". O aluno se espanta. "Não sabe? O senhor é um Mestre zen!" "Sim, mas não estou morto!"

Entretanto, certamente isso não significava que iríamos desistir. A resignação também está ligada ao futuro, não ao presente. Por agora existiam todos os tratamentos alternativos restantes que Treya estava analisando, vários que eram, e são promissores. O principal era o programa de enzimas Kelley/Gonzales, que vinha apresentando resultados notáveis até mesmo em casos tão avançados como o dela. Nós nos organizamos para passar por Nova York, onde Gonzales tinha seu consultório, no caminho de volta de Bonn, após o terceiro e último tratamento de Treya.

Enquanto isso, ela se dedicava a curar a gripe.

Uma das minhas metas, enquanto estava em casa, foi livrar-me dos resquícios persistentes da gripe que peguei em fevereiro, aquela que atrasou a quimioterapia por três semanas e ainda continuava presente depois de três meses. Essa moléstia contumaz mantinha-me constantemente preocupada com a possibilidade de recidiva

Mas não estou morto!

durante a [terceira] quimioterapia e eu queria eliminar essa preocupação da minha vida. Agora que estou prestes a partir novamente [para Bonn], acho que obtive sucesso com uma abordagem multifacetada. Mas não sei exatamente o que funcionou... ou se simplesmente ela sumiu após um tempo determinado. Acho instrutivo analisar meus pensamentos sobre o que ajudou, já que uma gripe é menos carregada de emoções ou mais livre de crenças culturais ou new age do que o câncer.

Fui ao acupunturista; ele me tratou com agulhas, chás de ervas e acupressão. Foi isso que fez a balança pender para a cura? Aumentei tremendamente a ingestão de vitamina C para cerca de doze gramas por dia; foi isso que me curou? Tomei equinácea, a erva que parece fortalecer o sistema imunológico; foi esse o segredo? Repousei o mais que pude; terá sido o fator crítico? Todos os dias investi tempo para sintonizar a parte primitiva no meu peito, simplesmente dando-lhe atenção, dialogando com ela sempre que emergia algo e seguindo as instruções que surgissem; uma vez ela me aconselhou a gritar e depois de fechar a porta e ligar o chuveiro para abafar o som, passei por uma sessão de gritos de arrebentar a garganta bem satisfatória. Foi esse o truque que desatou algum nó psicológico? Consultei meus guias, Mãe Maria e o Velhinho das Montanhas, e fiz o que eles disseram; o fator fundamental foi ter seguido seus conselhos?

Quem poderá dizer? Seja uma gripe ou um câncer... Quem poderá afirmar com alguma certeza quais são os fatores críticos? Estou plenamente convencida de que não posso conhecer "a verdade" sobre essas situações. Daí minha postura de não levar a sério minhas "teorias", de sempre tratar as coisas com leveza, de perceber que simpatizo mais com algumas explicações do que com outras, de lembrar que não posso saber realmente o que é "verdadeiro" nas divertidas e, às vezes, instigantes histórias que invento.

Agora estou planejando consultar o Dr. Gonzales em Nova York, na volta para casa, a fim de seguir o programa de "ecologia metabólica", inicialmente desenvolvido pelo Dr. Kelley, um dentista que teve câncer de pâncreas. Ouvi falar desse programa há anos, tenho até duas cópias do seu livro em casa, e de alguma forma ele sempre me atraiu. Não por causa da dieta; ela parece extremamente rigorosa, possivelmente tanto quanto a dieta macrobiótica, mas também bem personalizada, o que me agrada. Fui informada de que para uma determinada pessoa a dieta consta de 70% de alimentos crus, sendo completamente vegetariana; para outra, eles prescrevem carne três vezes por dia. O que me atrai é a ideia de que a deficiência de enzimas esteja ligada ao câncer; que se você não tiver enzimas pancreáticas em quantidade suficiente, elas serão todas usadas para a digestão da comida e não sobrará nenhuma para circular na corrente sanguínea e ajudar no controle do câncer, caso ele surja. Com certeza meu pâncreas não está funcionando corretamente, por causa do diabetes que apareceu após a quimioterapia em 1985. Assim, depois do último tratamento quimioterápico, minha próxima tentativa: Kelley/Gonzales!

Treya e eu vínhamos meditando, e meditando bastante. Passei a me levantar às cinco da manhã, de forma que pudesse meditar por duas a três horas, antes de começar meu dia como cuidador — sem qualquer amargura ou ressentimento persistentes. Eu alcançara uma paz genuína sobre tudo aquilo — devida a quê, exatamente, não sei, exceto talvez por estar começando a perceber que culpar o câncer, culpar Treya, ou culpar a vida pelos meus problemas era simplesmente má-fé. Durante a meditação, o ponto de vista da Testemunha, lenta, mas inexoravelmente, retornou; e pelo menos

Graça e Coragem

naqueles momentos de profunda equanimidade, toda manifestação – fosse "boa" ou "ruim," de vida ou morte, de prazer ou dor – tinha igualmente "sabor único": perfeito da forma que fosse.

E Treya continuava com seu *vipassana* e *tonglen*. O último, em particular, tornara-se profundamente tocante e transformador; mesmo quando não estava praticando formalmente, ela passou a incorporar espontaneamente sua mensagem central: a cura de uma pessoa isolada não tem nenhum sentido – ninguém está realmente curado até que todo mundo esteja curado – a iluminação é para si e para o outro, não somente para si.

Recentemente compareci a um círculo de cura para uma amiga que também tem câncer. Esse grupo de mulheres especiais criou uma experiência muito rica e curadora para nós duas. Eu me senti mais confortável com meu corpo, como está no momento, e reconheci que, apesar da falta de um seio, agora gosto dele mais magro e esbelto. Ken concorda! Quando eu estava no centro do círculo, uma das mulheres rezou por uma cura completa para mim. Isso me pareceu muito ousado, especialmente depois de ouvir repetidas vezes o que os médicos tinham a dizer, ainda mais porque passei muito tempo tentando me preparar para aceitar o pior (alternando, claro, com esperança e vislumbre do melhor). Recordei-me do sonho que tive na noite que soube da extensão das recidivas, um sonho que terminou quando disse a uma amiga, com total convicção: "Eu creio em milagres!". Poderia acontecer, poderia me curar; é muito improvável, dadas as estatísticas, mas poderia acontecer. Dei-me conta de inspirar profundamente enquanto essa possibilidade me inundava, deixando uma sensação de relaxamento em sua esteira.

E, então pensei, suavemente, mas por que eu? E as outras pessoas que sofrem? Eu, certamente, ficarei muito feliz se me curar, ou ainda se viver por um tempo relativamente longo, mas o pensamento de todos os outros que sofrem, de câncer ou do que seja, tomou conta de mim. Por que eu deveria ter mais sorte que minhas irmãs e irmãos? Por que não pensar na cura para eles também? Por que todos nós não nos curamos? Como posso pedir o fim do meu sofrimento quando eles ainda sofrem, esses outros membros da minha família? A consciência da minha dor mantém-me ciente da sua dor, mantém meu coração aberto ao sofrimento. A primeira verdade nobre: "O sofrimento existe". E o *tonglen*: Tenha compaixão dele.

Independentemente do que me acontecer, a experiência com o câncer me manterá para sempre consciente da minha afinidade com aqueles que sofrem, o que significa, todo mundo. Se eu viver durante algum tempo, pretendo usar o que aprendi para ajudar outras pessoas com câncer, seja na cura ou na morte. Esse é o objetivo do livro que estou escrevendo, e é por isso que me sinto tão orgulhosa da Cancer Support Community. Às vezes a vida não faz sentido, embora nos esforcemos para entendê-la. Às vezes tudo o que podemos fazer é ajudar uns aos outros, delicadamente, sem julgamentos. Alguns amigos, que também estão lidando com o câncer, recentemente nos disseram, ao Ken e a mim, que a experiência os ensinara tão claramente que a vida simplesmente não é justa, não recebemos nenhuma recompensa por bom comportamento, essas coisas acontecem. Certas crenças *new age* nos acenaram com a possibilidade de compreender por que e como elas acontecem, com a esperança de que existe algum propósito ou lição maior por trás de cada tragédia pessoal, mas nós aprendemos pelo caminho difícil – talvez

Mas não estou morto!

o único caminho – que muitas vezes nós não compreendemos. Nada é simples. É duro viver naquela que chamo a "terra do não sei", mas aqui estamos nós!

Isso me faz pensar sobre algo que li na biografia de Ramana Maharshi ontem à noite, uma citação direta de uma de suas respostas a um devoto: "Deus não tem nenhum desejo ou propósito em Seus atos de criação, manutenção, destruição, retirada e salvação aos quais os seres estão sujeitos". Uma viciada a vida inteira em significado e objetivo como eu sente dificuldade para aceitar isso, mas o Budismo tem sido de grande ajuda para abandonar essa vontade de querer entender tudo, para meu aprendizado de aceitar as coisas como são. Ramana Maharshi continua dizendo: "À medida que os seres colhem os frutos de suas ações conforme Suas leis, a responsabilidade é deles e não de Deus". Sim, eu me sinto responsável, no sentido da minha capacidade de responder aos desafios da minha vida, enquanto reconheço o papel das minhas escolhas, dos caprichos da existência e da sorte, da hereditariedade e das vidas passadas, um caminho que não é justiceiro ou heroico, mas compreensivo e misericordioso.

Ramana Maharshi costumava dizer: "Você agradece a Deus as boas coisas que lhe acontecem, mas não Lhe agradece as coisas ruins também, e é aí que você erra". (A propósito, é exatamente nesse ponto que o movimento *new age* se perde.) A questão é que Deus não é um Pai mítico que castiga ou premia tendências egoicas, mas a Realidade imparcial e a Quididade de *toda a* manifestação. Até Isaías, em um momento raro, percebeu: "Eu faço a luz cair sobre o bom e sobre o mau, indistintamente; Eu, o Senhor, faço todas essas coisas". Uma vez que nos prendamos a dualidades de bom *versus* mau, prazer *versus* dor, saúde *versus* doença, vida *versus* morte, nós ficamos de fora daquela identidade suprema e não dual com *toda a* manifestação, com o universo inteiro de "sabor único". Ramana afirmava que, somente quando nos tornamos amigos de nosso sofrimento, nossa doença, nossa dor, conseguiremos descobrir verdadeiramente uma identidade maior e mais abrangente com o Todo, com o Eu, que não é vítima da vida, mas sua Testemunha e Fonte imparciais. E Ramana aconselhou especialmente: "Seja amigo da morte, a derradeira mestra".

Naquele círculo de cura, uma amiga, que tem se envolvido profundamente e ajudado nas confrontações do câncer que ocorrem entre seus amigos, disse que seu desafio foi, sem estar doente, aprender a manter um tipo de consciência e acuidade em sua vida, proveniente da sua empatia com nossa luta (e possível morte). Entendo o que ela quer dizer. De repente pensei: se eu ficar bem por longos períodos de tempo, será que perderei esse fio de navalha de conscientização deliciosamente afiado e satisfatório que agora possuo, esse foco pontual? Com certeza eu e outros vivenciamos explosões de restrições internas e uma nova criatividade emana da pressão da moléstia. Eu odiaria perdê-la... Em seguida pensei: a possibilidade da morte nunca se afastará de mim. Cada mês, cada semana, cada dia, cada minuto, por mais que me desligue, estão impregnados da possibilidade de uma morte prematura. Uma estranha percepção: sempre carregarei esse ferrão, essa espora, esse espinho, lembrando que devo me *manter acordada*. É como se um mestre de meditação estivesse comigo o tempo todo e, a qualquer momento, o *roshi*, inesperadamente, pudesse me aplicar um golpe profundo!

Graça e Coragem

Isso me faz lembrar de um excelente filme, *Minha Vida de Cachorro*. Ken e eu o assistimos pela primeira vez no festival de cinema de Aspen no último verão. Imediatamente achei que era um filme perfeito para as pessoas com câncer e que deveria conseguir uma cópia para a CSC. Desde então ele se transformou em um grande sucesso, e nós, recentemente, o revimos em vídeo. É sobre um adorável menino de doze anos e como ele lida com os altos e baixos da vida – a mãe doente que acaba morrendo, seu cachorro querido que lhe é tirado, ter de deixar sua casa. "Não é tão ruim assim", ele diz. "Podia ser pior. Como o homem que fez um transplante de rim, ficou famoso, você o viu no noticiário, mas ele morreu de qualquer maneira." Ele sempre pensa na Laika, a cadela astronauta russa que morreu de fome no espaço. "Acho importante ter coisas assim com que comparar," ele explica. "Você deve comparar o tempo todo." Havia o filme do Tarzan em que alguém se pendurou em um fio de alta voltagem: "Morreu na hora". "Podia ter sido pior, você deve se lembrar disso", comenta ao descrever um acidente de trem com muitos mortos. Ele busca notícias assim no jornal. "Na verdade, tenho tido muita sorte, comparado a outras pessoas", repete o tempo todo. "Você precisa ter a perspectiva certa." Houve o caso do motociclista que tentou quebrar o recorde mundial de salto sobre carros e "não conseguiu por um carro". Outro caso foi o do sujeito que resolveu cortar caminho por uma pista de atletismo durante uma competição e foi transpassado por um dardo: "Ele deve ter se surpreendido", o menino conclui. "Você tem de comparar; pense na Laika, por exemplo: eles sabiam que ela ia morrer, simplesmente a mataram." Tudo isso sai da boca de uma criança de doze anos, aplicando sua filosofia de "podia ser pior" ao longo dos percalços de sua tumultuada vida; a percepção de que a morte nunca está longe o torna tão consciente, tão vivo.

Fechamos a casa e nos preparamos para voltar a Bonn, onde algumas notícias bem surpreendentes nos aguardavam.

De manhã levei os cães para um último passeio, antes de Ken deixá-los no canil. Foi uma alegria (Ken assistiu da sacada) porque havia gafanhotos por toda parte! Kairos, nosso *pharaoh hound*, estava determinado a caçar um e, no processo, executou inúmeros pulos elegantes e divertidos pela grama, com as pernas esticadas, tentando achá-los e pegá-los, e entender como sempre conseguiam se safar. Momentos de confusão, cabeça erguida, orelhas prontas para o mais leve som, em seguida focinho na terra, fungando avidamente enquanto procurava pela grama, todos os sentidos em alerta vermelho, até o súbito bote de surpresa, quase bem-sucedido, e uma fuga no último instante. Novamente seu focinho buscador cheirando a grama, quase lá, quase ao seu alcance, quase capturado... e aí perdido, desaparecido, repetidas vezes. Cabeça erguida, congelado em um ponto, olhar atento. Um trote gracioso à margem da estrada, a busca, com suas contorções, momentaneamente suspensa, quando, de repente... outro alerta, atenção rígida, um pulo na grama desafiando a gravidade – a caça recomeça! Isso aconteceu inúmeras vezes, a coisa mais engraçada que vi durante muito tempo. Um presente de despedida perfeito!

"Aproxime-se e toque uma", disse a Figura. "Tocar uma estrela? Você não pode tocar uma estrela."
"Elas não são estrelas. Aproxime-se e toque uma."
"Como?"

Mas não estou morto!

"Simplesmente *aponte seu dedo para uma que o atraia mais e empurre-a com sua mente.*"

Instruções estranhas, mas eu procuro segui-las. A "estrela" transforma-se imediatamente em uma figura geométrica de cinco pontas, que, para mim, se parece definitivamente com uma estrela. Em torno dela há um círculo. A borda exterior do círculo é amarela. A parte interna é azul. O centro do círculo, que também é o centro da estrela, é do mais puro branco.

"*Agora pressione bem no centro, pressione com sua mente.*"

Eu obedeço, e a "estrela" emite diversos símbolos matemáticos que não entendo. Pressiono com mais força e os símbolos transformam-se em serpentes. Pressiono ainda mais e as serpentes dão lugar a cristais.

"*Você sabe o que isso significa?*"

"*Não.*"

"*Você gostaria de conhecer Estrella?*"

Novamente de volta a Bonn... Oh, bem, nós suportaremos. Eu me sinto melhor após ter passado três semanas em casa, mais em contato com minha vida, menos isolada no casulo do tratamento de câncer. No avião vesti uma jaqueta que não usava há algum tempo e achei um biscoito da sorte intacto no bolso direito; a sorte dizia: "O resultado dos seus planos será satisfatório". Pode parecer uma previsão bem fraquinha, não uma terrivelmente animadora, mas na véspera de mais uma quimioterapia soou maravilhosa para mim! Quando chegamos, soubemos que Norbert saíra de férias por quatro semanas sem transmitir as informações sobre nosso retorno – um raro lapso para Norbert! Assim, tanto o hospital quanto o hotel não estavam esperando por nós, e não havia vaga por um tempo no hotel... Mas no final tudo se resolveu, mais ou menos. Ken está em um quarto no sótão, onde não consegue ficar de pé, esperando que outro fique disponível. Ah, as provas e tribulações por que passam os cuidadores!

Já passa da meia-noite e estou andando sozinho pelas vielas de Bonn. Ainda sinto dificuldade para meditar aqui, e então, como substituto, caminho por horas, muito cedo pela manhã, muito tarde à noite, com nada além de breves e ocasionais vislumbres da Testemunha me fazendo companhia.

Passo por um prédio com um grande letreiro no lado de fora: Nightclub. Tenho visto esses nightclubs em vários lugares e me pergunto o que serão exatamente. Não, hoje à noite não, eu decido, estou muito cansado. Mas, em seguida, passo por outro, e depois outro. Eles são os únicos lugares em toda Bonn que parecem estar abertos a essa hora. Bonn deve ter uma vida noturna incrivelmente quente, acho. Começo a rir, quase alto, com o pensamento de bandos saqueadores de diplomatas liberados, como se isso não fosse um oxímoro.

Quando passo pelo quarto estabelecimento denominado "nightclub", eu decido, dane-se. Aproximo-me do prédio e imediatamente sou surpreendido pelo fato de a

Graça e Coragem

porta estar trancada, embora uma música rouca esteja tocando lá dentro. Não há ninguém na rua. Próximo à entrada há uma campainha, com um aviso que diz, suponho, toque para entrar. Eu faço isso. Um par de olhos, com sobrancelhas pesadas e espessas, me encara por uma janelinha. Toca uma campainha e a porta se abre.

Eu não acredito no que vejo. Parece um daqueles bares clandestinos dos alucinantes anos 20, mas decorado talvez por uma rainha cigana enlouquecida pelo ácido. Suas paredes são forradas de veludo roxo berrante. Existe algo como uma pista de dança, com uma esfera espelhada girando lentamente do teto, espalhando raios de luz finos e fracos sobre os rostos dos frequentadores. A não ser isso, é por demais escuro. Consigo ver, apenas, que há talvez seis homens sentados em torno da pista de dança. Todos parecem ligeiramente despenteados, nenhum muito atraente, porém acompanhados de mulheres extremamente belas. Puxa, penso, as alemãs devem ser realmente agradáveis.

Todo mundo para de cochichar e olhares fixos me acompanham enquanto entro. Dirijo-me lentamente para o bar, que tem uns doze metros de comprimento, com cerca de 30 banquinhos forrados com o mesmo tecido aveludado que sufoca as paredes; não há ninguém sentado lá. Sento em um aproximadamente no meio do bar. Os raios giratórios de luz fraca agora passam também pelo meu rosto, e todos parecemos tecidos de bolinhas no meio da escuridão do... do... do que seja este lugar.

"Oi, você me ofereceria um aperitivo?"

"Eu entendi! Aqui é um prostíbulo, certo? Um bordel? É isso aí. Acho... Oh, desculpe-me. Você fala inglês?" Uma mulher muito bonita acabou de se juntar a mim no bar – tenho certeza de que não foi porque não achou outro banquinho – e eu deixei escapar minha conclusão óbvia.

"Sim, falo inglês, um pouquinho."

"Olhe, não tenho intenção de ofendê-la, mas aqui é um prostíbulo, não é? Você entende, prostíbulo?"

"Sim, eu sei o que é um prostíbulo. Aqui não é um prostíbulo."

"Não é?" Agora estou confuso. Continuo procurando por uma porta ou uma entrada por onde as moças e seus, hum, convidados possam ir para uma conversa mais íntima, mas não consigo achar nada.

"Aqui não é um prostíbulo? Aquelas mulheres não são prostitutas? Você entende, prostitutas?"

"Aquelas mulheres, com certeza, não são prostitutas."

"Oh, puxa, eu sinto muito. É que é um pouco esquisito."

"Você pode me oferecer uma bebida?"

"Oferecer uma bebida? Sim, claro, uma bebida." Fico totalmente desconcertado com a situação e com a atmosfera estranha em que tudo isso ocorre. Há uma pista de dança e ninguém está dançando. Parece um bordel, mas ninguém está se

Mas não estou morto!

mexendo. Raios de luz vermelha e roxa criam buracos na escuridão, só para desvelar uma misteriosa sala forrada de veludo. E que tipo de lugar mantém a porta fechada e uma campainha?

Chegam dois drinques; ambos se parecem, e o meu tem gosto de champanhe com água. "Olhe, eu não sou um tira ou algo assim, mas você tem certeza... Hum, você entendeu, tira?"

"Entendi."

"Eu não sou um tira. Você tem certeza de que não é meretriz? Meretriz, entende?"

"Você não precisa ficar perguntando se entendi. Não sou meretriz. Honestamente."

"Puxa, eu realmente sinto muito." E agora estou completamente atordoado. Eu continuo tentando. "Aqui é um clube de dança, não é? Sabe, homens" – e olho para aquela variada coleção do meu sexo – "vêm aqui, pagam e dançam com moças bonitas, certo?" Eu me sinto completamente ridículo.

"Eu danço com você se quiser, mas não, não é um clube de dança. É um nightclub. Eu venho aqui às vezes quando as coisas ficam enfadonhas. Meu nome é Tina."

"É um nightclub. Oh, puxa. Oi, Tina. Ken." E apertamos as mãos, bebo meu champanhe aguado e minha cabeça começa a doer.

"Veja, esse não tem sido um bom período para mim. Minha esposa, Treya, está internada na Janker Klinik. Sabe, hum, você já ouviu falar da Klinik?"

"Sim, é para *Krebs*, câncer. Sua esposa está com câncer?"

"Sim." E por alguma razão conto tudo à Tina – o câncer, a viagem para cá, o prognóstico difícil, o quanto amo minha esposa e como estou preocupado. Tina mantém-se muito séria, e muito gentil, escutando atentamente. Eu divago por cerca de uma hora. Tina me conta que é de Colônia, mais ou menos trinta quilômetros ao norte; ela vem aos nightclubs de Bonn quando está chateada. Uma mulher tão bonita precisa vir de tão longe para isso? Continuo observando os homens, todos envolvidos por uma névoa roxa criada pela luz fraca refletida do veludo, conversando com adoráveis mulheres roxas, e nenhum deles deixa a mesa, dança, namora, nada.

"Olhe, Tina, você é muito simpática e foi legal descarregar tudo isso, realmente. Mas eu tenho de ir, são duas da manhã. Tudo bem?"

"Você quer subir?"

Aha! Eu sabia, eu sabia, eu sabia. "Subir?"

"Sim, podemos subir e ficar sozinhos. Eu não gosto daqui."

"Está bem, Tina, vamos subir."

"Para ir lá para cima temos de comprar uma garrafa de champanhe."

"Uma garrafa de champanhe. Claro, claro, vamos comprar uma garrafa de champanhe." A garrafa chega e olho a etiqueta, procurando pelo teor alcoólico –

Graça e Coragem

3,2%. É como nos bordéis americanos que servem suco de maçã e cobram uísque, de forma que as mulheres não se embriagam. Sei que estou certo. Eu deixo o "champanhe" no balcão.

Tina se levanta e me conduz pela pista de dança, passando pelas pessoas roxas, que observam atentamente na obscuridade. Viramos por um canto e lá está: uma escada em espiral, escondida do ponto de vista do bar, que dá acesso ao andar superior.

Tina sobe primeiro e eu a sigo. Fico meio sem jeito de olhar para cima, mas tenho certeza de que ela não se importa. Ao final dos degraus vejo uns seis cubículos, todos abertos, com cortinas de correr feitas daquele veludo miserável. Existe um banco em cada cubículo, e uma pilha de toalhas. Música suave – Frank Sinatra, no mínimo – emana dos alto-falantes, embora Tina me assegure que escolherá qualquer música que eu quiser. "Tem U2?" "Claro."

Sentamo-nos no banco do primeiro cubículo, enquanto a voz do Bono ecoa pelo ar. Noto que existe uma abertura no chão, pela qual se pode ver a pista de dança embaixo.

"Tina, há um buraco no chão."

"Sim, Ken. Assim podemos ver as moças dançarem."

"Quando elas vão dançar? As moças dançam?"

"Strip-tease. Mona vai começar em alguns minutos. Nós podemos assistir."

"Tina, por que você não me disse que aqui é um prostíbulo? Você mentiu para mim."

"Ken, não é um prostíbulo. Aqui não há relações sexuais. É ilegal e nenhuma de nós, por preço algum, faria isso."

"Então o que exatamente vocês fazem? Sei que pareço ingênuo, mas com certeza não é leitura de mão."

Ouço um barulho na escada e surge outra mulher maravilhosa que coloca nosso champanhe sobre uma mesinha em frente ao banco.

"São sessenta dólares americanos. Vocês podem pagar lá embaixo. Divirtam-se."

"O quê? Sessenta dólares! Puxa, Tina, eu não sei."

"Oh, veja Ken, Mona vai dançar." E, realmente, temos uma visão perfeita, através do buraco no chão, da Mona dançando, um *strip-tease* voluptuoso, selvagem, vibrante, revelando um corpo estonteante, cuja carne, ainda iluminada pela luz roxa como tudo o mais, agora não parece insípida, mas sedutora.

"Olhe, Tina..." Tina levanta-se e, rápida mas calmamente, tira toda a roupa e senta-se de novo a meu lado.

"Então, o que você gostaria de fazer, Ken?"

Eu não respondo. Simplesmente a observo.

"Ken?"

Continuo olhando fixamente para ela. Não sei por que, mas só consigo olhar. E, então, percebo. Essa é a primeira vez em quase três anos que vejo dois seios perfeitos.

Mas não estou morto!

Olho para Tina, olho para baixo; olho para Tina, olho para baixo. Uma avalanche de emoções contraditórias desaba sobre mim.

"Veja, Tina, você não precisa fazer nada. Simplesmente fique sentada aqui um pouquinho, está bem?"

Minha mente perde-se em um mundo de corpos, de carne, tudo que isso significa e como o câncer pode afetá-los. Sentado aqui, estou diante de dois mundos. Sem dúvida, o sexo com câncer é uma proposta perigosa e incerta. Especialmente com uma mulher que teve câncer de mama e, em seguida, passou por uma mastectomia; há primeiramente o problema de como ela se relaciona com seu corpo, agora "desfigurado". Não é segredo para ninguém que, em nossa sociedade, os seios são os mais visíveis e "decantados" símbolos da sexualidade feminina, e perder um ou ambos pode ser devastador. Sempre me surpreendi como Treya lidou relativamente bem com essa dificuldade. É claro que sentia falta do seio e, de vez em quando, reclamava amargamente comigo e com suas amigas – foi um tempo muito difícil. Mas, em geral, como ela frequentemente dizia: "Acho que ficarei boa". Esse é, normalmente, o mais difícil e agonizante problema para uma mulher com câncer de mama. Pode destruir sua autoimagem e praticamente matar seu impulso sexual, já que agora se sente completamente "indesejável".

Essa situação agrava-se terrivelmente se a mulher for submetida a quimioterapia ou radioterapia. Ela quase sempre fica muito cansada e debilitada para se interessar por sexo, e então se sente terrivelmente culpada por não estar sexualmente presente para seu companheiro. E assim adiciona culpa à sensação de não ser desejada.

A situação pode melhorar ou piorar em função da reação do homem. Quase metade dos maridos, cujas esposas fazem mastectomia, as abandonam em seis meses. Eles acham que passam a ter uma mercadoria estragada e não conseguem mais sentir atração sexual.

"Você sente falta dele?", ela frequentemente me perguntava após a cirurgia.

"Sim."

"É muito importante para você?"

"Não." E isso era verdade na maior parte do tempo. Mas não é uma questão de tudo ou nada; é mais uma questão de percentagens. Eu diria que minha atração sexual por Treya foi "afetada" em mais ou menos 10%; a incomparável sensação tátil da simetria de dois seios é, com certeza, melhor do que a de apenas um. Mas os outros 90% eram tão marcantemente positivos a ponto de a falta de um seio não ser importante. Treya sabia disso, sabia que eu estava sendo honesto, e acho que esse fato ajudou-a a entrar em acordo mais facilmente com sua autoimagem. Aqueles 90% ainda eram a mulher mais bonita e atraente que já conheci.

Mas durante a maior parte do ano em Tahoe, quando Treya estava fazendo quimioterapia e nós chegamos à beira da separação, não tivemos nenhuma relação.

Graça e Coragem

Treya, compreensivelmente, pensava que era porque eu achasse seu corpo "mutilado" indesejável. Mas, durante aquele ano, não foi tanto seu corpo, mas *ela* que não me atraía, o que se traduziu naturalmente também no aspecto sexual.

Para os muitos homens que continuam com suas companheiras durante o câncer e seu tratamento, o sentimento que surge mais frequentemente é medo. Eles têm receio de fazer sexo com elas porque temem machucá-las. No grupo de apoio dos homens na CSC, quando lhes era oferecido um perito de fora, escolhiam um ginecologista. Eles precisavam de informações simples – um creme de estrogênio para secura vaginal, por exemplo, e isso os ajudava enormemente com seus temores.

Às vezes você vai devagar e às vezes você não vai mesmo. E é útil para os homens saber que um simples abraço carinhoso é, frequentemente, o melhor "sexo" que se pode fazer sob quaisquer circunstâncias, e que o abraço é sempre permitido. Treya e eu éramos campeões em abraços, e isso durou muito, muito tempo.

Nevada tem 35 bordéis legalizados, todos licenciados e supervisionados pelo estado. O mais famoso, claro, é o Mustang Ranch, nos arredores de Reno, que fica a quarenta minutos de carro de Incline Village. Durante a maior parte do tempo em que moramos em Incline, Treya fez quimioterapia ou se manteve em recuperação. Um dia, ela sugeriu que eu fosse ao Mustang.

"Você está falando sério?"

"Por que não? Eu não quero que se prive por causa de uma estúpida quimioterapia. Acho que se você tivesse um caso, isso me magoaria. Seria muito difícil aceitar por ser uma coisa pessoal. Mas não tenho nenhuma dificuldade para aceitar algo como o Mustang. Vinte dólares por vinte minutos, não é isso?"

"Acho que é." Eu pessoalmente considero a prostituição uma profissão nobre (se escolhida livremente), mas não faz meu gênero. Permaneci fiel a Treya ao longo de todo esse tempo e pretendo me manter assim. Mas isso é algo que cada homem tem de decidir por si mesmo, suponho. Entretanto, algumas vezes lamentei, por motivos teóricos, não ter ido ao Mustang, só para experimentar.

E, com certeza, houve ocasiões em que senti falta daqueles 10%, falta da existência de dois seios inteiros, do adorável equilíbrio entre eles.

E aqui estou eu, olhando fixamente para Tina, e tudo que vejo são aqueles 10%. Aproximo-me, acaricio seus seios e os beijo – ambos. Fico surpreso de como sentia falta dessa simetria, a harmonia da figura, como é bom, erótico, algo para tocar com as duas mãos. Estou triste, sentado aqui com Tina, com seu corpo equilibrado, seus dois seios perfeitos, a doçura do seu rosto.

"Ken? Ken?"

"Olhe, Tina, eu tenho de ir, de verdade. Foi muito bom. Mas eu preciso ir embora."

Mas não estou morto!

"Mas nós ainda não fizemos nada."

"Tina, que diabo você faz?"

"Punheta, chupeta, essas coisas."

"Então, não ser prostituta significa não ter relação sexual, certo?"

"Certo."

"Eu tenho de ir embora. É difícil explicar, mas, bem, acho que já vi tudo de que precisava. Isso me ajudou mais do você possa imaginar, Tina. Tchau."

Desci a escada em espiral de volta para a doentia névoa roxa e seus habitantes; paguei o champanhe e voltei a vagar pelas ruas de paralelepípedos de Bonn.

Alguns dias depois contei a experiência a Treya, ela riu e disse: "Você devia ter aproveitado".

Eu, hein!

"Oi, Fritjof."

"Ken? Não acredito! O que você está fazendo aqui?"

Eu era a última pessoa que Fritjof Capra esperava encontrar sentada nos degraus da Janker. Nós não nos víamos desde o meu casamento. Ele trouxera sua mãe à Klinik para tratar um pequeno tumor; o tratamento foi muito bem-sucedido e ela finalmente retornaria a Innsbruck, onde morava. Fritjof e eu temos algumas diferenças teóricas, mas, como pessoa, sempre gostei muito dele.

"Treya está em tratamento na Klinik. Recidiva nos pulmões e cérebro."

"Oh, eu realmente sinto muito. Eu não sabia; tenho viajado e dado palestras. Ken, esta é minha mãe. Ela também está sendo tratada na Klinik."

Fritjof e eu combinamos de nos encontrar mais tarde e a sra. Capra foi direto para o quarto de Treya. A sra. Capra era uma pessoa maravilhosa e impressionante. Escritora famosa – poeta, biógrafa, teatróloga – ela, como Edith, parecia encarnar a profunda sabedoria europeia, sentindo-se à vontade nas artes, ciências, filosofia, no espectro completo das aspirações humanas.

Ela e Treya se conheceram e, mais uma vez, foi amor à primeira vista.

A sra. Capra está aqui tratando um câncer de mama no estágio inicial. Ela é um encanto! Simpatizei logo com ela. Entre outras coisas, ela lê mãos e ontem leu as nossas. Ken tem uma linha da vida muito longa que vai até a extremidade da sua mão! Ela comentou que a atual "crise de saúde" aparece claramente na minha mão, mas predisse que logo vai acabar e que eu viverei até os oitenta anos. Eu gostei, claro. Quem sabe não é verdade? Estou consciente de um forte desejo de que isso aconteça. Quando estava com mais medo dessa recidiva, afogada pelos terríveis prognósticos dos médicos, pensei que ficaria satisfeita em ter ainda oito anos de vida em vez de dois. Hoje Ken leu em uma carta de um amigo que sua mãe morreu de câncer de mama aos 53 anos; um mês atrás eu pensaria, 53 menos 41 (minha idade), são doze anos, o que seria muito bom; fico com essa. Mas agora pensei: Deus, isso é

Graça e Coragem

pouco. Eu gostaria de viver até os oitenta, ver o mundo mudar, dar minha contribuição, assistir ao crescimento dos filhos dos meus amigos. Aí me pergunto, será esse um pensamento otimista? Ou uma imagem positiva do futuro? Será uma súplica por mais anos? Ou a manifestação de uma vontade de viver que triunfará apesar das circunstâncias... ou de uma vontade de viver que ignora as circunstâncias reais? Eu não sei; fique ligado no próximo ano, no seguinte e depois no outro...

Talvez tenha sido aquela inócua, mas comovente leitura de mãos; talvez tenhamos escorregado novamente para a negação; talvez não estivéssemos dando a devida importância de uma forma ou de outra; mas quando fomos recebidos por Scheef para uma avaliação da situação presente de Treya, estávamos muito otimistas. Por isso, o que ele nos disse foi ainda mais perturbador.

Outra descida na montanha-russa... Dr. Scheef veio com algumas notícias completamente inesperadas. Os tumores nos meus pulmões parecem não ter respondido à quimioterapia. Uma interpretação é que a quimioterapia atingiu todas as células que estavam ativas e o tumor restante está agora latente ou em equilíbrio com meu corpo. As radiografias mostram algo como um aumento de tamanho; ele poderia fazer uma ressonância magnética para descobrir o que está aumentando e se alguma parte é tumor ativo. "O perigo aqui", ele disse, "é tratamento em excesso. É necessária muita experiência para decidir; um médico recém-formado não seria capaz de fazê-lo." Tratamento em excesso pode piorar as coisas. Como ele explicou, se 80-90% das células remanescentes não estiverem crescendo, uma terceira aplicação teria a chance de destruir apenas os 10-20% que estão. Mas ela também suprimiria temporariamente o sistema imunológico, criando a possibilidade das 80-90% agora dormentes voltarem a crescer, piorando a situação. Ele foi muito enfático quanto a essa possibilidade. Ken e eu ficamos surpresos e chocados.

Compreendemos que a situação era muito grave, que surgiram novos nódulos em seus pulmões e fígado. Mas Scheef havia programado para o terceiro tratamento trocar a ifosfamida por cisplatina, uma droga muito eficaz para esse tipo de caso. E agora ele nos dizia que isso talvez não fosse eficaz e provavelmente fizesse mal. Ele tinha razões válidas para essa decisão, e admirei sua coragem em se recusar a fazer uma nova quimioterapia, já que nossos médicos americanos certamente teriam recomendado mais químio, sabendo muito bem que não ajudaria. Mas não Scheef; outra aplicação somente iria "danificar sua alma" e deixar o câncer intacto. Entenda como bem quiser, mas Scheef estava desistindo de nós, embora nunca tenha colocado isso abertamente. Na verdade, ele se mostrou genuinamente otimista com a possibilidade de o programa Kelley/Gonzales, que ele conhecia bem, poder, apenas poder, surtir efeito. Mas o fato é: ele usou seus canhões e aquela célula teimosa – a célula com uma data – manteve-se impassível.

Foi nossa última conversa com esse homem imensamente agradável.

Mas não estou morto!

Para estabilizar minha situação [manter os tumores em seu estado atual de equilíbrio], o Dr. Scheef me receitou aminoglutetimida. É um agente recentemente desenvolvido, com aplicabilidade mais ampla que o tamoxifeno. Ele também prescreveu três medicamentos não específicos – extrato de timo (um supositório por dia e duas ampolas por semana), emulsão de vitamina A (dez gotas – 150.000 IU – diariamente por três meses ao ano; o fígado armazena o suficiente para os nove meses restantes) e enzimas Wobe-Mugos. O extrato de timo, indisponível nos Estados Unidos, é um agente estimulante não específico do sistema imunológico. Sua eficácia só foi provada até agora em experiências com animais. Por enquanto foi descoberto que são necessárias 120 mil células cancerígenas para induzir câncer de pulmão em 50% de animais vacinados; se eles receberem altas doses de vitamina A, precisa-se de um milhão de células para induzir câncer. E, se eles receberem extrato de timo, há necessidade de cinco a seis milhões de células para causar o mesmo efeito! É um nível bem elevado de proteção...

Eu lembrei ao Dr. Scheef meu plano de iniciar o programa Kelley e ele imediatamente retrucou, sem vacilar: "Sim, claro, muito bom, muito bom". Ken perguntou-lhe: "Você mandaria sua filha para ele?" e Scheef, sorrindo, respondeu: "Sem dúvida". Estou particularmente satisfeita por poder contar com o programa Kelley agora que a quimioterapia foi suspensa.

Perguntamos qual era meu prognóstico. "Minha sensação não é ruim porque seu corpo está mantendo os tumores equilibrados. Isso dará aos outros tratamentos que você está considerando tempo para funcionar. O problema que vejo é se você pegar uma gripe ou pneumonia, pois aí seu corpo não conseguirá combater o câncer." Ele disse que eu deveria continuar com meu programa macrobiótico/Kelley e sugeriu que consultasse o Dr. Burzynski. O importante é que todos esses programas podem ajudar e, já que não são tóxicos, não fazem mal. "Você deve sempre fazer a distinção entre tóxico e não tóxico", ele ressaltou. Tanto Kelley quanto Burzynski são honestos, ele disse, o que não se pode afirmar de alguns oncologistas.

Demos a Scheef um dos medidores de glicose de Treya – presente de uma diabética para outro – e nos despedimos com tristeza. Voltei para o Kurfürstenhof para fazer os preparativos da nossa partida. Treya saiu para um passeio.

Deixei o hospital bem abatida e preocupada com o que Scheef dissera. O tempo tem estado estranho desde nossa volta, nenhum raio de sol, somente nuvens e chuvisco, muito mais frio do que quando partimos em maio, bastante deprimente. Comecei a andar pela Poppenheimerallee, uma rua linda com uma larga esplanada tipo parque no meio, margeada por árvores. Observei os prédios à minha direita – eu os vira muitas vezes antes – e senti uma ponta de interesse, apesar do meu humor. Não sei quando eles foram construídos – no final dos 1800? – mas Bonn tem casas adoráveis, pintadas em diversas cores, com sacadas de vários formatos e projetos recortados em ângulos diferentes, com decorações em gesso, frontões triangulares, capitéis, pilastras, molduras e ornamentos de infinita variedade. Eis aqui uma casa azul-clara, molduras brancas, amores-perfeitos nas floreiras das janelas do segundo andar; a seu lado, uma casa de terracota desbotada, molduras e esculturas beges, com cravos vermelhos nas sacadas do segundo e quarto andares; a seguir uma casa amarelo-escura, uma casa verde-clara, uma casa cinza-amarronzada, todas com belas entradas, janelas graciosamente decoradas, cornijas e corrimões, umas com aparência simples e clássica, outras mais ornamentadas e barrocas, todas se destacando da rica folhagem

Graça e Coragem

das árvores enfileiradas na calçada em frente. Uma rua totalmente linda. Do outro lado da avenida arborizada, não pude deixar de notar vários edifícios modernos de apartamentos; suas fachadas lisas, janelas quadradas sem adornos, proporções avantajadas e pintura cinza não transmitiam nenhuma graça ou beleza. Mas, deixando de lado as reflexões sobre a vida moderna, eles eram ofuscados pelos seus vizinhos, pelo rico verde da avenida, e senti uma ponta de felicidade na minha depressão.

Eu definitivamente me sentia melhor. Era imaginação minha ou as nuvens estavam se dissipando? Que imagem vaga era aquela no caminho à minha frente? Eu me dirigi a um antigo e adorável prédio público no fim da avenida, pintado de amarelo-vivo, com atavios em bege-escuro. De repente topei com um grupo interessante, meninas de oito e nove anos vestidas com tutus e meias brancas, estranhos chapeuzinhos brancos na cabeça, algumas meninas mais velhas também com roupa de balé e adultos com câmeras de vídeo. Que pena, elas estavam tirando suas sapatilhas; eu evidentemente perdera a apresentação, mas apreciei muito a cena pós-apresentação.

Sim, o sol estava tentando sair e conseguindo. Agora eu margeava uma cerca. Do outro lado havia um luxuriante e adorável jardim botânico! Nunca o havia notado antes em meus passeios e logo me vi dentro do Jardim Botânico da Universidade de Bonn, que cerca o prédio oficial amarelo. Que descoberta! Árvores antigas com graciosos ramos pendentes tocavam suavemente o gramado viçoso. Um canal e lagos povoados por patos silvestres, cujas cabeças verdes brilhavam ao sol (sim, agora ele aparecera de fato), alinhavam-se com as árvores. Canteiros de espécies exóticas de todos os tipos, cuidadosamente tratadas e etiquetadas. Aqui uma seção de gramas, lá no centro um jardim de belas rosas. As flores cor-de-rosa pareciam ter florescido primeiro, agora estavam desabrochadas e passadas, soltando suas pétalas no gramado, emoldurando as rosas vermelhas que entravam na maturidade rica e brilhante. Atrás delas as rosas-chá, desenvolvidas apenas o suficiente para mostrar sua cor surpreendente. Passeei por todos os caminhos daquele jardim, do verde-escuro das majestosas árvores às cores vibrantes dos canteiros centrais, e me senti maravilhosa enquanto retornava ao Kurfürstenhof.

Também me lembrei de que tenho outras opções. Devo voltar às minhas visualizações/meditações, já que ultimamente os tumores têm estado muito quietos, nenhuma voz, imagem ou sentimento surgindo deles. Mas, ainda, foi o passeio no Jardim Botânico que me fez sentir em paz com a situação. As coisas são assim. Faremos o melhor que pudermos e aguardaremos os resultados. Não há modo de prever, nenhuma necessidade de se apegar, nenhuma utilidade em desejar um resultado particular ou sentir aversão por outro; isso só leva a sofrimento. Tenho uma vida boa, Ken é o meu amado, e veja só a cor daquelas rosas!

Na volta de Bonn, paramos em Colônia e em Aachen para conhecer suas históricas catedrais, as últimas que visitamos na Europa. E uma profunda melancolia alojou-se em nós dois.

Não havia muito que fazer em Aachen, especialmente porque as lojas na Alemanha fecham às duas horas da tarde no sábado (exceto no primeiro sábado do mês). Sentimo-nos cansados de estar aqui e ansiosos para chegar em casa, principalmente agora quando não temos nenhum tratamento programado. O enfado instalou-se definitivamente, exacerbado pela comida que nos serviram. Fiquei levemente interessada por duas tabuletas que vimos – ACESSÓRIOS DEFEITUOSOS e SCHMUCK U. ANTIQUITÄTEN – mas só levemente. Estávamos fartos de

Mas não estou morto!

andar e olhar vitrines. Certamente há momentos em que me pergunto sobre o sentido da vida, especialmente entre tratamentos, quando o intenso foco neles é substituído por mais tempo a ser preenchido, quando não temos nada a fazer. Obviamente não é um problema novo. Mesmo assim, o impulso para me sentir o melhor possível parece tão profundo, como se proviesse de um nível celular, a ponto de não ser afetado por esses momentos filosoficamente depressivos, embora arqueiem meus ombros e empanem meu encantamento pela vida. Diante de um altar da Virgem Maria na Catedral de Colônia, após acender umas velas e colocá-las nas fileiras de velas já acesas, tremeluzentes e bruxuleantes, pensei sobre como meu amor pela vida normalmente irrompe de forma inesperada, quando, por exemplo, sinto prazer ao ver um canteiro de rosas ou pássaros cantando em ruidosa competição. Mas hoje, até esses momentos parecem insípidos, não conseguem melhorar meu humor ou erguer meus ombros arqueados. Mais cedo naquele dia, eu comentara com Ken que nós nos deparávamos mais frequentemente com essas sensações do que as pessoas que têm filhos, já que as crianças trazem você constantemente para a vida, enchem-no com sua sensação de possibilidades ilimitadas e suas esperanças quanto ao futuro, principalmente quando cresce sua consciência das próprias limitações, seu corpo fica menos ativo e você se torna mais "realista" a respeito da vida.

Nesse momento na igreja, ajoelhada diante desse grande número de velas que tremeluzem na suave obscuridade, penso que a única coisa que dá sentido à vida é ajudar outras pessoas. Em uma palavra, servir. Coisas como crescimento espiritual ou iluminação não passam de conceitos. O desenvolvimento pleno do potencial pessoal também parece muito banal e egocêntrico, a menos que leve (como frequentemente leva) a ideias ou criações que ajudem a aliviar o sofrimento. E o que dizer da beleza, meu trabalho com arte, criatividade? Bem, pelo menos por hoje, não se mostram muito importantes, exceto talvez a arte que enfeita lugares sagrados como essa catedral. Vínculos humanos, ligações humanas, relações verdadeiramente ternas e amorosas com todas as formas de vida e toda a criação, só isso importa. Manter meu coração aberto, sempre meu maior desafio, abandonar as defesas, abrir-me para a dor de modo que a felicidade também possa entrar. Isso significa que dedicarei menos tempo à arte e mais ao trabalho com as pessoas que têm câncer? Eu não sei. No momento, o livro que estou escrevendo, com informações que podem ser úteis para outros que enfrentam esse desafio, parece mais valioso do que placas de vidro fundido. Entretanto, imagino que descobrirei um ponto de equilíbrio em algum instante, quando então haverá espaço para alegria e beleza, quando as nuvens e meu humor elevarem-se...

Fizemos uma cômoda e luxuosa viagem de trem no Lufthansa Airport Express. Eles despacham sua bagagem para o destino final quando você embarca no trem em Bonn, em seguida servem uma refeição deliciosa regada a champanhe, para os que desejarem. Essa é nossa quinta vez nessa parte do Reno e finalmente consegui um guia de viagem que fala um pouco sobre cada castelo – e existem muitos, 27 são mencionados no guia – coroando os promontórios pelo caminho ou guardando estreitos ao longo do rio. Lá está Drachenfels, a montanha mais visitada da Europa (sim, Ken e eu fomos lá, Ken voltou muitas vezes, e uma vez levou Vicky); seu núcleo agora está reforçado por cintas de concreto, por força da erosão que o enfraqueceu perigosamente; Der Pfalzgrafenstein, iniciada em 1327, uma fortaleza erguida em uma ilha no meio do rio; a fortaleza de Ehrenbreitstein, construída inicialmente no século X para controlar a confluência dos rios Mosel e Reno; a estreita passagem do Reno com o Rochedo de Lorelei, casa da feiticeira, com torres de 130 metros; Burg Gutenfels, erguido por volta de 1200, com vinhedos íngremes, em terraços de pedra, cascateando dos seus muros até as margens...

Graça e Coragem

Devo confessar que está sendo uma encantadora viagem pelo Reno. Acima de tudo, estou apreciando os canteiros de jardins domésticos, que aparecem aqui e ali nas margens da ferrovia, que, de outra forma, não seriam usadas. Às vezes existe só um ou dois; outras, surge uma grande área com trinta ou mais canteiros, cada um com seu próprio abrigo, depósito de ferramentas ou minúsculo solário, as cadeiras posicionadas na direção do sol; alguns com plantações de legumes que eu gostaria de identificar; outros exclusivamente com flores radiantes. Teria sido bom se fosse sábado em vez de terça-feira, pois poderia ver pessoas tratando zelosamente os pequenos terrenos espalhados ao longo dos trilhos, parecendo uma colorida colcha de retalhos orgânicos cobrindo áreas especiais na Terra.

Ao passarmos por Drachenfels, mudei de lugar, do corredor para uma janela, e fiquei apreciando a fortaleza até que desaparecesse no horizonte, o que levou uns dez minutos.

19. Equanimidade apaixonada

O programa Kelley/Gonzales é baseado na simples premissa de que enzimas digestivas dissolvem todos os tecidos orgânicos, inclusive tumores. Assim, megadoses de enzimas, tomadas oralmente, surtirão um efeito solvente em nódulos cancerosos. Isso está cientificamente documentado; médicos esportivos usam enzimas há anos para dissolver tecidos doentes e lesionados. O cerne do programa Kelley é, portanto, a ingestão de um grande número de pílulas de enzimas pancreáticas, seis vezes ao dia (inclusive uma de madrugada). As enzimas precisam ser tomadas entre as refeições, com o estômago vazio; do contrário, não entram na circulação sanguínea para dissolver os tumores e, ao contrário, dissolvem apenas a comida.

O programa Kelley está sendo agora aplicado pelo Dr. Nicholas Gonzales na cidade de Nova York. Nick, como nós o conhecíamos, é um médico muito inteligente e extremamente preparado, que obteve seu diploma na Colúmbia e fez residência na Sloan-Kettering. Ao pesquisar vários tratamentos de câncer, ele topou com o trabalho do Dr. Kelley, um dentista que afirmava ter curado cerca de 2.500 pacientes de câncer, inclusive a si próprio, usando enzimas pancreáticas com dieta, vitaminas, clister de café e outros tratamentos do movimento alternativo de saúde. Mas o que distinguia a abordagem Kelley eram as megadoses de enzimas pancreáticas.

No fim, Kelley ficou maluco – esquizofrênico paranoico, até onde eu sei – e do que conseguimos extrair do Nick, o Dr. Kelley ainda está vivo em algum lugar, conversando com homenzinhos de outros planetas. Longe de nos preocupar, Treya e eu achamos essa parte da história estranhamente reconfortante. Nós já tentáramos todos os tratamentos que nos foram apresentados por homens sãos.

Nick analisou os milhares de casos clínicos compilados por Kelley e desconsiderou todos os que não estavam bem-documentados, não importa o quanto impressionantes fossem. Ele concentrou-se em cinquenta casos representativos, que tinham documentação médica muito consistente, e apresentou-os em uma tese na Sloan-Kettering, tendo como orientador o chefe do seu departamento. Alguns dos resultados foram surpreendentes. Por exemplo, a taxa de sobrevida por cinco anos para o tipo genérico de câncer metastático de mama, como o de Treya, é exatamente 0,0%. Mas, nesses cinquenta casos, havia três que sobreviveram mais de cinco anos (um, dezessete anos)! Nick ficou tão impressionado que foi atrás de Kelley e estudou com ele enquanto ainda estava lúcido. Apenas recentemente – cerca de oito meses antes de nós o encontrarmos pela primeira vez – foi que Gonzales iniciou sua própria prática, baseada nas ideias de Kelley. Eu gostaria de enfatizar que essa não era uma

Graça e Coragem

clínica mexicana de charlatanismo (embora nós também pudéssemos experimentá-las se achássemos que ajudariam); Gonzales é um médico altamente treinado, que está tentando uma abordagem alternativa muito promissora para controle do câncer, cumprindo integralmente toda a legislação de saúde dos Estados Unidos.

A principal ferramenta de diagnóstico que Gonzales usava era uma análise de sangue para vários marcadores de câncer. Afirmava que esse exame era capaz de localizar tumores diversos em qualquer lugar do corpo e avaliar sua atividade. Antes de nos encontrarmos com Gonzales, antes de lhe contar qualquer coisa sobre o caso de Treya, esse exame de sangue indicou que ela tinha tumores em grande atividade no cérebro e nos pulmões, com provável envolvimento no sistema linfático e fígado.

Por ocasião do exame – acabáramos de retornar da Alemanha e iniciáramos o programa Kelley/Gonzales – diversos testes ortodoxos realizados no hospital de Denver indicaram que Treya tinha cerca de quarenta tumores pulmonares, três tumores cerebrais e pelo menos dois tumores no fígado, com possível comprometimento do sistema linfático.

Entretanto, a pontuação crucial do exame Gonzales era a da avaliação da atividade global dos tumores, que variava de 0 a 50. Gonzales considerava acima de 45 como incurável ou terminal. Treya marcou 38, uma pontuação bastante alta, mas que não estava fora da faixa de possível benefício, até mesmo possível remissão.

O fato extremamente desconcertante do programa Kelley/Gonzales era que, quando estava sendo aplicado, ou especialmente quando estava surtindo efeito, criava alterações no corpo que eram clinicamente indistinguíveis do aumento da atividade cancerígena. Por exemplo, quando as enzimas atacam os tumores e começam a dissolvê-los, eles explodem – uma reação histamínica padrão – e essa explosão aparece em uma tomografia exatamente como se o tumor estivesse crescendo. Não existe basicamente nenhum meio ortodoxo que diga se o tumor está aumentando ou explodindo antes de morrer (a não ser cirurgia e biópsia).

Começamos, então, o que foi, sem dúvida, o período mais dilacerante e indutor de ansiedade dessa jornada. À medida que as enzimas começaram a surtir efeito, as tomografias mostraram o que parecia ser um crescimento maciço dos tumores. Entretanto, os exames de sangue detectaram uma diminuição considerável da pontuação de atividade global do câncer! Em que acreditar? Ou Treya estava melhorando rapidamente, ou morrendo rapidamente, e nós não conseguíamos saber qual a alternativa correta.

Assim, estabelecemos uma rotina muito rígida em casa e aguardamos.

Foi exatamente no princípio desse período que Treya sofreu outra importante mudança interior, em prosseguimento daquela que culminara com a troca de seu nome de Terry para Treya. Essa virada não foi tão dramática ou marcante quanto a

Equanimidade apaixonada

primeira, mas ela sentiu que foi tão profunda quanto, talvez até mais. Como sempre, envolveu a relação entre ser e fazer. Treya sempre se identificara mais com seu lado fazer; a primeira mudança fora redescobrir seu lado ser – o feminino, o corpo, a Terra, a artista (foi assim que ela a encarou). E a recente mudança foi mais a da integração do ser com o fazer, unindo-os em um todo harmonioso. Ela encontrou uma expressão – equanimidade apaixonada – que resumia perfeitamente o processo inteiro.

Eu estava meditando sobre a ênfase dos carmelitas na paixão e sobre a ênfase paralela dos budistas na equanimidade. Isso de alguma forma me parecia mais importante que a antiga discussão sobre teísmo e não teísmo, na qual esses dois grupos normalmente se engajam, e que não faz sentido para mim. De repente, me ocorreu que nosso entendimento comum do que significa paixão vem carregado com a ideia de apego, de querer algo ou alguém, de temer a perda, de posse. E se você sentir paixão sem tudo isso, paixão sem apego, paixão simples e pura? O que seria isso, o que significaria? Eu pensei naqueles momentos durante a meditação quando sinto meu coração aberto, uma sensação dolorosamente maravilhosa, um sentimento apaixonado mas sem apego a qualquer conteúdo, pessoa ou coisa. E as duas palavras uniram-se na minha mente e formaram um todo. Equanimidade apaixonada, equanimidade apaixonada – estar completamente apaixonada por todos os aspectos da vida, pela relação com o Espírito, cuidar das profundezas do ser, mas sem nenhum traço de apego ou posse; é o que a expressão significa para mim. Plena, acabada, completa e desafiadora.

Isso me parece tão certo, tão profundo, tão central para o que venho trabalhando há tantos anos, desde a mudança de nome. É como se na primeira parte da minha vida estivesse aprendendo paixão. A seguir, após o câncer, equanimidade. E agora as estivesse integrando. Isso é muito importante! E parece que, devagar, mas inexoravelmente, está permeando todos os aspectos da minha vida. Ainda tenho caminhos a percorrer! Mas sinto que finalmente consigo ver a estrada claramente nessa "viagem sem destino".

E a tarefa que se me apresenta é lutar apaixonadamente pela vida, sem me apegar a resultados. Equanimidade apaixonada, equanimidade apaixonada. Tão apropriada!

Em resumo: era cortar lenha e buscar água, o que Treya encarou com zelo tranquilo. Deixamos que nossa consciência se ocupasse dos vários detalhes do dia a dia e com os aspectos incrivelmente exigentes do programa Kelley/Gonzales. E aguardamos os exames que resumiriam nosso futuro.

Boulder, julho de 1988

Queridos amigos,

retornamos da Alemanha há algumas semanas e estamos apreciando tremendamente o clima sempre variável das Montanhas Rochosas, a familiaridade com a América, as brincadeiras irrequietas de nossos cachorrinhos, a proximidade da família e dos amigos.

Graça e Coragem

Obviamente, meu principal foco agora é, na medida do possível, curar-me. Minha programação é uma mistura do Programa de Ecologia Metabólica Kelley (vitaminas, enzimas pancreáticas, dieta, várias técnicas de limpeza interna), meditação, visualização, leitura espiritualista, acupuntura com um médico de Taiwan (da escola "se não doer, não faz efeito"), indicado por Michael Broffman [um perito de San Francisco em medicina chinesa e americana], consultas e exames judiciosos com o oncologista local, exercícios e ficar ao ar livre tanto quanto possível. Estou buscando um psicólogo nas redondezas para me tratar e voltei a praticar um pouco de ioga.

Surgiu uma rotina dessa combinação de programas. Ken acorda por volta das cinco e medita por várias horas antes de começar as tarefas diárias de cuidador – limpar a casa, lavar roupa, ir ao supermercado e preparar muito suco de legumes! Eu durmo até o mais tarde possível, normalmente entre nove e meia e dez horas (nunca consigo ir para a cama antes da meia-noite). Aí começo minha rotina matinal, amplamente ditada pelos ritmos do programa Kelley. Quando acordo, na verdade já tomei duas das sete doses diárias de enzimas pancreáticas (seis cápsulas), uma às 3h30 da madrugada e outra às 7 horas da manhã. Ao me levantar, tomo imediatamente a medicação para o diabetes e os comprimidos para a tireoide. Preciso tomar o café da manhã logo em seguida ou não consigo ajustar os horários para as doses de enzimas restantes e os suplementos durante as refeições do resto do dia (mais de trinta pílulas por refeição). Começo pela mistura de quatorze cereais crus (moídos na véspera e deixados de molho na água durante a noite); Ken normalmente me prepara um ou dois ovos para acompanhar o imenso punhado habitual de suplementos. Faço café para o clister matutino, de forma que ele esfrie enquanto como. Também posso tomar uma xícara por dia a fim de ajudar meu tipo metabólico (lento para pegar!). Devo admitir que espero ansiosamente pelo café...

Saboreio lentamente meu desjejum, observando o vale arborizado abaixo e lendo – ultimamente tenho lido *Denial of Death*, de Becker, *Open Mind, Open Heart: The Contemplative Dimension of the Gospel*, do Padre Thomas Keating, *Ramana Maharshi and the Path of Self-Knowledge* e *The Teachings of Ramana Maharshi*, de Osborne. É bom manter lembretes constantes de diferentes formas de olhar e abordar verdades espirituais maiores, pois estou constantemente envolvida com meu corpo e suas sensações, frequentemente assustada com um clarão repentino em um olho ou o entorpecimento de uma perna, identificando-me repetidamente com o corpo, levada por minha vontade básica e fundamental de viver no nível celular, confundindo o Eu superior com o ego/corpo. É traiçoeiro direcionar tanta energia para a cura, intensificar minha vontade de viver sem, ao mesmo tempo, pensar na vida após a morte, dependendo apenas do apego e identificação a essa aglomeração atual de células vivas que sou "eu", o que quer que isso signifique!

Equanimidade apaixonada

Após a leitura, faço um pouco de ioga e a seguir medito, simplesmente como uma oferenda do meu tempo e atenção para o Espírito, uma afirmação da minha fé em algo que acho difícil de articular ou explicar. Essa abordagem me ajuda a evitar cair na armadilha sempre pegajosa do esforço orientado para objetivos.

Também medito sobre o que diz o Padre Thomas Keating: "O principal ato de vontade não é o esforço, mas o consentimento... Tentar obter as coisas pela força de vontade é reforçar o falso eu... Mas à medida que a vontade sobe a escada da liberdade interior, sua atividade torna-se cada vez mais um consentimento para a aproximação de Deus, para o influxo da graça". Eu normalmente substituo a palavra "Deus" por "Espírito"; a primeira está muito carregada de implicações machistas, patriarcais e condenatórias, muito ligada a um ser ou pai separado, enquanto Espírito se aproxima mais do Uno ou Vazio onipresente e informe, no qual me imagino de algum modo imersa. Porém, gosto da ênfase do Keating não no tentar, mas no receber, no abrir-se, no consentir, uma postura muito ativa do seu jeito. Ele aconselha: "Tente diluir a disposição básica de receptividade que é necessária para o crescimento da oração contemplativa. Receptividade não é inatividade. É atividade real, mas não esforço no sentido comum da palavra... É simplesmente uma atitude de espera pelo Mistério Supremo. Você não sabe o que é, mas enquanto sua fé se purifica, você não quer saber". Essa "inatividade ativa" é um exemplo do que penso ser a "equanimidade apaixonada". Ken me lembrou de que isso é o que os taoístas chamam de "wei wu wei", literalmente "ação na inação", e que é normalmente traduzido como "esforço sem esforço".

Keating recomenda o uso de uma "oração ativa" com cinco a doze sílabas, como se fosse um mantra. A de que gosto (não está em sua lista) é "Consinta a Presença do Espírito". Sinto que a palavra "consinta" me estimula, me acorda, sempre me surpreende, porque eu, muito facilmente, caio constantemente no esforço. Ela faz parar minha atividade e um sussurro de relaxamento, de suavidade, de permissão flui por essa pausa. Eu ainda uso o mantra "Om Mani Padme Hung" durante o dia [o mantra de Chenrezi, o Buda da Compaixão], mas é bom agora ter um mantra na minha língua, cujo significado sempre me abre mais a percepção. Eu ainda uso o rosário de madeira do Monastério de Snowmass no meu pulso esquerdo e toda vez que ele capta algo, o que é bem frequente, tento parar, retirá-lo suavemente, observar a ponta de irritação se isso acontecer, e repetir para mim mesma: "Consinta a Presença do Espírito". Cria-se um momento de quietude, de abertura, de que eu gosto.

Depois da meditação é hora do clister de café, um procedimento de desintoxicação generalizada que estimula o fígado e a vesícula a liberar suas toxinas e resíduos. É um componente de muitos tratamentos alternativos de câncer, inclusive do programa Gerson; esses clisteres têm sido usados com segurança por mais de cem anos. Eu sei

Graça e Coragem

que para mim eles fazem bem e são intuitivamente corretos. Recordo que há alguns anos deixei que meu oncologista da época me assustasse quanto a eles, embora produzissem muito alívio para os efeitos dolorosos da quimioterapia no tecido retal. Ele fez um comentário severo e desabonador sobre desequilíbrios de eletrólitos causados por clisteres. Só mais tarde percebi que ele provavelmente não conhecia muito o assunto e que se tal fato fora detectado, provavelmente teria sido por meio de exames após o uso do clister vinte vezes ao dia!

O clister leva cerca de trinta minutos e aproveito para fazer visualização, com uma fita do Goenka com cânticos em páli como música de fundo. Dependendo de como as coisas estão em um dado dia, consigo visualizar, de forma direta e orientada para o objetivo, os tumores sendo digeridos, mortos e expelidos. Em outros dias, quando sinto necessidade de me abrir, questionar e explorar, dialogo com os tumores, fazendo-lhes perguntas, vendo se têm algo a me dizer.

No primeiro caso, eu imagino ativamente as enzimas atacando os tumores (um de cada vez, começando pelos tumores cerebrais e depois indo para o maior tumor pulmonar). Imagino o tumor sendo amolecido pelas enzimas, que entram por meio da circulação sanguínea mais fortemente pelo lado direito inferior. Imagino as células sendo digeridas pelas enzimas e, ao mesmo tempo, meu sistema imunológico ajudando a matar essas células enfraquecidas. Visualizo o tumor sendo destruído por dentro, a área negra no centro aumentando, o inchaço em torno diminuindo, e às vezes o vejo colapsando sobre si mesmo, à medida que mais células mortas são retiradas do centro.

Quando dialogo ativamente com cada tumor, o processo é diferente, com uma sensação diversa. Primeiro, verifico se alguma coisa mudou desde a última vez. Em seguida, pergunto se os tumores têm algo a me dizer, como confirmar o que estou fazendo ou sugerir outra coisa. O que vejo e ouço tem sido quase uniformemente positivo – eu não sei se significa algo objetivamente, mas pelo menos me diz que estou mais esperançosa nos níveis mais profundos, menos conscientes. Os tumores dizem coisas como: "não se preocupe, vai dar tudo certo" ou "não se preocupe se você sentir alguns sintomas estranhos, as coisas estão mudando por aqui, a forma do tumor está se modificando e pressionará áreas diferentes, mas isso não quer dizer nada, não se preocupe". Algumas semanas atrás, o tumor cerebral me disse, quase se desculpando, que não queria me machucar, certamente não queria me matar e, portanto, estava contente por tentar as enzimas, já que ele não cedera à radiação ou à quimioterapia (ele se mostrou bastante resistente a elas), mas achava que sucumbiria às enzimas; por favor, dê uma chance a esse programa, pelo menos por três meses!

Novamente, eu me apego pouco a tudo isso. Não sei se as informações e advertências que obtenho dessa forma apresentam qualquer verdade objetiva, mas acho-as úteis por me conectar com essas diferentes vozes em mim, para entender

Equanimidade apaixonada

melhor o que está acontecendo no meu interior, sob o nível da consciência diária, e presto atenção aos conselhos que surgem daí. Muitas vezes os tumores ficam mudos ou parecem inabordáveis. Eu sempre peço a ajuda da Mãe Maria e do Velhinho das Montanhas (que se parece muito com um boneco alemão que impulsivamente comprei no aeroporto – ele usa uma grande barba cinza, jaqueta rústica verde e mochila nas costas). Eles se tornaram meus guias nessa jornada interna e são uma fonte muito bem-vinda de conforto e companhia. Apesar de não ter sido suficientemente criativa para ter companheiros imaginários de brincadeiras quando criança, eu os estou inventando agora!

Depois do clíster de café, está na hora da terceira dose de enzimas (elas devem ser tomadas uma hora antes das refeições ou irão agir contentes na comida e não entrarão na circulação sanguínea). Levo os cachorros para um pequeno passeio, arrumo algumas coisas, e de repente é hora do almoço, que Ken prepara rapidamente. Fiquei surpresa com a dieta definida pelo Dr. Gonzales. É realmente muito mais branda que a dieta semimacrobiótica que vinha fazendo, o que foi um alívio, já que esperava uma dieta de certa forma muito mais rigorosa. Fui classificada com base em análise do cabelo e exames de sangue como uma Metabolizadora Vegetariana Moderada, um dos dez tipos metabólicos (o programa, especialmente a dieta, é ligeiramente diferente para cada tipo). Isso significa que me dou bem com proteína vegetal (sou uma vegetariana que come peixe desde 1972), mas me dou melhor ainda com proteína animal magra (ovos, queijos, peixe, frango, carne vermelha ocasionalmente). Minha única transgressão ao programa até agora (estou nele há doze dias) é que ainda não consegui comer carne vermelha! Um grande obstáculo a ser superado. Eu realmente preciso comê-la! Fico me perguntando qual será o gosto... como será mastigar um bife novamente... e claro que meu pai, um pecuarista, está se divertindo com essa estranha idiossincrasia!

A dieta é 60% crua (acho difícil de controlar), no mínimo quatro porções de legumes por dia, suco de vegetais frescos quase todo dia (suco de cenoura para não diabéticos), grãos integrais, mistura de quatorze cereais cinco vezes por semana, ovos e laticínios (meu tipo consegue lidar facilmente com o colesterol, mas devo evitar queijos amarelos), nozes e sementes, frango sem gordura duas vezes por semana, carne vermelha sem gordura uma vez por semana. Também me autorizaram três porções de frutas por dia, mas isso é impossível para mim, a menos que tome insulina. Devo evitar álcool, especialmente nos primeiros três meses, embora de vez em quando uma taça de vinho seja permitida. Nutrasweet é considerado impróprio para uso humano, mas uma pequena quantidade de sacarina é aceita (já que sou diabética e não posso comer frutas e mel, que são permitidos). É difícil explicar que diferença faz para mim um pacotinho de adoçante diariamente...

Graça e Coragem

Muito bem. No almoço lá se vai goela abaixo outro grande punhado de pílulas, embora frequentemente com mais relutância. Houve época em que conseguia engolir todas as pílulas de uma vez. Não mais. Agora elas descem uma a uma ou, se me sentir corajosa, duas a duas. Nada como ter uma pílula entalada na garganta às 3h30 da madrugada, especialmente uma cujo conteúdo seja tão saboroso quanto enzimas pancreáticas de porco. Em todos esses procedimentos, inclusive o clister, só uso água filtrada pelo processo de osmose reversa ou água destilada.

Mais ou menos uma hora após o almoço, tomo a quarta dose de enzimas e duas horas mais tarde a quinta (sem lanche para que as enzimas não sejam desviadas). Uma hora depois da quinta dose, antes do jantar, tomo um suco de legumes. Em seguida, jantamos – Ken normalmente prepara algo maravilhoso. Ele faz uma pizza vegetariana fabulosa com borda de quinoa, *chilli* vegetariano e *ratatouille* deliciosos, frango primavera e peixe tailandês. Ele ainda está tentando aprender a cozinhar carne vermelha! Depois nos aninhamos no sofá com os cachorros e assistimos a vídeos!

Ken vai ao supermercado e à lavanderia, e faz as tarefas domésticas, sendo extremamente útil, pois as enzimas dão muito cansaço. Ele está sempre pronto para mim, firme, disponível quando eu preciso, atraente e amoroso. Nós ficamos abraçados à noite, pensando no que aconteceu em nossa vida. Estamos preparando nossos testamentos por via das dúvidas. É assim que tem de ser. Ficamos magoados, chateados e bravos porque isso nos aconteceu ou possa acontecer a qualquer pessoa. Também aprendemos a respirar profundamente, a aceitar o que é (por instantes, pelo menos!), a curtir a vida, a apreciar os momentos de conexão e felicidade, e a usar essa experiência terrível e dolorosa para ajudar a nos manter abertos para a vida e crescer em compaixão.

É esquisito comprar um carro novo (um jipe Wrangler) com garantia de seis anos e imaginar se estarei viva quando acabar a garantia. É esquisito ouvir as pessoas fazendo planos para daqui a cinco anos e pensar se ainda participarei deles. É esquisito pensar que talvez seja melhor adiar algo como a construção de um terraço com jardim para o ano que vem, já que não sei se estarei por aqui para desfrutá-lo. É esquisito ouvir os amigos conversarem sobre uma viagem para o Nepal e perceber que provavelmente nunca irei lá, uma vez que o risco de desviar meu sistema imunológico do combate aos tumores é muito grande. Bem, fiz muitas viagens na minha época, embora nunca para o Nepal. Ken sempre diz que, de qualquer modo, já viajei demais e essa é a chance de ver o que muda na minha vida ficando mais em casa.

Para terminar meu dia dominado por pílulas, três vezes por semana faço um tratamento de acupuntura, processo que leva cerca de duas horas. Em seguida, outro exame de açúcar no sangue e jantar com outro punhado de mais de trinta pílulas sortidas. A sexta dose de enzimas acontece uma hora depois, então 45-60 minutos

Equanimidade apaixonada

na bicicleta ergométrica, seguidos pela sétima dose de enzimas e uma curta meditação antes de me deitar. Tomo um conjunto final de pílulas na hora de dormir (esse inclui o agente antiestrogênio) e verifico se o despertador está ajustado para 3h30 da madrugada. Essa rotina continua por dez dias; depois tenho cinco dias para limpeza e descanso, quando não tomo vitaminas ou enzimas (embora continue com enzimas e cloreto de hidrogênio nas refeições). Esse ciclo de dez dias de tratamento e cinco dias de descanso é o padrão geralmente prescrito, já que durante o período de descanso o corpo pode "superar a carga tóxica resultante do reparo e reconstrução fisiológicos". Nos primeiros cinco dias de descanso também cumpro um "protocolo de limpeza geral", tomando altas doses de casca de semente de *psyllium* e solução de bentonita três vezes ao dia. Presume-se que o *psyllium* force sua passagem pelos intestinos grosso e delgado, removendo os resíduos presos em diminutos recessos e fissuras, enquanto a bentonita absorve toxinas dos intestinos. Eu estou agora no segundo dia desse programa. Nos meus próximos cinco dias de descanso devo passar por uma limpeza do fígado. Não diabéticos usam suco de maçã, mas eu dissolverei o ácido ortofosfórico na água e beberei quatro copos por dia. No final, tomo sais de Epsom, um clister, mais sais, e aí – oba! – janto frutas com creme *chantilly*. Azeite antes de deitar, ugh. Espera-se que o ácido remova cálcio e gorduras das artérias, e amoleça e dissolva cálculos biliares. Os sais de Epsom relaxam os músculos dos esfíncteres da vesícula e dos canais biliares, permitindo a passagem dos cálculos. O creme e o azeite causam contração da vesícula e do fígado, levando os resíduos, bílis e cálculos para o intestino delgado. Um senhor processo... algo que se espera ansiosamente!

Ken e eu gostamos do Dr. Gonzales. Seu consultório fica a uma quadra e meia do apartamento da minha tia em Nova York. Ele diz que 70-75% dos seus pacientes respondem bem ao programa, o que penso que significa que eles no fim se curam ou conseguem manter o câncer controlado por muito tempo. Já que o câncer espalhou-se pelo meu corpo, ele acha que provavelmente minhas chances sejam de 50%, embora possam ser mais altas por causa da minha determinação e compreensão do programa.

A resistência dos diversos órgãos e sistemas e a verificação da presença de câncer são obtidas por meio de um exame de sangue especial. Ele ressalta os pontos fracos do corpo e ajuda a determinar as vitaminas e extratos de órgãos a serem prescritos. Não entrarei em detalhes, mas os resultados do meu exame foram totalmente consistentes com a localização real do câncer e com os resultados esperados da quimioterapia; isso antes de o médico me examinar ou analisar meus registros. O exame também dá uma pontuação global para a extensão do câncer no corpo e é usado para acompanhar seu progresso no programa. Dr. Gonzales disse que a maior parte de seus pacientes marca entre 18 e 24 e que ele considera uma marca de 45 a 50 incurável.

Graça e Coragem

Minha pontuação foi 38, que é bem alta, mas ainda assim com boa chance de resposta. Ele contou que há pacientes que marcaram 15 e não conseguiram se curar; outros com pontuação acima de 30 mostraram-se incrivelmente eficientes na destruição de tumores, logo que começaram o tratamento. Saberemos mais sobre minhas chances daqui a um mês. Ele provavelmente fará outro exame de sangue então e, dependendo de como eu estiver me sentindo nos dirá muito sobre minha resposta. Dr. Gonzales conta que normalmente as pessoas se sentem péssimas durante o tratamento, quase como se estivessem morrendo, antes de começar a melhorar. Toda vez que reclamo que estou me sentindo cansada, Ken diz "boooom!" – nenhuma comiseração nesse ponto. Até agora tenho me sentido muita cansada, significando que reduzi meu programa de exercícios e comecei a tomar insulina.

Quando penso nos resultados possíveis dessa situação ou sobre a hora da minha morte, quando ela chegar afinal, sei muito bem que me sentirei mais em paz se tiver certeza das escolhas que fiz pelo caminho, se concluir que, no momento que fiz cada escolha, não estava indevidamente influenciada pelas crenças de outras pessoas ao redor, que a escolha foi realmente minha. Sinto que os programas Scheef e Kelley foram escolhas minhas, com certeza. Mas sei que fui muito influenciada por vários médicos sobre fazer primeiramente a cirurgia segmental; acredito que teria me decidido pela mastectomia se escutasse mais minha própria voz, e depois partisse para o programa Livingston-Wheeler. Minha principal precaução é sempre ficar alerta para não me abater com o que os médicos dizem (eles podem estar completamente convencidos do que fazem e terrivelmente infensos a abordagens não tradicionais), não me apressar para esclarecer o que quero e o que me atrai intuitivamente, e fazer uma escolha que seja minha, uma escolha que possa suportar, não importa o resultado. Se morrer, quero ter certeza de saber que foi por minhas próprias escolhas.

Acabei de completar o projeto de outro prato de vidro fundido, que me pareceu satisfatório. Eu agora declaro "artista" quando perguntam minha ocupação!

Ultimamente minha prática tem sido: (1) atenção e (2) entrega. Combinação de uma prática budista e uma prática cristã, embora de um jeito diferente. Recentemente assisti a partes do Simpósio de Meditação Cristã e Budista no Naropa e achei fascinante. Para quem não conhece, o Naropa é uma escola contemplativa aqui em Boulder, originalmente fundada por discípulos de Chögyam Trungpa Rinpoche. Ken faz parte do Conselho Diretor, com Lex Hixon, Jeremy Hayward e Sam Bercholz. Eles têm alguns programas muito estimulantes e inovadores, com forte ênfase em psicologia, artes, literatura, poesia e estudos budistas.

Para mim, o resultado principal desse simpósio foi uma crescente sensação de que estou começando a expurgar conotações negativas de palavras, expressões e formas cristãs de descrever a experiência mística, como Deus, Cristo, pecado e

Equanimidade apaixonada

entrega, que sempre me causaram desconforto. De fato, a pequena frase que uso na minha meditação como "componente cristão" mudou de "Consinta a Presença do Espírito" – segura, ecumênica, sem jargões, embora "consentir" fosse um desafio para mim – para "Entregue-se a Deus". Simples, direta, formada por duas palavras que já foram complicadas para mim. Mas agora eu as amo! É exatamente do que preciso. O valor do choque, um remanescente do que essas palavras uma vez significaram para mim, desperta-me. Leva-me de volta à atenção. Quando faço essa prática, quando repito essa frase, de repente abandono tudo que me preocupa, minha consciência abre-se e expande-se e, instantaneamente, vejo e sinto a beleza e energia ao meu redor, despejando-se sobre mim, estendendo-se ao infinito, por todo o espaço, e a palavra "Deus" me faz pensar não em um patriarca, mas em imensidão, vacuidade, poder, perfeição, eternidade e completude.

Basicamente estou indo muito bem. Minha rotina matinal [espiritual] provê estabilidade, conforto e me faz lembrar constantemente de que, apesar de toda a atenção que dou ao meu corpo, não sou este corpo. Gosto de ser relembrada sobre "o Ser incondicional e absoluto que você realmente é", ainda que esteja longe de vivenciá-lo diretamente. Gosto de recordar que "todo esforço serve simplesmente para nos livrar da impressão errada de que estamos limitados e ligados às aflições de *samsara* (esta vida)". Gosto de escutar Ramana Maharshi falar sobre confiar em Deus, que "entregar-se significa que você deve aceitar a vontade de Deus e não se queixar daquilo que pode não acontecer para satisfazer você". Gosto de ser lembrada de que "você agradece a Deus pelas coisas boas que lhe acontecem, mas não agradece pelas coisas que lhe parecem ruins; é aí que você erra". Eu sinto que o câncer de alguma forma "pôs meu destino em movimento", frase usada por uma amiga sobre sua própria vida e que me tocou. Recordo outra amiga que teve câncer, compartilhando sua nova criação artística – eu me senti envolvida pela sua força e beleza – e em seguida comentando: "Sabe, odeio dizer isso, mas se não fosse pelo câncer, não teria descoberto essas profundezas dentro de mim".

Não tenho a mínima ideia do que me espera adiante. Pode ficar mais fácil, pode ficar muito mais difícil. Talvez consiga ir levando por algum tempo, ou uma súbita mudança pode me pegar no meio de outro tratamento. Percebo que ainda não tive de lidar com a dor ou com alguma função prejudicada de qualquer tipo, e não sei o quão corajosa, resignada, tranquila ou agradecida a Deus eu serei quando/se isso acontecer.

Nunca tive a intenção de que essas cartas se transformassem em uma série contínua. Simplesmente sentia-me muito preguiçosa para escrever para todo mundo individualmente, mas queria manter o contato. Agora que elas assumiram vida própria e ainda que ninguém as leia, provavelmente continuarei escrevendo! E incluí todos

Graça e Coragem

esses detalhes sobre exames, resultados confusos, opiniões contraditórias e escolhas difíceis não porque os números, os resultados ou até as decisões que tomei sejam importantes, mas porque os detalhes do viver diuturno com essa doença criam generalidades como: "Viver com câncer é uma montanha-russa emocional", "escolhas de tratamento são angustiantemente difíceis", "não conseguimos planejar além de uma semana" e "isto continuará até o fim". Outras histórias são diferentes em números, detalhes, velocidade e resultados, mas, no todo, não muito diferentes nos sentimentos. É uma viagem acidentada.

Certamente, nos momentos em que me pergunto se tudo isso vale a pena, se a vida é realmente tão boa a ponto de lutar tanto, talvez eu só desista se ela se tornar muito dura – e tenho esses pensamentos regularmente –, uma coisa que me sustenta, que me faz querer continuar, explorar mais profundamente, é o processo de anotar por escrito o que vivencio, o que aprendo e as formas de desafio que encaro. Ken perguntou-me outro dia se eu continuaria com essas cartas caso as coisas ficassem realmente ruins. Eu respondi imediatamente: "Sim, claro; na verdade, acho que isso me incentivaria a continuar, mesmo com sofrimento, o que me demoveria de escolher uma saída mais fácil, me faria acreditar que vale a pena viver o dia a dia, ainda que com muita dor e sabendo obviamente que o fim está próximo". Continuarei tentando deixar vocês todos a par de como foi para mim, tentando fazer minha experiência chegar a vocês na esperança de que, compartilhando-a, ela possa, de certa forma, algum dia, ser útil para outra pessoa.

É hora de concluir e começar a próxima carta! Peço desculpas por não estar em condições de responder cartas ou retornar telefonemas, mas estou certa de que cada um de vocês compreende e lhes asseguro que Ken e eu sentimos o apoio de todos, de muitas formas, a cada dia!

Com muito amor,
Treya

A viagem acidentada – a verdadeira jornada emocionante – começou. Quase imediatamente surgiram relatórios médicos conflitantes. Os exames médicos ortodoxos detectaram crescimento rápido dos tumores no corpo de Treya. Mas esses exames mostravam-se perfeitamente consistentes com o que seria esperado caso os tumores estivessem sendo dissolvidos pelas enzimas.

Ontem levei um susto e tive uma noite agitada por causa dele. Meu médico de Denver telefonou com os resultados de um exame – o Teste Embrionário de Câncer, ou TEC, que mede a quantidade de uma proteína em

Equanimidade apaixonada

células de câncer que circulam no sangue e, desse modo, indica a atividade cancerígena no corpo. Meu exame em janeiro, quando fui diagnosticada, deu 7,7 (0-5 é considerado normal). Depois do primeiro tratamento na Alemanha deu 13 e pouco antes de voltar em maio, 16,7. Deveríamos observar esses marcadores de tumor como indicadores de seu crescimento, e se isso estivesse acontecendo, considerar o próximo passo a ser tomado. Bem, esse exame mais recente deu 21. Isso significava que os tumores estavam novamente ativos? Queria dizer que o tumor cerebral, que se esperava ficar estável por dois a três anos, voltou a crescer? Que meu sistema imunológico não estava conseguindo manter as coisas equilibradas? Que eu deveria reconsiderar a possibilidade de quimioterapia mensal contínua? Eu disse para a Vida: "Acabei de voltar para casa há duas semanas; por favor, me dê um tempo!"

Felizmente Ken e eu achamos o Dr. Gonzales de manhã. Ele disse para não nos preocuparmos com o TEC. "Tenho pacientes com TEC de 880 e 1300 que estão indo muito bem. Só começo a dar atenção a ele por volta de 700." Ele me explicou que, com o programa de enzimas, os níveis podem crescer muito enquanto as células cancerosas são destruídas e liberam a proteína medida pelo teste. "Não é problema", ele comentou. "Pode ir de 300 a 1300 em duas semanas e os médicos ortodoxos ficam doidos. Vinte e um indica alguma atividade, mas não é alta." Vocês podem imaginar a onda de alívio que tomou conta de mim. Também me tranquilizei quando ele me assegurou que o tratamento age no cérebro, uma vez que as enzimas passam pela barreira do sangue que vai para o cérebro. (Recentemente descobri que a maioria dos meus tratamentos de "reserva" – fator de necrose tumoral, antineoplastons de Burzynski e quimioterapia monoclonal – não fazem isso.) Dr. Gonzales mostrou-se muito confiante, de modo que eu imediatamente me senti melhor. Espero que ele esteja certo, que esse tratamento funcione. Pelo menos agora sinto-me um pouco mais segura, o que será importante quando nos encontrarmos com meu oncologista ortodoxo na semana que vem para revisar todos os exames e ouvir o que ele nos recomenda a seguir.

A recomendação ortodoxa foi iniciar imediatamente a quimioterapia contínua; ou, mais drasticamente, partir para uma quimioterapia de dose extremamente alta – tão alta que destruiria a medula óssea – e então fazer um transplante de medula (um procedimento radical geralmente considerado o mais cansativo que existe). Aguardamos ansiosamente a análise de sangue do Dr. Gonzales, aquele exame especial que determina, segundo ele, se os tumores estão crescendo ou de fato se dissolvendo.

Viva, as enzimas parecem estar funcionando! As primeiras boas notícias que recebemos por um longo tempo. Enviei outra amostra de cabelo e de sangue, após um mês de tratamento, e minha pontuação de câncer caiu de 38 para 33, a maior queda já vista pelo Dr. Gonzales em apenas um mês de programa. Comecei a tomar antiestrogênios ao mesmo tempo; portanto, parte da redução pode ser devida a eles (recentemente conversei com uma mulher que disse que os nódulos nos seus pulmões desapareceram completamente apenas com uma ooforectomia [remoção dos ovários]). Ken e eu ficamos encantados com as notícias do Dr. Gonzales!

Meu entusiasmo arrefeceu um pouco devido a um recente sintoma no meu braço direito, que talvez advenha de um tumor pressionando um novo local, mas eu me lembro da sessão de visualização, onde me foi dito para não me preocupar se surgissem sintomas estranhos; eles podem se dever à mudança de forma do tumor enquanto está

Graça e Coragem

sendo destruído. Essas comunicações internas são positivas e otimistas; a sensação que surge – mesmo em face de sintomas preocupantes – é de que "eu vou ficar boa". Isso não é pensamento positivo, não existe nenhum sentimento, força ou até intenção por trás delas, apenas emergem por si mesmas. São tranquilizadoras, embora não se mostrem coerentes com os resultados dos exames ortodoxos!

Toda essa situação estava me deixando maluco. Em quem acreditar? Naquele dia levei os cachorros para passear e eis o que passou pela minha mente:

Eu sou formado em bioquímica e o que o Gonzales diz sobre os testes ortodoxos faz sentido. Quando os tumores se dissolvem, eles liberam os mesmos tipos de rejeitos do seu crescimento; os exames ortodoxos não conseguem diferenciá-los facilmente. Até mesmo um radiologista experiente nem sempre consegue diferenciar crescimento de tumor, surto de histamina e tecido cicatrizado.

Mas e se ele estiver nos influenciando? Tentando nos tranquilizar? Mas por que o faria? Nosso oncologista ortodoxo acha que é por dinheiro, mas isso é ridículo. Gonzales cobra honorários fixos adiantado. Treya viva ou morta, ele já está pago!

Além disso, se estiver nos dando notícias "calmantes" e não for verdade, ele sabe que logo descobriremos e possivelmente ficaremos muito aborrecidos, com razão. Treya até perguntou a ele com aquele seu jeito: "E se você estiver errado, eu recusar o tratamento ortodoxo baseada em sua recomendação e depois morrer? Minha família não pode processá-lo, indo às últimas consequências?" E ele respondeu: "Sim, pode. Mas a razão pela qual esse programa continua funcionando nos Estados Unidos é sua taxa bastante elevada de sucesso. Se não, tanto os pacientes quanto eu já estaríamos mortos!"

E mais, Gonzales tem de pensar em sua própria reputação; quando seus pacientes não respondem ao tratamento, recomenda imediatamente recursos ortodoxos. Ele deseja que Treya viva tanto quanto qualquer outra pessoa e está confiante de que ela não só não piorará, como melhorará rapidamente.

Ou está enganado sobre o teste ou está mentindo. Ele não está mentindo – teria muito a perder. Então está enganado sobre o teste? Por que deposita tanta fé nele? Sei que o utilizou em centenas de casos e deve ter chegado à conclusão, empiricamente, de que o teste apresenta uma taxa muito alta de acerto. Não 100%, é claro, mas suficiente para arriscar sua carreira, pelo menos quando combinado com os outros exames que usa. Se o teste não funcionasse bem, ele, agora, já teria descoberto, ou pelo menos calculado sua margem de erro que, certamente, levaria em conta quando fizesse recomendações sobre as quais é médica e legalmente responsável. Ninguém se arrisca tanto, a menos que se baseie em algo em que tenha trabalhado por tempo suficiente e tenha boas razões para confiar. Nós podemos, sem dúvida, cortar sua cabeça se estiver errado, e ele sabe disso!

Equanimidade apaixonada

E do que podemos dizer a partir de fontes externas – seus arquivos estão abertos a pesquisadores qualificados – mais ou menos 70% de seus pacientes melhoram ou estabilizam-se. E, em todos os casos que pudemos avaliar, a análise do exame de sangue combina precisamente com a condição do paciente.

Foi aí que me dei conta de que esse programa maluco poderia funcionar.

Treya, que afinal foi quem decidiu sobre o assunto, também teve a mesma sensação. Mas, nesse momento, nenhum de nós se deixou levar por essa crença. Continuamos a considerar que ela tinha menos de um ano de vida, simplesmente porque se assumíssemos o contrário, poderíamos ter uma decepção cruel. Mas começaram a surgir momentos de otimismo. E, então, decidimos passar um mês na amada Aspen de Treya, que agora ficava a apenas quatro horas de carro.

Um mês em Aspen! Antevejo-o como um mês para descansar, um mês para usufruir a vida, um mês para não ter de telefonar para médicos, marcar exames ou pesquisar opções! Férias de um mês de toda essa história de câncer, um mês para caminhar, para ir a concertos, para ver os amigos, para estar ao ar livre, usufruir minha família... VIVA! Pôr de lado tanto quanto possível Todo esse material, deixar os relatórios de pesquisas sobre fator de necrose tumoral e monoclonais mofando na estante e simplesmente gozar a vida!

No último instante antes da nossa partida para Aspen, Ken descobriu um retiro de meditação budista de duas semanas no norte do Canadá; ele se sentiu muito atraído a fazê-lo. Fiquei encantada porque ele disse que foi a primeira coisa que o animou desde o diagnóstico da minha recidiva em janeiro. Este tem sido um ano incrivelmente difícil para Ken – não apenas pela pressão de ser meu principal cuidador, mas também devido à constante tensão sobre a possibilidade da minha morte, nossas discussões sobre o futuro, a revisão de nossos testamentos. Assim, fiquei muito feliz por ele ir a esse retiro, enquanto eu passaria um tempo com meus pais, minha irmã e os cachorrinhos. Seria maravilhoso, um bom descanso de Boulder, onde sentia que estava começando a perder minha interminável batalha com detalhes, detalhes, detalhes.

Será que as enzimas vão fazer efeito? Será que Gonzales está certo e elas funcionarão? Não sei. Espero que sim, mas tenho tantos sentimentos misturados estando aqui. Não são pura e simplesmente férias. Na viagem para cá, chorei com a majestosa beleza do Independence Pass e no dia seguinte, quando fui para minha cabana de meditação, chorei com a beleza natural do sol batendo nas folhas dos álamos. Nenhum desses momentos teria acontecido se não estivesse ciente de que posso não estar por aqui no próximo ano. Toda essa beleza me faz apreciar tanto a vida, a ponto de não conseguir me controlar e querer sempre mais! É difícil não me apegar, não me sentir presa quando estou cercada por coisas como o límpido som de um córrego de água cristalina, sombreado por altos choupos-do-canadá, quando ouço o característico vibrar de uma suave brisa fluindo por um grupo de álamos ondeantes, quando estou completamente distraída com os graciosos saltos de Kairos, perseguindo excitadamente pequenos animais pela vegetação rasteira, quando olho para o céu noturno e perco a respiração com o inesperado brilho e claridade de miríades de estrelas. Sim, às vezes eu me sinto muito apegada à vida, especialmente em Aspen.

Aqui me encontro constantemente consciente não só dos meus apegos, mas também das minhas novas limitações. Não é fácil. Quando ouço sobre locais exóticos visitados por meus amigos, ou quando Ken telefona

Graça e Coragem

para me dizer que gostaria de me levar a um retiro em Katmandu, imediatamente penso nos germes, na água suja, no fato de que não posso me arriscar a pegar um simples resfriado: as tropas estão completamente engajadas no câncer, nenhum soldado de reserva disponível para um resfriado comum, muito menos para algo mais estranho e desafiador para o sistema imunológico! Receio ter de limitar minhas viagens daqui por diante...

Antes de sair, preciso planejar cada viagem, cada excursão, até mesmo o dia. Tenho de lembrar da insulina, horários das enzimas, certificar-me de que estou carregando todas as pílulas e água comigo, ter sempre algo doce à mão para o caso de queda repentina do açúcar no sangue, levar roupas extraquentes para todos os lugares etc. etc. A necessidade desse planejamento tende a alimentar meu lado obsessivo. Acho que os pensamentos fugazes que mais me distraem durante a meditação são mais ou menos os seguintes: Eu tomei ou não as enzimas de manhã cedo?... Vejamos, se eu tomar as pílulas da manhã ao meio-dia, tenho de comer à uma, ou pelo menos fazer um lanche até lá por causa da insulina... Se não tomei as pílulas da manhã, como posso encaixar outra dose hoje?... Devo me lembrar de fazer um estoque de insulina e conseguir refil dos dois tipos de pílulas antiestrogênio antes de ir para Aspen... Tenho de passar no hospital para obter cópias daqueles exames e enviá-las ao M. D. Anderson... Talvez experimente mudar a dose de insulina hoje à noite, minha dose de açúcar em jejum está muito alta... etc. etc. etc. Tudo lixo, minha mente planejadora tomando o tempo reservado para outros propósitos, mente de macaco, mente de macaco. Às vezes fico irritada com isso, às vezes me divirto, e às vezes até me desligo por um tempo!

O retiro a que fui — a primeira vez em quase três anos em que Treya e eu nos separamos por alguns dias — foi um retiro de *Dzogchen*. Voltei para Aspen e me encontrei com ela lá. Nós ainda não acreditávamos que as enzimas realmente fizessem efeito. Treya perguntava-se em voz alta se ainda veria outra primavera, mas sua alegria e equanimidade apaixonada sempre acabavam por emergir, mais cedo ou mais tarde, e eu estava me deixando levar irrefletidamente por pensamentos otimistas.

Muitas coisas maravilhosas aconteceram durante minha estada em Aspen. Uma foi o casamento de John Denver e Cassandra – Ken e eu a achamos linda e encantadora com seu sotaque australiano. O casamento aconteceu em um prado alto em Starwood, quase totalmente cercado por picos denteados dramaticamente iluminados pelo sol do fim de tarde.

Outra foi a volta de Ken, revitalizado e inspirado, após seu retiro no Canadá. Antes de partir, ele comentou comigo não ter muita certeza por que estava indo. Essa foi a primeira vez que o vi liberar-se. Ele mesmo disse que não estava entendendo. Mas o retiro, conduzido por Pema Norbu Rinpoche, foi a mais elevada iniciação do Budismo, um evento muito raro e especial. Foi realizado apenas duas vezes no Ocidente e existem poucos mestres no mundo que podem ministrá-lo. O retiro foi exaustivo. Ken recebeu mais de doze empoderamentos, ou transmissões espirituais, durante essas duas semanas. Ele estava muito diferente quando retornou, mais à vontade, mais sereno.

E outros momentos magníficos. O tempo que passei com minha família ao meu lado, fazendo tudo para mim. Ainda outro foi o Simpósio Anual da Windstar Foundation, Escolhas III, que este ano foi realizado na tenda do Festival de Música, um acontecimento alegre e maravilhosamente inspirador.

Equanimidade apaixonada

No sábado à noite, Tom Crum, cofundador da Windstar, organizou um evento especial sobre o "Estado do Nosso Planeta", encerrando-o com um segmento de mudanças de perspectivas – testemunhos de cerca de seis pessoas de como alterar a perspectiva ajudou-as a encarar seus desafios pessoais. De como a inversão do foco para o interior, psicológico ou espiritual, auxiliou-as nas dificuldades exteriores.

Tommy me pediu para ser uma dessas pessoas e imediatamente senti que tinha de aceitar, embora estivesse debilitada pela situação inteira! Quando dialogava com meus tumores durante as sessões de visualização/imaginação ativas, o tumor pulmonar me dizia repetidamente que eu precisava falar, especialmente sobre a experiência do câncer. A outra voz que fala por aquele tumor fica muito apavorada em fazê-lo e diz que precisa ser convencida por meio de uma experiência, por decisão minha, que falar não é tão amedrontador como imagina. Assim, aceitei imediatamente o desafio, embora um pouco receosa.

Nossas falas foram limitadas a três ou quatro minutos. Dei meu testemunho e fui aplaudida de pé! Após minha fala, John [Denver] cantou "Eu Quero Viver", uma bela canção, e quando terminou disse: "Esta foi para você". Foi um momento maravilhoso, maravilhoso!

Mais tarde jantamos com John e Cassandra. Ken e John se dão realmente muito bem. Quando voltamos para Boulder, Cassie veio almoçar conosco em nossa varanda e nos deu a notícia: ela está grávida! Eu me senti um pouco triste porque isso está fora de cogitação para mim, mas fiquei muito feliz por Cassie e John! Ah, a vida continua...

De volta a Boulder, enviamos uma amostra de sangue de Treya para Gonzales para mais uma análise. Os resultados voltaram e o principal foi que sua pontuação caiu mais cinco pontos! O próprio Gonzales não acreditou e determinou que o laboratório repetisse o exame. O mesmo resultado. Ele atribuiu isso ao "zelo diligente" (equanimidade apaixonada!) com que Treya cumpria o programa. Daí em diante, ele passou a apresentar Treya como exemplo para seus outros pacientes. Começamos a receber telefonemas de pessoas engajadas no programa e ficamos contentes por ajudar no que podíamos.

E como as enzimas estão se portando, vocês podem estar se perguntando? Bem, de acordo com o "testezinho engraçado" do Dr. Gonzales (é assim que ele o chama), muito, muito bem. De uma pontuação inicial de 38 (ele normalmente não assume pacientes com pontuação acima de 40), caí para 28 em dois meses e meio!

Entretanto, não vou deixar que minhas esperanças cresçam. Dedicação total sem apego a resultados!, esse é o meu lema. Mas é maravilhoso me permitir, de vez em quando, pensar que conseguirei envelhecer, ou pelo menos viver mais um pouco, com Ken, minha família e amigos maravilhosos. Eu posso até sobreviver à garantia do jipe!

A família de Treya veio nos visitar e quando estava indo embora, fui até a porta e gritei: "Sabe, acho que ela vai conseguir! Eu juro!".

Enfio minha cabeça no quarto. "Treya?"
"Ken?!"

"Treya! Jesus Cristo, onde você estava? Estou procurando você por toda parte! Onde você se meteu?"

"Aqui." Ela me fita ternamente. "Você está bem?"

"Sim, claro." Nós nos beijamos, nos abraçamos, nos demos as mãos.

"Estou vendo que você o trouxe."

"Hein? Oh, não, ele é que me trouxe."

"Agora escutem com muita atenção", diz a Figura.

20. O cuidador

À medida que o programa de enzimas apresentava seus resultados, a guerra das interpretações atingiu um clímax febril. No lado de Gonzales: em algum momento, a partir do terceiro mês do tratamento, o paciente começará a sentir-se particularmente exausto; muitos sentem como se estivessem morrendo, nós fomos informados; no mínimo "você achará que foi atropelada por um caminhão". Isso acontece porque as enzimas estão destruindo tecidos, inclusive tumores, e os rejeitos tóxicos vão se acumulando no organismo – daí a necessidade dos clisteres de café, banhos de sais de Epsom e outras medidas que ajudam o corpo a livrar-se das toxinas. Os marcadores indicarão o que parece ser um crescimento dramático da atividade tumoral. E as tomografias mostrarão todos os tumores proporcionalmente maiores.

É o que deve acontecer se o programa estiver funcionando; praticamente todo mundo que segue a rotina Kelley, e melhora, passa por isso. De fato, todas essas coisas estavam acontecendo com Treya. Com base nos marcadores e no exame de sangue especial, Gonzales prognosticava agora uma chance de 70% de reversão do quadro – estabilizando-o ou até conseguindo remissão total.

Os oncologistas ortodoxos davam dois a quatro meses de vida a Treya.

Era uma situação completamente absurda. Com o tempo passando e os resultados dos exames tornando-se cada vez mais dramáticos, as duas interpretações mostravam-se diametralmente opostas. Descobri que, psicologicamente, eu me dividira em dois segmentos: um acreditava em Gonzales; o outro, nos oncologistas. Não havia evidências claras que me convencessem de que um dos lados estivesse absolutamente certo e o outro absolutamente errado. O mesmo acontecia com Treya.

Vivíamos em uma atmosfera de *Twilight Zone*:[1] em alguns meses você estará bem, em recuperação, ou estará morta.

As enzimas deixavam Treya exausta, mas, fora isso, ela se sentia muito bem. Sua aparência era ótima, na verdade, maravilhosa. Ela não apresentava nenhum sintoma importante – nenhuma tosse, enxaqueca ou problema visual adicional.

A situação era tão irracional a ponto de Treya frequentemente achá-la engraçada.

O que devo fazer? Arrancar os cabelos? Não os tenho mais. O fato é que minha alegria de viver persiste e há instantes em que me sinto praticamente em êxtase, sentada na varanda, olhando para o quintal da nossa casa,

---

[1] Série de televisão que no Brasil chamou-se *Além da Imaginação*. (N.T.)

Graça e Coragem

observando os cachorros brincando. Nesses momentos me sinto muito abençoada. Cada respiração é tão incrível, tão jubilosa, tão querida. O que estou perdendo? O que pode estar errado?

E assim Treya simplesmente seguia em frente. Como alguém andando na corda bamba, ela dava um passo de cada vez e recusava-se a olhar para baixo. Eu tentei segui-la, mas acho que olhava muito para baixo.

A primeira coisa que ela fez foi dar seu testemunho na Windstar, considerado o ponto alto do simpósio. Nós o gravamos em vídeo e vimos várias vezes. O que mais me impressionou em sua fala foi que ela conseguiu resumir quase tudo que aprendeu em sua batalha de cinco anos contra o câncer, e o fez em menos de quatro minutos. Resumiu suas visões espirituais, sua prática de meditação, o *tonglen*, tudo, mas sem citar uma vez sequer "meditação", "*tonglen*", "Deus" ou "Buda". Quando assistimos ao vídeo, ambos notamos que no ponto em que ela diz "meus médicos me deram dois a quatro anos de vida", seus olhos ficaram baços. Ela estava mentindo. Seus médicos tinham acabado de lhe dar dois a quatro *meses* de vida. Ela não quis assustar seus parentes ou amigos e, por isso, decidiu manter essa informação entre nós.

Eu mesmo fiquei pasmo por ter conseguido falar. Ela tinha quarenta tumores pulmonares; quatro tumores cerebrais, metástases no fígado; a última tomografia indicara que seu maior tumor cerebral crescera 30% (estava agora do tamanho de uma ameixa grande); e seu principal médico acabara de lhe dizer que, com sorte, ela viveria mais quatro meses.

A outra coisa que mais me chamou a atenção na fala foi como Treya apresentou-se absolutamente forte e vibrante. Ela iluminou o palco e todos os presentes sentiram essa luz, perceberam-na. E o tempo inteiro fiquei pensando: foi isso que mais amei desde o primeiro dia em que a vi; esta mulher é VIDA, mostra-a com seu ser inteiro, exsuda-a em todas as direções. É exatamente essa a energia que atrai as pessoas para ela, que as ilumina em sua presença, que as faz desejar estar perto dela, olhar para ela, conversar com ela, ser como ela.

Quando desceu do palco do simpósio, o público estava iluminado, e eu continuei pensando: Deus, esta é a safra Treya.

Oi. Meu nome é Treya Killam Wilber. Muitos de vocês aqui me conheceram como "Terry". Estou envolvida com a Windstar desde seu início.

Cinco anos atrás, nesse mesmo mês, em agosto de 1983, conheci e apaixonei-me perdidamente por Ken Wilber. Eu sempre me refiro a esse encontro como amor ao primeiro toque. Nós nos casamos quatro meses depois e aí, dez dias após nosso casamento, tive um diagnóstico de câncer de mama estágio dois. Passamos nossa lua de mel no hospital.

O cuidador

Desde então, nos últimos cinco anos, tive duas recidivas locais e passei por muitos tipos de tratamento, tanto convencionais quanto alternativos. Em janeiro deste ano descobrimos que o câncer espalhou-se pelo meu cérebro e pulmões. Os médicos consultados me deram dois a quatro anos de vida.

Assim, quando Tommy me pediu para falar no evento, meu primeiro pensamento foi: mas ainda estou doente. As outras pessoas que falarão hoje à noite superaram de alguma forma obstáculos, ou forjaram algo de concreto a partir dos desafios em suas vidas – como vocês terão a oportunidade de ouvir Mitchell, um amigo querido que aprecio e admiro há quinze anos, contar.

Muito bem, pensei, ainda estou doente. Talvez possa falar do que fiz da minha vida desde o diagnóstico.

Prestei aconselhamento a centenas de pessoas com câncer, por telefone e pessoalmente. Sou cofundadora da Cancer Support Community em San Francisco, que oferece, semanalmente, uma ampla variedade de serviços gratuitos e comunitários para centenas de pessoas. Escrevi com a maior honestidade possível sobre minhas experiências e explorações interiores, de uma forma que muitos acharam útil, e planejo publicar um livro em breve.

Mas, ao terminar essa lista de realizações, de repente percebi que havia caído em uma velha armadilha familiar. Eu estava considerando êxito manter a saúde física contra todos os prognósticos, ou atingir realizações concretas no mundo exterior. Sinto que, em vez disso, a diferença de perspectiva que estamos aqui celebrando hoje à noite, a busca de uma essência mais elevada, é uma mudança interna, uma escolha interna, uma virada interna no ser de cada um. É fácil conversar sobre e reconhecer os feitos mundanos, mas me sinto mais motivada pelas minhas mudanças interiores, pela minha sensação de saúde crescente em níveis mais elevados do que o físico, pelo trabalho espiritual que desenvolvo diariamente.

Quando negligencio o trabalho interior, sinto que minha percepção do risco de morte torna-se rapidamente assustadora, deprimente ou, às vezes, simplesmente enfadonha. Com a prática interior – e eu sou bastante eclética, uso técnicas de muitas tradições e disciplinas – sinto-me continuamente desafiada, motivada e profundamente participante da vida. Descobri que a montanha-russa emocional do câncer em estado avançado é uma oportunidade maravilhosa para praticar equanimidade, ao mesmo tempo que minha paixão pela vida cresce.

Aprender a ficar amiga do câncer, aprender a ficar amiga da possibilidade de uma morte prematura, e talvez dolorosa, ensinou-me muito a aprender a ficar amiga de mim mesma, como eu sou, e a ficar amiga da vida, como ela é.

Sei que existem muitas coisas que não consigo mudar. Não posso forçar minha vida a fazer sentido ou ser justa. Essa aceitação crescente da vida como ela é, com

Graça e Coragem

toda a luta, dor, sofrimento e tragédia, trouxe-me uma espécie de paz. Sinto-me muito mais ligada aos seres que sofrem, de uma forma realmente genuína. Desenvolvi um sentimento mais aberto de compaixão. E descobri um constante desejo de ajudar, da forma que puder.

Existe um antigo ditado – popular entre as pessoas com câncer – que diz: "A vida é terminal". De uma certa forma, sou feliz. Sempre observo a idade das pessoas ao morrer. Constantemente leio artigos de jornais sobre jovens mortos em acidentes; na verdade, eu costumava recortá-los como lembrete. Sinto-me afortunada porque estou sendo avisada com antecedência e me está sendo dado tempo para agir. Eu sou grata por isso.

Já que não posso mais ignorar a morte, presto mais atenção à vida.

Havia centenas de pessoas na plateia e, enquanto todas a aplaudiam de pé, eu fiquei observando. Elas choravam abertamente, ao mesmo tempo que batiam palmas. O operador de vídeo deixou cair repentinamente a câmera. Ah, se as pessoas pudessem doar energia vital, pensei. Todos nós transmitiríamos à Treya energia suficiente para viver séculos.

Foi durante esse período que finalmente decidi escrever minha própria carta, uma carta para complementar as muitas que Treya vinha enviando, uma carta sobre as provas e tribulações de um cuidador. Eis aqui uma versão condensada:

Boulder, 27 de julho de 1988

Queridos amigos,

à medida que você se torna cuidador, um problema particularmente insidioso começa a surgir após dois ou três meses de dedicação. Afinal, é comparativamente fácil lidar com os aspectos manifestos, exteriores e materiais, do tratamento. Você reorganiza seus horários; acostuma-se a cozinhar, lavar, limpar a casa, ou o que seja, para cuidar fisicamente da pessoa amada; acompanha-a a consultas médicas, ajuda-a com a medicação e assim por diante. Isso pode ser bem difícil, mas as soluções são também óbvias – você faz o trabalho extra ou arranja alguém para fazê-lo.

Entretanto, o que é mais difícil para o cuidador, e mais traiçoeiro, é o tumulto interno que se instala nos níveis emocionais e psicológicos. Esse tumulto tem dois lados, um privado e um público. No lado privado, você começa a perceber que, não importa quantos problemas pessoais tenha, eles perdem importância em comparação com os da pessoa amada, que tem câncer ou doença fatal. Então, você simplesmente para de falar neles por semanas e meses; abafa-os, pois não quer aborrecer o ente

O cuidador

querido; não quer piorar sua situação; e aí fica repetindo em sua mente: "Bem, pelo menos eu não tenho câncer; meus problemas não são tão graves assim".

Após alguns meses (é claro que isso varia de pessoa para pessoa), começa a aflorar lentamente no cuidador o fato de que a falta de atenção dada aos seus problemas em comparação com, digamos, o câncer, não os faz desaparecer. Na verdade, eles pioram, porque agora você tem dois problemas: o problema original mais o fato de que você não pode verbalizar o problema original e, portanto, achar uma solução para ele. Os problemas aumentam; você aperta mais ainda a tampa; eles reagem com força renovada. Você começa a ficar meio esquisito. Se for introvertido, começa a ter pequenos achaques; sua respiração fica mais curta; cresce sua ansiedade; ri muito alto; bebe uma cerveja extra. Se for extrovertido, você explode em momentos totalmente inadequados; tem acessos de raiva; sai do quarto batendo a porta; quebra coisas; bebe uma cerveja extra. Se for introvertido, há momentos em que quer morrer; se extrovertido, momentos em que quer que a pessoa amada morra. Se for introvertido, há momentos em que quer se matar; se extrovertido, momentos em que quer matá-la. De qualquer forma, a morte paira no ar; e raiva, ressentimento e amargura rastejam inexoravelmente lado a lado com a culpa por sentir tais sentimentos sombrios.

É claro que esses sentimentos são completamente naturais e normais, dadas as circunstâncias. Eu me preocuparia muito com um cuidador que não os tivesse periodicamente. E a melhor maneira de lidar com eles é falar sobre eles. Eu não me canso de enfatizar: a única solução é conversar.

E aqui o cuidador encara o segundo lado das dificuldades emocionais e psicológicas que mencionei: o aspecto público. Uma vez que você decida que tem de falar, o problema passa a ser: com quem? A pessoa amada provavelmente não é a melhor opção com quem discutir seus problemas, simplesmente porque ela normalmente *é* o problema – ela está pondo uma carga pesada sobre seus ombros, mas, não obstante, você não deseja que se sinta culpada, você não quer descarregar nela, não importa o quão zangado esteja por "ela ter ficado doente".

Sem dúvida, o melhor lugar para conversar sobre tudo isso é um grupo de apoio a pessoas que estão em situação semelhante, isto é, um grupo de apoio a cuidadores. Uma terapia individual pode se mostrar bastante valiosa, como também uma terapia de casal. Mas falarei sobre esses "apoios profissionais" daqui a pouco. Porque a pessoa média, inclusive eu, tende a não se aproveitar dessas possibilidades até bem tarde no jogo, quando então já ocorreram muitos danos e sofrimento desnecessários. Porque a pessoa média faz a coisa normal e compreensível: conversa com a família, os amigos e/ou os envolvidos. E aí, mergulha de cabeça no problema público.

Como colocado por Vicky Wells, o problema público é o seguinte: "Ninguém está interessado em cronicidade". Eis o que ela quer dizer. Eu chego a você com um

Graça e Coragem

problema; preciso conversar, quero um conselho, desejo ser consolado. Nós conversamos, você é muito prestativo, atencioso e compreensivo. Eu me sinto melhor; você se sente útil. Mas, no dia seguinte, minha amada continua com câncer; a situação não está fundamentalmente melhor; de fato, pode estar até pior. Eu não me sinto nada bem. Corro para você. Você pergunta como estou passando. Se for honesto, digo que me sinto péssimo. Então, nós conversamos. Você novamente é muito prestativo, atencioso e compreensivo, e me sinto melhor... Até o dia seguinte, quando ela ainda está com câncer e não houve melhora. Dia sim, dia não, e nada pode ser feito de fato sobre a situação (os médicos estão fazendo tudo que é possível e ainda assim ela pode morrer). Assim, diariamente você se sente acabado; a situação simplesmente não muda. E mais cedo ou mais tarde, você descobre que quase todo mundo, que não enfrenta o problema no dia a dia, começa a achar chato ou cansativo se você teimar em falar nele. Todo mundo, com exceção dos amigos mais chegados, sutilmente passa a evitá-lo, porque o câncer sempre paira no horizonte como uma nuvem escura, pronta para chover em qualquer lugar. Você se torna um tipo de choramingador crônico, e ninguém mais quer ouvi-lo, as pessoas ficam cansadas de escutar o problema de sempre. "Ninguém está interessado em cronicidade"...

Finalmente, o cuidador se convence de que seus problemas privados estão se multiplicando e a solução pública não funciona muito bem. Ele passa a se sentir completamente só e isolado. Nesse ponto, uma de várias coisas tende a acontecer. Ele vai embora; ele tem um colapso nervoso; ele pratica constantes maus-tratos; ou ele busca ajuda profissional...

Como disse, sem dúvida, o melhor lugar para falar sobre suas dificuldades é um grupo de apoio a cuidadores. Quando participa desses grupos, você descobre que a principal atividade é basicamente falar mal das pessoas amadas. "Quem ela pensa que é para me dar ordens o tempo todo?" "O que a faz pensar que é tão especial, só porque está doente; eu também tenho os meus problemas." "Sinto que perdi completamente o controle da minha vida." "Eu espero que o desgraçado não demore a morrer." Tal tipo de coisa, comentários que pessoas boas não fazem em público e, muito menos, para o ente querido.

O fato é que, subjacente a todos esses sentimentos sombrios de raiva e ressentimento, existe quase sempre muito amor, ou então o cuidador já teria ido embora há muito tempo. Mas esse amor não pode emergir livremente porque a raiva, o ressentimento e a amargura bloqueiam o caminho. Como disse Gibran: "Ódio é amor faminto". Exprime-se muito ódio em grupos de apoio, mas só porque existe muito amor por baixo dele, amor faminto. Se não, você não odiaria a pessoa, simplesmente não se importaria com ela. Minha experiência com muitos cuidadores (inclusive eu), não é que não estejam recebendo amor suficiente, mas sim que sentem dificuldade

O cuidador

para dar amor, para ser amoroso sob as penosas circunstâncias de ter de agir como cuidador. E desde que, segundo minha experiência, é basicamente dando amor que nos curamos, os cuidadores precisam realmente remover os obstáculos à presença do amor – raiva, ressentimento, ódio, amargura, até inveja e ciúme (eu a invejo por ter alguém que cuida dela o tempo todo; isto é, eu).

Para isso um grupo de apoio é inestimável... Caso não funcione, ou talvez além dele, eu recomendaria psicoterapia individual, sem dúvida para o cuidador, mas também para a pessoa amada. Porque você logo aprende que existem coisas que simplesmente não devem ser discutidas com ela; e, reciprocamente, existem coisas que ela não deve discutir com você. Acho que a maior parte da minha geração acredita que "honestidade é a melhor política" e que os cônjuges devem discutir entre si tudo que os aborrece. Má ideia. A abertura é importante e útil, mas tem um limite. Em certo momento, ela pode se tornar uma arma, um caminho odioso para ferir alguém – "mas eu só estava dizendo a verdade". Sinto muita raiva e ressentimento da situação em que o câncer de Treya nos colocou, mas além de um certo ponto, não me faz bem descarregar constantemente isso sobre ela. Treya odeia a situação tanto quanto eu; de qualquer modo, não é culpa dela. Mas ainda estou bravo, irado e ressentido. Você não "compartilha" isso com sua amada, você não desabafa com ela. Você paga um terapeuta e descarrega o diabo nele.

Isso tem a vantagem adicional de abrir espaço para ambos estarem juntos, sem ressentimento e raiva não manifestos por parte do cuidador, e culpa e vergonha por parte da pessoa amada. Você já descarregou muito no grupo ou com o terapeuta. Também lhe permite aprender a gentil arte de dizer mentiras compassivas, em vez de, narcisisticamente, deixar escapar o que "realmente sente", independentemente de quanto vá ferir o outro. Não grandes mentiras, só pequenas e diplomáticas, que não encubram dificuldades realmente importantes, mas ao mesmo tempo não cutuquem um ninho de marimbondos de questões não resolvidas, em nome da tal honestidade. Em alguns dias, você pode estar se sentindo particularmente cansado de ser cuidador e a pessoa amada pergunta: "Como você está hoje?" "Eu me sinto no inferno, não tenho mais vida. Por que você não desaparece?" Péssima resposta. Verdadeira, porém realmente ruim. Tente o contrário: "Hoje estou um pouco cansado, meu bem, mas vou levando". Depois corra para o grupo de apoio ou para o terapeuta e descarregue. Você não ganha absolutamente nada desabafando com ela, não importa o quão "honesto" possa parecer...

Veja, umas das coisas mais estranhas que aprendi para ser um cuidador razoável é que sua função primordial é atuar como uma esponja emocional. Isto é, a maioria das pessoas acha que seu trabalho é dar conselhos, ajudar o ente querido a resolver problemas, ser útil, apoiar, fazer o jantar, servir de motorista e assim por diante. Mas

Graça e Coragem

todas essas tarefas são suplantadas pelo papel principal do cuidador, que é ser uma esponja emocional. A pessoa amada, ao enfrentar uma doença possivelmente letal, vai experimentar um número opressivo de emoções extremamente poderosas; há momentos em que será completamente subjugada por essas emoções, pelo medo, terror, raiva, histeria e dor. E sua função é acolhê-la, estar a seu lado e simplesmente absorver o máximo de emoções que conseguir. Você não tem de falar, não tem de dizer nada (na verdade não há nada a ser dito que possa ajudar), não tem de dar qualquer conselho (também não ajuda muito), não tem de fazer nada. Você só tem de estar lá e absorver sua dor, medo ou sofrimento. Você age como uma esponja.

Quando Treya adoeceu pela primeira vez, pensei que poderia melhorar as coisas assumindo a situação, falando as coisas certas, ajudando-a na escolha dos tratamentos médicos e assim por diante. Tudo isso foi útil, mas fora de propósito. Ela recebia uma notícia particularmente ruim – digamos, uma nova metástase – e começava a chorar; eu imediatamente dizia coisas como: "Olhe, não é certo ainda; precisamos de mais exames; não existe nenhuma evidência de que isso mudará seu tratamento de alguma forma". Não era disso que Treya precisava. O que precisava era simplesmente que eu chorasse com ela, e era o que fazia: sentir seus sentimentos e, assim, ajudar a dissipá-los ou absorvê-los. Acredito que isso ocorre no nível corporal; não é preciso falar, embora você possa, se quiser.

Seja em que medida for, quando uma pessoa querida recebe a terrível notícia, a reação inicial é tentar fazer com que ela se sinta melhor. E estou afirmando que, em geral, essa é a reação errada. Você imediatamente sente empatia. O ponto crucial, como comecei a perceber, é basicamente se fazer presente ao lado da pessoa, e não ter medo do seu medo, da sua dor ou da sua raiva; apenas permitir que aflore o que tiver de aflorar; e, acima de tudo, não procurar se livrar desses sentimentos dolorosos, tentando ajudá-la, tentando fazê-la "sentir-se melhor" ou "livrar-se" de suas preocupações. No meu caso, essa atitude de "ajuda" aconteceu porque eu não quis lidar com os sentimentos de Treya, nem com os meus; não quis me relacionar a eles de uma forma simples, direta e descomplicada; quis que eles desaparecessem. Eu não quis ser uma esponja, quis ser UM REALIZADOR e melhorar a situação. Não quis reconhecer minha impotência diante do desconhecido. Eu estava com tanto medo quanto Treya.

Veja, ser simplesmente uma esponja tende a fazer você se sentir impotente e inútil, porque você não está *fazendo* algo, você está apenas lá, sem fazer nada (ou assim parece). E é isso que muitas pessoas acham tão difícil de aprender. Eu sei que aprendi. Levei quase um ano para parar de tentar ajeitar as coisas ou melhorá-las, e apenas ficar ao lado de Treya quando doía. Acho que é por isso que "ninguém está interessado em cronicidade", porque você não pode *fazer* nada em uma situação crônica, a não ser *estar* lá. E aí, quando os outros acham que devem fazer algo para

328

O cuidador

ajudá-lo e descobrem que não há o que fazer, sentem-se perdidos. O que eu posso fazer? Nada, apenas estar lá...

Quando as pessoas me perguntam o que faço, e não estou com paciência para bate-papo, normalmente respondo: "Sou uma esposa japonesa", o que as confunde completamente. O ponto é que, como cuidador, você deve ficar mudo e simplesmente fazer o que seu cônjuge quiser – você deve ser uma "boa esposa, *no?*".

Os homens acham isso particularmente difícil; eu, pelo menos, achei. Não estou certo, mas passaram-se talvez dois anos até que eu parasse de me ressentir com o fato de que, em qualquer discussão que tivéssemos ou decisão que tomássemos, Treya possuía a carta de trunfo: "Mas eu tenho câncer". Em outras palavras, ela quase sempre conseguia fazer do seu modo, e eu era reduzido simplesmente a obedecê-la como uma boa esposa.

Não me importo mais com isso. Por uma razão: não aceito automaticamente todas as decisões de Treya, particularmente quando acho que refletem mau juízo. Anteriormente, tenderia a aceitar porque ela parecia quase desesperadamente precisar de mim para sustentar suas decisões, mesmo que isso significasse mentir quanto ao que eu achava. O modo como nos comportamos agora é: se Treya estiver tomando uma decisão importante, digamos, tentar um novo tratamento, dou minha opinião da forma mais enfática que puder, ainda que discorde da dela, até o momento em que ela finalmente decida o que fazer. Daí em diante, passo a concordar com ela, protegê--la e apoiá-la em sua escolha da melhor maneira possível. Não é mais meu papel incomodá-la ou listar dúvidas sobre sua decisão. Ela já tem problemas suficientes para ter dúvidas constantes sobre seu próprio rumo de ação...

Por outro lado, no que diz respeito às tarefas do dia a dia, não me incomodo mais de cumprir o papel da boa esposa. Eu cozinho, faço a limpeza, lavo a louça, ponho a roupa para lavar, vou ao supermercado. Treya escreve cartas muito bonitas, toma clisteres de café e engole punhados de pílulas a cada duas horas; portanto, alguém precisa fazer essas coisas, não é?...

Os existencialistas estão corretos quando dizem que, no domínio de suas próprias escolhas ou de suas próprias ações, você tem de afirmar as decisões que tomou. Isto é, você tem de permanecer fiel às escolhas que fez e que contribuíram para moldar seu próprio destino; como afirmado por eles: "Nós somos nossas escolhas". Não afirmar nossas escolhas é considerado "má-fé" e leva a um "ser inautêntico".

Isso me veio na forma de uma percepção muito simples: eu poderia ter ido embora em qualquer momento desse difícil processo. Ninguém me acorrentara às enfermarias dos hospitais, ninguém ameaçaria minha vida se eu desistisse, ninguém me prendera. Bem no fundo do meu ser, tomara uma decisão fundamental de ficar com essa mulher para o que desse e viesse, não importa o quê, para sempre; acompanhá-la

Graça e Coragem

nesse processo, qualquer que fosse o resultado. Mas algumas vezes durante o segundo ano da provação, eu esqueci essa escolha, embora fosse uma decisão que ainda estava valendo, obviamente, ou teria partido. Eu estava demonstrando má-fé; estava sendo inautêntico; não estava sendo eu mesmo. Com a má-fé, esqueci minha própria escolha e então, quase imediatamente, caí em uma atitude de acusação e, consequentemente, de autopiedade. De certa forma, isso se tornou muito claro para mim...

Nem sempre me é fácil confirmar essa escolha, ou minhas escolhas em geral. A situação não melhora automaticamente. Imagino que fui voluntário para ir para a guerra e aí fui ferido. Decidi livremente entrar em combate, mas não decidi ser atingido. Eu me sinto um pouco ferido, e não estou feliz com isso; mas apresentei-me livremente como voluntário para a missão — foi escolha minha — e me apresentaria livremente de novo, sabendo muito bem dos envolvimentos.

Assim, diariamente, confirmo minha decisão. Todos os dias decido uma vez mais. Isso evita que eu armazene acusações e diminui a velocidade de acumulação de pena ou culpa. É um ponto simples, mas mesmo a aplicação dos pontos mais simples na vida real é normalmente difícil...

Além de lentamente voltar a escrever, também retornei à meditação, já que seu ponto fundamental é aprender a morrer (morrer para a sensação do eu separado ou ego); a situação de Treya ter de encarar uma doença potencialmente letal é um extraordinário incentivo para a consciência meditativa. Os sábios dizem que se você mantiver essa conscientização sem escolhas, esse testemunho puro, momento a momento, então a morte passa a ser apenas um momento como outro qualquer, e você se relaciona com ela de uma forma muito simples e direta. Você não recua da morte ou se apega à vida, já que ambas são fundamentalmente experiências que passam.

A noção budista do "vazio" também me ajudou muito. Vazio (*shunyata*) não significa espaço em branco ou vácuo; quer dizer desobstruído, desimpedido ou espontâneo; também é um sinônimo aproximado de impermanência ou transitoriedade (*anicca*). E os budistas afirmam que a realidade é vazia — não existe nada permanente ou absolutamente duradouro a que você possa se agarrar como segurança ou apoio. O Sutra do Diamante diz: "A vida é como uma bolha, um sonho, um reflexo, uma miragem". O ponto fundamental é não tentar se apegar à miragem, mas, ao contrário, "deixá-la ir", uma vez que não existe nada real em que se apoiar. E, novamente, o câncer de Treya é um lembrete constante de que a morte é um grande desapego, mas você não precisa esperar pela morte física real para se desligar profundamente de seus próprios apegos e posses, nesse instante, no próximo, no outro ainda, e assim por diante.

E, finalmente, para trazer tudo isso de volta ao lar, os místicos mantêm que o tipo de ação que alguém realiza neste mundo, *se esse alguém vive com consciência sem escolhas*, é uma ação destituída de ego ou de egocentrismo. Se você quer morrer (ou

O cuidador

transcender) para a sensação do eu separado, então tem de morrer para as ações ego-centricas e autosservidoras. Em outras palavras, você deve realizar o que os místicos chamam *serviço abnegado*. Você tem de servir os outros, sem pensar em si mesmo ou esperar por elogios; você simplesmente ama e serve – como disse Madre Teresa: "Amar até doer".

Resumindo, você se torna uma boa esposa.

Portanto, aqui estou eu, fazendo o jantar e lavando a louça. Não me interprete mal – ainda estou longe da condição de Madre Teresa, mas vejo crescentemente minha atividade de cuidador como uma parte importante de serviço abnegado e, assim, do meu próprio crescimento espiritual, um tipo de meditação em ação, um tipo de compaixão. Nem quero dizer que aperfeiçoei essa arte; ainda xingo e reclamo, ainda fico bravo, ainda culpo as circunstâncias; e Treya e eu meio que brincamos (meio que não) sobre nos darmos as mãos e pularmos da ponte, pondo fim a essa piada. Fazendo um balanço de tudo, prefiro escrever. Agora, como recompensa por ter lido essa longa carta, e para todos vocês, boas esposas por aí, eis minha mundialmente famosa receita de *chilli* vegetariano:

Ingredientes:

2-3 latas de feijão-roxo (drenadas)
2 talos de aipo, cortados
2 cebolas, cortadas
2 pimentas-verdes, cortadas
2-3 C de azeite
800 g de tomates inteiros
3-4 dentes de alho
3-4 C de *chilli* em pó
1-2 C de cominho
2-3 C de salsinha fresca
2-3 C de orégano
1 lata de cerveja
1 xícara de castanha-de-caju
1/2 xícara de passas (opcional)

Modo de fazer:

Aqueça o azeite em uma panela grande; refogue as cebolas; em seguida, adicione aipo, pimenta-verde e alho; cozinhe por mais ou menos 5 minutos. Adicione os

Graça e Coragem

tomates (com molho; pique-os em pedaços pequenos) e o feijão-roxo; reduza o fogo para uma fervura lenta. Adicione o *chilli* em pó, cominho, salsa, orégano, cerveja, castanha-de-caju e passas (opcional). Cozinhe pelo tempo que quiser. Guarneça com salsinha fresca ou queijo *cheddar* gratinado.

Não me lembro se a cerveja fazia parte da minha receita original ou se deixei cair uma durante o cozimento do *chilli*; de qualquer forma, a cerveja é essencial. Ah, "C" não significa nem colher de sopa, nem colher de chá; o segredo desse *chilli* está na grande quantidade de temperos.

À *votre santé*. Por favor, deguste-o em boa saúde.

Com amor,
Ken

Essa carta foi publicada pelo *Journal of Transpersonal Psychology*, causando um impacto tão grande e comovente que nos surpreendeu a todos. Mas a repercussão evidenciou apenas o apelo desesperado de cuidadores de toda parte, pessoas que são "destruídas silenciosamente" porque, já que não são a "pessoa doente", ninguém considera que tenham problemas reais. Vicky Wells, que foi tanto uma cuidadora quanto uma paciente de câncer, colocou isso muito claramente, e com palavras que acho que todo cuidador deve conhecer:

Eu estive em ambos os mundos – tive câncer e tenho sido cuidadora para Treya e outras pessoas. E devo dizer que é muito mais difícil ser cuidadora. Porque, pelo menos para mim, quando eu estava lidando com meu próprio câncer, ocorreram muitos momentos de puro encantamento, clareza, graça, reordenamento de prioridades e reavaliação da beleza da vida. E acho que, no que diz respeito a um cuidador, isso é difícil de acontecer. A pessoa com câncer não tem nenhuma escolha a não ser suportá-lo, mas o cuidador tem de decidir o tempo todo ficar lá. E tem sido muito duro para mim, como cuidadora, superar a tristeza ou a sensação de pisar em ovos ao lado da pessoa, ou conviver com suas escolhas de tratamento. O que devo fazer e como devo apoiá-la? Devo ser honesta sobre o que realmente sinto? Para o cuidador é como uma montanha-russa emocional. E o que me faz normalmente ficar é o amor. Simplesmente amá-la, isso é o mais importante.

Após a fala de Treya em Aspen, passamos rapidamente por San Francisco, onde precisávamos consultar Peter Richards e Dick Cohen. Enquanto estávamos lá, Treya deu uma palestra na CSC. No dia da apresentação, a CSC estava tão lotada a ponto de sobrar gente na rua. Vicky resumiu a situação: "Acho que as pessoas foram

O cuidador

atraídas pela Treya; todos nós nos espantamos um pouco com ela, você entende. Sua honestidade, sua coragem".

"Sim, eu entendo, Vicky. Acho que nesse ponto somos os primeiros de uma longa fila."

Voltamos para Boulder e para nossa desgastante rotina diária, aguardando, aguardando. Nessa época eu estava profundamente envolvido nas práticas do *Dzogchen*, ensinadas a mim por Sua Santidade Pema Norbu Rinpoche ou, abreviadamente, Penor. A essência do *Dzogchen* (ou *maha-ati*) é radicalmente simples e está de acordo com os ensinos mais elevados de outras grandes tradições de sabedoria do mundo, particularmente do Hinduísmo Vedanta e do Budismo Ch'an (o Zen primitivo). Em uma pincelada:

Se o Espírito tem algum significado, deve ser onipresente, onipermeável e oniabrangente. Não pode haver um lugar onde o Espírito não esteja, ou então não seria infinito. Portanto, o Espírito tem de estar completamente presente, aqui e agora, em sua própria consciência. Isto é, sua consciência presente, exatamente como é, sem alterações ou desvios de nenhuma forma, é perfeita e completamente permeada pelo Espírito.

Além disso, não é que o Espírito esteja presente, mas você precisa iluminar-se a fim de vê-Lo. Não é que você não seja um com o Espírito, apenas ainda não se tenha dado conta. Porque isso também implicaria a existência de um lugar onde o Espírito não estivesse. Não, de acordo com o *Dzogchen*, você é desde sempre uno com o Espírito, e essa consciência está desde sempre completamente presente, agora mesmo. Você está olhando diretamente para o Espírito, com o Espírito, em cada ato de consciência. Não existe nenhum lugar onde o Espírito não se faça presente.

E mais, se o Espírito tem algum significado, então deve ser eterno, ou sem início e fim. Se o Espírito tivesse um início no tempo, então seria estritamente temporal, não seria atemporal e eterno. Em relação à sua própria consciência, isso significa que você não pode *ficar* iluminado. Você não pode alcançar a iluminação. Se você pudesse, então esse estado teria um início no tempo e não seria uma iluminação verdadeira.

Ao contrário, o Espírito e a iluminação têm de ser algo de que você esteja completamente consciente agora mesmo. *Algo para o que você está olhando neste exato momento.* Ao receber esses ensinamentos, lembrei-me dos velhos quebra-cabeças do suplemento de domingo do jornal, onde aparece uma paisagem e a legenda diz: "Os rostos de vinte pessoas famosas estão escondidos nessa paisagem. Você consegue localizá-los?". Os rostos talvez sejam de Walter Cronkite, John Kennedy e outras personalidades. O ponto é que você está olhando diretamente para eles. Você não precisa de *nada* mais para identificá-los. Eles estão completamente dentro do seu campo visual, você só não os reconhece. Se, ainda assim, você não conseguir descobri-los, então chega alguém e simplesmente aponta para eles.

Graça e Coragem

Acontece a mesma coisa com o Espírito ou a iluminação, pensei. Nós já estamos olhando diretamente para o Espírito, apenas não O reconhecemos. Possuímos todo o conhecimento necessário, mas não o reconhecimento. Daí por que os ensinamentos do *Dzogchen* não recomendam meditação em particular, por mais útil que ela se mostre para outros propósitos. Porque a meditação é uma tentativa de alterar a cognição, mudar a conscientização, e isso é desnecessário e fora de propósito. O Espírito já está completa e totalmente presente no estado de consciência que você tem agora; nada precisa ser mudado ou alterado. E, na verdade, a tentativa de mudar a consciência é como tentar colorir os rostos no quebra-cabeça em vez de simplesmente reconhecê-los.

Assim, no *Dzogchen*, o ensinamento central não é a meditação, porque ela visa a uma mudança de estado, e a iluminação não é uma mudança de estado, mas o reconhecimento da natureza de *qualquer* estado atual. Realmente, muito do ensino do *Dzogchen* concentra-se em por que a meditação não funciona, em por que não se pode atingir a iluminação, já que ela está presente desde sempre. Tentar atingir a iluminação seria como tentar possuir seus pés. A primeira regra do *Dzogchen*: não existe nada que você possa fazer, ou deixar de fazer, para chegar à consciência básica, uma vez que ela já existe plenamente.

Em vez de meditação, o *Dzogchen* usa o que é chamado "as instruções ressaltantes". Aqui o Mestre simplesmente conversa com você e ressalta aquele aspecto de sua consciência que *já* é um com o Espírito, e sempre foi um com o Espírito; aquela parte da sua consciência que é atemporal e eterna, isto é, sem começo, que é você antes mesmo de seus pais terem nascido (como o Zen colocaria). Em outras palavras, é como apontar para os rostos no quebra-cabeça. Você não tem de mudar o quebra-cabeça, ou reorganizá-lo, você só tem de reconhecer o que está vendo. A meditação rearranja o quebra-cabeça; o *Dzogchen* não toca em nada. Desse modo, as instruções ressaltantes normalmente começam com: "Sem corrigir ou modificar sua consciência presente de nenhuma forma, observe isto...".

Eu não posso apresentar as instruções reais; elas são prerrogativas específicas do Mestre *dzogchen*. Mas posso lhe dar a versão do Hinduísmo Vedanta, uma vez que ela foi publicada, em especial nos escritos do ilustre Sri Ramana Maharshi. Eu as resumiria assim:

A única coisa de que estamos desde sempre conscientes é... a própria consciência. Nós já possuímos consciência básica na forma de capacidade para Testemunhar tudo que surge. Como um velho Mestre zen costumava dizer: "Você ouve os pássaros? Você vê o sol? Quem não é iluminado?". Nenhum de nós pode sequer imaginar um estado onde a consciência básica não esteja presente, porque ainda assim estaríamos conscientes da imaginação. Até em sonhos estamos conscientes. Além disso,

O cuidador

essas tradições afirmam não existir dois tipos diferentes de consciência, iluminada *versus* insciente. Existe somente consciência. E essa consciência, exatamente como é, sem nenhuma correção ou modificação, é o próprio Espírito, já que não há nenhum lugar onde o Espírito não esteja.

As instruções, então, são para reconhecer a consciência, reconhecer a Testemunha, reconhecer o próprio Eu e permanecer assim. Qualquer tentativa para atingir a consciência é totalmente fora de propósito. "Mas eu ainda não vejo o Espírito!" "Você está consciente de que não vê o Espírito, e *esta* consciência é o próprio Espírito!"

Você pode praticar a atenção, porque existe o esquecimento; mas você não pode praticar a consciência, porque há somente ela. Na atenção, você concentra-se no momento presente. Você tenta "estar aqui agora". Mas a consciência pura é o estado presente de consciência *antes* de você tentar fazer *qualquer coisa* com ela. Tentar "estar aqui agora" exige um momento futuro em que você então estará atento; a consciência pura é *este* momento antes de você tentar qualquer coisa. Você já está consciente; você já é iluminado. Você pode não estar atento desde sempre, mas você já é iluminado desde sempre.

As instruções ressaltantes seguem assim, às vezes por minutos, às vezes por horas, às vezes por dias, até que você as "capte", até que você reconheça sua própria Face Verdadeira, o "rosto que você tinha antes de seus pais nascerem" (isto é, atemporal e eterno, anterior a nascimento e morte). E é um reconhecimento, não um conhecimento. É como olhar para uma vitrine de uma loja e ver uma figura difusa encarando-o. Você espera a figura entrar em foco e, surpreso, percebe que é seu próprio reflexo na vitrine. O mundo inteiro, de acordo com essas tradições, nada mais é do que a imagem do seu próprio Eu refletida no espelho de sua própria consciência. Viu? Você está olhando direto para ela...

Desse modo, conforme essas tradições, a consciência básica não é difícil de ser alcançada, é impossível de ser evitada e os chamados "caminhos" para o Eu são na verdade pistas de obstáculos. Eles evitam o reconhecimento, uma vez que estão comprometidos. *Só* existe o Eu, *só* existe Deus. Como ressaltado pelo próprio Ramana:

Não existe nem criação nem destruição,
nem destino nem livre arbítrio;
nem caminho nem realização;
esta é a verdade suprema.

Devo ressaltar que, embora o *Dzogchen* não recomende especificamente meditação, espera-se que, ao ser apresentado a seus ensinamentos, você já tenha pratica-

Graça e Coragem

do, até um certo nível, a maior parte dos primeiros oito estágios da prática espiritual, todos estágios de meditação. Afirma-se que a meditação é muito importante e muito benéfica para aumentar os estados virtuosos da mente, o poder de concentração, atenção e *insight*, e que ela deve ser praticada vigorosamente como treinamento. Só que a meditação não tem nada a ver com a iluminação propriamente dita. Qualquer iluminação que possa ser atingida não é a iluminação verdadeira. A meditação é um treinamento e o *Dzogchen* afirma que ele já começa errado desde o primeiro passo, porque o induz a afastar-se de sua consciência primordial já presente.

Meu Mestre reunia-se com os discípulos e eles contavam coisas do tipo: "Tive uma experiência assombrosa. Meu ego desapareceu e eu me senti um com tudo, o tempo esvaeceu, foi maravilhoso!"

E o Mestre dizia: "Muito bom. Mas diga-me, essa experiência teve um instante inicial?"

"Sim, ela aconteceu ontem; eu estava meditando e de repente..."

"Tudo que tem início no tempo não é real. Volte quando você reconhecer que está presente desde sempre, que não é uma experiência, que não tem início no tempo. Tem de ser algo de que você já esteja consciente. Volte quando reconhecer o estado *sem começo*. Você está me apresentando inícios."

"Oh."

Mas uma vez que aconteça o reconhecimento para o discípulo, *então* a meditação é usada para estabilizar o reconhecimento e ajudar a trazê-lo para todos os aspectos da vida. E esta, na verdade, é a parte difícil. Há um ditado no *Dzogchen*: "Reconhecer sua Face Verdadeira é fácil; vivê-la é difícil". Eu começara a praticar exatamente as rotinas de "vivê-la".

A prática de Treya estava lhe trazendo uma compreensão semelhante, já que ela estava seguindo os ensinamentos de Sri Ramana Maharshi, que também é meu mestre individual favorito. E, em particular, ela estava percebendo que a experiência mística que teve com treze anos – e que ela descreveu como "o símbolo-guia da minha vida" – foi realmente um vislumbre ou reconhecimento do Eu sempre presente, que é um com "o espaço inteiro". E que dissolver no "espaço inteiro" – que acontecera quando ela tinha treze anos e que voltara a acontecer em sua meditação – era de fato um ensaio para sua própria morte.

Eu amo a fusão na amplidão, no vazio, da minha meditação. Ken comentou hoje de manhã que o reconhecimento dessa amplidão, ou dessa identificação com o espaço inteiro, é a única coisa que ele conseguiu em termos de prática. Esse é também meu mais forte atrativo. O que imediatamente me fez relembrar minha experiência com treze anos de idade; percebi o quanto ela será útil quando eu estiver morrendo. Porque foi uma experiência e não um ensinamento, não algo que aprendi ou que me disseram ser verdade, mas que veio a mim espontaneamente.

O cuidador

Acredito piamente que ela me ajudará muito no desprendimento, porque me vi em expansão e, no final, unida completa e uniformemente a todos os átomos e moléculas do universo, sendo um com tudo, dissolvendo-me, percebendo minha natureza real. Isso às vezes acontece durante a meditação, mas, novamente, minha experiência original foi espontânea e, portanto, eu de fato confio nela. De certa forma, é extremamente confortante para mim.

Gonzales nos informou que seus tumores pulmonares começaram a se dissolver e Treya poderia sentir dificuldade para respirar. Na verdade, algumas pessoas do programa de enzimas expelem tumores mortos e dissolvidos, ele nos explicou e, realmente, Bob Doty – nosso amigo da Janker Klinik que recentemente tivera uma recidiva e estava no programa Kelley – telefonou-nos e contou que expectorara algo imenso, parecido com fígado, o que deixou seus médicos encantados. E aconselhou-nos que Treya usasse oxigênio portátil no caso de apresentar dificuldade respiratória.

Seus médicos ortodoxos disseram-lhe que ela estava morrendo de câncer de pulmão e logo teria de usar oxigênio portátil.

Em outubro Treya passou a usá-lo. Nós tínhamos um pequeno balão de oxigênio que recompletávamos de um grande recipiente do tamanho de um barril, e Treya carregava seu balão para onde fosse. Ela não apreciava o arranjo, mas por acaso ele diminuía sua atividade? Toda manhã, quando terminava minha meditação, eu a encontrava em sua esteira ergométrica, balão nas costas, andando pelo menos três milhas por dia, equanimidade apaixonada e determinação jovial estampadas no seu rosto.

Seus médicos ortodoxos questionavam-na sem rodeios sobre seu medo de morrer, pois tinham certeza de que ela estava usando o programa Kelley como uma maciça negação da morte e uma recusa a seguir suas recomendações (que, claro, eles admitiam – quando pressionados – não fariam nenhum efeito). Recordo-me vividamente de uma dessas conversas.

"Treya, você tem medo de morrer?"

"Não, honestamente, não tenho medo de morrer, mas tenho medo de sofrer. Eu não quero morrer com dor."

"Bem, eu lhe asseguro que temos condições de controlar isso. As medidas modernas de alívio da dor são muito sofisticadas. Faz tempo que nenhum paciente meu morre com dor; portanto, eu lhe prometo que isso não acontecerá. Mas você não tem medo de morrer?"

"Não."

"Por que não?"

"Porque sinto que estou em contato com uma parte de mim, uma parte de todo mundo, que é tudo que existe. Quando morrer, me integrarei nela. Isso não me assusta."

Graça e Coragem

Era tão claro que ela estava falando a verdade; percebi que o médico finalmente acreditou. Ele ficou muito emocionado; foi extremamente comovente.

"Eu acredito em você, Treya. Sabe, nunca tive um paciente como você, que não sente autopiedade. Nenhuma autopiedade. Nunca vi nada assim. É uma honra ser seu médico, permita-me dizer-lhe isto."

Treya levantou-se, abraçou-o e com um grande sorriso respondeu simplesmente: "Obrigada".

"Você viu os outros quartos?", eu pergunto. "Eles são simplesmente lindos! Um tem cristais e montanhas surpreendentes, e há aquela selva e, oh, você viu as estrelas? Acho que são estrelas. De qualquer maneira – ei, onde você se meteu? Onde você estava enquanto eu andava pelos quartos?"

"Aqui. E estou muito feliz por você estar aqui também. Você sempre prometeu que me encontraria, e eu começava a me preocupar."

"Sim, bem, veja a xícara de chá que você foi fazer. Fico me perguntando o que aconteceria se você tivesse feito um bule inteiro."

"Quem é ele?"

"Não sei. Pensei que fosse seu amigo."

"Eu não consigo ver nada", ela diz. "Há alguém aí?"

"Não estou certo. Tenho uma teoria. Acho que isto é um sonho. Estamos um no sonho do outro. Será possível? De qualquer forma, estive acompanhando o sujeito, ou o que quer que seja. Faço apenas o que ele diz. Aliás, é bem divertido."

"Escutem-me com muita atenção", diz a Figura. "Eu quero que vocês se deem as mãos e venham comigo."

"Como?", eu pergunto. "Eu quero dizer, você tem me dado instruções – use sua mente, essas coisas. Então como?"

"Apenas deem-se as mãos e me sigam."

Treya e eu nos entreolhamos.

"Confiem em mim", ele fala. "Vocês têm de confiar."

"Por quê?"

"Porque aquelas estrelas não eram estrelas e porque este sonho não é um sonho. Você sabe o que significa?"

"Eu já lhe disse, não sei o que isso tudo significa. Então por que você..."

"Eu sei o que significa", diz Treya. "Venha cá, me dê sua mão."

21. Graça e coragem

Boulder, setembro/outubro de 1988

Queridos amigos,

infelizmente o vento sopra muito forte lá fora e um grande incêndio está devastando o Left Hand Canyon, bem acima da nossa casa. As primeiras informações diziam que, embora o fogo estivesse fora de controle, apenas algumas edificações estavam sob risco; mas as últimas notícias reportaram que 76 casas foram evacuadas, principalmente devido à fumaça. Eles não conseguiram lançar substâncias químicas no fogo por causa da intensidade dos ventos. Vemos as chamas no topo da montanha, claramente, da nossa varanda e receamos também ter de abandonar a casa. Provavelmente vamos carregar o carro com alguns itens essenciais antes de ir dormir, esperando receber um telefonema não muito bem-vindo no meio da noite. E quando cessarão os incêndios no Yellowstone National Park?

Acho que essa situação evidencia que não fico mais preocupada com acontecimentos "maus" ou potencialmente ruins, como ficava antigamente. Já fui influenciada por tantas notícias boas, más e incertas nos últimos cinco anos, desde meu primeiro diagnóstico, que aprendi a seguir a corrente, não resistir, deixar as coisas ser como são, observar seu desenvolvimento e desdobramento com um certo desapego tranquilo, mas interessado, não tentar pressentir ou forçar um certo resultado, apenas acompanhar com atenção e participar, quando apropriado, à medida que o "ser" da vida se desenrola. Se tivermos de desocupar a casa, desocuparemos; eu tratarei disso quando, e se, acontecer; por ora, ficarei contemplando as chamas fascinantes na noite escura, o brilho avermelhado além do cume, e transmitindo bons pensamentos para os que foram evacuados.

Ken costuma dizer que o trabalho que desenvolvemos em nós mesmos, seja psicológico ou espiritual, não tem por objetivo livrar-nos das ondas do oceano da vida, mas sim ensinar-nos a surfá-las. Com certeza, aprendi muito a navegar nelas sob pressão. Em Aspen, no mês passado, lembrei-me de como eu era – como tudo parecia importante, como já fui uma viciada em "significado e propósito", como tentava entender tudo intensamente, como a minha perspectiva *new age* afirmava claramente que tudo era proposital, planejado e fazia sentido. Recordo-me de uma oração, popular em Findhorn, que terminava com: "Deixe que o plano de amor e luz aja". O Budismo e o câncer me ensinaram tanto a viver com "não sei", a não tentar controlar o fluxo da

Graça e Coragem

vida, a permitir que as coisas sejam como são, a descobrir paz entre os aborrecimentos e decepções por meio do desapego. Lembro-me de como era apegada ao fazer, como meu senso de autoestima dependia do que eu fizesse, como me mantinha ocupada o tempo todo, como precisava preencher cada momento com atividade.

Durante o Simpósio da Windstar, não pude evitar pensar nos cursos de verão para estudantes que ministrei (cursos intensivos de dois meses valendo créditos). Pensei com algum remorso como mantinha completos os horários dos alunos, como se o curso só fosse bom se eles estivessem ocupados e aprendendo o tempo todo (neurose minha imposta a eles). Agora compreendo que não deixei muito espaço para que respirassem, integrassem a rica e variada experiência, simplesmente *fossem*, curtissem uns aos outros, aproveitassem a beleza, as cores, a atmosfera revigorante e as noites estreladas das montanhas do Colorado. Eu também percebo, obviamente, como fiz o mesmo comigo, de forma consistente, ao longo dos anos.

Mas estou aprendendo. Decidi que este próximo ano, quando o foco estará totalmente na cura e no programa de enzimas, será meu ano de "velhinha". Dormirei o mais tarde que conseguir, farei o mínimo que puder e pararei toda tarde para uma tranquila xícara de chá. Viajarei apenas o necessário – somente para tratamento, retiros e visitas à família – já que detesto a tensão de arrumar mala, preocupada em esquecer coisas e fazer clisteres em ambientes estranhos. Acenderei a lareira nas noites frias de inverno e me aconchegarei ao Ken e aos cachorros, contemplando o crepitar do fogo. Tomarei meu chá e olharei para as montanhas em vez de ler. Tentarei imitar os ritmos mais gentis da vida em Findhorn (não a dimensão frenética e cheia de reuniões que, acho, foi largamente introduzida pelos muitos americanos lá, mas o ritmo britânico, mais civilizado e mais lento), onde há tempo para descansar, meditar, refletir, visitar os amigos, andar pelo jardim e saborear o sol do fim de tarde.

Recordo-me de uma noite recente em Aspen, sentada à beira de uma fogueira crepitante, em frente da cabana do Bruce, quando Kairos aninhou-se no colo de Ken, e depois no meu, para aquecer-se do frio da montanha. Nós estávamos ensinando a uma visitante inglesa a técnica de assar *marshmallows*, e sempre vou me lembrar dela comentando que sua primeira impressão dos americanos foi de quão frenéticos lhe pareceram, com seus negócios e correrias.

Esse é o tipo de americana que fui, bastante compulsiva em "fazer as coisas". Sempre achei terrivelmente importante contribuir com energia e fazer a "coisa certa". Por exemplo, era o tipo de campista que, quando chegávamos à área do acampamento e a maioria das pessoas espalhava-se para se divertir, eu, cumpridora dos meus deveres, ajudava a catar gravetos e lenha para a fogueira, a descarregar os cavalos, a montar as barracas. Quase sempre era uma das "Meninas de Honra", condecorada no fim do verão com um broche prateado e turquesa, a ser juntado aos outros prê-

Graça e coragem

mios. Uma menina tão boazinha! Mas agora, sob a pressão dessa moléstia e a fadiga resultante do tratamento com enzimas, sinto que minha vida ficou mais simples, mais clara, mais espaçosa – leve em vez de pesada.

Sinto cada vez mais facilidade para livrar-me de "cacarecos", dar meu equipamento fotográfico, por exemplo, em vez de mantê-lo, preocupada com a possibilidade de usá-lo novamente algum dia, passar adiante roupas que já me deram prazer, e presentear as filhas das minhas melhores amigas com quinquilharias, lenços debruados e bijuterias. Sobra espaço nas minhas gavetas e armários! A vida parece menos densa, menos opaca, mais suave, transparente e agradável – à medida que a mania de provar meu valor diminui, à medida que me desfaço da "tralha", à medida que as incumbências são adiadas, adiadas e novamente adiadas, ainda que a vida não ande, à medida que passo momentos tranquilos com uma xícara de chá e um cachorro aos meus pés no sol da varanda, saboreando a vista das árvores, calma, expansiva, que se apresenta diante de mim e muda constantemente do amanhecer, ao crepúsculo, ao luar.

26 de setembro

Acho que esta seção pode ser intitulada "Quando Estranhos Quiserem Ajudar Você, Não Tenha Receio de Dizer Não"; ou "Aprendendo a Confiar no seu Sistema Imunológico Psíquico!".

Não sei por que me preocupo tanto com o fato de pessoas que pensam que sabem tudo, e se acham invulneráveis, fazer pacientes de câncer sentirem-se mal, culpados ou diferentes, mas eu me preocupo. Certamente porque me senti culpada e confusa com todos os conselhos e julgamentos disfarçados que recebi de pessoas normalmente bem-intencionadas. As raízes devem estar nos meus intensos sentimentos de insuficiência na infância; suponho que queira proteger aquela menininha que há em mim mesma e em todo mundo, ajudá-la a reconhecer seu próprio poder, ajudá-la a separar o que é legítimo em seus erros e reconhecer o que é verdadeiro em suas forças. E suponho que quero fazer isso para a criança vulnerável que existe dentro de cada um de nós e, particularmente, para a criança interior ainda mais vulnerável por causa do câncer. Afirmo: "Não dê atenção a tudo o que pessoas que pensam que sabem falem sobre você". "Confie em si mesma, filtre os comentários delas com seu discernimento e não tenha medo de rejeitar aquilo que considere prejudicial ou debilitante, aquilo que a enfraquece e faz sentir-se receosa ou insegura consigo mesma. Mantenha seu sistema imunológico psíquico funcionando, de forma que possa aceitar ajuda útil e rejeitar 'ajuda' prejudicial".

Por exemplo:

Graça e Coragem

Uma amiga apresentou-me duas curandeiras durante o simpósio. A primeira ofereceu-me uma sessão gratuita, foi muito gentil e confiei nela. De alguma forma senti que ela não me faria mal, nem me manipularia por interesse próprio. Fiz uma segunda sessão muito eficaz com ela e, no dia seguinte, estava tão cheia de energia a ponto de sentir vontade de dançar. (Ken e eu fomos a uma discoteca à noite!) E, oh, como desejei esquiar, serpenteando montanha abaixo, o vento batendo no meu rosto!

A segunda mulher, alguém que na verdade encontrara rapidamente alguns anos antes, era uma psicóloga que oferecia *workshops* de apoio emergencial. Quando a vi pela primeira vez, ela estava com minha grande amiga Linda [Conger] – foi durante um breve intervalo entre palestras – e eu contava alegremente à Linda um sonho que tivera na noite anterior. Essa mulher, de repente, interrompeu-me e disse energicamente: "Você está se dando conta de que existe uma criança manhosa dentro de você neste momento?". Eu respondi: "Não, estou me sentindo feliz agora". Ela replicou: "Oh, mas existe. Eu a sinto muito claramente; ela tem dois ou três anos. E percebo uma tremenda violência dentro de você". "Raiva?", eu perguntei. "Não, violência, uma intensa violência, algo muito mais forte que raiva". Bem, não houve tempo de dizer mais nada porque a próxima palestra estava começando. Mais tarde ela me perguntou se o que dissera estava correto e a minha boa menina respondeu que sim.

Somente à noite me dei conta de como estava com raiva – dela! No dia seguinte, chamei-a para uma conversa particular e expliquei-lhe da forma mais clara possível que o ponto fundamental não era saber se sua percepção estava certa ou errada. O ponto foi que me senti derrubada, enfraquecida e violentada por ela. Eu não lhe pedi que fosse minha terapeuta, nunca a convidei para o meu círculo íntimo. Não havia nenhum laço de confiança estabelecido entre nós, apenas fôramos apresentadas uma à outra. E, tentei explicar-lhe, ela despejara isso em mim em uma ocasião totalmente imprópria. Além disso, o fizera para mostrar que tinha poderes e estava certa – acho que somente uma pessoa especial teria respondido sua pergunta com um sim naquele contexto. A cena inteira me fez ver muito claramente que ela não era uma terapeuta confiável; experiência exatamente contrária da que tive com a primeira mulher. Fico feliz de que meu sistema imunológico psíquico esteja funcionando, mas preferiria que não levasse tanto tempo para cair a ficha! Novamente, o que ela disse pode ser verdade ou não, não sei, mas a forma de comunicação que usou mostrou claramente que ela se preocupou mais em ser poderosa e certeira do que em ajudar alguém a se esclarecer.

A primeira mulher, aquela em quem confiei desde o início, também apresenta programas de fim de semana. Decidi ir a um, mas mudei imediatamente de ideia quando falei com uma de suas assistentes. Mais uma vez meu sistema imunológico psíquico funcionou nesse dia – a assistente com quem conversei chamaria isso de resistência. Ela sugeriu que eu tivesse bem claro na mente o que gostaria de trabalhar

Graça e coragem

e meus objetivos para o fim de semana, comentando que talvez surgisse uma resistência (o sistema imunológico psíquico de uma pessoa é frequentemente etiquetado, na minha opinião injustamente, como resistência, uma etiqueta difícil de ser rompida, já que esforços nesse sentido são normalmente encarados como mais resistência). Minha resistência/sistema imunológico psíquico rapidamente entrou em ação quando ela disse: "Bem, se você está com câncer, deve ter algo a corroendo por dentro. Você suporta enfrentar a verdade?".

Ken estava na extensão. Ele raramente fica realmente bravo, mas explodiu com essa mulher. Eu não me lembro do que ele disse, algo como: "O que está a corroendo, madame, são idiotas como a senhora, que não têm a mais pálida ideia do que estão falando". Em seguida, ele bateu o telefone. Eu fiquei pensando: "Oh, Deus, por favor poupe-me dessas interpretações simplistas. Ter gente assim ao meu redor me ajuda ou me prejudica?". Eu tentei explicar-lhe quanta violência e agressão seu comentário aparentemente inocente continha, mas foi um tanto difícil após a demonstração amorosa de Ken! Ele diz que não suporta mais essa gente, e eu concordo, mas ainda estou tentando descobrir formas de me aproximar delas e mostrar-lhes como magoam as pessoas. Finalmente, desliguei o telefone, percebendo definitivamente que aquilo não me servia.

Encontrei alguns comentários de Jeremy Hayward sobre educação budista (em uma palestra no Naropa Institute) relacionados a esse assunto. Ele disse:

"Do ponto de vista budista, existem certas características essenciais da existência humana que vão além ou ficam aquém da cultura. Uma delas é que todos os seres humanos sofrem. Todos nós, no segredo de nossa segurança íntima, sentimo-nos amedrontados... É fato que, a qualquer momento, embora indeterminado e certamente desconhecido, cada um e todos nós vamos morrer. E seja lento ou rápido o processo da morte que advém de moléstia ou velhice, o momento da morte é súbito... Quando, ocasionalmente, deixamos que essa realidade nos atinja, ela se torna muito assustadora. E isso independe da cultura. É verdadeiro tanto para os esquimós quanto para os australianos... É universal... Portanto, reconhecer esse medo e fugir dele transforma-se em um oscilar contínuo. Reconhecê-lo é coragem. Quando o encara, quando convive com ele, o que significa que você se permite tremer, sentir pavor, então há coragem. Em seguida, ao fugir dele, com medo do medo, há covardia. Esse é o jogo constante da mente... Em algum momento pode surgir uma realização da consciência englobando tanto o medo quanto a coragem – felicidade... ou confiança. Assim, ao sentir medo, aí você pode descobrir a confiança ou a felicidade que resultam do reconhecimento da indestrutibilidade da consciência...

"Desse modo, o fato fundamental é que medo e coragem juntos geram confiança e felicidade... A essência da natureza humana é bondade, no sentido de felicidade e confiança fundamentais. Portanto, estamos livres da culpa, livres do pecado".

Graça e Coragem

Ele continua dizendo que a base da educação budista é a ausência de culpa, é a essência inerente da bondade. Precisamos "nos desapegar da culpa, do pecado, do pensamento que cometemos um erro; pare de procurar problemas a ser corrigidos e, em vez disso, vá em busca da bondade e inteligência que podem ser nutridas... Reconheça o medo e a coragem nos outros e ajude-os a reconhecer seu medo e descobrir sua coragem; isso é compaixão."

Agora, até onde esses *workshops* conseguem chegar, reconheço que eles podem ser úteis para muitas pessoas. Mas começam a surgir depoimentos e críticas, relatando que eles são prejudiciais a outras, às vezes coercivos, e não baseados em compaixão. Menciono essa série de acontecimentos porque acho que os pacientes de câncer, em sua busca por cura e na tentativa de investigar todas as possibilidades, podem ser especialmente vulneráveis ao que esses *workshops* prometem. A mulher ao telefone me disse que naquele *workshop* específico eu descobriria meu "fundo do poço" e que isso me curaria completamente. Fico contente por Ken não ter ouvido esse comentário!

Mas, no labirinto de todas essas possibilidades, muitas delas não provadas, continuo com a minha posição, seja para a escolha de um tratamento físico ou trabalho psicológico — os indivíduos devem confiar em si mesmos para decidir e nunca se deixar coagir ou influenciar indevidamente pelas preferências dos outros. Desejo ajudar as pessoas a se sentirem fortes para dizer "não, isso não serve para mim" ou "não, você não é o terapeuta indicado para mim", sem recear que algum tipo de resistência desconsiderada possa estar subjacente à sua decisão. Minha mensagem é simples, mas conquistada a duras penas: confie em si mesmo, confie no seu sistema imunológico psíquico. Não se apresse em descobrir seu centro, o terreno firme no interior do seu ser; faça o que for bom para se manter ligado, seja meditação, visualização, imaginação ativa, terapia, passeios pela mata, redação de um diário, análise de sonhos ou a simples prática da atenção em sua vida cotidiana. Escute você mesmo, e siga seu melhor conselho!

Meu Deus, não consigo acreditar no meu estado de espírito quando tomei decisões nos meus primeiros dias de câncer — a pressão, o medo, o frenesi, a confusão, a falta de conhecimento — e olho para trás pensando como fui adiante, fazendo-me de forte, mas sem dar tempo para desenvolver uma relação com minha sabedoria interior e, desse modo, perdendo completamente a sensação de tranquilidade e paz que sinto agora.

10 de outubro

E como vão indo as enzimas? Fantásticas!, de acordo com o "testezinho engraçado" do Dr. Gonzales. E, exceto pela fadiga, eu me sinto bastante bem, muito feliz. Isto é, na maior parte do tempo!

Graça e coragem

Agora, a percepção do outro lado não é tão boa. Todos os meus marcadores de câncer subiram nas últimas seis semanas, de forma que meu oncologista pediu outra tomografia recentemente. Ele nos telefonou de manhã cedo para informar que todos os tumores cresceram mais ou menos 30%; será que poderíamos procurá-lo imediatamente para discutir as opções? Eu não senti medo (bem, um pouquinho...); queria conversar primeiro com o Dr. Gonzales e lembrei-me do que uma mulher me contara sobre suas tomografias dos ossos. "Elas parecem piores do que quando comecei o programa", ela disse. "Meus médicos não sabem o que pensar... No princípio, sentia uma tremenda dor nos ossos e agora não sinto mais nada; acho que o que a tomografia está mostrando é a reação curativa mencionada pelo Dr. Gonzales." Graças a Deus conseguimos encontrá-lo ainda pela manhã. Ele se manteve muito tranquilo e confirmou que acha que isso também está acontecendo comigo, que as enzimas estão comendo o câncer e o sistema imunológico, lançando mão de todos os tipos de armas na batalha, como macrófagos etc. Uma tomografia detecta atividade, ele explicou, mas não consegue diferenciar entre crescimento, reação curativa, ou até mesmo tecido cicatrizado. "No mínimo uma vez por semana", ele disse, "tenho de convencer um de meus pacientes a não fazer cirurgia ou quimioterapia porque os resultados dos seus exames pioraram." Ele me perguntou se meus sintomas haviam piorado. Eu respondi que não, pelo menos nada que fosse notável, o que era tranquilizador, já que um crescimento de 30% de um tumor me faria sentir algo. "OK", eu respondi, "espero que você esteja certo. Mas não vou contar com isso ou aumentar minhas esperanças até que você veja a tomografia e me confirme se ainda pensa que seja reação curativa."

Ken e eu saímos porta afora para ver as tomografias; elas se mostraram terríveis, mas tudo havia piorado aproximadamente no mesmo grau, o que parecia sustentar a interpretação do Dr. Gonzales; não havia nenhum deslocamento adicional no cérebro (devido à inchação do tumor maior, o lado esquerdo do meu cérebro ficou um pouco deslocado). Meus sintomas são relativamente secundários – flutuação visual no quadrante esquerdo do meu olho esquerdo, o que às vezes confunde minha visão periférica; leves dores de cabeça ocasionais; uma estranha sensação de plenitude após a meditação (assim, passo mais tempo praticando ioga); uma sensação esporádica de falta de equilíbrio ou orientação quando passo algum tempo sentada, quieta, lendo. Às vezes sinto uma dor intensa atrás dos olhos, que atribuo ao inchaço do tumor. Porém, desde que passei a dormir com mais travesseiros, esse problema desapareceu quase por completo.

Telefonamos para o Dr. Gonzales após o exame das tomografias e ele confirmou sua posição inicial sobre o que elas realmente mostravam. Ele nos informou que pediu a opinião de um radiologista com muita experiência no assunto, que não teve

Graça e Coragem

dúvidas em afirmar que o que parecia crescimento era, de fato, uma reação inflamatória devida à necrose (ou morte) do tumor.

Dr. Gonzales aconselhou-me a continuar o tratamento e eu decidi – especialmente porque minhas outras opções são muito pouco convidativas (basicamente quimioterapia contínua, embora possam ser usadas diversas drogas) – que devo perseverar. Ele, confiantemente, também aventou a possibilidade de cura; assim, vale a pena correr o risco. Na verdade, não vejo isso como risco, já que trocaria seu programa por outro que me promete apenas alguns meses de vida e, eu sei, não me proporcionaria o mesmo bem-estar. Faremos outra tomografia em meados de dezembro, após ter cumprido o programa por cerca de seis meses. Dr. Gonzales afirma que 60-70% de seus pacientes mostram uma melhora nas tomografias após seis meses. Certamente essa notícia seria um bom presente de Natal!

Eu disse ao Dr. Gonzales que o admiro por colocar sua cabeça a prêmio, o que, com certeza, demonstra sua fé no programa. Michael Lerner recentemente contou-me que está ocorrendo um *boom* do Gonzales em todo o país, já que Patrick McGrady e Michael Schacter, de Nova Iork, o estão recomendando. Michael também disse que não ouviu nada negativo sobre ele até agora e que, embora Kelley parecesse uma combinação de charlatão e curandeiro, ele encontrou muitas pessoas em pequenas cidades do Canadá que se curaram com o programa Kelley.

As enzimas ainda me fazem sentir cansada. Espero ansiosamente pela sua suspensão duas vezes por mês (eu as tomo por dez dias, em seguida paro de tomar enzimas ou vitaminas por cinco, para dar descanso ao corpo). Sinto-me muito bem no quinto dia!

Embora haja duas mulheres na CSC que estão se dando bem com quimioterapia contínua – algo como 20 meses e 24 meses – elas parecem ter uma constituição mais forte que a minha. Acho que não é a abordagem correta para mim. Simplesmente não gosto da ideia de ficar mais fraca mês a mês – ainda que me sinta relativamente bem, é claro que meu corpo estará sofrendo uma violência e sendo reduzido a pó continuamente. Recordo-me de quão pior foi meu sexto tratamento de quimioterapia quando comparado ao primeiro. Fico feliz de existir outra opção que talvez funcione e na qual deposito alguma confiança. Entretanto, sempre procuro me lembrar de que não há estatísticas claras a respeito e que o programa Gonzales pode não funcionar, apesar da sua confiança (Dr. Scheef também se mostrou muito confiante), e que o perigo está em me apegar a, ou contar com, algum resultado positivo; o que será, será.

Parece que logo terei de entrar no oxigênio para ajudar meus pulmões. Mais sobre esse assunto em um momento...

Enquanto isso, voltando para questões mais triviais, meu cabelo está crescendo, mas muito, muito lentamente. A combinação de radiação e quimioterapia diminui a

Graça e coragem

velocidade do processo. Não me importo, realmente, com exceção dessa grande área no topo da minha cabeça, onde ele está crescendo muito rarefeito. Essa é a área onde há superposição da aplicação radioterápica de cada lado, e a pele recebe o dobro da radiação. Eles poderiam ter corrigido isso próximo ao fim das aplicações, mas quando me lembrei de perguntar já era muito tarde, só faltava uma. Eu não entendo por que essa correção não faz parte do procedimento-padrão; quero dizer, as pessoas que fazem radioterapia no cérebro passam por um mau momento e ainda têm de lidar com uma grande área de calvície. Tenho cabelo suficiente no resto da cabeça para sair sem um cachecol ou chapéu, mas essa região calva me aborrece e, assim, normalmente uso um boné de beisebol para escondê-la. Se eu sobreviver e isso continuar a ser um problema, pensarei seriamente em fazer o que alguns amigos meus fizeram [transplante de cabelo]!

Eu continuo a conversar com pessoas com câncer por telefone, o que é um prazer agridoce – gosto de lhes dar uma chance de falar, gosto de compartilhar minhas experiências que se mostraram relevantes, mas corta meu coração ouvi-las contar suas histórias únicas, maridos que as abandonaram, dez anos sem problemas e de repente uma recidiva, vidas felizes constringidas e deformadas (e em muitos casos aprofundadas) por essa doença. Ultimamente muitos me telefonam para saber minha opinião sobre a Janker Klinik. É uma pergunta difícil de responder porque respeito muito o Dr. Scheef, mas, ainda que por enquanto não possa dizer nada sobre as enzimas, o programa dele é quimioterapia bastante tóxica e normalmente não resulta em cura. Além disso, embora os resultados que obtive estivessem aquém dos esperados, Scheef não foi capaz de aplicar seu programa normal em mim por causa da minha gripe. Portanto, vocês têm de considerar as despesas, a tensão e o tempo envolvidos para ir à Alemanha por um longo período, e precisarão ter um cuidador tão eficiente quanto Ken, sob pena de encontrar muitas dificuldades. Quando todos esses elementos são levados em conta, meu estímulo torna-se bem desanimador. Dr. Gonzales diz que eles fazem um bom trabalho, mas ele só recomendaria essa abordagem tão radical se alguém tivesse apenas três ou quatro meses de vida, isto é, para ganhar tempo para outro tratamento (presumivelmente o dele!).

Recebi mensagens maravilhosas enquanto estava em Aspen, mas a de que mais gostei é uma prece que Janet fazia no início de cada sessão (ela já fora freira). É da tradição *Baha'i*, a breve oração de cura, e é mais ou menos assim:

> Teu nome é minha cura, oh meu Deus,
> tua lembrança é meu remédio,
> tua proximidade é minha esperança,

Graça e Coragem

teu amor é meu companheiro,
tua misericórdia para comigo é minha cura e meu alívio,
tanto neste mundo quanto no que virá.
Tu podes tudo,
tu conheces tudo,
tu sabes tudo.

"Entregue-se a Deus" continua a ser meu mantra preferido. Ramana Maharshi diz: "Entregue-se a Ele e aceite Sua Vontade, quer Ele apareça ou desapareça. Aguarde Seu desejo. Se esperar que Ele faça o que você quiser, não é entrega, mas comando. Você não pode pedir para Ele obedecer-lhe e, ao mesmo tempo, pensar que você se entregou... Deixe tudo completamente com Ele...". Descubro que quanto mais exploro essa qualidade de entrega em mim mesma – costumava considerá-la uma fraqueza –, quanto mais sinto que ela me leva ao mesmo ponto da prática da equanimidade, mais aceito as coisas como são, sem tentar controlá-las ou mudá-las. Novamente, o Budismo ajudou-me a desvencilhar-me um pouco da minha reatividade à terminologia cristã, de modo que consigo reconhecer as verdades e ensinamentos comuns.

Eu realmente gosto da qualidade do "desde sempre" do ensinamento de Ramana Maharshi. Que somos iluminados desde sempre, um com o Eu desde sempre, um com o Todo desde sempre. Ele diz:

"As pessoas não entendem a verdade nua e crua – a verdade de sua consciência de cada dia, sempre presente e eterna. Essa é a verdade do Eu. Existe alguém que não esteja consciente do Eu? Embora não gostem de ouvir falar disso, as pessoas estão ávidas por saber o que vai além – céu, inferno e reencarnação. Exatamente porque elas amam o mistério e não a verdade pura, as religiões as mimam – para, finalmente, trazê-las de volta ao Eu. Por mais que possam vagar, vocês devem retornar em última instância ao Eu; portanto, por que não subsistir no Eu aqui e agora?

"Mas a Graça está presente desde o princípio. A Graça é o Eu. Não é algo para ser conseguido. Basta reconhecer sua existência...

"Se a realização não fosse eterna, não valeria a pena. Assim, o que nós buscamos não é algo que deve ter começado a existir, mas algo que é eterno e está presente agora mesmo, presente em sua própria consciência".

Esforço: "Passamos por todo tipo de práticas e princípios rigorosos para nos tornarmos o que já somos agora. Todo o esforço serve simplesmente para nos livrarmos da impressão errada de que estamos limitados e presos pelas aflições de *samsara* (esta vida).

"Inicialmente, é impossível para você não fazer esforço. Quando você vai mais fundo, é impossível para você fazer esforço".

Graça e coragem

20 de outubro

Completei recentemente minha segunda "Limpeza Geral" e "Descarga do Fígado". Muito interessante descarregar as coisas ruins escondidas no meu cólon e vesícula biliar! Isso faz parte programa do Kelley, e já que numerosos amigos expressaram interesse em fazer os dois programas de limpeza, estou incluindo as instruções e informações sobre onde encontrar o que precisam. Para mim a Limpeza Geral começou como um processo em que, por meses, frequentemente passei pelo que eles chamam "estrias de muco" ou fios nas minhas fezes. A primeira vez que fiz a Descarga do Fígado foi um fracasso, acho que pelo fato de não ter bebido suco de maçã. Na segunda vez, aumentei minha dose de insulina pelos cinco dias, de forma que pude comer muitas maçãs, e no final expelir trinta cálculos biliares grandes (do tamanho de ervilhas a grãos-de-bico) e mais de trinta menores. Ah, sim, eles são caracteristicamente verdes, como sempre ouvi falar, mas nunca vira! Muita gente acha que todo mundo deveria fazer isso uma vez por ano para manter a saúde do cólon. No fim do processo eu brinquei com Ken: "Minha vida reduziu-se a examinar minhas fezes!".

Quanto ao Ken, ele faz quase tudo para mim agora, no meu estado de velhinha; está presente em todos os sentidos. Ele vai ficar envergonhado com o que vou contar, mas o chamo de "meu campeão". Ele cozinha para mim, zela por mim, cuida da minha dieta, me leva ao médico, me auxilia com a insulina, me ajuda até a tomar banho quando estou cansada. Ele acorda toda manhã às cinco horas, de modo que possa meditar antes de dedicar o resto do dia ao meu tratamento. Algo realmente maravilhoso está acontecendo em sua meditação. Ele me disse que aprendeu a servir e suas ações estão provando isso regiamente! Quando lhe digo como me sinto pelo câncer ter "arruinado" sua carreira, ele me fita com seus grandes olhos castanhos e responde: "Sou o sujeito mais sortudo do mundo". Que doçura!

Como o resto do meu corpo está se comportando?

Treya não pôde terminar a carta, porque ficou cega do olho esquerdo. Exatamente na época em que passou a usar oxigênio, comecei a notar que ela não respondia bem a estímulos em seu campo visual esquerdo. Os exames confirmaram: os tumores em seu cérebro estavam afetando o centro ótico, e Treya tinha perdido a visão do olho esquerdo, provavelmente de forma permanente.

Não sabíamos dizer se o dano fora causado por tumor crescente ou por tumor agonizante. Claro que os médicos ortodoxos achavam que era crescente; Gonzales, agonizante. Mas, no momento, esse não era o ponto; qualquer que fosse a opção, o cérebro, não os pulmões, transformou-se em nossa preocupação imediata; de qualquer

Graça e Coragem

forma, a massa cerebral estava se expandindo. Treya começou a tomar Decadron, um poderoso esteroide que controlaria o inchaço do cérebro por talvez um ou dois meses. No fim desse tempo, seu efeito cessaria. Após esse período, o tecido cerebral de Treya continuaria a ser esmagado e destruído. Resultaria uma perda rápida de funções e a dor ficaria insuportável, tornando necessária a aplicação contínua de morfina.

Agora era simplesmente uma corrida contra o tempo. Se as enzimas estivessem fazendo efeito, elas teriam de reverter a situação dentro de um ou dois meses. E o corpo de Treya deveria estar apto a eliminar os resíduos do cérebro, fossem eles causados por tumores crescentes ou agonizantes, porque, caso contrário, o aumento da pressão cerebral a mataria.

Treya escutou toda essa explicação – dessa mesma forma seca que estou repetindo – e não piscou sequer uma vez. "Se isto é uma corrida", ela finalmente disse, "então vamos continuar correndo".

Já fora do consultório médico, esperei que Treya reagisse, talvez chorando. Mas ela apenas ligou seu balão de oxigênio portátil, entrou no carro, sorriu para mim e disse: "Para casa, James".

Uma vez que agora Treya usava oxigênio quase continuamente, inclusive durante o sono, tivemos de ligá-la por meio de um tubo de quinze metros de comprimento ao balão de oxigênio grande. Havia no momento sessenta pontos em seus pulmões (tumores novos ou antigos que explodiram devido às enzimas?); seu fígado inchara e tomara quase por completo seu abdômen, paralisando seus intestinos (novo câncer de fígado ou reação inflamatória?); a pressão no cérebro crescia lentamente; ela ainda tinha de verificar seu açúcar no sangue cinco ou seis vezes por dia e aplicar-se injeções de insulina; ela tinha de tomar diariamente 120 pílulas, fazer seis clisteres, acordar durante a noite para mais pílulas e clisteres. E lá estava ela, todos os dias, caminhando três a cinco quilômetros na sua esteira, o tubo de oxigênio sobre seu ombro, Mozart tocando ao fundo.

Seu médico estava certo: ela não tinha nenhuma autopiedade, nem um grama sequer. Ela não demonstrava nenhuma vontade de desistir, de se lamentar, de recuar. Ela não tinha medo de morrer; agora eu me convencera disso. Mas ela também não estava disposta a se deitar e se fazer de morta.

Nós conversamos sobre um famoso koan zen que sua atitude me fez recordar. Um discípulo perguntou a um Mestre zen: "O que é a verdade absoluta?". E o Mestre respondeu apenas: "Caminhe!".

Foi durante esse período que Treya e eu parecemos ter desenvolvido um laço genuinamente psíquico; e por "psíquico" refiro-me a paranormal (percepção extrassensorial). Eu pessoalmente não dou muita atenção a fenômenos psíquicos *per se*. (O "nível psíquico", como uso o termo, indica simplesmente as dimensões iniciais do domínio transpessoal, que podem ou não envolver eventos psíquicos reais; mas eles não têm nada a ver com essa definição.) Estou certo de que eles existem, apenas não me interessam muito; de qualquer modo, têm pouco a ver com o misticismo em si, e os "psíquicos" charlatães deram má fama ao campo inteiro. Portanto, sinto-me um pouco relutante para contar tudo isso.

Mas, por essa época, cada grama da minha energia e cada segundo do meu tempo eram dedicados à Treya. Comecei a antecipar sua carência, de forma que parecia intuir suas necessidades ou desejos antes que ela me pedisse e, às vezes, conforme me assegurava, antes que ela pensasse neles. "Você poderia me fazer um ovo quente de três minutos?". "Já estou fazendo, meu amor." "Hoje acho que vou precisar de dezessete unidades de insulina". "Já estou aplicando na sua perna." Esse tipo de coisa. Ambos notávamos e falávamos sobre o assunto. Talvez fosse só uma série de deduções rápidas, subconscientes, lógicas – o empirista-padrão explicaria – mas muitos exemplos eram ilógicos e sem precedentes. Não, algo estava acontecendo. Tudo que sei é que existia apenas uma mente e um coração no nosso lar.

E por que isso deveria me surpreender?

Por ora, Treya estava praticamente confinada em casa; assim, seu acupunturista vinha atendê-la em domicílio. Seu nome era Warren Bellows e ele trabalhava em conjunto com Michael Broffman. Warren era um velho amigo de Treya, de Findhorn, que estava morando em Boulder. Ele se revelou uma dádiva de Deus. Sábio, gentil, atencioso, com um senso de humor positivamente pervertido – tudo de que precisávamos. Isso foi crucialmente importante, porque as sessões de Treya duravam mais de duas horas por dia. Também foi importante para mim, porque essas duas horas eram o único tempo que eu tinha para cuidar de assuntos pessoais.

Uma noite, em que Warren estava atendendo Treya, ela começou a se sentir extremamente mal. Sua cabeça passou a doer terrivelmente, seu corpo inteiro tremia, ela estava com problemas visuais no olho bom. Telefonei para a casa do Gonzales. Ele analisara os exames mais recentes, juntamente com seus assistentes, todos médicos especialistas, e continuava mantendo a opinião de que os sintomas de Treya indicavam decaimento tumoral e inflamação. Ela estava tendo uma reação tóxica, ele explicou. Faça vários clisteres, continue com a acupuntura, dê um banho com sais de Epsom – tudo que possa ajudar um pouco a limpeza do corpo. Treya melhorou só de falar com ele.

Não me senti bem. Telefonei para o pronto-socorro do hospital de Boulder e pedi que eles se preparassem para uma tomografia cerebral de emergência; em seguida, telefonei para o seu oncologista local e pedi que ficasse de sobreaviso. Treya continuou a piorar e, temendo um ataque apoplético, liguei o oxigênio nela e a levei correndo para o pronto-socorro. Quinze minutos depois, ela estava tomando altas

Graça e Coragem

doses de Decadron e morfina. A inchação do seu cérebro estava fora de controle e ela, de fato, teria logo entrado em convulsões.

Alguns dias depois, em 10 de novembro, com a concordância de todo mundo (inclusive do Nick), Treya foi submetida a uma cirurgia cerebral para remover o tumor maior.

Os médicos lhe disseram que ela ficaria no hospital por no mínimo cinco dias, talvez mais. Três dias depois, com seu balão de oxigênio portátil amarrado às costas e seu Mütze na cabeça, ela saiu do hospital; e, por insistência dela, caminhamos imediatamente por vários quarteirões até o Restaurante Wrangler para comer um frango grelhado. A garçonete perguntou se ela era modelo – "Você é tão bonita!" – e onde havia comprado aquele chapéu adorável? Treya ligou seu medidor de glicose, verificou a taxa de açúcar no sangue, aplicou-se uma injeção de insulina e comeu o frango com avidez.

A cirurgia do cérebro a deixou não tanto com dor, mas com um desconforto corporal geral, frequentemente angustiante. Mas, ela manteve seu programa com equanimidade apaixonada: as pílulas, os clisteres, a insulina, a dieta, as limpezas gerais e descargas do fígado. E diariamente andava quilômetros em sua esteira com o tubo de oxigênio nas costas.

A cirurgia também a deixou praticamente cega. Ainda conseguia ver com seu olho direito, mas seu campo visual ficou fragmentado. Tentou trabalhar um pouco nas suas obras de arte, mas não conseguia coordenar as linhas; elas pareciam ter sido desenhadas por mim. "Não está muito bom, não é?", era tudo o que dizia.

Entretanto, o que ela mais sentiu foi não poder continuar a ler seus livros espiritualistas. Comprei cartões e escrevi em letras de fôrma grandes dúzias de suas frases "essenciais" favoritas de seus ensinamentos preferidos. Frases como: "Permita que o eu estenda-se na vasta expansão do espaço inteiro" e mais simples: "Quem sou eu?". Ela carregava esses cartões para toda parte e eu a via, em vários instantes ao longo do dia, sentada sorridente, lendo-os lentamente, movendo-os pelo seu campo visual, esperando que as linhas vagarosamente formassem palavras reconhecíveis.

Agora tínhamos menos de um mês até que o Decadron perdesse o efeito. Os parentes e amigos, achando que ela estava morrendo, vieram visitá-la. A minha metade, que também achava o mesmo, desejava desesperadamente ver Kalu Rinpoche, "nosso" mestre. Treya também queria muito que eu o visse e, assim, incentivou-me a ir, fazendo força para não chorar. No dia em que parti, ela escreveu em seu diário: "Sinto-me tão miserável, tão infeliz, tão machucada. Se eu lhe dissesse isso, ele não iria. Eu o amo tanto – será que ele percebe o quanto eu o amo?".

Passei três dias fora; Linda ficou com ela. A minha metade, que achava que Treya estava morrendo, quis restabelecer nosso vínculo com esse extraordinário, gentil e iluminado homem. Todas as grandes tradições de sabedoria afirmam que o

Graça e coragem

momento real da morte é uma oportunidade extremamente importante e preciosa pela seguinte razão: no momento da morte, a pessoa abandona o corpo físico bruto e aí, as dimensões mais elevadas – a sutil e a causal – surgem imediatamente na consciência do morto; se a pessoa conseguir reconhecer essas dimensões mais espirituais, ela atinge imediatamente a iluminação, e o faz muito mais facilmente do que quando no corpo físico denso e obstrutor.

Serei bastante específico aqui, porque esse foi exatamente o tipo de treinamento que Treya praticou como preparação para sua possível morte. Essa explicação é baseada no sistema tibetano, que parece ser o mais completo, mas está essencialmente de acordo com as tradições místicas do mundo inteiro.

O ser humano tem três níveis ou dimensões principais: bruto (corpo), sutil (mente) e causal (espírito). Durante o processo da morte, os níveis mais baixo da Grande Cadeia dissolvem-se primeiro, começando pelo corpo, pelas sensações e percepções. Quando o corpo dissolve-se (para de funcionar), as dimensões mais sutis da mente e da alma emergem, e então, no momento real da morte, quando todos os níveis dissolvem-se, o puro Espírito causal surge na consciência da pessoa. Se ela conseguir reconhecer esse Espírito como sua própria natureza verdadeira, então realiza-se imediatamente a iluminação e a pessoa retorna permanentemente para Deus, como Deus.

Se o reconhecimento não ocorrer, então a pessoa (a alma) entra no estado intermediário, o "bardo", que, diz-se, dura alguns meses. O nível sutil emerge, a seguir o nível bruto finalmente emerge e a pessoa renasce em um corpo físico para iniciar uma nova vida, trazendo com ela, em sua alma, sabedoria e virtudes (mas não memórias específicas) que tenha acumulado na vida anterior.

Independentemente da sua opinião sobre os conceitos de reencarnação, bardo ou estados de vida após a morte, algo parece certo: se você crê que alguma parte sua compartilha do divino, se você acredita que tem acesso a um tipo de Espírito que transcende de algum modo seu corpo mortal, então o momento da morte é crucial, porque nesse ponto o corpo mortal *se foi*, e se existe *algo* que permanece, esse é o momento para se descobrir, não é mesmo?

Claro, as experiências de quase morte e as pesquisas sobre elas parecem sustentar essa afirmação. Mas o que gostaria de enfatizar é que existem exercícios específicos de meditação que simulam com precisão o processo completo da morte e dissolução, e eram exatamente esses exercícios meditativos que Treya estava praticando quando descrevia a "dissolução no espaço inteiro".

Eu queria me reconectar a Kalu, de forma que minha própria mente ficasse mais pronta para dissolver-se ou expandir-se e ajudar Treya em sua própria dissolução real, como ela e eu vínhamos treinando. As tradições afirmam que um mestre iluminado, uma vez que sua mente já está "dissolvida" ou transcendeu, pode ser de imensa ajuda

Graça e Coragem

no processo da morte, se for estabelecida uma ligação entre a sua mente e a mente do mestre. Essa ligação só pode acontecer na presença dele, e foi por isso que fui até Kalu.

Quando voltei, Treya passou por um período tentando lidar com seu desconforto, que às vezes era violento, terrível. A inchação em seu cérebro era quase insuportável, causando não só dores, mas uma total devastação de suas emoções. Mesmo assim, ela não quis tomar remédios – nenhum analgésico ou tranquilizante – era apenas mais um mergulho na montanha-russa. Ela desejava se manter lúcida de forma que pudesse testemunhar, estar consciente; e ela permaneceu consciente.

Vicky e Kati vieram nos visitar. Uma noite, bem tarde, Treya chamou Vicky em seu quarto, e pelas próximas uma ou duas horas, nas condições mais aflitivas, descreveu-lhe tudo o que estava se passando com ela – as sensações exatas, os pensamentos reais por ter um tumor cerebral destruindo lentamente todas as funções normais, nos mínimos e horríveis detalhes. Isso mexeu profundamente com Vicky; ao descer as escadas, ela ainda tremia.

"Ela quis que eu soubesse como é, para que possa ajudar melhor outros pacientes de câncer que estão passando pela mesma provação. Ela acabou de me dar um mapa preciso do processo inteiro, de modo que eu possa aplicá-lo em outras pessoas, ter mais compreensão e compaixão pelo que estão passando e, portanto, ajudá-las melhor. Eu não acredito!" Treya fez *vipassana* em seu tumor cerebral e descreveu os resultados para Vicky, a fim de que ela pudesse usá-los na CSC.

Os efeitos posteriores da cirurgia cerebral, combinados com o crescimento continuado dos tumores nos pulmões, cérebro e fígado, estavam cobrando um terrível pedágio do corpo de Treya. E ainda assim ela continuava seu programa em todos os detalhes, inclusive caminhando vários quilômetros por dia em sua esteira. Nós mantínhamos seu oxigênio e seu Decadron.

Não pudemos sair de casa no Natal; então, membros da família, poucos de cada vez, vieram nos visitar durante as festas. Quando Rad e Sue partiram, eles puseram essa carta na minha mão:

Queridos Treya e Ken,

a sua é uma verdadeira história de amor. Muitos conseguem compartilhar anos felizes com algumas adversidades pelo caminho, mas sua vida juntos começou com um grande problema que os acompanha desde então. Seu afeto e devoção um pelo outro tem sido verdadeiramente notável e, a cada dia, independentemente das vicissitudes, parece se fortalecer.

Ken, sem você Treya estaria completamente perdida. Sua preocupação com a saúde dela, sua contínua atenção a suas necessidades, dores e sofrimentos (e a seus

Graça e coragem

cachorros!) é uma fonte de conforto constante para ela e para nós. Não poderíamos ter escolhido um genro melhor.

Esperamos que o câncer tenha sido controlado e você, Treya, volte a ter uma vida normal e goze de boa saúde. Se há alguém que sempre mereceu uma recuperação completa é você. Sua atitude corajosa é uma inspiração incrível para todos que se envolveram com sua moléstia por contato pessoal ou por suas cartas. Dentro de pouco tempo, acreditamos que você estará trabalhando na CSC e em todas as muitas outras organizações a que se ligou, com o objetivo de transformar o mundo em uma comunidade melhor e mais compassiva. Quanto a você, Ken, esperamos que tenha tempo novamente para se dedicar a seus escritos e pensamentos eruditos (muitos dos quais não entendemos!) e dê ao mundo sua visão sobre o potencial da mente e da alma.

Esperamos que nossa visita tenha sido de alguma valia. Como vocês sabem, nós e toda a família queremos ajudá-los e voltaremos sempre que precisarem. Sabemos que este será um Natal incomum, mas vai ser bom – talvez não com todos juntos ao mesmo tempo, mas o Natal do início da recuperação de Treya.

Treya, nós a amamos como pessoa e como filha. Ken, ninguém poderia ter um genro melhor ou mais dedicado à sua filha.

Derramamos algumas lágrimas enquanto escrevíamos esta carta porque amamos muito os dois, que sempre estão em nossos pensamentos.

Oramos para que esta seja a escuridão antes do amanhecer. Ambos lidaram heroicamente com essa terrível moléstia e nós estamos muito orgulhosos de vocês. Ninguém poderia ter uma filha mais maravilhosa que você, Treya. E Ken será sempre um membro da nossa família. O Natal não será o mesmo sem os dois, mas vocês estarão em nosso coração.

Todo o nosso amor,
Mamãe e papai

No Dia de Ano-Novo, quando estávamos sozinhos, abraçados no sofá, Treya virou-se para mim e disse: "Amor, acho que é hora de parar. Eu não quero continuar. Não é que eu esteja desistindo; é que, ainda que as enzimas estejam fazendo efeito, elas não vão agir suficientemente rápido".

Realmente, o Decadron estava perdendo o efeito e, por mais que tentássemos ajustar a dosagem, não conseguíamos que ele atuasse muito bem. Seu desconforto, até agonia, aumentava a cada dia; e certamente ela pioraria muito, muito mais, antes que, e se, apresentasse uma melhora.

"Eu a apoiarei até o fim, meu amor. Apenas diga-me o que você quer, do que você precisa."

Graça e Coragem

"Você acredita mesmo que tenho alguma chance?"

Eu sabia que Treya já havia se decidido e como sempre, quando isso acontecia, ela queria que eu a apoiasse, não que a questionasse. "A situação não parece boa, não é?" Ficamos calados por um longo tempo. "Suponho que eu diria: vamos esperar mais uma semana. Por via das dúvidas. Você sabe, o tumor cerebral que eles removeram apresentava 90% de tecido morto; as enzimas, com certeza, estão fazendo efeito; ainda pode haver uma chance. Mas você tem de decidir. Diga-me apenas o que você quer, e nós o faremos."

Ela me encarou. "Está bem, mais uma semana. Eu consigo aguentar. Mais uma semana."

Treya foi muito clara, muito lúcida. Nós conversamos de uma forma realista, quase desapegados e indiferentes, não porque não nos importássemos, mas porque havíamos passado tantas vezes por tudo isso antes; esse filme se repetira mais de cem vezes em nossa mente.

Nós nos levantamos para ir para o quarto. E, pela primeira vez, Treya não teve forças para subir a escada. Ela sentou-se no primeiro degrau, retirou sua máscara de oxigênio e começou a chorar baixinho. Eu a peguei nos meus braços e carreguei-a para cima.

"Oh, meu bem... Eu achava que isso nunca viria a acontecer, eu não queria chegar a esse ponto, eu gostaria de poder caminhar por mim mesma", ela disse, e enterrou a cabeça no meu ombro.

"Acho que é a coisa mais romântica do mundo. Você nunca me permitiria fazer isso sob quaisquer outras circunstâncias; portanto, vamos, deixe-me subir com minha princesa."

"Você confia nele?", perguntei a Treya.
"Acho que sim."

Treya manteve sua palavra e por uma semana suportou até o limite sua extrema e rapidamente crescente, até alarmante, agonia – cumprindo à risca seu programa, cada detalhe exaustivo dele. E recusou a morfina para que pudesse estar lúcida, consciente e presente. Manteve a cabeça erguida e sorria frequentemente – não estava fingindo. Para ela era "caminhe!". E, ao fazer isso, posso afirmar sem o mínimo exagero, ela demonstrou uma coragem e uma equanimidade iluminada que eu nunca, *nunca*, vi igual, e duvido que veja.

Na noite em que terminou a semana, ela disse suavemente: "Eu estou indo".

Nesse momento, tudo o que respondi foi: "Está bem", e peguei-a no colo para subir a escada.

Graça e coragem

"Espere, meu amor, quero escrever algo em meu diário."

Eu apanhei o diário e uma caneta; e ela escreveu em letra de fôrma bem grande: "É preciso graça, sim – e coragem!".

Em seguida, fitou-me e perguntou: "Entendeu?"

"Eu acho que sim." Fiquei em silêncio por um longo tempo. Não era necessário lhe dizer o que eu pensava; ela sabia.

"Vamos, linda. Deixe-me levar minha menina para cima."

O nobre Goethe escreveu uma bela frase: "Todas as coisas maduras anseiam morrer". Treya estava madura e ansiava morrer. Enquanto a observava escrevendo aquela entrada no diário, o que eu estava pensando, o que eu não tinha de dizer, era: "Isto resume sua vida inteira. Graça e coragem. Ser e fazer. Equanimidade e paixão. Entrega e vontade. Aceitação total e determinação ardente". Esses dois lados de sua alma, os dois lados com que lutou por toda sua vida, os dois lados que finalmente integrou em um todo harmonioso, essa foi a última mensagem que ela quis deixar. Eu a vi integrar esses dois lados; eu acompanhei essa harmonia equilibrada permear todos os aspectos de sua vida; eu testemunhei a chegada dessa equanimidade apaixonada definir sua alma. Ela realizou seu único, importante, superante, objetivo de vida; e essa realização foi brutalmente testada em circunstâncias que simplesmente destrui- riam uma realização menor. Ela fez isso; ela estava madura com essa sabedoria; e ela ansiava morrer.

Subi a escada com minha adorada Treya no colo pela última vez.

22. Para uma estrela radiante

Ofuscada, incerta, hesitante,
asas ainda úmidas, arqueadas, dobradas,
como se ainda moldadas
pela escuridão, mudança, confusão,
ainda ligadas
à crisálida vazia.

O ar se agita.
Eu tremo,
sinto-me ainda dentro daquele molde,
envolta por uma fôrma que agora,
percebo vagamente,
está oca, vazia, gasta,
sua missão concluída.

Eu só preciso me mover –
um passo, outro, tentador,
e esperar.

Sentir o ar secar esta nova e estranha forma,
observar o emaranhado de delicados padrões de ouro, negro, laranja,
desdobrar em prontidão,
desfraldar em abertura,
à medida que o ar me toca,
ergue-me,
surpresa.

Eu não sei o que fazer,
embora um instinto vertiginoso
incite-me.
Colhida por uma corrente invisível,
voo baixo, pairo alto, mergulho
na entrega.

Graça e Coragem

> Algum dia, talvez, surgirá uma criança
> que perguntará à mãe:
> "Que criatura esquisita um dia viveu
> Em uma casa tão minúscula?"

(Treya, 1974)

E assim começaram as mais extraordinárias 48 horas de nossa vida em comum. Treya decidiu morrer. Não havia nenhuma razão clínica para sua morte naquele momento. Com medicamentos e cuidados simples, seus médicos achavam que ela poderia viver por mais alguns meses pelo menos, embora em um hospital; sim, no fim ela morreria. Mas Treya havia se decidido. Ela não iria morrer assim, em um hospital, com tubos saindo dela, soro intravenoso contínuo com morfina, a inevitável pneumonia e a lenta asfixia – todas as terríveis imagens que passaram pela minha mente em Drachenfels. E eu tive a estranha sensação de que, independentemente de suas razões, Treya iria nos poupar dessa provação. Ela simplesmente passaria por cima de tudo aquilo, muito obrigada, e morreria pacificamente agora. Mas, quaisquer que fossem suas razões, eu sabia que, uma vez que Treya se decidira, não havia volta.

Coloquei-a na cama naquela noite e sentei-me a seu lado. Ela se encontrava quase extática. "Eu estou indo, não posso acreditar, eu estou indo. Eu estou tão feliz, eu estou tão feliz, Eu estou tão feliz." Como um mantra de liberação final, ela continuou repetindo: "Eu estou tão feliz, eu estou tão feliz...".

Seu semblante inteiro iluminou-se. Ela brilhava. E seu corpo começou a mudar diante dos meus olhos. No espaço de uma hora, pareceu-me que ela perdera cinco quilos. Era como se seu corpo, atendendo à sua vontade, estivesse encolhendo e retraindo-se. Ela começou a encerrar seus sistemas vitais; começou a morrer. Nessa uma hora, ela se transformou em um ser diferente, pronta e disposta a partir. Mostrou-se muito determinada e muito feliz. Sua resposta extática foi contagiante, e me achei, para minha confusão, compartilhando da sua felicidade.

Então, de repente, ela disse: "Mas eu não quero abandoná-lo. Eu te amo muito. Não consigo deixá-lo. Eu te amo muito". Ela começou a chorar, soluçando, e eu comecei a chorar, também soluçando. Senti como se estivesse chorando todas as lágrimas dos últimos cinco anos, lágrimas profundas que contive a fim de me mostrar forte para Treya. Nós conversamos muito sobre nosso amor um pelo outro, um amor que nos tornou – pode parecer sentimentalismo – mais fortes, melhores e mais sábios. Havia décadas de crescimento em nosso cuidado mútuo e, agora, em face do térmi-

Para uma estrela radiante

no de tudo isso, sentimo-nos subjugados. Parece tão duro, mas foi o momento mais terno que já vivi, com a única pessoa com quem poderia tê-lo vivido.

"Meu amor, se chegou a hora de partir, então é hora de partir. Não se preocupe, eu a encontrarei. Eu já a encontrei antes, prometo que a encontrarei novamente. Portanto, se você quiser ir, não se preocupe, simplesmente vá."

"Você promete que me encontrará?"

"Prometo."

Devo explicar que, durante as últimas duas semanas, Treya, quase obsessivamente, recordou-se detalhadamente do que eu lhe dissera a caminho da nossa cerimônia de casamento, cinco anos atrás. Eu sussurrei no seu ouvido: "Onde você estava? Tenho procurado por você há vidas. Finalmente a encontrei. Tive de matar dragões para encontrá-la. E se acontecer alguma coisa, eu a encontrarei novamente". Ela fitou-me profundamente em paz. "Você promete?" "Eu prometo."

Não tenho a mínima ideia consciente por que disse isso; estava simplesmente declarando, por razões que não compreendia, exatamente como me sentia com respeito à nossa relação. E Treya relembrou esse diálogo o tempo todo durante as últimas semanas. Parece que lhe trazia uma tremenda sensação de segurança. O mundo estaria bem se eu mantivesse minha promessa.

E então, naquele momento, ela disse: "Você promete que me encontrará?".

"Eu prometo."

"Para todo o sempre?"

"Para todo o sempre."

"Então eu posso partir. Eu não acredito. Estou tão feliz. Foi muito mais difícil do que eu pensei. Foi tão difícil. Foi tão difícil, meu amor." "Eu sei, minha querida, eu sei." "Mas agora eu posso partir. Estou tão feliz. Eu te amo tanto. Estou tão feliz."

Naquela noite eu dormi na mesa de acupuntura em seu quarto. Parece que sonhei com uma grande nuvem branca pairando sobre a casa, com luminosidade de mil sóis ardendo sobre uma montanha coberta de neve. Eu digo "parece", porque agora não estou certo se foi um sonho ou não.

Quando a fitei de manhã cedo (domingo), ela acabara de acordar. Seus olhos estavam límpidos, se encontrava muito alerta e determinada: "Eu estou indo. Estou tão feliz. Você estará lá?".

"Estarei, amor. Vamos em frente. Vamos."

Telefonei para a família. Eu não me lembro exatamente do que disse, mas foi algo como: por favor, venham o mais rápido possível. Telefonei para Warren, o amigo querido que tinha ajudado Treya com a acupuntura nos últimos meses. Novamente, não me lembro do que disse. Mas acho que a inflexão da minha voz significava: chegou a hora da morte.

Graça e Coragem

A família começou a chegar bem cedo naquele dia, e cada parente teve a chance de conversar abertamente com Treya pela última vez. Do que mais me recordo foi ela dizer o quanto amava sua família; como se sentia incrivelmente afortunada por ter cada um deles; fora a melhor família que alguém poderia desejar. Era como se Treya estivesse determinada a "aparar as arestas" com cada um; ela queria queimar seu corpo até as cinzas, sem deixar coisas por dizer, sem culpas e sem mágoas. Até onde pude observar, ela foi bem-sucedida.

Nós a colocamos na cama no domingo à noite e eu dormi novamente em sua mesa de acupuntura, de modo que pudesse estar presente se algo acontecesse. Alguma coisa extraordinária estava se passando naquela casa e todos nós sabíamos disso.

Por volta das 3h30 da madrugada, Treya acordou subitamente. A atmosfera estava quase alucinógena. Acordei imediatamente e perguntei como ela estava se sentindo. "Não seria hora da morfina?", ela perguntou sorrindo. Em toda sua provação com o câncer, exceto nas cirurgias, Treya tomara apenas quatro tabletes de morfina. "Claro, querida, tudo que você quiser." Eu lhe dei um tablete de morfina e um sonífero suave, e conversamos pela última vez.

"Amor, acho que chegou a hora de partir", ela começou.

"Eu estou aqui, minha vida."

"Eu estou tão feliz." Uma longa pausa. "Este mundo é tão fantástico. É tão extraordinário. Mas eu estou indo." Seu ânimo era de felicidade, alegria e determinação.

Comecei a recitar várias "frases essenciais" das tradições religiosas que ela achava tão importantes, frases que queria que eu lhe relembrasse até o fim, frases que levava consigo em seus cartões.

"Relaxe com a presença do que é", eu comecei. "Permita que o eu se espalhe na vasta expansão do espaço inteiro. Seu ser primordial é não nascido e imortal; não nasceu com este corpo e não morrerá com este corpo. Reconheça que sua mente é eternamente una com o Espírito."

Seu rosto relaxou e ela olhou para mim muito clara e diretamente.

"Você me encontrará?"

"Eu prometo."

"Então chegou a hora de partir."

Seguiu-se um longo silêncio e o quarto pareceu ficar completamente iluminado, o que era estranho, já que estava totalmente escuro. Foi o momento mais sagrado, o momento mais direto, o momento mais simples que vivenciei. O mais óbvio. O mais perfeitamente óbvio. Eu nunca vi nada assim na minha vida. Eu não sabia o que fazer. Simplesmente me mantive presente para Treya.

Para uma estrela radiante

Ela se moveu na minha direção, tentando gesticular, tentando dizer algo, algo que queria que eu soubesse, a última coisa que me disse. "Você é o melhor homem que já conheci", ela sussurrou. "Você é o melhor homem que já conheci. Meu campeão..." E continuou repetindo: "Meu campeão". Debrucei-me para lhe dizer que ela fora a única pessoa realmente iluminada que eu conhecera. Que a iluminação fazia sentido para mim por causa dela. Que o universo que gerou Treya era sagrado. Que Deus existia por causa dela. Todas essas coisas passaram pela minha mente. Todas essas coisas eu quis lhe dizer. Eu sabia que ela estava consciente do que eu sentia, mas minha garganta fechou-se em si mesma; não conseguia falar; não estava chorando, apenas não conseguia falar. Eu balbuciei: "Eu a encontrarei, meu amor, eu prometo...".

Treya fechou seus olhos e, para todos os efeitos, nunca mais os abriu.

Meu coração se partiu. A frase de Da Free John continuou na minha mente: "Pratique a ferida do amor... pratique a ferida do amor". O verdadeiro amor machuca; o verdadeiro amor o torna totalmente vulnerável e aberto; o verdadeiro amor o leva muito além de si mesmo; e, portanto, o verdadeiro amor o devasta. Fiquei pensando: se o amor não o despedaçar, você não sabe o que é amar. Nós tínhamos praticado a ferida do amor e eu me sentia dilacerado. Recordando agora, parece-me que, naquele momento simples e direto, ambos morremos.

Naquele instante comecei a notar que a atmosfera estava muito turbulenta. Levei alguns minutos para perceber que não eram minha angústia ou meu pesar que pareciam tão inquietantes. Era o vento soprando de modo selvagem fora da casa. E não só soprando. A ventania começou a formar rapidamente uma tempestade feroz; nossa casa incrustada na rocha, normalmente sólida, estremecia e chocalhava com o temporal que a martelava exatamente naquela hora. De fato, os jornais noticiaram no dia seguinte que, precisamente às 4 horas da madrugada, ventos recordes – que atingiram incríveis 180 quilômetros por hora – açoitaram Boulder (embora, inexplicavelmente, nenhum outro local do Colorado). Eles destruíram carros – e até um avião! – tudo devidamente registrado nas manchetes.

Os ventos, suponho, foram coincidência. Todavia, o tremor e chocalhar insistentes da casa simplesmente reforçaram a sensação de que algo sobrenatural estava acontecendo. Recordo-me de tentar voltar a dormir, mas a casa tremia tanto a ponto de eu me levantar e colocar cobertores em torno das janelas do quarto, temendo que elas quebrassem. Finalmente adormeci, pensando: "Treya está morrendo, nada é permanente, tudo é o vazio, Treya está morrendo...".

De manhã, Treya colocou-se na posição em que morreria – apoiada em travesseiros, braços estendidos ao lado, *mala* em sua mão. Na noite anterior, ela começara a repetir silenciosamente para si mesma: "Om Mani Padme Hung", o mantra budista

Graça e Coragem

da compaixão, e "Entregue-se a Deus", sua oração cristã favorita. Creio que ela continuava fazendo isso.

Convidamos um membro do Hospice Movement[1] para vir e atuar conosco; na hora combinada – por volta das onze da manhã – Claire chegou. Eu pessoalmente fiz questão da presença de um membro do Hospice, a fim de ter certeza de que estávamos fazendo todo o possível para assegurar a Treya uma morte sem sofrimento e em paz, em sua própria cama, do seu próprio jeito.

Claire foi perfeita. Com a aparência de um lindo e pacífico anjo (tão beatífica que Kati inconscientemente continuou referindo-se a ela como "Alvorada Graciosa"), ela entrou no quarto e anunciou para Treya que, se ela permitisse, avaliaria seus sinais vitais. "Treya", ela perguntou, "posso medir sua pressão?". Não acho que Claire esperasse que Treya realmente respondesse. O ponto é que se ensina aos membros do Hospice que a pessoa agonizante consegue ouvir muito claramente tudo que você lhe diz, até o fim, e talvez além; assim, Claire lhe concedeu essa cortesia elementar. Na verdade, Treya não falava nada há várias horas. Mas, quando Claire lhe fez aquela pergunta simples, ela virou inesperadamente sua cabeça (com os olhos ainda fechados) e respondeu nitidamente: "Claro". Daquele ponto em diante, todos compreenderam que Treya, por mais "inconsciente" que parecesse, estava de fato completamente ciente de tudo que estava acontecendo.

(Em um certo momento, Kati, que, como todos nós, achava que Treya estava "inconsciente", olhou para mim e disse: "Ken, ela está tão linda". Treya replicou claramente: "Muito obrigada". Essas foram suas últimas palavras – "Muito obrigada".)

O vento continuava a uivar, fazendo a casa vibrar sensivelmente. Os membros da família mantiveram-se em vigília. Sue, Rad, Kati, Tracy, David, Mary Lamar, Michael, Warren – todos acariciaram Treya e muitos lhe sussurraram palavras de despedida.

Treya segurava seu *mala*, recebido em um retiro de meditação com Kalu Rinpoche, no qual ela fez o voto de praticar a compaixão como seu caminho para a iluminação. O nome espiritual que o próprio Kalu lhe deu naquele momento foi "Vento Dakini" (que significa "o vento da iluminação").

Lá pelas duas horas daquela tarde (segunda-feira), Treya parou completamente de responder a quaisquer estímulos. Seus olhos mantinham-se fechados; sua respiração seguia um padrão de apneia (arquejos curtos com longas pausas); seus membros ficaram frios. Claire nos chamou de lado e falou que achava que Treya morreria muito em breve, possivelmente dentro de poucas horas. Ela disse que retornaria se fosse necessário e, com os mais delicados votos, nos deixou.

---

[1] Movimento cujas pioneiras foram as Dras. Dame Cicely Saunders e Elisabeth Kübler-Ross e que tem por objetivo preparar pacientes terminais para a morte. (N.T.)

Para uma estrela radiante

A tarde arrastou-se; os ventos continuaram chocalhando a casa e contribuindo para tornar a atmosfera mais lúgubre. Fiquei segurando a mão de Treya por horas e continuei sussurrando em seu ouvido: "Treya, você pode ir agora. Tudo aqui está completo e concluído. Simplesmente, deixe-se ir, deixe acontecer. Estamos todos aqui, meu amor; apenas deixe acontecer".

(Então, comecei a rir incontrolavelmente de mim mesmo, pensando: "Treya nunca fez nada que eu lhe dissesse para fazer. Talvez eu deva parar de falar tudo isso; ela nunca partirá enquanto eu não calar a boca".)

Continuei a recitar suas frases essenciais favoritas: "Vá em direção à Luz, Treya. Procure pela estrela cósmica de cinco pontas, luminosa, radiante e livre. Mantenha-se na Luz, querida, mantenha-se apenas na Luz. Desapegue-se de nós, mantenha-se na Luz".

Devo mencionar que, no ano do quadragésimo aniversário de Treya, um mestre nosso, Da Free John, disse que a derradeira visão da iluminação era a de uma estrela cósmica de cinco pontas, ou mandala cósmica, pura, branca e radiante, totalmente além de todas as limitações finitas. Treya não soube que ele dissera isso naquela época; todavia, foi exatamente quando ela mudou seu nome de Terry para Estrella, ou Treya, que é a palavra correspondente em espanhol. E afirma-se que, no exato momento da morte, a grande estrela cósmica de cinco pontas, ou a clara luz do vazio, ou simplesmente o grande Espírito ou Divindade luminosa aparece para cada alma. Tenho plena convicção de que essa visão surgiu para Treya uns três anos antes – aconteceu em sonho que ela me contou, logo após um empoderamento com o Venerável Kalu Rinpoche – a visão foi inconfundível e acompanhada de todos os sinais clássicos, embora não tenha falado com mais ninguém. Ela não trocou seu nome para "Treya" porque Free John falou sobre essa visão suprema; ela simplesmente teve essa visão da estrela cósmica luminosa de uma forma muito real e direta. Assim, na morte real, pensei comigo mesmo, Treya veria normalmente sua própria Face Original, e não seria pela primeira vez. Ela estaria apenas experienciando, uma vez mais, sua própria natureza verdadeira como luminosidade, como estrela radiante.

A única joia que ela realmente estimava era o pingente de ouro da estrela de cinco pontas que Sue e Rad lhe encomendaram (baseado em um desenho exatamente daquela visão feito por Treya). Eu pensei sobre aquele pingente: ele era, nas palavras de um místico cristão, "o sinal exterior e visível de uma graça interior e invisível". Ela morreu com ele.

Acho que todo mundo percebeu que se desapegar de Treya era crucial para o processo, e cada um, a seu modo, despediu-se dela. Eu gostaria de poder contar o que aconteceu naqueles momentos, à medida que cada membro da família a tocava

Graça e Coragem

e lhe falava suavemente, pois todos agiram com muita dignidade e graça. Acho que ela gostaria de que eu pelo menos contasse que Rad, totalmente dominado pela dor, tocou suavemente sua testa e disse: "Você foi a melhor filha que eu poderia desejar". E Sue: "Eu a amo tanto".

Saí do quarto para beber um copo de água e de repente Tracy estava ao meu lado, dizendo: "Ken, suba imediatamente". Corri para cima, saltei na cama e segurei a mão de Treya. A família inteira – cada parente e o bom amigo Warren – entrou no quarto. Treya abriu os olhos, fitou muito suavemente todo mundo, olhou diretamente para mim, fechou os olhos e parou de respirar.

Cada pessoa no quarto se fazia completamente presente para Treya. Então, todos começaram a chorar. Eu estava segurando sua mão, com minha outra sobre seu coração. Meu corpo começou a tremer violentamente. Finalmente acontecera. Eu não consegui parar de tremer. Sussurrei em seu ouvido as poucas frases essenciais do Livro Tibetano dos Mortos ("Reconheça a luz fulgurante como sua própria Mente primordial, reconheça que você agora é una com o Espírito Iluminado.") Mas, acima de tudo, todos choramos.

A melhor, a mais forte, a mais iluminada, a mais honesta, a mais bela, a mais inspiradora, a mais virtuosa e a mais querida pessoa que eu conhecera acabara de morrer. De certa forma, senti que o universo nunca mais seria o mesmo.

Exatamente cinco minutos após sua morte, Michael disse: "Escutem. Escutem isso". Os violentos ventos cessaram completamente e a atmosfera ficou perfeitamente tranquila.

Esse fato também foi devidamente noticiado nos jornais do dia seguinte, inclusive o minuto exato. Os antigos tinham um ditado: "Quando morre uma grande alma, os ventos sopram tempestuosamente". Quanto maior a alma, mais forte o vento necessário para levá-la. Talvez tenha sido coincidência, mas não pude evitar de pensar: uma grande, grande alma morreu e o vento respondeu.

Nos seus seis últimos meses de vida, foi como se Treya e eu tivéssemos entrado em uma saturação espiritual, servindo um ao outro de todas as formas possíveis. Eu finalmente desistira dos lamentos e reclamações pelo fato de ter sido, por cinco anos, um cuidador e abandonado minha carreira para atendê-la. Livrei-me de tudo aquilo. Não tinha absolutamente nenhuma queixa; sentia apenas gratidão por sua presença e pela graça extraordinária de servi-la. E ela desistiu dos lamentos e reclamações pelo fato de seu câncer ter "acabado" com a minha vida. Pois a verdade nua e crua foi que, de comum acordo, juntos fizemos um pacto, em algum nível profundo, de enfrentarmos essa provação, independentemente do que acontecesse. Foi uma decisão íntima. Isso ficou muito, muito, muito claro para nós, particularmente durante os

Para uma estrela radiante

últimos seis meses. Nós, simples e diretamente, servimos um ao outro, permutando o eu pelo outro e, *portanto*, vislumbrando o Espírito eterno que transcende o eu e o outro, o "me" e o "meu."

"Eu sempre o amei", ela disse em uma ocasião, mais ou menos três meses antes de morrer, "mas recentemente você mudou de forma muito profunda. Você notou?"

"Sim."

"O que foi que aconteceu?"

Houve um longo silêncio. Isso foi na época em que eu voltara do retiro *dzogchen*, mas essa não foi a causa principal para a mudança que ela notou. "Eu não sei, meu bem. Eu a amo, portanto eu a estou servindo. Parece tão simples, não acha?"

"Existe uma consciência em você que tem me mantido por meses. O que é isso?" Ela continuou repetindo, como se fosse muito importante: "O que é isso?". E eu tive a estranha sensação de que não era uma pergunta de fato, mas mais um teste que não entendi.

"Acho que estou simplesmente aqui para você, meu amor. Eu estou aqui."

"Você está porque eu estou viva", ela finalmente disse, e não foi um comentário sobre mim. O ponto era que nos sustentávamos reciprocamente, e nos tornamos um o professor do outro durante aqueles últimos meses extraordinários. Minha assistência continuada a Treya gerou nela sentimentos quase irresistíveis de gratidão e generosidade, e o amor que ela me devotava, em retribuição, começou a saturar meu ser. Eu me sentia completamente preenchido por causa de Treya. Era como se estivéssemos mutuamente gerando a compaixão iluminada que ambos estudáramos por tanto tempo. Eu sentia que estava queimando anos, talvez vidas, de carma com minha atenção contínua a suas necessidades. E em seu amor e compaixão por mim, Treya também se preencheu completamente. Não havia nenhum lugar vazio em sua alma, nenhum canto intocado pelo amor, nenhuma sombra em seu coração.

Não sei mais exatamente o que significa "iluminação". Prefiro pensar em termos de "compreensão iluminada", "presença iluminada" ou "consciência iluminada". Eu sei o que isso significa e acho que consigo reconhecer. E foi inequívoco em Treya. Não estou afirmando isso simplesmente porque ela se foi. É exatamente como vim a sentir naqueles últimos poucos meses, quando ela enfrentou o sofrimento e a morte com uma presença pura e simples, uma presença que excedeu em brilho sua dor, uma presença que anunciou claramente o que ela era. Eu vi aquela presença iluminada, sem dúvida.

E aqueles que conviveram com ela nos meses derradeiros também a viram.

Tomei providências para que o corpo de Treya não fosse perturbado por 24 horas. Cerca de uma hora após sua morte, todos saímos do quarto, principalmente

Graça e Coragem

para nos recompormos. Já que Treya se mantivera recostada pelas últimas 24 horas, sua boca ficara aberta por quase um dia. Consequentemente, devido à rigidez incipiente, sua mandíbula travou na posição aberta. Tentamos fechá-la antes de sair, mas não conseguimos; ela enrijecera. Continuei a lhe sussurrar "frases essenciais" e, em seguida, nos retiramos.

Mais ou menos 45 minutos depois, voltamos ao quarto e deparamos com um fato impressionante: Treya fechara a boca e surgira em seu rosto um sorriso extraordinário, um sorriso de absoluta felicidade, paz, realização, liberação. Não era um sorriso-padrão de *"rigor mortis"* – o semblante estava totalmente diferente. Ela parecia exatamente com uma bela estátua de Buda, sorrindo o sorriso da liberação completa. Os traços que marcaram profundamente sua face – traços de sofrimento, esgotamento e dor – haviam desaparecido completamente. Seu rosto estava puro, liso, sem rugas ou linhas de qualquer tipo, radiante, brilhante. Foi uma mudança tão profunda que surpreendeu a todos. Ali jazia ela, sorridente, cintilante, fascinante, ditosa. Não consegui me conter e repeti em voz alta, debruçado delicadamente sobre seu corpo: "Treya, olhe para você! Treya, meu amor, olhe para você!".

Aquele sorriso de satisfação e liberdade permaneceu em seu rosto pelo período inteiro de 24 horas em que ela jazeu em sua cama. Seu corpo foi finalmente removido, mas acho que aquele sorriso ficou impresso em sua alma pela eternidade.

Todo mundo subiu e despediu-se de Treya naquela noite. Eu fiquei acordado e li para ela até as três horas da madrugada. Li suas passagens religiosas favoritas (Suzuki Roshi, Ramana Maharshi, Kalu, Santa Teresa d'Ávila, São João da Cruz, Norbu, Trungpa, o *Curso em Milagres*); repeti sua oração cristã predileta ("Entregue--se a Deus"); executei seu *sadhana* ou prática espiritual favorita (Chenrezi, o Buda da Compaixão); e, acima de tudo, li as instruções ressaltantes do Livro Tibetano dos Mortos. (Eu as li 49 vezes. A essência dessas instruções, posta em termos cristãos, é que o momento da morte é o momento em que você abandona seu corpo físico, e o ego individual, e torna-se um com o Espírito absoluto ou Deus. Reconhecer o esplendor e a luminosidade que naturalmente surgem na hora da morte é reconhecer sua própria consciência como eternamente iluminada, ou una com a Divindade. Você simplesmente repete essas instruções para a pessoa, inúmeras vezes, partindo do pressuposto muito provável de que sua alma ainda consegue ouvi-lo. E assim eu fiz.)

Posso ter imaginado, mas juro que, na terceira leitura das instruções essenciais para reconhecer que a alma é una com Deus, ocorreu um clique audível no quarto. Eu até desviei rapidamente a cabeça. Tive a distinta e palpável sensação de que, naquela completa escuridão de duas horas da madrugada, Treya reconheceu diretamente sua verdadeira natureza e dissipou-se na pureza. Em outras palavras, após a leitura, constatou a grande liberação ou iluminação que sempre fora ela mesma. Treya dissolveu-

Para uma estrela radiante

-se completamente no Espaço, unindo-se ao universo inteiro, exatamente como em sua experiência dos treze anos de idade, exatamente como em suas meditações, exatamente como esperava que acontecesse após sua morte.

Não sei, talvez isso tenha sido fruto da minha imaginação. Mas conhecendo Treya, talvez não.

Alguns meses depois, estava lendo um texto altamente respeitado do *Dzogchen* que descreve os estágios da morte. E ele lista dois sinais físicos que indicam se a pessoa reconheceu sua Natureza Verdadeira e se uniu-se ao Espírito luminoso – se ela dissolveu-se completamente no Espaço. Os dois sinais:

Se você permanecer na Luminosidade Essencial,
como um sinal disso, sua aparência será bela...
e ensina-se também que sua boca sorrirá.

Fiquei no quarto de Treya aquela noite. Quando finalmente adormeci, tive um sonho. Mas não foi um sonho, foi mais uma imagem singela: um pingo de chuva caiu no oceano, tornando-se um com o Todo. A princípio achei que isso significava que Treya havia se iluminado, que Treya era aquela gota que se tornara una com o oceano de iluminação. E isso fazia sentido.

Entretanto, depois percebi que fora algo mais profundo: eu era a gota e Treya o oceano. Ela não se libertara – ela já era livre. Ao contrário, fora eu que me libertara pelo simples fato de servi-la.

E aí tudo se esclareceu: foi exatamente por isso que ela me pediu insistentemente que eu prometesse encontrá-la. Não que ela precisasse disso; mas através da minha promessa, ela me encontraria, e me ajudaria novamente, e novamente, e novamente. Eu entendera tudo ao contrário: achei que com minha promessa a ajudaria, quando, na verdade, era ela que me encontraria e me ajudaria para sempre, desde que eu me mantivesse desperto, desde que me colocasse pronto a reconhecer, desde que conseguisse perceber o Espírito que ela viera anunciar tão claramente. E não fora apenas para mim: Treya viera para os seus amigos, para sua família e, especialmente, para os que foram acometidos por moléstias terríveis. Para todos, Treya fez-se presente.

Vinte e quatro horas mais tarde, beijei-a na testa e nós nos dissemos adeus. Treya, ainda sorrindo, foi levada para cremação. Mas "adeus" é a palavra errada. Talvez *au revoir* – "até que nos encontremos de novo" – ou *aloha* – "oi/até já" – sejam melhores.

Rick Fields, um bom amigo meu e de Treya, ao saber da sua morte, escreveu um poema muito simples que, de alguma forma, pareceu dizer tudo:

Graça e Coragem

> Primeiro não estamos aqui
> Depois estamos
> Depois não estamos
>
> Você observou
> Nosso ir e vir
> Face a face
>
> Mais profundamente que a maioria de nós
> Com tanta coragem e graça
> Como eu nunca vi
>
> E você sorriu
> O tempo todo

Isso não é exagero, é uma simples constatação dos fatos: nunca encontrei ninguém, que tenha conhecido Treya, que não achasse que ela tivesse mais integridade e honestidade do que qualquer pessoa conhecida. A sua integridade era absoluta, inatacável nos mínimos detalhes, e impressionava praticamente todos que a conheciam.

Não acredito que nenhum de nós irá realmente encontrar Treya de novo. Acho que as coisas não funcionam assim. Isso é muito concreto e literal. Por outro lado, tenho uma profunda convicção de que toda vez que você e eu — ou qualquer um que a conheceu — agirmos com integridade, honestidade, energia e compaixão, toda vez que fizermos isso, agora e sempre, sem dúvida encontraremos novamente a mente e a alma de Treya.

Portanto, minha promessa para ela — a única que me fez repetir diversas vezes — a promessa de encontrá-la mais uma vez, na verdade significava que prometi encontrar meu próprio Coração iluminado.

E sei que, naqueles últimos seis meses, fiz isso. Sei que descobri a gruta da iluminação onde me casei, por graça, e onde morri, por graça. Essa fora a mudança em mim que Treya notara e sobre a qual perguntava: "O que foi que aconteceu?". O fato é que sabia exatamente o que estava se passando. Ela simplesmente queria saber se eu me dera conta. ("E quanto ao Coração, é Brahman, é o Todo. E o casal, agora um, tendo morrido para si mesmo, vive a vida eterna.")

E sei que, naqueles últimos instantes da morte propriamente dita, e durante a noite que se seguiu, quando a sua luminosidade subjugou minha alma e excedeu em brilho para sempre o mundo finito, tudo isso ficou perfeitamente claro para mim. Por

Para uma estrela radiante

sua causa, não existem mais mentiras na minha alma. E Treya, meu amor, minha doce Treya, prometo encontrá-la pela eternidade em meu Coração, como a simples consciência do que é.

As cinzas de Treya nos foram entregues e fizemos uma cerimônia fúnebre simples.

Ken McLeod leu passagens sobre o desenvolvimento da compaixão, que ela havia estudado sob a orientação de Kalu. Roger Walsh leu excertos sobre o perdão de *Um Curso em Milagres*, que Treya praticava diariamente. Esses dois temas – compaixão e perdão – transformaram-se no caminho que ela mais valorizou para expressar sua própria iluminação.

Em seguida, Sam realizou a solenidade de encerramento, quando então foi queimado um retrato dela, representando sua derradeira libertação. Sam (ou como Treya o chamava, "meu querido Sammy") era a única pessoa que ela desejaria que conduzisse esse ato.

Algumas pessoas usaram da palavra para homenageá-la e outras permaneceram em silêncio. Chloe, a filha de doze anos de Steve e Linda, escreveu o seguinte texto para a ocasião:

Treya, meu anjo da guarda, você foi uma estrela na Terra e nos deu a todos calor e luz; mas toda estrela deve morrer para nascer novamente, dessa vez nos céus, residindo na eterna leveza da alma. Eu sei que você está dançando sobre as nuvens agora mesmo, e me sinto muito feliz por perceber sua felicidade, perceber seu sorriso. Eu olho para o céu e sei que você está brilhando com sua alma resplandecente e radiante.

Eu a amo, Treya, e sei que sentirei saudades suas, mas estou tão feliz por você! Você irradiou seu corpo e suas dores, e pode dançar a dança da verdadeira vida, que é a vida da alma. Eu posso dançar com você nos meus sonhos e no meu coração. Assim, você não está morta, sua alma ainda vive, vive em um plano superior e no coração dos seus entes queridos.

Você me ensinou a lição mais importante: o que são a vida e o amor.

O amor é respeito completo e sincero por outro ser...

É o êxtase do verdadeiro eu...

O amor estende-se além de todos os planos e é ilimitado...

Depois de um milhão de vidas e um milhão de mortes, ele ainda vive...

E reside somente no coração e na alma...

A vida é a da alma, e de nada mais...

O amor e a alegria a acompanham, da mesma forma que a dor e a angústia...

Graça e Coragem

ONDE QUER QUE EU VÁ
E O QUE QUER QUE EU VEJA,
VOCÊ SEMPRE ESTARÁ
NO MEU CORAÇÃO E NA MINHA ALMA.

Olhei para Sam e me vi dizendo o seguinte para os presentes:

"Poucas pessoas recordam-se de que foi aqui em Boulder que pedi Treya em casamento. Nós morávamos em San Francisco naquela época, mas eu a trouxe aqui para conhecer Sam, ver o que ele achava. Depois de conversar com Treya por poucos minutos, Sam sorriu e disse algo assim: Não só aprovo, como estou preocupado, pois ela vai sair perdendo. Eu a pedi em casamento naquela noite, e ela disse apenas: 'Se você não me pedisse, eu o pediria'. E assim, em um sentido muito especial, nossa vida conjunta começou aqui, em Boulder, com Sammy, e terminou aqui, em Boulder, com Sammy."

Posteriormente, tivemos cerimônias em memória de Treya em San Francisco com recordações expressas por Vicky Wells, Roger Walsh, Frances Vaughan, Ange Stephens, Joan Steffy, Judith Skutch e Huston Smith – e em Aspen – com homenagens de Steve, Linda e Chloe Conger, Tom e Cathy Crum, Amory Lovins, Padre Michael Abdo e dos monges do Monastério de Snowmass. Mas, de uma certa forma, Sam resumiu tudo naquele dia em apenas duas frases:

"Treya foi a pessoa mais forte que conheci. Ela nos ensinou a viver, e ela nos ensinou a morrer."

Nos dias que se seguiram, começaram a chegar cartas. O que mais me surpreendeu foi como grande parte delas falava essencialmente dos mesmos eventos que registrei aqui. Pareceu-me, talvez em minha dor, que centenas de pessoas participaram dos marcantes acontecimentos daqueles dois últimos dias.

Eis aqui uma carta da minha família – na verdade, um poema que uma tia me enviou. ("Este é um poema predileto que, achamos, simboliza Treya. E um dia todos nós estaremos novamente juntos. Temos absoluta certeza disso.")

Encontrei em todas as cartas uma repetição das palavras "vento", "esplendor", "raio de sol" e "estrela". Fiquei pensando: como eles souberam?

O "poema predileto... que simboliza Treya" que minha tia enviou-me era muito simples:

Não vá à minha sepultura e chore.
Eu não estou lá. Eu não durmo.

Para uma estrela radiante

Eu sou mil ventos que sopram.
Eu sou o brilho de diamante na neve.
Eu sou o raio de sol na semente que germina.
Eu sou a leve chuva de outono.
Quando você acorda na placidez da manhã,
eu sou o ímpeto imediato de sustentação
de pássaros tranquilos voando em círculo.
Eu sou a suave estrela que brilha à noite.
Não vá à minha sepultura e chore.
Eu não estou lá...

Eis aqui uma carta de uma senhora que encontrou Treya apenas uma vez, mas que ficou muito comovida com sua presença (fico pensando: isso era tão característico; bastava estar com ela uma única vez):

"Tive o sonho na segunda-feira, dia 9, sem saber que Treya estava vivendo as últimas horas de sua vida.

"Como acontecia com a maioria das pessoas, senti muito a presença de sua grande alma e a trazia comigo desde então, como a luz que a circundava. A única outra vez que senti esse tipo de luz em torno de alguém foi quando estive na presença de Kalu Rinpoche."

(Quando Kalu soube de sua morte, ele ofereceu uma prece especial para Treya. Para o Vento Dakini.)

"Talvez fosse por isso que o caminho estivesse aberto para sonhar com ela 'de qualquer lugar' naquela noite. Ela marcou muitos de nós bem profundamente.

"No sonho, Treya estava deitada, flutuando no ar... Enquanto eu a observava, aproximou-se um som elevado e logo percebi que era o vento chegando. Ele soprou em torno dela e, à medida que o fazia, seu corpo começou a esticar, tornando-se cada vez mais fino, até ficar translúcido e irradiar um brilho suave. O vento continuou soprando ao redor e através dela com um som que parecia música. Seu corpo tornou-se cada vez mais transparente e então, devagar, misturou-se com a neve no lado da montanha... e depois subiu como um pó fino e cristalino, esfumando-se no cume em trilhões de estrelas para, finalmente, transformar-se no próprio céu.

"Eu acordei chorando naquela manhã, plena de admiração e beleza..."

E as cartas continuaram chegando.

Após a cerimônia de despedida, todos assistimos ao vídeo de Treya falando na Windstar. E uma imagem veio à minha mente, a imagem mais difícil que já presenciei, uma imagem que nunca me abandonará: quando recebemos esse vídeo da Windstar,

Graça e Coragem

eu o exibi para ela. Treya estava sentada em sua cadeira, muito cansada para se mover, ligada ao oxigênio, com grande desconforto. Eu passei o vídeo, ela falando tão francamente e com tanta energia, apenas alguns meses atrás, o vídeo em que disse claramente: "Já que não posso mais ignorar a morte, eu presto mais atenção à vida". A fala que fez homens feitos chorarem e as pessoas baterem palmas em pé de felicidade.

Olhei para Treya. Olhei para o vídeo. Vi ambas as imagens juntas em minha mente. A Treya forte e a Treya mutilada por essa doença cruel. E aí, no seu grande desconforto, ela me perguntou: "Eu falei bem?".

Eu vi, nesta vida, naquele corpo, a grande estrela cósmica de cinco pontas, a estrela radiante da derradeira liberação, a estrela cujo nome para mim será sempre... "Treya".

Aloha, e boa viagem, minha adorada Treya. Eu a encontrarei agora e sempre.
"Você promete?", ela me sussurrou novamente.
"Eu prometo, minha adorada Treya."
Eu prometo.

Leituras selecionadas

ACHTERBERG, Jeanne. *Imagery in Healing*. Boston and London: Shambhala Publications, 1985.

ANTHONY, Dick; ECKER, Bruce and WILBER, Ken. *Spiritual Choices: The Problems of Recognizing Authentic Paths to Inner Transformation*. New York: Paragon House, 1987.

ARIETI, Silvano. *The Intrapsychic Self*. New York: Basic Books, 1967.

ASSAGIOLI, Roberto. *Psychosynthesis*. New York: Hobbs, Dorman, 1971.

AUROBINDO. *The Life Divine*. Pondicherry: Centenary Library, 1982.

BECKER, Ernst. *The Denial of Death*. New York: Free Press, 1973.

BELLAH, Robert et al. *Habits of the Heart*. Berkeley: University of California Press, 1985.

BLANCK, Gertrude and BLANCK, Rubin. *Ego Psychology II: Psychoanalytic Developmental Psychology*. New York: Columbia University Press, 1979.

BROUGHTON, John. *The Development of Natural Epistemology in Adolescence and Early Adulthood*. Doctoral Dissertation, Harvard University, 1975.

CAMPBELL, Joseph. *The Masks of God*, vols. 1-5. New York: Viking Press, 1959, 1962,1964,1968.

CAPRA, Fritjof. *The Tao of Physics*. New York: Bantam Books, 1977. Boston: Shambhala Publications, 1985 (2nd ed.), 1991 (3rd ed.).

CLIFFORD, Terry. *Tibetan Buddhist Medicine and Psychiatry*. York Beach, Me.: Samuel Weiser, 1984.

COOMARASWAMY, Ananda. *Time and Eternity*. Ascona, Switzerland: Artibus Asiae, 1947.

COUSINS, Norman. *The Healing Heart*. New York: Avon, 1984.

DA FREE JOHN. *The Dawn Horse Testament*. Clearlake, Calif: Dawn Horse Press, 1986.

ECKHART, Meister. *Meister Eckhart*. Trans. by Edmund Colledge and Bernard McGinn. New York: Paulist Press, 1981.

ERIKSON, Erik. *Identity and the Life Cycle*. New York: International University Press, 1959.

FAYE, Martha. *A Mortal Condition*. New York: Coward-McCann, 1983.

FOUNDATION FOR INNER PEACE. *A Course in Miracles*. Tiburon, Calif, 1975.

Graça e Coragem

FOWLER, James. *Stages of Faith*. San Francisco: Harper & Row, 1981.

FRANKL, Viktor. *Man's Search for Meaning*. Boston: Beacon Press, 1963.

FREUD, Sigmund. *Civilization and Its Discontents*. New York: W W Norton, 1930, 1961.

_____. *The Ego and the Id* (194. Standard Edition, vol. ig. London: Hogarth Press, 1961.

_____. *A General Introduction to Psychoanalysis*. New York: Pocket Books, 1971.

GILLIGAN, Carol. *In a Different Voice*. Cambridge: Harvard University Press, 1982.

GODDARD, Dwight. *A Buddhist Bible*. Boston: Beacon Press, 1966.

GROF, Stanislav. *Realms of the Human Unconscious*. New York: Viking Press, 1975.

HABERMAS, Jurgen. *Communication and the Evolution of Society*. Boston: Beacon Press, 1979.

_____. *The Philosophical Discourse of Modernity*. Cambridge: MIT Press, 1990.

HART, William. *The Art of Living: Vipassana Meditation as Taught by S. N. Goenka*. San Francisco: Harper & Row, 1987.

HAYWARD, Jeremy. *Shifting Worlds, Changing Minds: Where the Sciences and Buddhism Meet*. Boston and London: Shambhala Publications, 1987.

HEGEL, Georg. *The Phenomenology of Mind*. J. Baille (trans.). New York: Harper & Row, 1949.

HIXON, Lex. *Coming Home: The Experience of Enlightenment in Sacred Traditions*. Los Angeles: Jeremy Tarcher, 1989.

HOFFINAN, Edward. *The Way of Splendor: Jewish Mysticism and Modem Psychology*. Boston and London: Shambhala Publications, 1981.

HUME, Robert (trans.). *The Thirteen Principal Upanishads*. London: Oxford University Press, 1974.

HUXLEY, Aldous. *The Perennial Philosophy*. New York: Harper & Row, 1944.

JAMPOLSKY, Gerald. *Love Is Letting Go of Fear*. Millbrae, Calif.: Celestial Arts, 1979.

JOHN OF THE CROSS. *The Dark Night of the Soul*. Garden City, N.Y: Doubleday/ Anchor, 1959.

JUNG, C. G. *Analytical Psychology: Its Theory and Practice*. New York: Vintage Press, 1961.

_____. *Man and His Symbols*. New York: Dell, 1964.

_____. *The Portable Jung*. Joseph Campbell (ed.). New York: Viking Press, 1971.

KAPLEAU, Philip. *The Three Pillars of Zen*. Boston: Beacon Press, 1965.

Leituras selecionadas

KEATING, Thomas. *Open Mind, Open Heart: The Contemplative Dimension of the Gospels*. New York: Amity, 1986.

KERNBERG, Otto. *Borderline Conditions and Pathological Narcissism*. New York: Jason Aronson, 1975.

KOHLBERG, Lawrence. *Essays on Moral Development*. San Francisco: Harper & Row, 1981.

KOHUT, Heinz. *The Restoration of the Self*. New York: International University Press, 1977.

KONGTRUL, Jamgon. *The Great Path of Awakening*. Trans. by Ken McLeod. Boston and London: Shambhala Publications, 1987.

KRISHNAMURTI, J. *The First and Last Freedom*. Wheaton, Ill.: Quest, 1954.

LAMA SHABKAR. *The Flight of the Garuda*. Kathmandu, Nepal: Rangjung Yeshe Publications, 1988.

LASCH, Christopher. *The Culture of Narcissism*. New York: W W Norton, 1979.

LAX, Eric. *Life and Death on Tom West*. New York: Dell, 1984.

LEVENSON, Frederick. *The Causes and Prevention of Cancer*. Chelsea, Mich: Scarbrough House, 1986.

LEVINE, Stephen. *Healing into Life and Death*. New York: Doubleday/Anchor, 1987.

LOCKE, Steven and COLLIGAN, Douglas. *The Healer Within*. New York: E. P. Dutton, 1986.

LOEVINGER, Jane. *Ego Development*. San Francisco: Jossey-Bass, 1976.

MAHLER, Margaret; PINE, Fred and BERGMAN, Anni. *The Psychological Birth of the Human Infant*. New York: Basic Books, 1975.

MASLOW, Abraham. *The Further Reaches of Human Nature*. New York: Viking Press, 1971.

MURPHY, Michael and DONOVAN, Steven. *The Physical and Psychological Effects of Meditation*. San Rafael, Calif: Esalen Institute, 1989.

NORBU, Namkhai. *The Cycle of Day and Night*. Barrytown, N.Y: Station Hill Press, 1987.

PIAGET, Jean. *The Essential Piaget*. Ed. by Howard E. Gruber and J. Jacques Voneche. New York: Basic Books, 1977.

RAMANA MAHARSHI. *The Collected Works of Ramana Maharshi*. Ed. by Arthur Osborne. York Beach, Me.: Weiser, 1970.

_____. *The Spiritual Teaching of Ramana Maharshi*. Boston and London: Shambhala, 1972, 1988.

Graça e Coragem

_____. *Talks with Sri Ramana Maharshi*. 3 vols. Tiruvannamalai: Sri Ramanasramam, 1972.

RANGDROL, Tsele Natsok. *The Circle of the Sun*. Hong Kong: Rangjung Yeshe Publications, 1990.

REYNOLDS, John Myrdhin (trans.). *Self-Liberation through Seeing with Naked Awareness*. Barrytown, N.Y: Station Hill Press, 1989.

RING, Kenneth. *Life at Death*. New York: Coward, McCann & Geoghegan, 1980.

RINPOCHE, Tulku Thondup. *Buddha Mind: An Anthology of Longchen Rabjam's Writings on Dzogpa Chenpo*. Ithaca, N.Y: Snow Lion, 1989.

RINPOCHE, Kalu. *The Gem Ornament of Manifold Oral Instructions*. San Francisco: KDK, 1986.

SCHUON, Fritjof. *Logic and Transcendence*. New York: Harper & Row, 1975.

SMITH, Huston. *Forgotten Truth*. New York: Harper & Row, 1976.

SONNTAG, Susan. *Illness as Metaphor*. New York: Vintage Books, 1979.

SUZUKI, D. T. (trans.) *Lankavatara Sutra*. Boulder: Prajna Press, 1978.

SUZUKI, SHUNRYU. *Zen Mind, Beginner's Mind*. New York: Weatherhill, 1970.

TEILHARD DE CHARDIN, Pierre. *The Phenomenon of Man*. New York: Harper & Row, 1964.

TRUNGPA, Chögyam. *The Myth of Freedom*. Berkeley: Shambhala Publications, 1976.

VAUGHAN, Frances. *Awakening Intuition*. Garden City, N.Y: Doubleday/ Anchor, 1979.

_____. *The Inward Arc: Healing and Wholeness in Psychotherapy and Spirituality*. Boston and London: Shambhala Publications, 1986.

WALSH, Roger. *Staying Alive: The Psychology of Human Survival*. Boston and London: Shambhala Publications, 1984.

_____. *The Spirit of Shamanism*. Los Angeles: Jeremy Tarcher, 1990.

WALSH, Roger and SHAPIRO, Deane (eds.). *Beyond Health and Normality: Explorations of Exceptional Psychological Well-Being*. New York: Van Nostrand Reinhold, 1983.

WALSH, Roger and VAUGHAN, Frances. *Beyond Ego: Transpersonal Dimensions in Psychology*. Los Angeles: Jeremy Tarcher, 1980.

WATTS, Alan. *The Supreme Identity*. New York: Vintage Books, 1972.

WEI WU WEI. *Open Secret*. Hong Kong: Hong Kong University Press, 1965.

WILBER, Ken. *The Spectrum of Consciousness*. Wheaton, Ill.: Quest, 1977.

_____. *No Boundary: Eastern and Western Approaches to Personal Growth*. Boston and London: Shambhala Publications, 1979.

Leituras selecionadas

_____. *The Atman Project: A Transpersonal View of Human Development.* Wheaton, Ill.: Quest, 1980.

_____. *Up from Eden: A Transpersonal View of Human Evolution.* Boston and London: Shambhala Publications, 1982.

_____. *A Sociable God. A Brief Introduction to a Transcendental Sociology.* Boston and London: Shambhala Publications, 1983.

_____. *Quantum Questions: Mystical Writings of the World's Great Physicists.* Boston and London: Shambhala Publications, 1984.

_____. *The Holographic Paradigm: Exploring the Leading Edge of Science.* Boston and London: Shambhala Publications, 1985.

_____. *Eye to Eye: The Quest for the New Paradigm.* Boston and London: Shambhala Publications, 1990.

WILBER, Ken; ENGLER, Jack and BROWN, Daniel P. *Transformations of Consciousness: Conventional and Contemplative Perspectives on Development.* Boston and London: Shambhala Publications, 1986.

ZUKAV, Gary. *The Dancing Wu Li Masters.* New York: Morrow, 1979.

Leia também da Editora Gaia

A essência do sutra do coração
Dalai Lama
ISBN 978-85-7555-086-1

Coragem para seguir em frente
Lama Michel Rinpoche
ISBN 978-85-7555-116-7

Cura definitiva
O poder da compaixão
Lama Zopa Rinpoche
ISBN 978-85-7555-192-9

Dzogchen
A essência do coração da Grande Perfeição
Dalai Lama
ISBN 978-85-7555-084-5

Iluminação cotidiana
Como ser um guerreiro espiritual no dia a dia
Venerável Yeshe Chödron
ISBN: 978-85-7555-125-7

Meditação budista
Samdhong Rinpoche
ISBN: 978-85-7555-435-7

Mente em conforto e sossego
A visão da iluminação da Grande Perfeição
Dalai Lama
ISBN: 978-85-7555-171-4

Morte, estado intermediário e renascimento no budismo tibetano
Lati Rinpoche e Jeffrey Hopkins
ISBN: 978-85-7555-106-x

O caminho do meio
Fé baseada na razão
Dalai Lama
ISBN: 978-85-7555-274-2

O caminho para a iluminação
Dalai Lama
ISBN: 978-85-7555-123-3

O livro das emoções
Reflexões inspiradas na Psicologia do Budismo Tibetano
Bel Cesar
ISBN: 978-85-7555-035-7

O sutil desequilíbrio do estresse
Conversa entre uma psicóloga, um psiquiatra e um Lama budista
Bel Cesar e Sergio Klepacz com Lama Michel Rinpoche
ISBN: 978-85-7555-257-5